中央编译局文库出版工作领导小组（编委会）

主　　任：贾高建

副 主 任：俞可平　魏海生　陈和平　柴方国　杨金海

委　　员：崔友平　沈红文　杨雪冬　季正聚　陈家刚
　　　　　赖海榕　郗卫东　张文成　刘明清

中央编译局文库出版工作领导小组办公室

主　　任：薛晓源

成　　员：徐向梅　苗永姝

中央编译出版社文库编辑中心编辑小组

刘明清　薛晓源　谭　洁　董　巍　贾宇琰
冯　章　曲建文　苗永姝　邓　彤　盛菊艳
李媛媛　薛迎春　董　妍

马克思主义研究资料

第16卷

主　编　杨金海
副主编　冯　雷（常务）薛晓源

马克思主义哲学研究 II

本卷主编　苑　洁

《马克思主义研究资料》顾问委员会

贾高建　俞可平　宋书声　殷叙彝　詹汝琮　张钟朴

李洙泗　冯文光　赵家祥　严书翰　梁树发　郭建宁

《马克思主义研究资料》编辑委员会

主　编：杨金海

副主编：冯　雷（常务）　薛晓源

编　委（按姓名拼音排序）

陈喜贵　冯　章　黄晓武　江　洋　李百玲　李义天

李媛媛　林进平　刘仁胜　刘　英　刘元琪　吕增奎

马　瑞　苗永姝　彭萍萍　盛菊艳　史清竹　武锡申

姚　颖　苑　洁　郑　锦　郑天喆　周艳辉

参加本卷编辑出版工作的有

薛迎春　苗永姝　薛晓源

总　序

呈献给读者的这套《马克思主义研究资料》丛书，旨在服务于我国正在实施的马克思主义理论研究和建设工程，积极吸收和借鉴国外马克思主义研究成果，对改革开放以来中央编译局编译的有关国外学者研究马克思主义的成果，以及少量相关的国内学者的研究成果整理出版，为我国马克思主义研究提供基础性的参考资料。本丛书计划出版37卷，三年内陆续完成编辑和出版工作。

编译国外学者关于马克思主义的研究成果，并对相关问题展开深入探讨，是马克思主义经典著作编译研究的基础性工作。中央编译局作为马克思主义经典著作编译研究的专门机构，历来十分重视这项工作。20世纪50年代以来，特别是改革开放以来，中央编译局的同志们编译了大量国外学者关于马克思主义的研究文献，也发表了不少自己的相关研究成果。这些成果曾经在中央编译局编辑的《马列著作编译资料》、《马列主义研究资料》、《马克思主义与现实》等刊物公开发表，或在内部刊物《马克思恩格斯研究》、《列宁研究》等刊载。这些成果对于推进马克思主义经典著作的编译和研究工作发挥了重要作用，时至今日，一些学者仍然把它们当做研究马克思主义的珍贵资料。

然而，随着近年来中央实施马克思主义理论研究和建设工程的深入推进以及马克思主义学科建设的快速发展，这些研究资料的留存情况已经远远不能适应形势发展的需要了。《马列著作编译资料》和《马列主义研究资料》早已停止出版，很多人难以找到原有资料；《马克思恩格斯研究》等内部刊物刊载的文章没有公开面世，也难以为人们广泛使用；而新编译的文献资料又很零散。因而，希望中央编译局提供马克思主义研究资料的呼声越来越高。

为了继承前辈的事业，适应学界的需要，尽可能全面系统地收集整理中央编译局近几十年来编译的国外学者关于马克思主义的研究成果以及相关的国内学者的研究成果，中央编译局专门成立了《马克思主义研究资料》丛书课题组，并对该项工作提供了基金资助。课题组不仅在局内组织力量进行工作，而且争取到社会力量的支持。经过课题组同仁两年多努力，已经形成一批编辑成果，还将继续补充、完善并陆续推出。这套《马克思主义研究资料》丛书就是这些成果的集中体现。

本丛书力求体现如下四个特点，这也是丛书编辑工作所力求遵循的四条原则：第一，保证文献性。本丛书主要收集改革开放以来中央编译局刊物发表的有关马克思主义理论编译和研究方面的成果，这些刊物包括公开出版的《马列著作编译资料》、《马列主义研究资料》、《马克思主义与现实》、《当代世界与社会主义》、《经济社会体制比较》、《国外理论动态》等，也包括内部刊物《马克思恩格斯研究》、《列宁研究》、《斯大林研究》、《马克思恩格斯列宁斯大林研究》等；少量收集其他杂志发表的中央编译局学者编译或撰写的有关文章；个别收集与中央编译局长期合作的其他学者的相关文章；对所收商榷性文章涉及的其他学者的成果，也作为附文收入，以示对相关学者的尊重，也便于读者在阅读正文时参考。收集整理这些学术成果的目的主要是为学界研究马克思主义提供参考资料,同时帮助人们了解马克思主义研究的历史进程和思想脉络。因此,本丛书所收文献力求保持其历史原貌,包括其中的人名、地名、术语、引文等,都不作改动,以便读者进行文献考证之用,只对个别错漏文字等进行校正,对于文中可能产生歧义的地方,以"本丛书编者注"的方式加以说明。其中读者特别应当留意的是译名、术语的不统一问题,例如关于《马克思恩格斯全集》历史考证版,就有多种表达方式:原文版、国际版和 MEGA 版,其中,往往又以"老"、"新"、"MEGA^1"、"MEGA^2"、"MEGA1"、"MEGA2"等来区分历史考证版第 1 版和第 2 版。第二,突出编译性。本丛书所收文献中,以国外学者的成果为主,包括国外学者关于马克思主义经典作家的著作、思想、生平事业,乃至书信往来、工作生活等方面的研究文献,凡比较有资料价值的,均在收集之列。如上所述,国内学者的相关考证性成果,包括经典著作翻译、版本、传播、重要术语考据等文献,凡具有资料价值的,也一并收入,但这部分内容所占比例较小。第三,力求系统性。上述几十年来形成的这些编译研究资料繁茂芜杂,十分零散,使用起来很不方便,编辑整理就更为困难。为把这些宝贵文献整理面世,使之更好地发挥作用,编辑人员下了很大功夫。在收集整理中,我们力图分门别类,尽可能将同类资料按照一定逻辑顺序编排,使之呈现一定的系统性,以便读者全面掌握有关资料。第四,力争权威性。本丛书力争选编国内外在相关研究领域具有一定权威性的专家学者的具有代表性和影响力的文献。为保证文献的权威性和准确性,我们对文献的引文进行了校订,特别是对有关马克思主义经典著作的引文进行了原版原文核对,并对注释尽可能地作了规范化处理,以便读者更准确地了解引文及其出处。

基于上述考虑，本丛书的编排体系大体分四个部分。第一部分是经典著作研究，包括关于《共产党宣言》、《资本论》等手稿、创作、版本、传播诸方面的研究文献；第二部分是基本理论研究，包括哲学、政治经济学、科学社会主义以及政治学、法学等方面的研究文献；第三部分是版本和传播、编译以及生平事业研究；第四部分是国外马克思主义研究。每一部分包括若干卷。每一卷都有本卷编辑说明，对本卷编辑的思路、内容和有关技术问题作简要交代。各卷内容按照逻辑顺序进行编排，在此基础上再按照时间顺序编排。各卷内容一般要作分类，并加分类标题，以便读者阅读研究。

需要说明的是，由于本丛书是整理编辑已有的文献，而且主要限于整理编辑中央编译局学者编译和研究的部分成果，这就决定了本丛书不可避免地存在一些缺憾。一是这些文献中有的观点不一定正确。选编这些文献并不意味着编者赞同其中的观点，我们的目的仅仅在于为人们研究马克思主义提供参考资料，其中正确的思想成果可以作为我们研究借鉴的思想资源，而错误的观点可以作为我们研究批评的对象。例如，对有关马恩对立论的观点，我们是不赞成的，但为了让研究者了解、研究和批评这种观点，也收入了相关文章。所以，谨请读者在使用这些文献时注意辨别是非。二是这些文献存在质量参差不齐的情况。由于这些文章的作者、译者水平不同，写作时间、背景、针对的问题、产生的影响以及发表的刊物等不同，其质量也就有一定差别。例如，有的概念和译文在今天看来不一定科学、准确，有的文献曾经很有价值而在今天看来最多只有学术史的价值。在选编过程中，我们尽量收入那些分量较重、影响较大的文献，但为了比较全面地反映学术史的原貌并提供尽可能详细的研究参考资料，也收入了一些篇幅较短、影响不大但有一定资料或史料价值的文献。另外，有少量比较重要的文献，由于作者或译者不同意收入，也不得不忍痛割爱。三是这些文献的系统性、规范性不太强。尽管我们努力按照上述编辑原则工作，对这些文献进行了分类整理，力求全面系统地提供给读者相关方面的文献资料，但由于这些资料十分繁杂，彼此之间的关联性不强，有的方面资料较多，有的较少，且发表的刊物、时间等不同，体例也很不统一，整理起来难度极大，加之各位编者的研究角度不同，水平各异，所以，每一卷书的结构、篇章、内容、观点等都不尽相同，其规范程度也不尽一致。对本丛书存在的以上不足或缺憾，谨请读者鉴谅；对其中可能存在的疏漏和错误之处，谨请读者批评指正。

本丛书在编写和出版过程中，得到了各个方面的大力支持。中央编译局对此项工作高度重视，始终给予鼎力支持。国家出版基金将本丛书列入2013年度资助项目。中央编译出版社为本丛书申报国家出版基金项目并最终立项，以及为丛书出版做了大量工作。本丛书所收文献的译者、作者和出版者，凡已联系上的，均给予我们大力支持，同意使用这些文献；对尚未联系上的，我们将尽力联系，也请相关同仁主动联系我们。丛书顾问委员会的专家对丛书的编写工作给予热情指导，编委会成员和课题组同仁为丛书的编写付出了辛勤劳动。在此一并致以衷心的谢意！

《马克思主义研究资料》

编辑委员会

2013年12月10日

编辑说明

本卷为"马克思主义哲学研究"两卷中的第 2 卷,为分论卷。该卷共选收国外学者研究马克思主义哲学的有关专题文章 31 篇。分为两部分。

第一部分选收文章 7 篇,集中探讨了马克思主义哲学与黑格尔思想的关系,包括马克思主义与黑格尔思想的连续性和差异性,马克思对黑格尔思想的批判与继承,以及马克思对黑格尔辩证法的运用和改造等。第二部分选收文章 24 篇,集中探讨了马克思主义哲学中的异化问题,包括马克思异化概念的形成和发展,《1844 年经济学哲学手稿》和《资本论》中的异化思想,异化思想在马克思主义哲学和政治经济学中的历史地位,马克思的异化理论与黑格尔和费尔巴哈有关思想的关系,异化概念在资产阶级意识形态和哲学中的作用和功能,资产阶级和修正主义对马克思主义异化观念的歪曲,列宁对马克思异化理论的发展,社会主义如何克服异化,以及全球化时代对马克思异化概念的重新定义和解释等。

为保持文献性,本丛书的注释也尽量保持原貌,不作改动;但对原注释有错误或有遗漏的,我们尽可能查阅了有关文献,作了必要的规范和完善;对有些查找不到的,保留原来的内容和格式。

目 录

黑格尔与马克思主义
　　〔美〕艾伦·W.伍德 …………………………………… 1
马克思与黑格尔的关系：一种新阐释
　　〔英〕罗伯特·法恩 ………………………………… 21
马克思对黑格尔辩证法的运用和改造
　　〔美〕诺曼·莱文 …………………………………… 32
"神秘主义之大成"：马克思对黑格尔的理解
　　〔英〕约瑟夫·麦卡尼 ……………………………… 49
马克思思想中的黑格尔：马克思主义革命观里的分娩式论题
　　〔英〕G.A.柯亨 ……………………………………… 76
马克思与黑格尔思想的连续性
　　〔美〕诺曼·莱文 …………………………………… 95
黑格尔的主奴辩证法与马克思学的神话
　　〔英〕克里斯托弗·阿瑟 …………………………… 131

　　　　　　＊　　＊　　＊

政治经济学和《1844年经济学哲学手稿》中的"异化问题"
　　〔民主德国〕汉·瓦格纳 …………………………… 142

《1844年经济学哲学手稿》中作为人的生命表现的劳动和作为异化劳动的劳动

　　〔民主德国〕赫·东凯 …………………………… 148

异化的消除和人的前景

　　〔苏〕伊·谢·纳尔斯基 …………………………… 154

异化的逻辑和历史意识

　　〔日〕城塚登 ………………………………………… 173

马克思的《资本论》和其他著作中的异化范畴

　　〔苏〕伊·谢·纳尔斯基 …………………………… 192

国外关于《资本论》中"劳动异化"的不同见解

　　〔日〕向井公敏 ……………………………………… 223

马克思对"拜物教"概念的发展

　　〔德〕托马斯·马克斯豪森 ………………………… 237

异化理论和"否定性"的辩证法

　　〔日〕岩佐茂 ………………………………………… 261

"物象化"与"物化"同黑格尔辩证法的联系

　　〔日〕平子友长 ……………………………………… 272

通过社会主义计划经济克服异化和隐蔽性

　　〔民主德国〕汉·卢夫特 …………………………… 292

列宁论异化的扬弃

　　〔苏〕弗·赫德勒 …………………………………… 298

"异化"探源
　　〔法〕穆斯塔法·加亚蒂 …………………………… 307
论马克思的异化概念，它的形成、内容及其在马克思思想中的地位
　　〔民主德国〕汉·德罗拉　西·赫彭纳尔　胡·珀茨舍尔 …… 310
卡尔·马克思学说形成和发展过程中的异化问题以及我们
　　目前存在的若干问题
　　〔苏〕伊·谢·纳尔斯基 …………………………… 333
论异化概念在马克思列宁主义理论中的地位
　　〔民主德国〕罗·鲍威尔曼 ………………………… 349
批判资产阶级和修正主义对马克思主义异化观念的歪曲
　　〔苏〕博·别索诺夫 ………………………………… 359
异化概念在目前资产阶级意识形态和哲学中的作用和功能
　　〔民主德国〕克·梅尔茨 …………………………… 370
从哲学和政治经济学的角度谈对马克思异化概念的一些看法
　　〔民主德国〕巴·罗特 ……………………………… 378
黑格尔和马克思论创造活动与异化
　　〔英〕肖恩·塞耶斯 ………………………………… 385
费尔巴哈与马克思的"对象化"意义何在？
　　〔德〕彼得·凯勒 …………………………………… 405
异化是不占统治地位的社会化的表现
　　〔民主德国〕哈·施里瓦 …………………………… 431
马克思与马尔库塞异化理论比较
　　〔韩〕于万杰 ………………………………………… 436

马克思、全球化与异化：被接受和被低估的智慧（上）

　　〔加〕W. 彼得·阿奇博尔德 ·················· 446

马克思、全球化与异化：被接受和被低估的智慧（下）

　　〔加〕W. 彼得·阿奇博尔德 ·················· 456

黑格尔与马克思主义[*]

〔美〕艾伦·W.伍德

背 景

黑格尔去世之后不久,他的哲学影响力开始衰退。这个过程部分地导致黑格尔的追随者们分裂为大卫·弗里德里希·施特劳斯(David Friedrich Strauss)所谓的黑格尔"右派"、"中派"和"左派"。施特劳斯自己凭借其著作《耶稣传》(1835)可以被视为黑格尔学派中的"左派"的奠基者。一开始,争论的领域集中于神学。黑格尔右派,比如亨利克斯(H. F. W. Hinrichs)和约翰·厄尔德曼(Johann Erdmann),运用黑格尔哲学为传统的基督教辩护;黑格尔中派,比如卡尔·罗森克兰茨(Karl Rosenkranz)和卡尔·路德维希·米希勒(Karl Ludwig Michelet),使宗教信条服从于黑格尔主义的重新解释;黑格尔左派,比如施特劳斯、路德维希·费尔巴哈和布鲁诺·鲍威尔,从黑格尔主义推导出神学的激进的(甚至是无神论的和人道主义的)结论。然而施特劳斯是从法国政治学中借用了术语"左派"和"右派",并且从划分一

---

[*] 本文选自《国外理论动态》2013年第9期。作者艾伦·W.伍德(Allen W. Wood)系美国斯坦福大学哲学教授。

开始就对社会和政治问题表现出像神学问题一样的含蓄。据莫泽斯·赫斯（Moses Hess）在《欧洲三头政治》（1841）里所述，黑格尔左派明显与政治激进主义和共产主义工人运动紧密相连。

像大多数黑格尔左派一样，卡尔·马克思既是黑格尔的批评者，又是其弟子；他的一些最早的理论反思是由对黑格尔国家哲学的批判构成的，这一批判遵循着由费尔巴哈标示出的路线。但是马克思在后来仍然申明自己是"那位伟大思想家的学生"，尽管当时这样做已经十分不合时宜了。马克思和恩格斯总是对黑格尔的辩证法予以敬重，虽然他们通过将它限制为辩证的"方法"（或"表达法"）来限定他们的忠诚，以区别于他们所拒斥的黑格尔的"体系"。第二国际的马克思主义者（1889—1914）在口头上继续支持"辩证的方法"，但更倾向于拉开自己与马克思主义哲学根基的距离，他们思想的哲学层面常常显示出新康德主义和实证主义而不是黑格尔的影响。黑格尔的思想对于马克思主义的重要性被两本重要的著作重申，以反对第二国际的倾向，这两本著作都在1923年问世：卡尔·柯尔施的《马克思主义和哲学》与乔治·卢卡奇的《历史和阶级意识》。俄国的马克思主义总是保留着一个更加黑格尔的影子，布尔什维克在这点上尤其如此。列宁已经在相同的领域批评了第二国际的马克思主义者，他的《哲学笔记》（写于"一战"期间，1929年去世后出版）包含了对黑格尔思辨的逻辑体系的过度赞美，以及对于如何影响黑格尔的辩证法的唯物主义转变的沉思。20世纪的大多数马克思主义——其工作甚至远远超出了列宁主义正统的限制——主要通过坚持辩证法思想的重要性来继续承认它对黑格尔的哲学欠债（例如，见让-保罗·萨特的《辩证理性批判》以及特奥多·阿多诺的《否定的辩证法》）。

辩证法

正如以上评论所表明的，马克思主义思想的传统往往主要是从马克思主义对黑格尔辩证的方法的应用方面来看待"马克思主义与黑格尔"这个议题的。然而，这是否显示出此传统部分的伟大洞见值得怀疑，该传统涉及黑格尔对马克思主义的真实贡献的性质。对黑格尔来说，辩证法或辩证的理性构成了一个雄心勃勃的方案的一部分，这一方案将他的思辨的逻辑体系既作为传统亚里士多德逻辑理论的一个替代，又作为一般哲学思维的形而上学基础。有明显的迹象表明，甚至在几乎其他所有人都已清楚黑格尔逻辑学是一种无主体的、根本失败的尝试性理论革命之后，马克思，尤其是恩格斯，仍然继续捍卫着诸如黑格尔逻辑学之类的豪言壮语。假如马克思的社会理论遵循建立在黑格尔思辨逻辑学之上的模式这一点属实的话，那么它将不会涉及任何理论上的兴趣。比如，当恩格斯描述马克思的理论中受黑格尔的存在到本质的转变所制约的商品到资本的转变时，他并没有提供给我们令人感兴趣的信息。

当马克思主义者们自己规定"辩证法"这个一般术语时（无论是为了使它区别于黑格尔的"唯心主义"，还是为了将它从思辨逻辑的废墟中拯救出来），他们通常强调的要点是：辩证法把世界看成一个复杂的过程，而不是诸事物；辩证法揭示了每件事物将注定处于需要化解的紧张和矛盾之中，并因此是暂时的，而且包含了发展中不可避免的进步过程。这个要点往往制造着一系列其他的普通观念或哲学议题。例如，它经常与社会有机体和社会变革的功能结合在一起，常常暗含着方法论上的整体主义承诺以及采用功能论或目的论的解释模式的意愿。"辩证法"意味着某物的对立或对立面之间的相互关系或交互作用。柯尔施特别强调,这一点往往导致这样一种观念:马克思和黑格尔思想中的"辩证法"本质上是对他们自己理论活动的理解,这一活动与不断前进的社会过程紧密相连:"哲学与现实、理论与实践之间的关联[是]辩证法原则的原初意义。"作为一种不可避免地陷入矛盾之中的思想,辩证法又被阿多诺解释为这样一种事实——我们依然陷于根本的不自由和不合理的社会关系之中——的征兆:辩证法是"事物的虚假状态的本体论"。然而,这似乎包含了根本性的非黑格尔的理念——真实的自由和理性的思想将超越辩证法总体。

如果辩证法除了一种模糊的赫拉克利特主义的乐观精神之外什么都没有的话,那么这就是说黑格尔或马克思的思想没有什么深度。虽然在社会和历史理论上承认有机体肯定是有争议的,但是这种承认并不一定是黑格尔或马克思主义思想所独有的。在各种马克思主义思想家提出的与"辩证法"相关联的多种其他观念之中,固然有一些是独创性和建设性的,但是没有一种能被貌似真实地认为是黑格尔或马克思所认为的辩证法思想的本质。

显而易见,在黑格尔和马克思的思想中存在并持续存在的东西,并非与思辨逻辑或形而上学有关,而是与他们的社会和历史理论及其对现代社会中人类精神困境的洞见有关。在这一领域,黑格尔向马克思传授了很多,而这些依然为我们的自由主义政治理论和正统社会科学所理解,无疑是因为这些理论和科学作为这一社会的反映仍旧外在于异化的自由主义社会。因此,通向"黑格尔与马克思主义"这个议题的最富有成效的途径将撇开做了大量工作、仍然毫无成果的"辩证的方法"的议题,聚焦于具体的社会理论和历史哲学的要点上。

马克思在他自己的权限范围内当然是一位富有影响力的原创性社会思想家,那种以为他仅仅是黑格尔的效仿者的观点是荒谬的。正如黑格尔的社会理论——特别是最近这些年——经常受到马克思主义批判性的敌视一样，马克思是一位犀利的黑格尔批判家。但是我倾向于认为，当我们更多地专注于二者对于问题的契合而非差异时，将在他们身上更好地体会到大量的持久性价值。

市民社会

让我们从黑格尔时代的概念出发。他认为，就人类个体而言，这是一个被一种新的自我概念所刻画的时代。人们将自己视为自由选择的**个体**，个体有能力从他们的一切欲望和性质中抽象出来，并且为了他们自由任意的行使而要求给自己一个外部的领域。这个领域从个人的身体开始，并扩展到被我们称为个人财产的一切。对黑格尔来说，被现代社会所承认的财产（权）的唯一合法形式是私人财产（权）。

现代社会的个体不仅要求个人权利到达外部的领域，在这一领域，他们的自由任意是至高无上的，而且他们将自己视为通过所作的选择为他们的生命赋予意义的**主体**。主体需要一种自我依靠的生命模式，以至于他们的行为被看做是自己进行反思性选择的结果，而不是习惯或外部强制的结果。这需要社会安排提供给他们黑格尔所谓的"主体性自由"。

所有这些都必定使我们想起现代自由主义的正统说法，其自然概念和社会生活的目标是建立在个人的权利和道德主体的尊严与自由之上的。这看起来似乎是，黑格尔的主要补充仅仅在强调现代社会建立在其上的人类自我概念的历史特性。但是对黑格尔来说，真正的差异在于，"个人"和"主体"只是抽象的概念；它们凭借自己不足以为人类权利和道德责任提供内容。黑格尔认为，抽象概念的形式趋向于一种"原子精神"的培养，这种精神使诸个体与每个其他个体以及他们公共的社会生活区分开来。当政治国家仅仅被设想为保护个人权利时（像在费希特的早期政治理论中那样），该国家就不可避免地转变为一种与唯一功能是监管和威慑其个体的相对立的抽象权力。由于这种国家仅仅被视为一种福利行政权力，因此它趋向于被简化为一种福利行政国家。① 与保护个人权利不同，这种国家成了他们的死敌。只有当抽象概念"个人"和"主体"通过社会机构被赋予内容的时候，它们才能发挥作用，在这些社会机构中，每一个体通过被整合到一个相互依赖和相互承认的社会有机系统之中而达成一个完整的社会身份。权利和道德只有在这样一种体系里才能繁荣起来，这种体系保障着作为确定的和被承认的社会角色的个体的自由和幸福，并且同时为了这些个体有意识地将自己作为一

---

① 此处"police"相当于德文中的"Polizei"。该词在《法哲学原理》中译本中被译做"警察"，但该书译者同时作了一个注释："原文 Polizei，在黑格尔的用语中，指广义的内务行政而言，除了军事、财政、外交以外，其他一般内政都包括在内。"见〔德〕黑格尔：《法哲学原理》，北京：商务印书馆1961年版，第237页。在本译文中，该词取"行政"和"福利"双重含义。但这双重含义对黑格尔来说不是相分离的。因为黑格尔并不将公共权力管理机构的监管看做是与个体权利相对立的，而是视为对个体的规范和保障。这与费希特将监管与保护对立看待的观点不同。以下是作者艾伦·伍德教授就该词的理解给译者的回信："Polizei included what we now think of as police(law enforcement) but also what we would today at least in the U.S. call 'public works'—the maintenance of roads, bridges, street lighting, etc. as well as what we would call the 'welfare' system—relief for the poor, etc. In his lectures, Hegel provides a quite precise definition of this broader sense when he defines Polizei as 'the state insofar as it relates to civil society'. Also, the term 'police state' did not mean a state run by the police—a totalitarian and repressive state, in other words—but rather a state whose functions concern the support and regulation of civil society."——译者注

种共享的或公共的目的构建起来。黑格尔将这种体系命名为"伦理性实体"(Sittlichkeit)。

现代伦理实体的基础对个体生活而言是一种新型且独特的制度设置。前现代社会在"天然的"和"私人的"家庭社会与"人为的"和"公共的"政治国家社会之间进行了区分。在一种按照这种方式进行分隔的社会秩序之中,没有空间让诸个体作为个人和主体去充分发展,以便运用他们的自由任意去追逐其私人目的,并在更大的社会生活的公共舞台上发展他们独一无二的个性。然而,在现代社会,个体的权利和福利已经独立于社会整体的善而达到了一个合法的地位。这种善的追求要求一种新的社会机构,在这种机构里,每一个体对更大规模的社会生活的参与必须以该个体的任性为中介,并且必须表达该个体的主观意见。

因为这是一个由市民(Bürger)组成的社会,所以黑格尔称这种独特的现代社会机构为"市民社会"(bürgerliche Gesellschaft)。但是该德文词具有双重意义:它可以表示与法文词**公民**(citoyen)相同的意思,意指政治国家的公民,抑或可以表示与法文词**有产者**(bourgeois)相同的意思。对于"市民社会"这个术语,黑格尔强调他是在后一种意义上来使用的。

等　级

对黑格尔而言,"市民社会"有时仅仅指涉由一种法制正义的体系所保障的市场经济;作为有产者的个体仅仅是合理地自利的**经济人**。这可能让人迅速联想到马克思对于资本主义有产者心理直言不讳的描绘。但是那种联想显然是太快了。将一种本质上来源于正统自由主义理论的形象强加给黑格尔和马克思,将歪曲我们对二者的理解。

黑格尔的作为有产者的现代个体概念始于自利的私人概念，那些私人把市场作为一种手段，以达到他们自己的目的。但是他想表达的主要问题是，在市民社会里，这样的个体被描述为一种与他人相联系的明显的外部必然性，并且这种联系带来了这些个体及其目的的变化。因为这点，黑格尔的市民社会不被设想为一种自然的领域，那种领域导致诸个体通过不受约束地参与开放的市场来追逐他们的私欲。这种自由主义的或者纯粹经济学的市民社会概念是被黑格尔以"精神的动物王国"的名义所嘲笑的。

对个体而言，市民社会的功能不是简单地满足他们或然性的需要，而是实现他们作为个人和主体的抽象的自我形象。换句话说，在市民社会中，生活的关键不仅是欲望的满足，而且是自我的实现。黑格尔从一开始就强调，"具体的个人"不是市民社会的唯一原则，它被第二个原则——"普遍性的形式"——所补充。因此，黑格尔对市民社会的分析包含着对社会团结形式的考量，在其中，这些体系终止了，而且通过这些形式，个体将他们自己与国家的普遍目的联系了起来。市民社会是一个真正的**社会**，在这样的社会里，个体获得了明确的社会身份，发展着对于他人合理幸福的确定的伦理兴趣，并且被鼓励将他们自己与共享的或集体的目的联系在一起。

在市民社会中，劳动的深层作用不是满足需要，而是教育。劳动不仅发展他们完成工作所需要的各种具体的实践能力，而且为理论文化奠定基础，并赋予他们的生活以准则和规范的伦理特性，这是投身于现代社会生活的复杂性所必需的。分工的深层作用不是巨大的工作效率，而是为每个个体提供一种确定的生活方式，这种生活方式总体上被市民社会承认为对普遍的善作出了贡献。"个人只有成为**定在**，成为**特定的特殊性**，从而把**自己完全**限制于需要的某一特殊领域，才能达到它的现实性。"当诸个体获得一种确定的**位置**("等级"、"社会地位"、"社会身份"或"等级地位")时,他们就完成了自我实现。通过隶属于一种确定的(产业)等级,个体获得了一种特定的生活方式,一种被他人承认的尊严,以及用于衡量主体自我价值的特定标准。没有这些,我在市民社会中的唯一身份就是无论如何我都必须向市场提供商品(包括我自己)的一名自由职业的骗子。个体"就要用外部表示来证明他在本行业中所达到的成就,借使自己得到承认。这种表示是没有限度的,因为对他来说等级并不存在,他也谈不上按他等级的方式来生活"。

出于这个原因,黑格尔建议市民社会组织成为"自治团体"或者同业公会,这一组织为他们的成员提供一种"团体精神",一种与往返于相同贸易或行业(Gewerbe)之上的其他成员团结的感觉,以及一种广泛地履行市民社会独特职能的集体责任感。这不仅为享有共同等级的诸个体提供了伦理联系,而且引导着他们趋向普遍的或伦理的目的,并提供了一种在作为个人和主体之个体的特殊生活与作为普遍社会成员之个体的公共生活之间的中间环节。通过这种方式,"市民社会的领域就过渡到**国家**"。

有产者[①]社会

对黑格尔来说,市民社会的等级不仅包括"形式的"或"行业的"

[①] 法文词"bourgeois"原指三级会议的第三等级,即平民或资产阶级。有产者社会(bourgeois society)即市民社会(civil society),这里没有采用"市民社会"这一译名,是为避免与前面的标题重复。下文译名将根据语境变化有所不同。——译者注

（Gewerbe）等级，而且包括"实体性的等级"（土地贵族和乡村的农民），同时也包括"普遍的等级"或民政服务机构。因此，黑格尔的有产者或市民社会成员的概念，其意指要比城市中产阶级所包含的多得多。然而，黑格尔明确表示，只有"形式的"或"行业的"等级——包括隶属于手工业、工业制造业和商业在内的行业——真正分享了现代市民社会独特的自我实现特征。比如，只有在产业等级那里，自治团体关系①才是适用的；只有在产业等级那里，黑格尔才找到了选举代表在政治进程中的位置。对黑格尔来说，市民社会在这种意义上是"有产者"社会：其主导性的伦理原则是从城市中产阶级那里产生的。

以这种方式，黑格尔的理论已经包含了马克思对现代资本主义分析的一些关键性特征。黑格尔第一个将"市民社会"或其经济领域作为一种独特的社会组织类型与家庭和国家区分开来。马克思告诉我们，这个概念——为他自己的唯物主义的历史概念提供了钥匙——将市民社会的结构和变化看做是对历史的总体变化起决定性的作用的。黑格尔同样预见到市民社会观念的这种应用。因此，黑格尔的现代市民社会理论也包含了马克思的城市资产阶级主宰现代社会生活这一论断的说法。重点正是，黑格尔预见到了马克思的观点：市场仅仅是深层社会结构的一种表面现象，这些社会结构的基本目标是集体的，而非个体的。当然，对黑格尔而言，深层结构是由诸等级组成的一种调和性的经济有机体，而对马克思来说，它是在敌对的社会阶级的利益冲突之间爆发的一种激烈斗争。但是，黑格尔也意识到了现代市民社会的内在冲突，而且他也运用了阶级概念去描述它们。

---

① 即同业公会。——译者注

市民社会中的贫困

黑格尔坚持，主体的自由只有处在基于私人所有权制度的市民社会之中才能够活跃起来，在那里，个体获得他们的社会等级或地位不是凭借出身或政治制度的决定，而是通过他们自己的选择、努力以及好运气。同时，每个市民社会的成员都有拥有一定财产的权利和占有一种等级的权利。正因为市民社会可以要求它的成员通过劳动自食其力，所以每个成员都有权在市民社会中获得一种等级，并在此等级中通过劳动得到一份体面的工作和一种光荣且完满的生活，作为对他的回报。无论出于何种原因，被排除在这样一种等级之外的任何人都遭受着来自市民社会方面的不公正。

然而，黑格尔认为，相当多的人实际上在他们自己对损失没有任何察觉的情况下就被排除在这些利益之外。这是因为，并不是每个人的伦理性情绪就是如此，以至于他们真的需要能动的和反思的有产者生活。按照黑格尔的观点，所有女性都有一种守家礼的伦理性的情绪，并且其全部使命就是献身于家庭生活。农村人口，既包括土地拥有者贵族，又包括农民，也被保持在一种非反思性的生活中，这种生活有赖于对它与自然界的不变关系的信任，而不是它自身的反思与理智。

另外，有一种系统性地将人排斥在市民社会的主观自由之外的情况是黑格尔无法为之辩护的，即城市穷人的境况。黑格尔将市民社会中的贫困视为一个普遍性的问题，一个产生于市民社会本身的运作方式的问题。"市民社会自身的复杂性产生了贫困"；"贫困的出现大体上是市民社会的后果，总体而言贫困必然地来源于它"。黑格尔认为，在市民社会中，财富的积累由人的需要及其获得满足的手段（换句话说，通过大量的产品和大规模的市场)的"普遍化"所推动。然而,大量的产品导致了特殊劳动的"个体化和局限性"。这种劳动之所以产生最大利润,恰恰因为它是非技术性的,因此它只能提供很低的工资。市民社会中的财富容易集中在少数人手中,城市人口的大量增长形成处于"依赖性和匮乏"的状态下的人的形式,因为他们几乎没有销售技能,并且处在失业和饥饿的巨大威胁之下。尽管黑格尔倾向于由核心家庭代替广泛的血缘群体,但他也意识到这往往会毁坏使个体得以避免市场体系偶然性的那层主要保护。而且,几乎没有什么激励着富人去阻止贫困,因为他们实际上得益于贫困的实存:"当贫困大量存在时,资本家发现许多为低工资而工作的人增加了他的收入;而且进一步的结果是小资本家陷入了贫困。"

黑格尔把穷人描述为一个"阶级"(Klasse),而不是一个"等级"(Stand)。等级有赖于在功能上互补的社会地位与经济角色之间的"具体差别",但是阶级差别有赖于"财富、抚养和教育的**不平等**……借此,一些个体遭受到一种对国家比对他人更为有益的活动"。穷人从他人中被划分出来,因为,市民社会向他们开放的这些活动只具有边缘价值。作为结果,穷人"在或多或少的程度上丧失了社会的一切好处"。非技术性劳动力只拥有勉强维生的工资,而且没有资格成为自治团体的成员。因为穷人几乎没有购买力,所以他们不能满足任何新的和变化的需要与欲望,这些需要与欲望是市民社会生活永恒的产品以及发展人类本性和解放主体性原则的主要手段之一。因为穷人缺乏教育,所以被排斥在像法律、医学、艺术、科学和宗教这样的市民社会的高级文化利益之外。黑格尔对于市民社会中穷人困境的看法可以通过马克思早期对无产阶级的一句描述准确地概括出来:"一个并非市民社会的市民社会阶级。"

在黑格尔看来，贫困的状况向来是由社会贫乏造成的一种错误或不公平："没有一个人能对自然界主张权利，但是在社会状态中，匮乏立即采取了不法的形式，这种不法是强加于这个或那个阶级的。"黑格尔认为国家（在它的"福利行政"职能上）有责任防止或弥补这些错误。（私人的慈善是凭借其不可靠的本性，并且往往让事情变得更糟，因为它贬低和羞辱了那些接受它的人。）

但是，黑格尔对于国家解脱其责任的能力持悲观态度。如果国家自己直接给养穷人或者要求富人给养他们，那么基础性的问题根本得不到解决，因为穷人依然缺乏尊严和自尊，与之相伴随的是不能依靠自己的劳动得到一份体面且光荣的生计。另一方面，如果国家试图提供给他们工作机会，那么这只会恶化最初的问题，该问题是与效益的要求相关联的生产过剩问题："这里就显露出来，尽管**财富过剩**，市民社会总是**不够富足**的，这就是说，它所占有而属于它所有的财产，如果用来防止过分贫困和贱民的产生，总是不够的。"黑格尔对于贫困问题的最后评论实际上是一种清醒而冷静的绝望的忠告：他说，在英国，解决贫困的最佳方法被发现是"使穷人们听天由命，并导引他们依靠向公众行乞为生"。

贱　民

黑格尔和马克思一致认为，现代市民社会往往会产生一个贫困阶级，这一阶级的实存违反了它的基本原则，但这种状况在其经济制度的限定因素范围内又不能被成功地补救。在对市民社会构成威胁的贫困的严重性方面，两人显然是有分歧的。黑格尔困扰于该问题的不可调解性，但他显然不认为这对现代社会的生存造成了威胁；另一方面，马克思将劳动的穷人视为一个强大的革命阶级，该阶级注定要变革市民社会，推翻其私人所有权的基本制度，并以所有人的真正自由取代其有限的资产阶级自由。

像马克思一样，黑格尔认为贫困状态导致一部分穷人产生了一种与市民社会的伦理原则敌对的独特情绪或心态。但是，马克思将贫困阶级的使命视为积极的，并且认为它（至少在初期）的心态具有创造性和进取性，与此相反，黑格尔认为这种心态具有彻底的腐蚀性和破坏性，并缺乏消除或赎回产生它的罪恶的潜力，尽管这种心态存在着基本的合理性。

黑格尔指出，贫困把穷人变成"贱民"。贱民的标志不是贫困本身，而是"跟贫困相结合的情绪，对富人、对社会、对政府等等的内心反抗"。穷人变成贱民不单单是由于贫困，而且是由于某种自暴自弃的心态，在现代市民社会的伦理条件下，贫困往往会不可避免地带来这种心态。穷人阶级与市民社会的文化利益的分离导致了一种更深层的分离，一种"内心"或"情感"的分离："穷人感觉自己被所有人排斥和嘲笑，这必然引起一种内心的反抗。他意识到自己是一种无限的、自由的存在，并且因此产生了他的外部实存应该符合他的意识的要求。"

贫困是错误的、不公平的，但穷人不能忍受的仅仅是对权利的某种可能发生的剥夺，他们要保留他们的尊严和意志的完整性，以捍卫他们的一般权利。然而，贫困毁坏了自我感，它对黑格尔来说是现代社会中伦理态度的必要媒介。（如马克思后来所指出的，穷人可以"不要求享有任何**特殊的**权利，因为威胁着这个领域的不是**特殊的**不公正，而是**一般的不公正**"。）贱民保持着他们是无限的和自由的存在权利的感觉，但是对他们而言，这种抽象的自我感不再能够尽可能地达到对一种道德生活——是为了自我满足——的肯定。他们将自己经验为不公正的客体,而不是一种由光荣的劳动维持的独立生活的主体。因而,他们的自我意识维持的只是反抗和仇恨的感情,而不是荣誉、尊严或自尊的感觉。事实上,恰恰是现代伦理价值的所有物,特别是个人权利的感觉,将"天然的贫困"转变成了"贱民心态":

>"当诸个体没有发展到对他们权利的自我意识时,他们就保持在天然的贫困之中。但随后这种天然的贫困至少在懒惰和失业者的条件下发展起来,这些人习惯了偷懒。由此,自我情感的修正完全消失了。在穷人中间产生了一种对所有有产者的嫉妒和仇恨。"

这进一步涉及对权利和人格的真正理念的破坏。在贫困的条件下生活,自我经验是这样的:自由、人格和权利的理念不过是虚假的——它们是缺乏任何现实存在的空洞观念。由于我经验到我的人格不被任何其他人承认,我就反过来不再承认其他人的人格:"自我意识被驱使达到这种地步——哪里不再有任何权利,哪里就不实存自由。[结果,]对普遍自由的承认消失了。我们在贱民之中发现,在这种条件下产生了无耻。"就像《共产党宣言》所提到的,贱民发现,"法律、道德、宗教全都是资产阶级偏见,隐藏在这些偏见后面的全都是资产阶级利益"。

黑格尔不赞成贱民的心态,但他认识到贱民的不公正的感觉是完全正确的,甚至贱民对市民社会基本道德价值的逆反和破坏从根本上看也是合理的。在市民社会里,"每个人都有寻找他的生计的权利";因为穷人"有生存的权利,贫困是一种不公正,一种反权利的罪行"。接下来,黑格尔认为,当他人的权利威胁到我作为一个整体的幸福时,我对他人权利的侵犯就不再是一种不公正,我的行为出自一种"权利的必要性"。通常,这种权利只适用于瞬间危险或痛苦的特殊情况之下。但黑格尔认为,当你是穷人的时候,权利的必要性就普遍地适用于你,因为你的整体生活处在作为市民社会成员所必需的公认的最低水平之下。因此,权利的必要性对你来说就是普遍的,没人有任何权利反对你:"早些时候,我们认为权利的必要性是指一种紧急时的需要。[然而,在贫困的情况下,]必要性不再具有这种瞬时特征。"贫困由此产生了"非承认性的权利"。穷人因此远离了市民社会的伦理生活,他们的生活方式超出其对与错的标准。"贱民是一种危险的恶,因为他们既没有权利,也没有义务。"

历史与精神

马克思的"无产阶级"与黑格尔的"贱民"之间最极端和最显著的区别可能与他们投身集体机构的能力有关。对马克思来说,无产阶级有一种趋向阶级团结的基本动力,借此它将最终达成其变革社会以及实现人类普遍解放的世界历史使命。然而,黑格尔将所有集体机构视为一种道德生活的功能。因为贱民被排除在其社会的伦理原则之外,黑格尔认为它无法实现任何有意义的集体行动。然而,即使在这里,当我们更加深入地探究他们的历史理论时,马克思和黑格尔的看法还是趋向一致的。

黑格尔主张,世界一般是诸范畴的一种具体化或思辨逻辑的"思想—决定"。因此,马克思批评他及其追随者们相信"思想的统治",即"世界是受观念支配的,思想和概念是决定性的本原"。马克思认为黑格尔的见解不仅是形而上学的,而且是历史性的:人类历史的过程是由人的思想和概念——特别是哲学和宗教的思想和概念——决定的。这是严重误解了黑格尔的历史理论。黑格尔的确主张人类历史是思想或精神的历史。但黑格尔并不是将精神理解为某种与客观世界中人类活动不同的事物。与此相反，精神对黑格尔而言是某种意识的活动，这种活动通过外化自身、进而通过自我理解——根据对它所做之事的解释——的形成过程来成为或者实现自身。"精神的历史就是它自己的**行为**，因此精神仅仅是它所做之事，而它的行为就在于把自己，在这里是作为精神，变成它自己意识的对象，并在对自己解释自己中把握自己。"这意味着对黑格尔而言，精神的历史的基础乃是"客观"精神的历史——精神相继带给自身以客观社会形式的历史。

请考量个体人格如何可能通过其行动发展自身的如下图景。我开始有了某种我自己的概念，它不仅涉及我自身特征的一种形象，而且涉及我是谁的有关评价，以及——与此密不可分的——一系列朝向我自己的目标和愿望。在这种自我概念的基础上，我就根据此概念采取旨在实现自我的行动。因为我作出行动来改变我自己，不仅通过我拟定的方式，而且通过我没有拟定或者预见的其他方式。如果我觉察到的那些自身缺陷包含或者意味着在我的自我形象以及我的目标和愿望的概念中的那些缺点的话，那么这将是不可避免的。因此，当我实现我自己时，我将发展我正在实现的自我的知识，并因而也改变我正在追求的目的的概念，这是唯一可以预期的。"依据它的自我认知，精神产生并实现它自身；它按照这样一种方式行动，以至于它自身的知识也被实现了。"精神活动是自我认知、自我实现以及现实努力之间的辩证的相互作用，在这种相互作用中，为了一系列既定目标而作出的努力——建立在一种既定的自我认知基础上——及时引导出一种新的自我认知、新的目标，甚至一种修正了的努力。

精神被认为是社会的或集体的自我变革活动。黑格尔认为，人类个体的知识和目的性活动可以被归结为一种集体活动（通过社会、民族、文化，甚至通过作为一个整体的人类），这种活动以自我理解和自我实现为目标,并通过对人的文化身份以及普遍人性的日益深入理解而不断地自我变革。只要诸个体阐明并传播它,集体活动就会意识到它自身,以致成为一种文化和传统的共享意识。

黑格尔的历史哲学确实涉及"意识",因为精神的活动本质上是有意识的,这种活动依赖于在一个确定的自我概念以及来源于那个概念的确定目的和目标的每个阶段。但是对黑格尔来说,历史并不是由在人们的哲学或宗教概念上发生的一系列变化所主宰的,就仿佛人们精神生活的这些崇高领域遵循着一种自主的过程,而他们的社会和经济生活的形式简单地取决于纯粹思想的发展水平。与此相反,黑格尔认为,"绝对"精神的高级领域——艺术、宗教、哲学——自己认为自己完全超出了历史,因为它们的正当对象——绝对真理或神圣理念——是永恒的和一成不变的。它们拥有历史,只是因为在每个时代中它们采取了一种符合自我意识水平的形式,精神通过争取自我实现的目标而达到这种自我意识。黑格尔辨认出精神的真实历史,即在人类社会诸结构——例如国家的政治体制——的发展中的"客观精神"。哲学和宗教只是在人们运用哲学的或宗教的观念去阐明他们自己作为社会存在物的概念和他们对自己社会生活体制的意向的情况下,才在历史上发挥作用。

历史唯物主义

马克思历史理论深邃的原创性在于,它不再呈现黑格尔在一般人类活动方面的图景,相反,它把注意力集中在**生产活动**或直接满足人们物质需求的劳动上,进一步的结果是,它把社会历史从根本上视为经济结构或"生产方式"的历史,而不是政治制度的历史。马克思主张,一切社会生活的"现实基础"是人类在他们的生产合作中所融入的"社会生产关系"。在任何特定的时间之内,这些关系都形成一个整体,马克思称之为"社会经济结构",他说,黑格尔将这种相同的结构命名为"市民社会"。社会生活的其他形式,特别是政治国家,隶属于竖立在经济关系基础之上的"上层建筑"。

然而,甚至社会的这一"现实基础"也依赖于人类生产的自然和历史条件。在任何一个特定的历史阶段,人类的"生产力"都是确定的,其工作需要人们之间确定的合作模式。一种特定的合作模式是通过一定的社会关系——如所有权关系和权力关系——促成的,这些社会关系以牺牲他人为代价将生产过程与结果的有效控制分配给某些个体。人的生产力随着时间的推移趋于增长。生产力的增长周期性地要求劳动合作的重组,以及在生产的社会关系和社会的经济结构上随之发生的根本变化。马克思称之为"社会革命"的周期性变化;他主张,重要的政治变革,以及在人们的哲学或宗教观念上的变革,可以被解释为在社会经济结构上的根本性革命的一种作用的结果。

社会革命的机制是**阶级斗争**。社会生产关系根据共同的境况和共同的利益把人们分成若干群体。这些群体并非立即就是阶级,而是当他们组织起来通过政治运动和阶级意识形态提升他们的阶级利益的时候,他们才成为阶级。阶级利益也不直接与阶级个体成员的利益相一致,而是与阶级运动的利益相一致。马克思的历史唯物主义并不认为人们只追求其个体的经济利益。相反,历史唯物主义主张他们联合起来去追求这些利益,并且在这样做的过程中获得了新的欲望和利益——集体利益不能还原为个体利益,而且有时需要牺牲个体利益。在这方面,马克思主义的阶级范式可能类似于黑格尔的伦理生活概念。那也是一种集体活动,该活动增进其参与者的利益,同时也向他们倡导更广泛的集体利益——通过与其个体利益更广泛的调和,而且有时需要牺牲个体利益。

只要阶级社会持续存在，每种生产方式就将以一个占统治地位的阶级为特征，而这个阶级的成员有权从当时的生产关系中获益。相反，因为革命阶级的历史使命是最终推翻一种生产关系并建立另外一种生产关系，所以它的阶级利益也可以与确定的生产关系相一致，这样的生产关系使其成员有权获益，例如，建立在私有财产和市场基础上的生产关系有利于资产阶级。它在现代世界中已经提升到了统治地位，因为在这个阶段，在社会生产力的发展方面，私有财产和市场最适合于利用并进一步发展这些力量。因为马克思坚信这个时代即将过去，所以他期待一个新兴的阶级——无产阶级——在即将到来的时代成为统治阶级，带给时代一种社会主义或共产主义的新的生产方式。

（原载弗雷德里克·C. 拜塞尔[Frederick C. Beiser]主编的《剑桥黑格尔指南》[*The Cambridge Companion to Hegel*, 2006]，译文有删节）

（戴劲 译）

马克思与黑格尔的关系：一种新阐释*

〔英〕罗伯特·法恩

马克思的二重身

黑格尔的幽灵在马克思的作品中神出鬼没。马克思在赞扬黑格尔发现了"辩证法的正确规律"后，马上批评黑格尔是以唯心主义和神秘形式提出了辩证法。1858年他给恩格斯写信说，黑格尔的《逻辑学》对于他分析资本的方法帮助甚大，但黑格尔把辩证法搞得很神秘。① 1868年他写信给库格曼说，他自己的阐述方法和黑格尔不同，因为他是唯物主义者，而黑格尔是唯心主义者，但是黑格尔辩证法的神秘形式一旦被剥去后，其辩证法的基本形式才保留下来。② 1873年在《资本论》的《跋》中，马克思承认自己是那个"大思想家"的学生，并且评论说："辩证法在黑格尔手中神秘化了，但这决没有妨碍他第一个全面地有意识地叙述了辩证法的一般运动形式。在他那里，辩证法是倒立

---

* 本文选自《马克思主义与现实》2010年第1期。作者罗伯特·法恩（Robert Fine）系英国华威大学社会学系教授。

① 中央编译局编：《马克思恩格斯〈资本论〉书信集》，北京：人民出版社1976年版，第121页。

② 《马克思恩格斯选集》第2版第4卷第578—579页。

着的。为了发现神秘外壳中的合理内核,必须把它倒过来。"① 马克思强调自己的辩证法不但与黑格尔不同,而且截然相反。他指出黑格尔的《法哲学原理》本质上是服务于"美化现存事物"的国家哲学。他提出了自己的"辩证法的理性形式""引起资产阶级及其夸夸其谈的代言人的恼怒和恐怖,因为辩证法在对现存事物的肯定的理解中同时包含对现存事物的否定的理解,即对现存事物的必然灭亡的理解"②。然而马克思也斥责那些一点也不理解黑格尔的方法的"华而不实的冒充科学"的教授和"坏脾气、傲慢自大、普普通通的模仿者"。马克思自己对黑格尔的评价或许在他早期的作品中最为敌对,尤其是 1843 年对黑格尔《法哲学原理》中的"国家学说"的批判,但那从未根本改变。黑格尔的幽灵作为一个令人讨厌的面貌相似的东西无所不在。

多数马克思主义者的讨论追随着马克思自己对他和黑格尔关系的陈述。列宁使人畏缩的观察——没有对完整的黑格尔逻辑的学习与理解就不可能完全理解马克思的《资本论》——已经被同时代的评论者以不太严格的形式随声附和,特别是自从再版了《资本论》的粗糙草稿《政治经济学批判大纲》(以下简称《大纲》)之后。例如,罗曼·罗斯多尔斯基写道:"如果黑格尔对马克思《资本论》的影响仅仅在几个脚注里能被明白地看到,粗糙的草稿可能被指认为对黑格尔——特别是他的《逻辑学》——的大量参考……《大纲》的出版意味着没有首先对马克思的方法和他与黑格尔关系的研究,就不能写出关于马克思的学术评论。"③ 戴维·麦克莱伦谈到:"《大纲》在这方面最显著的段落是马

---

① 《马克思恩格斯选集》第 2 版第 2 卷第 112 页。
② 《马克思恩格斯选集》第 2 版第 2 卷第 112 页。
③ Roman Rosdolsky, *The Making of Marx's Capital*, London: Pluto, 1980, p. xiii.

克思的经济学的草稿计划在语言上的倾斜（比如本质和外观之间的区分）直接地来自于黑格尔的逻辑。"① 然而很少有马克思主义评论者挑战马克思关于黑格尔的唯心主义辩证法上悬挂着神秘主义的裹尸布或者黑格尔的唯心辩证法给予国家绝对的祝福的观点。罗斯多尔斯基提出了更值得怀疑的记录，他强调马克思根本不欠黑格尔的和黑格尔颠倒了唯物主义，但他感到遗憾的是，他只能简单地涉及"'粗糙草稿'所提供的最重要的理论问题"，即马克思的著作与黑格尔的联系，特别是与黑格尔《逻辑学》的联系。②

最近，一些马克思主义的学者在《资本与阶级》的书里书外开始挑战马克思对于他和黑格尔关系的说明。戴维·麦克格瑞格写下了"作为把万事万物颠倒了的唯心主义者的黑格尔的神话"③。伊恩·弗瑞色注解说："马克思可能没有看到过，但是他拥有的辩证法明显和黑格尔的相似……黑格尔的辩证法就是马克思的辩证法。"④ 艾伦·伍德承认："黑格尔和马克思的历史理论之间的密切关系比马克思所承认的更多。"⑤ 这些对黑格尔和马克思关系的修正性解释表明了正在增长着的直觉知识，即马克思可能弄错了黑格尔，并且黑格尔的辩证法也不像马

---

① David McLellan,"Introduction" in *Marx's Grundrisse*,London:Macmillan,1980,p.13.

② Roman Rosdolsky,*The Making of Marx's Capital*,London:Pluto,1980,p. xiii.

③ David MacGregor,*The Communist Ideal in Hegel and Marx*,London:George Allen and Unwin,1984,p.3.

④ Ian Fraser,"Two of a kind:Hegel,Marx,dialectic and form",*Capital and Class*,61,Spring 1997,pp.81-106.

⑤ Allen Wood,"Hegel and Marxism",in Frederick Beiser(ed.),*Cambridge Companion to Hegel*,Cambridge:CUP,1993,p.433.

克思所想的那样神秘、令人困惑和守旧。

我想对那些人说，他们说我们不应该只用一个方法途径去理解黑格尔和马克思的关系，这个途径就是马克思自己所作的说明。把旧格言加之于黑格尔的唯心主义哲学和政治保守主义，我们可以避免好像马克思仅有的错误在于他自己没有看到黑格尔的辩证法和他的是一样的，好像不再有其他更真实的结果产生。我的意见是把马克思和黑格尔放在一起阅读，把他们看做是联系统一的而不是对立着的唯物主义和唯心主义，这能让我们更好地理解他们两人的作品以及他们各自对批判资本主义所作的贡献。我首先想赞成的是马克思的政治经济学批判和黑格尔法哲学之间的一致性；其次，对于把马克思和黑格尔一起阅读的有效性是就我们对于资本主义的理解而言的；最后，"回到黑格尔"的意义是为了恢复马克思那里正确的东西。

方法的一致

在《大纲》中论述他的政治经济学方法时，马克思表明自己克服了黑格尔对真实的混淆和他对真实的思考。他所主张的——某种程度上黑格尔没有做到的——就是要对具体形成的过程途径作出区分。他写道：

"黑格尔陷入幻觉，把实在理解为自我综合、自我深化和自我运动的思维的结果，其实，从抽象上升到具体的方法，只是思维用来掌握具体并把它当作一个精神上的具体再现出来的方式。但决不是具体本身的产生过程。"[1]

---

[1] 《马克思恩格斯全集》第1版第46卷上册第38页。

在他自己的关于阿·瓦格纳的笔记中，马克思把自己的方法论和黑格尔辩证法的概念特征作了对比：

"我不是从概念出发，因而也不是从'价值概念'出发，所以没有任何必要把它'分割开来'。我的出发点是劳动产品在现代社会所表现的最简单的社会形式，这就是'商品'。我分析商品，并且最先是在它所表现的形式上加以分析。"①

黑格尔被指责搞乱了随具体事物本身的发展而发展的观念。反对黑格尔所谓的神秘主义，马克思断言辩证法不是从一个逻辑范畴到另一个逻辑范畴的自我确认的运动，而是从一个形式到另一个形式的真实的历史运动——资本主义中的商品形式到货币形式的运动。依照马克思的看法，黑格尔所采取的假设和辩证法的结果连续地、无限地形成了一个逻辑圆圈，而马克思根据资本主义被斗争撕成碎片和向革命的胜利展开的历史假设，认识到资本主义社会是一个短时间的构成物。

这是马克思对于黑格尔以及他和黑格尔的关系的简洁陈述，但是这也隐瞒了他的政治经济学批判反映出黑格尔的权利科学到什么程度。在《大纲》的导论中，马克思指出："从现实的前提开始，因而，例如在经济学上从作为全部社会生产行为的基础和主体的人口开始。"这似乎是正确的。但是细致的检查后证明这是错误的，因为后者是"许多决断的集中"。人口预示着阶级，阶级预示着劳动工资和资本，劳动工资和资本预示着货币，货币预示着交换价值和商品形式。这些是形成一个整体的要素。马克思总结说：

---

① 《马克思恩格斯全集》第 1 版第 19 卷第 412 页。

"如果我从人口着手……我就会在分析中达到越来越简单的概念；从表象中的具体达到越来越稀薄的抽象，直到我达到一些最简单的规定。于是行程又得从那里回过头来，直到我最后又回到人口，但是这回人口已不是一个浑沌的关于整体的表象，而是一个具有许多规定和关系的丰富的总体了。"①

马克思把对经济学在其起点时候的分析路径和对经济体系从简单的关系（价值、交换价值等）攀升到具体的全体的水平（国家、国家间的交换、世界市场等）的辩证路径看做是一样的。对于后者，马克思认为这"是非常明显的科学的正确方法"。马克思问到：

"这些简单的范畴在比较具体的范畴以前是否也有一种独立的历史存在或自然存在呢？要看情况而定。比如，黑格尔论法哲学，是从主体的最简单的法的关系即占有开始的，这是对的。"②

马克思不是完全正确。黑格尔不是以占有的观念而是以抽象的权利开始他的《法哲学原理》的。马克思实际上附和了黑格尔的争论，他观察到历史上的家庭有占有但是没有私有财产，而现代家庭必须从私有财产关系去理解。然而，马克思得自于黑格尔的最主要观点是，认识到简单的范畴（比如私有财产）是更具体的范畴（比如家庭）前的历史性的存在。在这一事例中，抽象思想的路径从简单上升到复杂，和历史的过程一致，但是不能让经济范畴遵循的顺序和它们在历史上确切的顺序一样。

在商品形式的开始，马克思承认这个出发点可能和某些历史事件相符（例如社会之间的实物交换先于所有的货币关系），但是它的意义不

---

① 《马克思恩格斯全集》第 1 版第 46 卷上册第 37—38 页。
② 《马克思恩格斯全集》第 1 版第 46 卷上册第 39 页。

在于事件本身,而在于其中的资本主义时代最简单经济形式的本质。马克思对于源自于这种陈述模式的幻想作了富有启发的评论:

"当然,在形式上,叙述方法必须与研究方法不同。研究必须充分地占有材料,分析它的各种发展形式,探寻这些形式的内在联系。只有这项工作完成以后,现实的运动才能适当地叙述出来。这点一旦做到,材料的生命一旦观念地反映出来,呈现在我们面前的就好像是一个先验的结构了。"①

马克思承认对于价值的科学批判将作为先验的解释出现,但是他不接受——被他不断地描绘成先验解释的——黑格尔法哲学是同样的真理。

事实上,马克思自己的政治经济学的批判方法紧密地跟随着黑格尔法哲学中的方法的假设。正像黑格尔在《法哲学原理》中所说,权利的科学必须观察"事物本身所固有的内在发展"②。它的主题是权利的理念,包括概念和它的实现。不是去限制纯粹概念,恰恰相反,是为了显示它们只是"问题的一个方面,还缺乏真理性"。概念和它的现实化就像"灵魂与肉体……没有肉体的灵魂就不是活的东西,倒过来说也一样"③。从最简单和最抽象的权利出发,一步一步地行进到比较复杂和具体,黑格尔对权利的形式和形态作了分析。他从抽象的权利开始,而抽象的权利内在地分为人格、财产、契约和不公正。他把抽象的权利运行到道德,而道德又分为责任、福利和良心。他把道德运行到伦理生活的诸形式,而这又包括家庭、市民社会、国家以及国家间的关

---

① 《马克思恩格斯选集》第 2 版第 2 卷第 111 页。
② 〔德〕黑格尔:《法哲学原理》,北京:商务印书馆 1961 年版,第 2 页。
③ 〔德〕黑格尔:《法哲学原理》,北京:商务印书馆 1961 年版,第 1 页。

系。"高级的辩证法"是权利在它的不同的概念和形态间的运动。而且思想仅仅观察到:"不是主观思维的外部活动,而是内容固有的灵魂,它有机地长出它的枝叶和果实来。"① 黑格尔的权利哲学在所观察到的纯粹历史任务之前,从最抽象到最具体的发展是一个可以或不可以与现世的它们真实的面貌相符的概念上的结果。黑格尔这样刻画他的方法论的特色:

"我们只要求从旁观察概念本身是怎样规定自己的,我们竭力避免对它加入任何一点属于我们想象和思考的东西。但是我们用这种方法所得到的是一系列思想和另一系列的定在形态。这里可以补充一点,一系列定在形态的实际出现在时间上的次序,一部分跟概念逻辑的次序是互有出入的。例如,我们不能说,在家庭出现以前就已经有所有权存在;但尽管这样,所有权必须放在家庭之前论述。所以这里可能发生一个问题,为什么我们不从最高级的东西即具体的真实东西开始。回答是:我们所愿意见到的,恰恰就是采取结果形式的真实东西,因此本质上必须首先理解抽象概念本身。由于这个缘故,现实的东西、概念的形态虽然在现实世界本身中是首先存在的,但是我们仍把它放在后面作为下一步骤来处理。在我们的进展程序中,各种抽象形式不是作为独立存在的东西而是作为不真实的东西显现出来的。"②

黑格尔为马克思提供了模型。马克思也是从同时代社会最简单最抽象的元素出发,向上运行到最复杂和具体。他们主题的不同标志着他们的差异。

---

① 〔德〕黑格尔:《法哲学原理》,北京:商务印书馆1961年版,第38页。
② 〔德〕黑格尔:《法哲学原理》,北京:商务印书馆1961年版,第40页。

把黑格尔和马克思放在一起阅读

在《法哲学原理》中,黑格尔探讨了构成政治现代性的权利诸形式,而在《资本论》中,马克思探讨了构成经济现代性的价值的诸形式。《法哲学原理》的主题由现代主体享有的权利诸形式构成,确切地说,这些人拿着他们的商品(包括他们的劳动能力和智力财富)去市场为了钱或者其他的商品而出售这些商品。在现代资本主义社会,《资本论》包含的诸形式由这些事物构成,更确切地说,由人类的劳动构成。我们不能先验的假设一个主题比另一个更本质。对于黑格尔,我们认为他致力于现代性的观念形式,马克思致力于现代性的物质形式。但是他们的工作是互补的,黑格尔的分析关注的是构成现代政治生活的权利的各种形式,而马克思的分析关注的是构成现代经济生活的价值的各种形式。把他们放在一起阅读,他们提供了一个比他们彼此孤立所提供的更为全面的对现代性的整体想象。

马克思没有认识到他自己遵循的方法和被黑格尔在《法哲学原理》中发展的方法是多么的接近。他们二者都从他们的主题的最简单最抽象的形式出发,发展到更复杂更具体的形式。关于现代的政治形式,黑格尔主张最简单最抽象的元素是抽象权利并分析了它自我分裂为"人格"和"所有物"。关于现代的经济形式,马克思主张最简单最抽象的元素是商品并分析了它自我分裂为价值和使用价值。对于黑格尔,运动是从抽象的权利通过契约和法律到国家。对于马克思,运动是从价值通过交换价值和金钱到资本。他们两人都是从允许他们解释更高发展程度的形式的最简单形式出发,并依照这些形式不断增加的复杂程度来定制他们的陈述,所以依照对先前各层次概念的详细阐述,每个层次的理论都能得到阐述。对于从所有可能性、偶然事件和他们在实际的政治和经济体系中占有的差异中抽象出的国家的形式和资本的形式,我们不能用"经验的存在"来呈现,我们也不能给出先验的解释。他们的研究目标虽然有差异,但是他们科学研究的方法是相同的。

《资本论》和《法哲学原理》彼此也通过克服其他可能的限制相互补充。在《法哲学原理》中,所克服的唯心主义源于把现代性的排他性看成与法律和政治生活的观念形式一样。在《资本论》中,所克服的唯物主义源于把等同于现代性的排他性看成和经济生活的物质形式一样。事实上,说黑格尔是唯心主义者,仅仅是说他所强调的现代主体观念的形式以损害人类劳动产品所承载的物质形式为代价。而说马克思是唯物主义者,仅仅是说他所强调的人类劳动产品所采取的经济形式以损害现代主体的观念形式为代价。说黑格尔的唯心主义和马克思的唯物主义都有错,只是就他们只注意到问题的一个方面而言,但是在他们自己研究的领域,他们是同样有效的。

如果黑格尔关注的是人格化和主体拜物教,那么马克思关注的就是具体化和商品拜物教。当我们把这些抽象形式放在一起时就会发现:(1) 现代创造和再创造着这些分裂和对立;(2) 现代的功绩就是对这种矛盾的包容和支持;(3) 当主体和客体漂泊无依、彼此失去了联系时,就会引发最严重的危险。

这些分裂在极权主义现象中被发现,知识分子重建黑格尔和马克思关系的真实,在于我们更新能力去掌握一种马克思从来没有抓住而马克思主义者时常在此沉没的现象。黑格尔的权利哲学包含的个人自由的权利是现代的极大功绩,但是与它相反的主观主义(或者主体拜物教)使主体转换为绝对,确定了这时它和"普遍的差别和对立"。黑格尔坚持自由的心智目的是"使客体变得自由",表明个人自由的权利像结实的东西和政治的真实已经在世界实现；主体变形成不受任何精神或物质约束限制的极大的力量，不再是自由心智的目的。对于黑格尔，主观和主观主义之间的区分是至关重要的。如果前者是现代的成就，而后者构成了它的病理学。由于主体变得像上帝一样，它显得绝对，它要求被崇拜。动身启程的生命作为批判思想的原则在它自己的发展过程中变成了现代迷信和征服的一个来源。无处可以找到比黑格尔对现代国家主观主义的分析更尖锐的批评了。国家作为世俗的上帝出现。它假定自己是上帝，它要求被崇拜。它把自己等同于理性力量本身。它不是作为与所有其他形式相对的一种权利形式而出现，而是作为绝对。现代国家的概念，自身是非理性的，不真实的。现代国家在内心是矛盾的，黑格尔提出它不在于它的概念和卑鄙的经验性存在的现实国家之间的差别，而在于概念自身。没有政治哲学所要求的实现这种主张的所有障碍的被克服，现代国家的主张的绝对化是足够危险的。

（山小琪 编译）

马克思对黑格尔辩证法的运用和改造

〔美〕诺曼·莱文

一

现在，我准备转到分析马克思占用黑格尔辩证法的态度方面来。我想，我对黑格尔的讨论为较好地比较黑格尔和马克思的思想奠定了基础。在关于黑格尔的论述中，我分别论述了"辩证法的范畴"、"辩证法的形式"和"辩证法的原则"。就黑格尔而言，在"辩证法的范畴"下面，我列出了存在、本质、概念三个要素；在"辩证法的形式"下面，我列出了"整体和部分"、"现象和本质"、"形式和内容"、"一般和特殊"四个要素；在"辩证法的原则"下面，我一再强调了"矛盾"、"否定"、"中介"和"限定"四个因素。当然，在"辩证法的范畴"下面，马克思完全抛弃了"存在"、"本质"和"概念"的黑格尔逻辑结构。为了取代黑格尔的体系，用生产、消费、分配和交换的经济机能取代了黑格尔的"辩证法的范畴"。除了"辩证法的范畴"诸因素的这种取代之外，其他所有的"辩证法的形式"和"辩证法的原则"

---

* 本文选自《马列主义研究资料》1989年第2辑，标题为译者所加。作者诺曼·莱文（Norman Levine）系美国著名马克思学家。

都被黑格尔和马克思两人运用了，尽管他们两人对此分别赋予了不同的意义。我要在马克思的思想中考察"辩证法的范畴"（用我已经指出的代替物）、"辩证法的形式"和"辩证法的原则"。我尤其要揭示《资本论》的论证基础中马克思如何使用了这些辩证法材料，我打算把《资本论》和《逻辑学》进行比较，或者通过比较这些辩证法材料在《资本论》中的作用和它们在《逻辑学》中的作用，来说明两点：（1）马克思从黑格尔那里确切地占用了些什么东西；（2）马克思用什么样式物化了他从黑格尔那里占用来的东西。

讨论黑格尔对马克思的影响就要把这种影响的关系分为两个时期：人道主义影响时期和认识论影响时期。人道主义影响时期可以以"巴黎手稿"为例，"巴黎手稿"虽然采用了唯物主义形式，但是对象化、异化、疏远、实践和内在的黑格尔论题仍然清楚地表现出来了。在这个时期里，对马克思影响最大的黑格尔著作是《精神现象学》。由此看来，马克思关于《对黑格尔辩证法和整个哲学的批判》的手稿显示了这个时期黑格尔对马克思影响的主流。当阿尔都塞谈到黑格尔和马克思之间"认识论的断裂"时，是指黑格尔对马克思影响的第一时期中的断裂，或者说是人道主义影响时期的断裂。我不同意阿尔都塞的观点，因为说马克思早期的人道主义贯穿于马克思一生是完全可能的，因为在马克思和黑格尔的人道主义之间并不存在断裂，而只有调整，在这里发生了重点的转换，因为当马克思全力倾注于社会结构的分析时，他早期的人道主义论题失去了主导性，留下了一个不稳定的设想，也可以说，受黑格尔认识论的影响，马克思的思想重点发生了转换。马克思决没有和黑格尔失去联系，他只是在黑格尔著作的各个领域之间转换了他的兴趣，以适合他的需要。黑格尔化的马克思的第二时期、即马克思深入研究生产方式的时期中，他需要证实他的社会分析方法的逻辑，所以，他转向了黑格尔的认识论方法。人道主义时期和认识论时期之间的区别也就是《精神现象学》和《逻辑学》之间的区别。当马克思的人道主义兴趣占优势时，他最经常思考的黑格尔的两本书是《法哲学》和《精神现象学》。在马克思的认识论时期，即《大纲》（《政治经济学批判大纲》——译者注）和《资本论》时期，他求助于黑格尔的两本书是《逻辑学》和《哲学全书》的第一部分《小逻辑》。在《资本论》第1卷第七章"劳动过程和剩余价值生产过程"（中译本是第五章"劳动过程和价值增殖过程"——译者注）中，当马克思需要论证他关于工具本身不能生产价值而只是附属于进行生产的工人之目的的论点时，他转向了黑格尔。为了论证其观点，他援引了《哲学全书》第一部分的有关论述："理性何等强大，就何等狡猾。理性的狡猾总是在于它的间接活动，这种间接活动让对象按照它们本身的性质互相影响，互相作用，它自己并不直接参与这个过程，而只是实现自己的目的。"① 在第1卷第十一章（中译本是第九章——译者注）"剩余价值率和剩余价值量"中，当马克思试图说明在什么关节点上货币所有者成为资本家、说明什么样的货币量的需求会导致其经济状况的质变的时候，马克思再一次召唤黑格尔来为他作论证，马克思写道："在这里，也像在自然科学上一样，证明了黑格尔在他的《逻辑学》中所发现的下列规律的正确性，即单纯的量的变化到一定点时就转变为质的区别。"②

在马克思写《资本论》第1卷的时候，他自己确实完全知道黑格尔对他的影响，因为在《资本论》第二个德文版的《跋》中，马克思

---

① 《资本论》第1卷，北京：人民出版社1975年版，第203页脚注。
② 《资本论》第1卷，北京：人民出版社1975年版，第342—343页。

认为他得益于黑格尔,但是声明他和黑格尔的辩证法"截然相反"①。然而,正像他在《资本论》第1卷中自己宣称的"我要公开承认自己是这位大思想家的学生"②一样,马克思并不是完全准确的,倒不如说马克思对黑格尔认识论的依靠开始于1857年《大纲》的写作之时。马克思没有简单地"卖弄起黑格尔特有的表达方式"③,而在《大纲》中,实际上是把黑格尔的逻辑形式融合进他论述资本主义的方法的结构中去了。这本著作显示了马克思著作的早期阶段向《资本论》的发展。马克思在英国博物馆深入研究了经济、历史和人类学的几年之后,当他开始表示其对社会过程的远见和态度的时候,这些东西就出现在他的著作中。为了使他的观点清晰明确,他需要转向第二个时期的黑格尔,即认识论的黑格尔。

二

在马克思纳入到他自己体系的所有其他的黑格尔观念中,"范畴"的观念对我的论点是最重要的。从1850年到1857年,从他在英国博物馆的研究到《大纲》的写作,这一时期是马克思的历史唯物主义认识发展的决定性时期。通过研究,马克思进入了比较经济形态研究的领域。在这些观点的形成时期,他研读了罗马史、早期德国史、亚洲史,展现出构成这些历史时代基础的经济的系统结构。在《〈政治经济学批判〉导言》中,他那著名的关于存在于各个历史阶段的亚细亚的、古

---

① 《资本论》第1卷,北京:人民出版社1975年版,第24页。
② 《资本论》第1卷,北京:人民出版社1975年版,第24页。
③ 《资本论》第1卷,北京:人民出版社1975年版,第24页。

代的、封建的和资本主义的四个基本经济形态的观点，是他在1850—1857年间在比较经济人类学领域进行研究的一个直接产物。马克思认识到，在那些社会中人类如果要维持生存，社会就必须履行某种经济职能。关于这一点，在马克思看来，财产指的是生产条件和对生产条件的占有，通过这种占有人们能够生产，社会经济生产能够进行，因为所有的社会经济生活只不过是生产活动和消费以及生产之间的相互关系。马克思对作为人类经济活动一般模式的生产和消费的说明，是黑格尔的主观和客观二者相统一观点的重申。在黑格尔那里，主观和客观的统一指的是主观概念对客观的征服，在马克思这里，主观和客观的统一指的只是客观的事实，即生产的结果能够满足人的需要、能够实现消费。① 马克思和黑格尔在这一点上的区别是因为黑格尔理解的主、客观统一发生在逻辑或意识的层次上，而马克思理解的这个统一则展开在社会和自然之间。马克思借用了黑格尔的主客观的辩证法模式，但马克思把主客观的模式置于人的社会经济存在中。马克思借用了这个形式，但改变了内容：它本身是黑格尔计划的实现。

在建立了生活延续的能动性的普遍形式——生产和消费——之后，马克思继续对具体的社会经济生活提出了他的真知灼见。他概述道，如果所有的社会打算为其社会的人的存在提供客观需要的话，它们必须执行四个主要的经济职能。这些职能就是生产、消费、交换和分配，马克思把它们作为范畴论述：

"**生产一般**是一个抽象，但是只要它真正把共同点提出来，定下来，免得我们重复，它就是一个合理的抽象。不过，这个**一般**，或者说，经过比较而抽出

---

① 参看《马克思恩格斯全集》第1版第46卷上册第27—32页。

来的共同点，本身就是有许多组成部分的、分别有不同规定的东西。"①

在马克思看来，通过发现和特殊"经过比较而抽出来的"相对的一般（共同）特征就达到了"范畴"。马克思对比较经济人类学研究取得的成果，是生产、消费、分配和交换四个经济职能的分离，他考察的所有社会都普遍执行这四个职能，马克思称这四个基本活动为"范畴"。

一条巨大的鸿沟把黑格尔的"范畴"概念与这个概念的马克思副本分离开来。在本章开始时列举的范例中，黑格尔认为有三个"辩证法的范畴"，即存在、本质和概念。对黑格尔来说，"范畴"是概念在其自身演化中必须设定的形式。马克思使黑格尔的这个定义非神秘化。因为在马克思看来，"辩证法的范畴"是全部社会为了本身的再生产必须经历的经济过程。马克思所做的是改变这些"辩证法的范畴"的位置：他把它们从唯心主义的环境中取出来，然后将之置于社会学的领域。实际上，马克思被卷入到改造黑格尔的范畴的艰苦努力中去了。他没有废除范畴的黑格尔用法，而是改造了它们。马克思没有发生脱离黑格尔的所谓"认识论的断裂"，而是在一个改变了的形式中继承了黑格尔的遗产。

在马克思的四个经济"范畴"中，生产是主要的。在马克思看来，社会是人们为了生产而选定的形式。为了种的延续，必须生产满足人类需要的产品。但是不存在普遍的形式，尽管所有的社会都进行生产，然而他们以不同的方式进行生产。同样的事情对于其他经济的"辩证法的范畴"也是如此，所有的社会都进行消费、分配和流通，但是没有两个生产单位即社会以同样的方式执行这些职能。

---

① 《马克思恩格斯全集》第 1 版第 46 卷上册第 22 页。

马克思放弃了新重商主义和重农主义，抛弃了商业和土地构成价值的观点。马克思是一个坚持价值来源于劳动的李嘉图主义者。正像不存在一般的生产一样，也不存在一般的劳动；正像生产被社会自身建立的社会形式所中介一样，劳动也被社会自身建立的社会形式所中介。马克思不仅建立了社会解释的方法论，而且他也正在考虑整个历史中人类劳动的命运。马克思写下了人类劳动的社会的"奥德赛"。"辩证法的形式"将被有效地运用，这是我要分析的一点。我将进行的是要说明这些"形式—内容"、"现象—本质"、"整体—部分"、"一般—特殊"的"辩证法的形式"如何与生产（劳动）和流通这两个"辩证法的范畴"相交叉。当马克思想要论述一个社会整体怎样中介其各个部分时，他用了这些"辩证法的形式"。然而，"辩证法的形式"是交叉的：它们不仅构成限定，而且由于整体由部分构成，它们也限定整体。

劳动被纳入到生产的资本主义形式中。作为一种经济模式，资本主义通过执行这种经济过程而被区别开来，这种经济过程就是，这个社会制造产品的目的是为了出售，或者说，是为了制造商品。劳动，作为生产过程的基础，它被资本主义模式所中介：劳动本身也变成了商品。作为古典的例子，在英国，当农民因圈地法而抛弃了他们的土地的时候，出现在城市里的劳动者就和他以前的生产资料分离了。他因为不能生产自己的粮食而成为自由劳动者，他只能通过把劳动力作为商品出卖来苟延残喘。购买劳动者出卖的劳动、又拥有生产资料的人是资本家。所以，资本家和劳动者之间的关系是交换关系：买方是资本家，卖方是劳动者，买的东西是劳动力（不是劳动者本人），交换的媒介是货币。

资本主义的劳动被限定为工资劳动。劳动者不占有生产资料，不存在占有者和劳动者之间的私人联合，把占有者和劳动者连在一起的唯一纽带是劳动对货币的交换。资本家购买劳动力是因为剩余劳动是剩余价值和利润的基础。对资本家来说,劳动有使用价值:其使用价值是交换价值的生产。通过资本主义社会形成的中介,劳动作为交换价值的生产出现。

因为剩余劳动是利润的源泉,资本家的目的必将是维持劳动的价格:资本家想要使劳动生产更多的价值。资本家通过技术的应用和工人劳动生产率的提高而使劳动生产更多的产品的办法来达到这一点,这并不是指资本家为这个增长了的生产率付出了更多的工资。资本家的确没有这样做,对于劳动者扩大了的劳动产品,资本家只付出同样数量的工资这一事实,对资本家来说正是其扩大利益的源泉。在资本主义的生产形式下,劳动被限定为"维持过程价格的手段,资本自我维持价格的过程——剩余价值的生产"①。

在封建的经济形式下,生产不是为了交换价值,而是为了使用价值。因为技术发展水平低,因为产品生产仅仅是有限的剩余劳动,所以封建形式下的经济活动的目的是为了使用价值。中世纪的劳动者——农奴不能占有生产资料,封建贵族不仅拥有生产资料——土地,而且也对农奴劳动者拥有政治支配权。所有者和劳动者之间的交换还没有发展到货币。农奴的劳动不出卖,它不是商品。所有者和劳动者之间交换的东西是劳动者的劳动。劳动者把一周中的一部分时间为地主工作,一部分时间为自己工作。与资本主义的占有相反,地主和农奴的关系包含一些个人的因素:它不完全归结为或者是货币的交换,或者是劳动的交换。

因为流通如此被限制在封建经济内,所以商品形式也没有出现。所有者还是努力从劳动者身上攫取更多的剩余劳动,但不是为了生产商品

---

① "生产直接过程的结果",见《资本论》第1卷,伦敦1976年版,第1019页。

和获得利润的目的,而是为了生产奢侈品、得到超出生活必需品的使用价值剩余物的目的。在这种生产方式下,劳动不仅仅确定为"维持过程价格的手段",所有者不推动劳动者的劳动生产率的提高。

劳动过程的第三种方式为奴隶制。马克思认为,生产的奴隶制本身必须分为两种方式:家长制和种植园奴隶制。罗马和希腊世界是建立在种植园奴隶制模式上的,同样的种植园模式也在美国南部存在过。在希腊和罗马的古代世界中,种植园奴隶制模式不从事商品生产。假如商品生产曾经存在于罗马的话,那么资本主义也早已在罗马存在了。但是,马克思坚持认为,那个为交换而生产的资本主义在希腊—罗马世界是绝不存在的。马克思对德国历史学家西奥多·蒙森进行了严厉的谴责,蒙森在他多卷本的论述罗马史的著作中断言资本主义出现在拉丁世界。[①]

奴隶劳动者既不像资本主义的自由劳动者,也不像农奴,他们被认为是不受法律保护的人。无论是资本家还是封建地主占有作为劳动者的人,他们需要的都是劳动者的劳动力。然而奴隶主则把奴隶作为财产,在奴隶与奴隶主之间不存在任何交换关系,也不存在或者按照货币或者按照劳动进行交换的关系,因为财产部分没有任何东西交换:它直接是它自己的手段。

和封建生产方式相类似,奴隶制生产方式也旨在使用价值的生产。这样,奴隶制劳动也不被看做是维持过程的价格部分。然而,奴隶制同封建制和资本主义之间的重要区别,是和奴隶劳动的种植园方式相伴随的广泛管理的必要性。为了防止奴隶逃跑就必须管辖奴隶,而奴隶之所以需要广泛的管理,是因为奴隶制剥夺了他们对劳动的任何动力。

---

① 参看《资本论》第1卷,北京:人民出版社1975年版,第190页脚注。

交换是又一个"辩证法的范畴",不应该把它和分配"范畴"相混淆。交换必须包括经济物品从一些人到另一些人的流动。然而,为了使这个流动过程得以进行,就必须有一个或两个社会前提条件。交换必须具备两点:(1)劳动的社会分工,以便物品有由从事一种劳动的人向从事另外一种不同的劳动的人之间流动的需要;(2)两个公社之间、特别是游牧公社和土地公社之间的分工,这样,每个公社将需要另一个公社的经济物品。另一方面,分配则包括来自生产资料的分配或来自生产资料的收益。例如,在部落战争过程中,在一个部落战胜了另一个部落之后,被征服部落的生产资料就在征服者中被分配了。在分配中不存在任何买者和卖者,没有任何经济等价物的交换;然而,通过一些政治或社会权力的干预,在分配中存在着按照规定的配给。在一个公社经济生活内部,生产、消费、交换和分配全部是分离的活动,然而其中的每一个又都依赖公社整体。

我在这一部分将集中讨论流通现象,马克思将流通现象视为交换的结果。流通呈现的过程最好可以理解为一系列必需的前提条件。交换出现的社会先决条件是劳动的社会分工以及游牧和农业社会单位之间的区别。在此,交换首先被限定在以货换货的形式中,但是交换扩大到另一种媒介是必然的,也是更一般的交换形式。一般等价物被视为是其他产品的共同标准物品。① 为了进行扩大的交换,对一般等价物的需要是货币出现的先决条件。② 马克思认为,货币本身没有价值,它仅仅是一种便利品:它使买者和卖者之间更便利。确实,作为便利品,货币没有统一的形式,它可以以不同的形式出现,可作为产品本身(在以货换货的

---

① 《资本论》第 1 卷,北京:人民出版社 1975 年版,第 112—113 页。
② 《资本论》第 1 卷,北京:人民出版社 1975 年版,第 122—200 页。

交换中），或者通过社会契约以贵金属的形式出现。但是，纵然货币本身是商品、是两种物品之间象征等价的商品，然而它具有一种奇怪的力量：改变的力量。因为通过对它的占有，它可以把人从卖者变为买者，或者说，它可以从事自我改变的过程，首先以货币形式出现，然后又以商品形式出现。作为便利品，货币扩大了交换的时间和空间，尽管空间性、时间性和量的方面扩大的交换是以货币为媒介，但是交换还是流通。所以，货币是流通的先决条件。

马克思需要一个表达形式，通过这个表达形式广泛地传递他的流通概念和经济"范畴"。有趣的是，马克思为了提供一个使他的流通观点得以理解的逻辑形式，他运用了黑格尔的三段论：

"但是，这个作为贸易基础的、并因而扩展成为流通的主要现象的过程，一般说来要成为可能，'货币—商品—商品—货币'这一循环就必须被看做流通的特殊形式。这种形式同货币单纯表现为商品交换手段，表现为中项，表现为推论中的小前提的那种形式，有特殊的区别。"①

事实上，当马克思致力于解释生产、消费、分配和交换四个经济范畴之间的关系时，他也只可能用黑格尔的语言来做这项工作。"生产、分配、交换、消费因此形成一个正规的三段论法：生产是一般，分配和交换是特殊，消费是个别，全体由此结合在一起。"② 因为马克思看到了中介的部分组成了作为整体的社会，他需要一个联接各部分统一的逻辑。黑格尔的三段论构成了对立面统一的观念，给了马克思所需要的认识论的结构。

---

① 《马克思恩格斯全集》第1版第46卷上册第151页。
② 《马克思恩格斯全集》第1版第46卷上册第26页。

马克思的历史唯物主义逻辑结构确实建立在三段论的范围内。在《〈政治经济学批判〉导言》中，马克思描述了作为生产方式与生产资料之间冲突的历史运动。社会是对立的统一，是包含着矛盾和否定的统一体。但是，当马克思谈到生产方式和生产资料之间冲突的时候，他基本上是在论述一般和特殊的相互矛盾：论述三段论的核心。生产方式是一般，它是在既定的社会中生产得以进行的一般形式；生产资料是特殊，它是新的技术形式和已经出现在同一个社会内部里，与新的技术形式相伴随的社会阶级。

然而，交换和货币不是流通的唯一先决条件。为了交换，也必须有买者和卖者，必须有交换价值，或者有买者充分评价的商品，以使他付钱给卖主买这些物品。随着交换价值的出现，商品出现的条件也出现了。在流通过程中货币被改变，因为在流通形式的开端，货币作为货币出现在卖者之前；在流通过程的中端，货币被改变了，对买者来说它现在作为商品出现，因为首先买者已从卖者那儿买了物品；但在基本流通形式结束之前，这个改变的过程又变成再次改变过程：原来的买者现在又卖了他所买的物品，他现在没有商品而再次有货币——商品再次变回为货币。所以，流通是一个商品货币化、货币商品化的过程。换句话说，流通是剩余价值实现的经济形式。没有流通就不存在利润，因为利润只可能从交换价值中出现。

进一步说，流通是资本主义的先决条件，在资本主义下劳动被转化为商品，但是资本家只有当他可以实现其剩余价值和剩余劳动的时候，他才作为劳动的购买者出现。但是剩余价值只能以流通形式出现，所以没有流通的先决条件就不存在任何资本的运动。

流通过程是两个单一的循环，由单独的周线（circuits）构成。为了再现循环过程的整体，马克思用的公式是 $M—C^1 P—P—C^1—M^1$。M 代表货币，C 代表商品，L 指劳动，MP 指的是生产资料，C^1 和 M^1 指的是已经增加在 C 和 M 上的东西，这里指的是剩余价值。流通公式是一个循环，因为其终点和起点都是 M，但是二者有很大的区别，在这个循环过程结束之前，M 已经经历了价值的增殖，剩余价值已经被移植到终点上去了。虽然这个循环结束于 M，但是它已不再是同一个 M 了：它是加上了剩余价值的 M 或 M^1，此后这个循环准备再一次全面开始。

在资本主义可能存在之前，流通必须存在或者实现利润的可能性必须存在。然而，在资本意识到流通的利润产生可能性之后，它会把流通过程纳入于自身。在资本主义的流通中，资本不是整个地在流通的两个循环中出现，就是在资本的特殊周转中出现。资本这种把流通整体内的各种现象都纳入到自身的能力，是马克思称之为资本的"变质"或资本的"变形"过程。

因此，在 $M—C^L P—P—C^1—M^1$ 的现象中，循环是整体、是一般。同时，循环也是由单个的流通 $M—C^L P$、或者 P、或者 $C^1—M^1$ 组成的，是各个部分的统一。因此循环是包含着特殊的整体的统一。每一个流通都被整体所中介，因为每一个流通在实现 M^1 或利润的过程中都是一个阶段。每个流通在循环的一般运动中也都是特殊，在这些特殊的阶段内资本被确定在不同的现象中。

资本可能以许多方式出现，它以货币（M）的变形开始，资本产生了作为 M—C 流通的流通过程。在它的第一次变形中，资本作为一个有钱的买者出现在 M—C 的流通中，被买物是商品（C），也就是劳动（L）或生产资料（MP）。当资本以货币的形式从卖者那儿购买劳动（L）和生产资料（MP）的时候，它就以货币形式出现，因为劳动（L）和生产资料（MP）必须介于剩余价值实现过程中。资本通过发现增殖已购得的商品的价值的方式从事这项活动。

在下一个变形中，资本作为生产（P）出现，生产是商品价值的形成。形成商品价值的手段是劳动（L），尤其是剩余劳动。以生产形式出现的资本利用剩余劳动，创造出等于其最初价值的商品价值，然后对一般过程的实现起作用。

在往后的变化中，资本呈现出 $C^1—M^1$ 的流通形态。在这个形态中，资本被卷入于再改变的过程。资本出现的第一个形式是 M—C，最初作为货币。但是在整个循环的最后，资本——现在已变质为 C——必须再次改变自己以回到货币，然而是作为携带着剩余价值增殖的货币 M^1。为了使自己作为资本来实现，在生产的资本主义形式内资本必须实现自己为货币。为了能实现 M^1，资本家又必须再次把自己变成卖者。

三

前面对劳动和交换的讨论，已经显示出马克思如何在他的经济和历史的认识论中占用了被标示为"辩证法的范畴"、"辩证法的形式"和"辩证法的原则"的东西。生产、消费、交换和分配是"辩证法的范畴"，是每个社会为了延续自己必须进行的经济活动，尽管每个社会以不同的方法来进行这些基本的活动。马克思也使用了"整体—部分"、"本质—现象"、"形式—内容"和"一般—特殊"的"辩证法的形式"，以描述"辩证法的范畴"如何被它们自身建立的经济环境所形成。当马克思论述劳动和流通时，他不寻求描述超历史的过程（李嘉图的错误），而是描述被它们自身建立的经济环境所提供的各个不同性质的过程。马克思把"辩证法的形式"作为社会中介和反思的源泉。最后，"辩证法的原则"——"矛盾"、"否定"、"中介"和"限定"——是"辩证法的形式"本身的内部约定（Protocols）。马克思运用了"矛盾"、"否定"、"中介"和"限定"以说明"辩证法的形式"的限定和详述力如何得以施展。

在前面论述的内容中,黑格尔和马克思两人对"辩证法的范畴"、"辩证法的形式"和"辩证法的原则"的使用是很清楚的。马克思从黑格尔那里借用这些概念,这样在黑格尔和马克思之间就存在着一种连续性。这种连续性的真正本质还有待查明。所以,在这个意义上,有必要重构马克思—黑格尔的关系,也有必要废除过去那种关于来自黑格尔的马克思的说法。

重新连接来自黑格尔的马克思的工作必须集中在主观性概念上。在黑格尔看来,意识或精神是主观性,而在马克思看来,生产的社会方式是主观性。进一步说,在马克思和黑格尔那儿,主观能动性也不同。在马克思那儿,生产的社会方式的能动性是为了生产它的物质性和实体,而黑格尔则把能动性考虑为产生观念的意识和精神。黑格尔唯心主义和马克思唯物主义之间的分歧直接分割开了主语—谓语、主观—客观和思想—存在的问题。

此外,对来自黑格尔的马克思的重新连接,也必须摆脱染上了黑格尔内在论污点的马克思。马克思没有用生物学的术语来进行思考,没有想混淆特殊部分的一般性质,而是按照结构上的互补性进行思考。马克思也完全摆脱了黑格尔进化论的偏见。在《历史哲学》中,黑格尔用一系列进化的术语描述人类历史的图画。另一方面,马克思既不预先设想进步,也不预先设定永恒的成功,他把社会或事件看做是不同发展时代范围的产物。

如果说把马克思和黑格尔分离的鸿沟是如此主要的话,如果说为了建立历史唯物主义不得不革黑格尔的命的话,那么,在1857年马克思为什么要转向黑格尔呢?在从德国唯心论者那儿脱离出来之后,马克思为什么要读把自己又拉回到黑格尔那儿去的《逻辑学》呢？回答只能是：为了表达马克思在1857年完成的关于社会结构和社会变化的观点，马克思发现必须运用黑格尔的逻辑形式。当马克思写《大纲》时，他有把社会作为经济形式之状态的远见，这种经济形式是同时存在的统一和整体内部的矛盾。整体中介部分，因为统一体内矛盾和否定因素的这个状态是连续的过程。为了表达这个论点，马克思需要一个安置统一、矛盾和过程的逻辑。《逻辑学》适应了这个需要，但是马克思对黑格尔的求援多于对特殊语言和共同规则的需要。此外，马克思对黑格尔的需要不能按照前者对后者进行形式和内容的改造来进行解释，马克思确实运用了黑格尔的逻辑范畴，因为他需要建立历史阐述的认识论。首先，马克思需要描述变化的逻辑。把研究建立在经验主义基础上，劳动转化为剩余劳动，货币转化为资本，价值可以有一个从使用价值到交换价值的变形，这些是马克思的理论。这样，"本质论"就是结构论：它描述了现实性——人类的生产领域——如何被逻辑地构造出来。"本质论"提供了一个现实形式可以出现的逻辑结构。

被马克思作为历史认识论的某些特殊的黑格尔逻辑形式的结合，开始于《大纲》，在《资本论》达到其顶点，在马克思的垂暮之年，再次出现于1880年的论阿·瓦格纳的笔记中。在他那本没有出版的对瓦格纳进行辩驳的书中，马克思继续运用了自1857年以来起作用的所有"辩证法的形式"——"形式—内容"、"一般—特殊"、"整体—部分"和"本质—现象"。这些"辩证法的形式"以确切的形式运用在《阿道夫·瓦格纳》的笔记中，运用在《大纲》和《资本论》中，作为描述社会整体如何确定其内部特殊形式的手段。①

---

① 〔英〕特·卡弗：《方法的考察》，牛津1975年版，第207页。

仔细阅读马克思的《阿道夫·瓦格纳》的笔记，会发现马克思抛弃了任何价值的一般性定义。价值、使用价值和交换价值的不同形态仅仅出现在"社会发展的某一时期，因而在一个历史发展的确定水平上"。交换和使用价值——当然指商品本身——只是"历史的概念"。通过"辩证法的形式"的运用，马克思努力说明价值本身可以设立许多形式，努力说明被特定社会结构所中介的价值形式。黑格尔的逻辑提供了马克思描述社会限定的形式。此外，马克思通过陈述瓦格纳的有关论点，捍卫了他的劳动价值论。瓦格纳认为："商品的价值仅仅表现在存在于所有其他社会历史形态的历史性发展的形式中，即存在于劳动的社会特性中。"商品仅仅是社会劳动力的凝结，通过它的对象化的社会劳动转变为客体。黑格尔的哲学认识论也为马克思提供了转化过程的范畴。

（原载诺曼·莱文的《辩证法内部的对话》伦敦1984年版第三章《马克思方法的黑格尔主义基础》）

（彭赟 译）

"神秘主义之大成"：马克思对黑格尔的理解[*]

〔英〕约瑟夫·麦卡尼

"这一节集法哲学和黑格尔整个哲学的神秘主义之大成。"[①] 在结束对黑格尔《法哲学原理》第 261 节和 262 节的讨论时，马克思在《黑格尔法哲学批判》（以下简称为《批判》）中似乎过早地得出了这个惊人的论断。显然，马克思的这一论断实际上正是来自第 262 节，并且之前讨论的理论兴趣也恰恰在于这一节。因此，对这两节应该分别进行思考。特别是就《法哲学原理》中的神秘主义而言，马克思对第 262 节的讨论仅仅为他的思考方向提供了一个后来才展开的强烈暗示。这一讨论更多地涉及"黑格尔整个哲学"的神秘主义，但并不是每个人能够轻易看到马克思所看到的神秘主义。显而易见，这一讨论的核心问题是观念的本质、黑格尔形而上学的核心支柱以及它与马克思所说的"日常经验"之间的关系。除此之外，我们还看到，我们所讨论的那一部分文本提供了许多不同版本的答案。马克思没有谈到或承认这些版本的差异，而是好像按照单一的思想路线进行讨论。困难在于马克思所遵循的路线

---

[*] 本文选自《马克思主义与现实》2010 年第 1 期。作者约瑟夫·麦卡尼（Joseph McCarney）原系英国伦敦南岸大学哲学教授。

[①] 《马克思恩格斯全集》第 2 版第 3 卷第 12 页。

在文本中秘密或暗中变来换去。于是，各种各样的可能性同时展现出来，没有进行任何调和或裁断的行为。就马克思这样具有反思和分析能力的思想家来说，这本身就有些神秘，比关于马克思对黑格尔的理解的研究文献通常认识到的更为神秘。因此，马克思对《法哲学原理》第262节的评论应该得到细致的考察。

在进行批判时，马克思首先完整地引述了《法哲学原理》第262节。倘若遵循马克思，这就为本文的研究提供了一个不可缺少的背景：

"现实的观念，精神，把自身分为自己概念的两个理想性的领域：家庭和市民社会，即分为自己的有限性，以便从这两个领域的理想性中形成自为的无限的现实的精神，——现实的观念从而把自己的这种现实性的材料，把作为**群体**的各个人，分配于这两个领域，这样，对于单个人来说，这种分配是通过情况、任意和本身使命的亲自选择**为中介的**。"①

在马克思的评论中所发现的第一种思路取决于一些直接来自黑格尔文本的理解，要么是简单的引述，要么是毫无争议的评注。下面几段话中可以发现其中最重要的理解：

"所谓'现实的观念'（无限的现实的精神）被描述成似乎是按照一定的原则和一定的意图而行动的。它把自己分为有限的领域；它这样做，是'为了返回自身，成为自为的'，同时，它这样做，是要使结果恰恰成为在现实中存在的那样。……现实的观念没有把从自身中发展起来的现实，而是把普通经验作为定在。

现实性成了现象，但观念除了是这种现象以外，没有任何其他的内容。观

---

① 《马克思恩格斯全集》第 2 版第 3 卷第 9 页。

念除了'形成自为的无限的现实的精神'这一逻辑的目的以外，也没有任何其他的目的。"①

即使乍一看来，这几段话也无疑似乎是完全相互融洽的。然而，在尝试陈述它们统一的原则之前，完全可以确定的是这里所讨论的东西是马克思在讨论黑格尔时的一贯主题。首先，有一些迹象我们应当注意到，它们表明这一主题的起源可以往后追溯很远，事实上可以追溯到马克思开始讨论黑格尔的时候。因此，有一些早期的预示。尽管这些预示本身明显不具有重要的证据价值，但是它们至少在当前的语境中具有启发意义。第一个预示是一句关于黑格尔的名言："康德和费希特喜欢在太空遨游，寻找一个遥远的未知国度；而我只求能真正领悟在街头巷尾遇到的日常事物！"② 在六个月后，马克思在给父亲的一封信中总结了他与时代哲学的相遇：

"我从理想主义，——顺便提一提，我曾拿它同康德和费希特的理想主义比较，并从其中吸取营养，——转而向现实本身去寻求思想。如果说神先前是超脱尘世的，那么现在它们已经成为尘世的中心。"③

为了反驳其他人，马克思立即明确地求助声名显赫的黑格尔。这一事实表明，马克思此时牢牢地记住了黑格尔的例证。无论如何，我们似乎可以合理地认为，黑格尔为所说的转变提供了重要的启发。马克思新发现的目标和上述诗句归于黑格尔的目标之间的一致支持了这一看法。

---

① 《马克思恩格斯全集》第2版第3卷第10—12页。
② 《马克思恩格斯全集》第2版第1卷第736页。
③ 《马克思恩格斯全集》第1版第40卷第15页。

然而，对于当前正在思考的马克思对黑格尔的解释的更多证明，我们必须考察《批判》之后的时期。在《1844年经济学哲学手稿》（以下简称《手稿》）中，马克思代表黑格尔断言："主体只作为结果出现；因此，这个结果，即知道自己是绝对自我意识的主体，就是**神，绝对精神**，就是**知道自己并且实现自己的观念**。"① 稍后的这段话再次阐述了黑格尔：

"把自我理解为抽象的抽象，知道自己是无；它必须放弃自身，放弃抽象，从而达到那恰恰是它的对立面的本质，达到**自然界**。因此，全部逻辑学都证明，抽象思维本身是无，绝对观念本身是无，只有**自然界**才是某物。"②

这些论述推动了青年马克思的黑格尔观在寻求深入全面地领悟尘世的日常事物时的理论运作，或者推动了他从现实本身中寻找观念的黑格尔主义抱负的理论运作。它们的最突出的特征是它们所散发出的物力论精神。有人可能认为，支撑和统一这些论述的东西是对一种广阔的、事实上是世界的生成过程的意识。这是观念在其中和借以成为"恰恰在现实中存在的那样"的过程。它完全符合这样一种观点，即观念应该被认为是最初的"无"，一种缺乏内容的抽象。通过采取现实的形式，尤其是通过"放弃自身"成为自然，观念才会变成某物。既然观念只有这样做才能实现存在的全面性，因此，从本质上把它视为一种结果似乎也是恰当的。世界的生成过程是一种目的论过程，因为它的动力和指导是一种具体的意图和目的，即观念的自我创造。显然，在这里发挥作用的恰恰是一种完全非天国的、此世的和"内在"的观念论。

---

① 《马克思恩格斯全集》第2版第3卷第332页。
② 《马克思恩格斯全集》第2版第3卷第334页。

只要注意到马克思对上述《批判》第一段引文的评论，就可以进一步揭示出这种观念论。在谈到返回自身的"现实的观念"之后，马克思立即评论说："逻辑的、泛神论的神秘主义在这里已经很清楚地显露出来。"① 为了认识到"逻辑"的力量，对术语更为精确的界定将会有所帮助。在黑格尔的有区别的用法中，放弃自身成为自然，进而最终成为精神的东西，并不是观念本身，而是出现在逻辑中的观念，或者简单地说，"逻辑观念"：

"观念在思维中以最纯粹的形式表现自身，并且正是从这一角度来看逻辑接近观念。观念在自然界中以另一种形式表现自身，并且它的第三种表现形式是绝对意义上的精神。"②

这种图式提供了《哲学全书》——黑格尔对他的体系的最全面的陈述——的结构，即他对观念进行定义的最系统的尝试。因此，《哲学全书》三卷的题目依次是《逻辑学》、《自然哲学》和《精神哲学》。特别是像在逻辑中所看待的观念那样的观念，可以恰当地说成是"抽象思维"，即"知道自己是无"和"除了'成为自为的无限的现实精神'这一逻辑的目的以外，也没有任何其他的目的"的抽象。当然，马克思熟悉并明确地使用了术语的这种含义。于是，在《批判》第二部分之后，马克思立即评论说，黑格尔的"唯一兴趣"是"在每一个领域里，不管是国家领域还是自然界领域，重新找到地道的'观念'，'逻辑观

---

① 《马克思恩格斯全集》第 2 版第 3 卷第 10 页。
② Hegel, *Lectures on the Philosophy of World History*, Cambridge: Cambridge University Press, 1975, p. 46.

念'"①。可以认为，这种评论的依据是如下理论："观念，即逻辑观念"像自然和其最高表现形式是国家的精神一样获得了内容，并且是发现那种内容的方法。现在我们可以说，马克思在这些话中所阐明的立场具有一种逻辑特征，这恰恰是因为逻辑观念对它具有最重要的意义。

要说明"泛神论"的恰当性，注意到黑格尔对观念的用法的另一个特征将会有所帮助，而马克思完全认识到黑格尔对观念的这一用法。事实上，它出现在上述把"神"、"绝对精神"和"知道自己并且实现自己的观念"当做相同的表现形式的引文中。这里特别关注的是"神"和"观念"的等同。就像在《批判》的其他评论中那样，马克思在阐述黑格尔时一贯主张，"看到观念所创造的特殊的经验存在"就是"在一切阶段上遇到上帝人化"。黑格尔本人明确保证了这一做法："神和神圣自然是同一个东西，它就是我们在哲学中所说的观念。"换而言之，观念就是宗教中所说的神。从"观念"和"神"的等同来看，黑格尔所描述的"神"显然是泛神论的"上帝"。宇宙的主体与"日常经验"之间是一种内在的关系，"日常经验"之外就是无。这一点非常明显。事实上，正如马克思所承认的那样，严格地说，宇宙的主体在自己的全部存在中是一种结果，因而经验世界不得不成为上帝创造活动的领域。因此，所说的恰恰是一种具有内在动力的、事实上是历史的泛神论版本。然而，这没有影响到基本实质。通常认为的泛神论本质上是指，以这种或那种方式把上帝等同于存在之物的总体，等同于被认为是统一整体的世界。马克思到目前为止所描述的黑格尔的上帝，毫不困难地满足了这一条件。因为在马克思的描述中，自然界和人类社会这两个王国穷尽了神的内容，并且认为神在这两个王国中内在地进行自我创造的工

---

① 《马克思恩格斯全集》第2版第3卷第16页。

作。诚然，神圣的东西不可能完全由它们构成，因为有一种幽灵般的残余，一种纯形式但又根本的因素，即逻辑观念的宗教对应物。然而，如果现在把这个因素列入存在之物中，就可以把上帝和宇宙视为同一之物，认为它们构成了存在的总体，这符合传统的泛神论学说。因此，在描述马克思到目前为止所解释的黑格尔的观点时，"泛神论的"与"逻辑的"都是合适的和富有启发性的术语。

然而，术语的价值尚未耗尽。因为这一部分文本表明了对黑格尔的泛神论解读，即一种静止不变的非历史的解读。因此，马克思断言，在黑格尔那里，"经验的现实性便如实地显现出来了；这种现实性也被认为是合乎理性的"。这一论断的第二部分所参照的无疑并不是《法哲学原理》第262节，而是该书无疑最著名的命题，即所谓的"警句"。这个主张出现在《法哲学原理》的序言中，即"凡是合乎理性的东西都是现实的，凡是现实的东西都是合乎理性的"。在《哲学全书》的导言中，黑格尔指出，"这两句简单的话，曾引起许多人的诧异和反对"。但是，他在这种误解的基础上继续进行解释。因为"一部分是现象，仅有一部分是现实"，因而现实必须同"偶然的存在"加以区别，而且同各种其他的本体论决定论加以区别。黑格尔希望我们得出的推论是，如果我们考虑到这种存在论的多层特征，就会明白他并不是试图把理性的权威赋予一切在这种或那种意义上存在的东西。现实的东西确实是合乎理性的，但这看起来似乎是概念的必然性，是任何事情要成为真正"现实的"东西都必须满足的一个条件。

无论这种解释最终的优点是什么，现在我们都应当指出，至少从马克思的思路来看，他应该算做是在黑格尔看来没有理解《法哲学原理》的实质的读者之一。表明这一点的区分混乱已经出现在我们最关心的那一部分文本中。因此，从黑格尔把现实与纯经验的东西加以区分的想法来看,对"经验现实"的提及本身就有些不一致。对黑格尔来说,这是一个理论概念,而不是一个经验概念。此外,马克思关于现实"被认为是"合乎理性的论断似乎没有注意到相关的内在的、概念的联系。就本文的目的而言,更具有决定性意义的是《批判》后来提出的一个论断:"合乎理性的是现实的,这一点正好通过**不合乎理性的现实性的矛盾**得到证明,这种不合乎理性的现实性处处都同它关于自己的说明相反,而它关于自己的说明又同它的实际情况相反。"① 这里所说的不合乎理性的具体形式是等级要素在黑格尔国家学说中的地位。然而,根据黑格尔在《哲学全书》中的解释,现实性的合理性似乎不可能与纯存在的任何此种不合理性相矛盾,因而事实上说"不合乎理性的现实性"本身在黑格尔那里就是一种术语矛盾。马克思似乎没有注意到形势的这个方面,这就表明,有时他至少以黑格尔试图纠正的方式来看待那个"警句"。公平地说,这是一种静止的泛神论。

为了说明这一点,我们必须注意到,当哲学中的"观念"被称为"上帝"时,对黑格尔来说,它传达出"理性"的正确的哲学意义。这也是马克思意识到的黑格尔术语的一个特点,马克思对"世界理性"——那里的语境会使人期待"观念"——这个术语的使用就是证明。因此,我们可以出于许多目的而把"理性"和"上帝"——由于它们与"观念"之间的联系——看做本身可以互换的术语。因此,认为一切存在的东西从宗教角度来看都是合理的数量,就是认为上帝已经完全存在于万物之中,并在它们之中得到了实现,不需要任何自我创造的世界过程。这完全符合马克思在《神圣家族》中提出的如下思想:"基督教认为只有**一个**上帝的化身,而思辨哲学却认为有多少事物就有

---

① 《马克思恩格斯全集》第2版第3卷第80—81页。

多少化身。"① 在马克思拒绝黑格尔哲学的实践依据的语境中,存在而不是生成的这种静止的泛神论具有特别重要的意义,并且后来在那一语境中成为讨论的对象。

无论如何理解"泛神论"这个术语,都不足以全面地呈现出马克思的解释的特征。因为在我们直接讨论的那一部分文本中,有些迹象表明了另一种观点,即与"泛神论"完全不同的观点。还应补充的是,这一观点与"逻辑"并不契合。这些迹象主要与那些从经验世界的角度对观念的"异己"特征即"异己性"的强调有关。这一类的主要解释性评论如下:

"现实性没有被说成是这种现实性本身,而被说成是某种其他的现实性。普通经验没有把它本身的精神,而是把异己的精神作为精神。"②

"家庭和市民社会……的存在归功于另外的精神,而不归功于它们自己的精神。它们是由第三者设定的规定,不是自我规定。"③

"经验的现实性……之所以合乎理性,并不是因为它固有的理性,而是因为经验的事实在其经验的存在中具有一种与它自身不同的意义。"④

《批判》的其他地方继续坚持了这种思路:

"(国家)各种不同的权力便不是由它们'自己的本性'规定的,而是由异己的本性规定的。"⑤

"黑格尔想给抽象的实体、观念写传记,于是人的活动等等在他那里一定表

---

① 《马克思恩格斯全集》第 1 版第 2 卷第 74 页。
② 《马克思恩格斯全集》第 2 版第 3 卷第 10 页。
③ 《马克思恩格斯全集》第 2 版第 3 卷第 11 页。
④ 《马克思恩格斯全集》第 2 版第 3 卷第 12 页。
⑤ 《马克思恩格斯全集》第 2 版第 3 卷第 19 页。

现为其他某种东西的活动和结果。"①

然而，理论上的各种含义在《手稿》发展得最为充分。在评论《自然哲学》的一段话时，马克思写道：

"在这里应该把外在性理解为外化，理解为不应有的偏差、缺陷。因为真实的东西毕竟是观念。自然界不过是观念的异在的**形式**。而既然抽象思维是**本质**，那么外在于它的东西，就其本质来说，不过是某种**外在的东西**。"②

像以前一样，这些评论的核心关切是观念与经验世界之间的关系。我们可以以传统的方式表明，断定我们现在所拥有的是一种"超验"而不是"内在"的观念，因为这里似乎满足了通常与超验性相关的条件。就其本质来说，观念既完全不同于——事实上外在于——经验世界，同时它作为经验世界存在和意义的来源，又高于经验世界。所说的标签是马克思有时非常愿意应用于黑格尔哲学的标签，就像他在《手稿》中提到"旧哲学、特别是黑格尔的超验性"时那样。事实上，我们可以说这是黑格尔坚持时间最长的实体观。因此，那些可以被认为是马克思对它的最深思熟虑的——当然是总结性的——判断，所诉诸的无疑是对这种超验的解读。在《资本论》第1卷的《跋》中，马克思谈到，黑格尔把"所称的观念"即思维过程变成"独立主体，即现实事物的创造主"。黑格尔的观念本质上是独立的创造主，马克思的这一论断非常有助于抓住这里所讨论的《批判》中的思路。

这是一个使人能够以宗教的术语来描述形势的论断。按照宗教的术语，我们将不得不承认，我们现在必须讨论的是神学的上帝。因为这个

---

① 《马克思恩格斯全集》第 2 版第 3 卷第 51 页。
② 《马克思恩格斯全集》第 2 版第 3 卷第 337 页。

上帝正好主要由那些被归于超验观念的特征来定义。这样一个上帝确实完全不依赖和永远高于在许多方面并不完善的被创造的世界。神学的上帝也应该被视为"异化",这至少是某些神学理论所考虑到的一种可能性。在对"苦恼意识"的解释中,黑格尔本人明确地描述了这样一种上帝。在黑格尔看来,"苦恼意识"是一种与中世纪的基督教特别相关的宗教意识形式。对马克思来说也并不奇怪的是,就他所处的时代和地方而言,基督教提供了基本的神学模式。此外,马克思至少有时急切地把这种模式与黑格尔联系起来,当然是在某种意义上把黑格尔当做一位基督教哲学家。在《批判》中,观念的宗教对等物有时被认为是圣父、上帝和天父。在《手稿》提到黑格尔的超越性之后,马克思继续要在"另一个地方"证明在神学领域克服这种超越性的"历史的涅墨西斯"。几个月后,马克思在《神圣家族》中进行了这项工作。在《神圣家族》中,黑格尔哲学与基督教神学之间的关系是一个关键的主题。于是,他在某个地方评论说,他的首要批判对象,即"布鲁诺·鲍威尔及其伙伴",已经得出了黑格尔的唯心主义,因而"以思辨的黑格尔的形式恢复基督教的创世说"①。我们似乎可以清楚地得出结论说,与基督教之间的关系是马克思讨论黑格尔时的重要主题。这时非常明显地出现了一个问题,即一个思想体系如何能够同时成为泛神论的和基督教的体系。无论如何,要最充分地探讨这些问题,必须回到哲学的语言,从而从观念的角度来思考它们。

通过思考"外化"这个术语的含义,或许可以找到前进的道路。首先,如何从内容的角度把观念构想为"异化的",没有内容,观念就是"无",弄清楚这一问题并不容易。我们可能会轻易地认为,这个内

---

① 《马克思恩格斯全集》第 1 版第 2 卷第 174 页。

容与它在任何实体意义上的存在、它作为"某物"的存在紧密相关。这里似乎没有为异化观念留下足够的立足空间。如果有人——似乎必定——认为外化的东西从其异在的角度来看必须被看做是独立的存在,那么就会强化这一印象。观念在那种意义上的独立性难以与它为了"恰恰成为在现实中存在的那样"而对经验事物的重要的依赖性相一致。更一般地说,有人可能会奇怪,作为纯粹抽象的观念如何能够可以理解地外在于特定的内容,尤其是与之相冲突。观念反而可能被认为永远接受和适应内容。这是马克思本人在批判黑格尔把观念与经验事物联系起来的程序的所谓的独断性时经常得出的观点。因此,我们或许可以认为,外化关系是各种独特的内容之间,而不是某个特定内容与某个纯粹形式之间的关系,这样的看法似乎更为合理。

如果考虑到《手稿》把"外在性"称为具有缺点、缺陷的"外化",那么这里的不一致感更加强烈。有人可能会问,如何能够以这样一种方式来理解"外化"——观念通过它实现了自己的唯一目的和目标,即它的存在的目标——呢?就观念而言,应该肯定地说,马克思所说的外在性——如果使用评价性语言的话——是一种绝对的善,当然也是最高的善,因为它提供了已经实现的存在的潜力和最终实现。马克思的评价性语言具有另一个重要的含义。在说外在性是"不应该的"时,我们肯定可以理解,马克思是在暗示,这本不该是——通常并具有直觉合理性地——假设"不应该"意味着"能够阻止或避免"。现在,整个外部世界成为纯粹的偶然性。然而,这并不符合马克思在其他地方用来阐述黑格尔的术语,例如在上文所引的论述中,马克思断言"理念必须放弃自身成为自然"。有人可能补充说,在作出这一论断时,他是在反思黑格尔本人的实践,众所周知,在对某些同情的读者看来似乎过分的程度上,这一实践坚持包含黑格尔哲学体系范畴的一切关系的必然性。

我们在此必须讨论的似乎是对立的形而上学构想，在它们在观念与世界之间所设定的关系中最明显地表达出的一种反对意见。一方面，有一种观念论认为，观念本质上是派生的，部分地由世上的事物构成，只有在世界中并且通过世界才能实现它的真理和全部存在。另一方面，观念并不处在这样一种本体论依赖的关系之中，也不需要介入到任何这样的宇宙过程之中，是完全自我维系性的，是永远完整的，是一个起点，而不是一个结果。应当注意的是，我们难以明白把这种观念论说成是"逻辑的"究竟具有什么意义。因为它没有给作为形式主体的逻辑观念的独立地位留下空间，而具有必然性的形式主体从自身的空无中发动了自我创造的过程。宗教的语言在这里有助于把这种反对意见变得更加尖锐。按照第一种"泛神论"的观点，核心的真理是——正如黑格尔在其他地方所说的名言那样——"没有世界，上帝就不是上帝"。按照第二种"一神论"的观点，被创造的世界绝不是上帝存在的关键，但本身却是神的仁慈和自由之恩宠的产物，并且就此而言是纯粹偶然的。它可能提供神的活动领域，但不应理解为神的完满性的一个必不可少的工具。有人自然会感到奇怪，在同一部分的文本中如何能够坚持这样两种互不相容的观点。然而，对主体的反思可能过早，因为即使被放在一起，这两种观点也没有耗尽它的资源。因为它包含另一种立场的要素，而这另一种立场则与上述两种观点都形成了鲜明的对比。

上文所引的马克思的评论，即在黑格尔那里"现实性变成了现象"，表明了寻找这第三种立场的方向。这就是说，我们应该特别关注的恰恰是世界及其事物的本体论地位。在所提到的文本的其他地方，马克思曾说，国家与个人之间的关系"被思辨哲学说成是表象、现象"。这种把"表象"和"现象"完全等同的用法完全符合黑格尔和马克思所出身的德国古典哲学传统。至少在黑格尔的用法中，"表象"和"现象"就它们所指称的对象的重要意义而言都不是一个贬义词。正如马克思在上文所引的一段话所指出的,现象提供了观念通过内容所拥有的一切,并且所扮演的无疑是一个非常令人尊重的角色。此外,"表象"是黑格尔指称本质所采取的认知形式、它的世俗化身的标准术语,并且这种用法也没有任何贬义的含义。因此,黑格尔主张,本质必须"表现出来",并且本质"不在表象的背后或者在表象之外,而是既然本质就是存在的东西,因此存在即是表象"。然而,当黑格尔警告说表象"不应该与纯粹的外观相混淆"时,就出现了一个重要的区别。① 就像在他的哲学中经常做的那样,他在此试图保留的是与日常用法之间的联系,"外观"同肤浅和欺骗之间的联系,一种"光明"。在这个方面,黑格尔的实践也完全符合其思想发展的哲学背景。

就本文的目标而言,重要的是马克思在阐述黑格尔时没有把自己局限于"表象"和"现象"的语言,而且还使用"外观"的语言。因此,对于像以前一样的国家与个人之间的关系,马克思继续指出,黑格尔把它说成是"表面的中介"。在《批判》的其他地方,马克思指出,对黑格尔来说,对象的躯体"实际上是对象的外观"。《手稿》坚持并发展了这一主题。因此,"所设定的""产物"被黑格尔赋予"具有独立的、现实的本质的作用",但是也只在"表面上"如此。进一步来说,对黑格尔来说,对象只是"对象的外观,障眼的云雾"。更为明确的是,在马克思所开创的脉络中,我们应当注意到他一再重申的主张,即在黑格尔哲学中对象即是"无"。我们似乎可以清楚得出如下结论,至少在马克思对黑格尔的一种解读思路中,对象的本体论地位遭到了极大贬低。

---

① Hegel, *Lectures on the Philosophy of World History*, Cambridge: Cambridge University Press, 1975, p.199.

这同马克思的另一个解读线索形成了明显对比。无论是认为经验世界是上帝的部分构成的观点，还是那种认为世界是上帝的创造物的观点，都没有暗示经验世界是无的倾向，并且日常的泛神论者和一神论者无疑都会反对这个结论。另一方面，黑格尔的读者此时可能会想起他对斯宾诺莎哲学的解释：黑格尔说："斯宾诺莎把世界规定为纯粹的现象，没有现实的实在性"，或者明确地说，"没有世界"。① 他在其他地方认为，斯宾诺莎主张"被称之为世界的事物并不存在"，并且"自在自为的世界就是无"。黑格尔认为，就其对世界的否定而言，这种观点可以被恰当地称为"无世界论"（acosmism）。② 在所思考的马克思主义对黑格尔的解读线索中，我们可以认为，后一标签同样有理由适用于黑格尔本人的哲学。

黑格尔的无世界论——当马克思提出它的时候——的主要问题是这里不可能实现完全的正义之类的事情。即便如此，为了揭示出黑格尔无世界论的所谓的理论动机，就这可能是马克思所做的事情而言，也应当尝试继续前进，不再确定它在那种解释中的存在。于是，我们应该提出的问题是，马克思所解释的黑格尔为什么要否定世界。《批判》所提供的答案本身具有斯宾诺莎主义的形式。就根本的形而上学冲动在那里被认为实质上是黑格尔在解释斯宾诺莎的"无世界论"时归于后者的冲动而言，事实上就是这样。在为斯宾诺莎辩护和反驳对他的无神论和泛神论指责的情况下，黑格尔适用了"无世界论"这一说法。黑格尔指

---

① Hegel, *Lectures on the Philosophy of World History*, Cambridge: Cambridge University Press, 1975, p. 281.

② Hegel, *Lectures on the Philosophy of World History*, Cambridge: Cambridge University Press, 1975, p. 97.

出,"一个坚持上帝存在、坚持唯有上帝存在的哲学,至少是不应该被称为无神论的"①。此外,他论证说:

> 如果按照通常的看法,泛神论是把有限事物的本身或者有限事物的复合视为上帝的学说,那么我们也不能不说斯宾诺莎的哲学逃脱了泛神论的攻击。因为在斯宾诺莎看来,有限的事物或世界是完全没有真理的。②

这一部分文本在非常广泛的——宇宙的——范围上构想了黑格尔的观念,因而符合斯宾诺莎的上帝发挥作用的范围。即使本来并不属于当时所遵循的思想方法,提到泛神论的神秘主义,就在很大程度上表明了这一点。这样做符合其他迹象所表明的如下理论的广泛性:马克思将会认为,观念试图通过它与有限者的接触来"获得和产生它自身的无限性"。还应当指出的是,对于马克思在对第262节的评论中所确认的无世界论倾向而言,唯一可能的依据是观念所承担的主体的角色。恰恰是这一点导致马克思所说的"现实的主体"——例如家庭和市民社会——变成观念的"非现实的"因素。于是,观念在这里或多或少地像斯宾诺莎的上帝那样运作,而作为一个独占者,斯宾诺莎的上帝使一切存在都消失在自身之中,因而从其他的事物中汲取本体论的有效性。因此,我们可以认为,有一种广泛的斯宾诺莎式的宇宙论启示正在发挥作用。如果有人认为在马克思对黑格尔的讨论中还可以为无世界论找到另一种基础,那么这种看法就会受到更为明显的关注。

---

① Hegel, *Lectures on the Philosophy of World History*, Cambridge: Cambridge University Press, 1975, p. 97.

② Hegel, *Lectures on the Philosophy of World History*, Cambridge: Cambridge University Press, 1975, p. 227.

这样做就要重新引入哲学史上另一位重要的哲学家。在黑格尔为斯宾诺莎进行辩护的数年前，费希特已经使用相同的方式反驳了对自己的无神论指责，声称恰当地说他应该被称为"无世界论者"。应该考虑到的可能性是，可以说，在马克思对黑格尔的思考中，起到作用的可能既有一种费希特式的无世界论，又有一种斯宾诺莎式的无世界论。然而，关键的来源可能必然是《手稿》，而不是《批判》。在《手稿》中，马克思开始提出另一个主张：对黑格尔来说，"设定人＝自我"，并且这个自我是"作为**抽象的利己主义者**的人，他被提升到自己的纯粹抽象、被提升到思维的**利己主义**"①。这个主张更符合费希特而不是黑格尔的传统观点。此外，马克思似乎乐于赞同这些观点，无论是在他早年，例如他曾说过"费希特的创造世界的自我"，还是在后来，例如他曾提到"费希特的自我的纯粹利己主义"。把黑格尔的自我说成是"抽象的利己主义者"，这本身在本文研究的语境中并不具有特别的启发意义。重要的是，在《手稿》的其他地方，这个自我恰恰承担了费希特主义的自我创造世界的角色。因为在讨论过程中，马克思关注的焦点似乎不再是黑格尔的本身作为世界现实的主体——不论是永远完整的主体还是从事自我创造活动的主体。相反，"使黑格尔分子伤透了脑筋的"观念，"无非始终是抽象，即抽象思维者"。然后，在马克思的描述中，这个抽象或抽象思维者决心"把那只是作为抽象、作为思想物而隐藏在它里面的**自然界从自身释放出去**"。②稍后，马克思又热烈地开始讨论这个主题。马克思宣布，在黑格尔的图式中，自然"曾被禁锢于思维者中"，而思维者把自然释放出去，"在神性的自然辩证法中以为是从无、

---

① 《马克思恩格斯全集》第 2 版第 3 卷第 321 页。
② 《马克思恩格斯全集》第 2 版第 3 卷第 334 页。

从纯抽象中创造出那些本质"。马克思让我们毫不怀疑地相信，在他看来，这种理论是错误的，当然也是完全的幻想。然而，这种理论与其说接近黑格尔的观念，不如说接近费希特的创造世界的自我，至少在对它的通常解释中是如此，并且在马克思本人在其他地方对它的解释中也是如此。

在马克思对黑格尔的解释中，我们似乎可以找出两个通往无世界论——即对世界的否定——的方法。第一个方法是通过如下假设：绝对主体可以说已经侵占了一切可能的地方，排挤了其他一切东西。问题是，就像黑格尔对斯宾诺莎的评论那样，"他那里大大地有神"。按照第二个方法，世界最终被证明存在本体论的缺陷，这恰恰是因为它不过是个体自我的意识的投射。在这里，我们处在马克思主义传统通常所称的"主观唯心主义"领域中，而费希特则是这种"主观唯心主义"的主要榜样和实例。应该补充的是，一般地说，马克思充分意识到了这样一种影响力的分类对理解黑格尔的价值。于是，在《神圣家族》中，我们被告知："在**黑格尔**的体系中有**三个**因素：**斯宾诺莎的实体，费希特的自我意识**以及前两个因素在**黑格尔**那里的必然的矛盾的**统一**，即**绝对精神**。"① 先前的讨论已经努力表明，在马克思对黑格尔形而上学的无世界论解释中，我们至少可以找到斯宾诺莎和费希特的遗产。这些因素在那种语境下确实可以说是必然矛盾的，因为它们争夺解释世界为什么是无的角色，并且都不可能取得成功。应当指出的是，黑格尔的绝对精神本身——即观念的最高阶段——的统一从它的双重遗产来看是必然矛盾的，对于马克思的这个主张的功过是非，还存在一个更深层的问题。然而，这提出了关于黑格尔形而上学的一些非常重大的问题，而这

---

① 《马克思恩格斯全集》第1版第2卷第177页。

些问题已经超出了本文研究的范围。

　　本文的研究已经表明了马克思对黑格尔形而上学的多种解读。利用所选择的一部分文本的不同因素来证实和揭示这一论断，自然是非常必要的了。但是，同样自然令人怀疑的是，就像这样一种程序所表明的那样，各种不同的选择几乎不可能如此整齐地存在于文本之中。这一怀疑可能是正确的。就它们同时出现在一句话中而言，最明显的例子出现在与"情况、任意和本身使命的亲自选择"之间的联系中。马克思评论说，这些构成了"现实的中介"，然而在黑格尔那里，这种"现实的中介"，仅仅是"由现实的观念自己引起并在幕后进行的**那种中介的现象**"①。这乍一看是个令人困惑的评论。有人可能认为，"在幕后"暗示出一种可能最终由"在……背后"和"在……之外"所表明的超验性。因此，所讨论的东西可能被认为是——使用宗教的术语来说——一神论的隐秘上帝，他在遥远的彼处操纵此处所发生的一切。然而，这与如下主张似乎并不一致：所说的行动由主体"独自"完成，就这些行动的广泛效应而言，完成它们无疑是困难的。这样一种主张反而可能被看做是描述独占的泛神论的主体的一种方式。然而，"在幕后"的景象现在开始变得不再恰当。因为泛神论中没有任何分界之幕，因而在幕后或前台没有任何空间：它的一元前景不会允许这样一种二元的结构。因此，如果一神论或泛神论是仅有的选择，那么我们就不得不得出的结论是我们在此所拥有的是一种完全混杂的比喻。有人必然会问，无世界论的解读是否能够更好地理解它？

　　马克思术语的主要术语是"表象"，而"外观"则可能被认为是表示无世界论的更合适的术语。这个事实一开始令人尴尬。这可能不得

---

① 《马克思恩格斯全集》第2版第3卷第10页。

从马克思有时对黑格尔的技术术语的细微差别表现出的漠视来解释。我们在这个特定的例子和更为重要的"现实性"例子中已经注意到了这种漠视。此外,无世界论的观点没有自然地推动帘幕的形象,也没有这样做的必要。不论在斯宾诺莎还是在费希特那里,无世界论都能得到满意的阐释,无需借助任何此类的结构性设计,相反,对于无世界论来说,这样一种结构性设计必定成为困难和障碍。相比之下,这一设计似乎完全符合隐秘上帝的神学形象以及神与人的两个王国。因此,我们可能不得不承认,任何解读都不可能顺利地接受马克思论述的每一个细节。然而,如果撇开细节上的困难,无世界论的解读很可能比它的竞争对手具有总体的优势。这就是说,无世界论的解读完全适合于抓住可以被合理地视为马克思希望传达的主要思想,即这样一种意识:对黑格尔来说,日常经验世界仅仅由那些不符合现实性的、具有误导性的表层构成。日常经验世界所符合的是观念的纯自我关涉的行动,而斯宾诺莎的绝对或费希特的自我似乎可以充分地阐明那些行动本身。于是,尽管上面描述的解释黑格尔的三种方式在这种情况下都能取得一定成功,但是都不完全令人满意。不过,我们或许可以认为,这本身证明了各种强加给马克思的解释选择的重要性。在马克思著作的某个地方,它们有时会共同产生一种不一致的效应。

马克思主义的思想家如何能够安心地坚持这些相互冲突的观点呢?现在我们可以富有成效地讨论这个之前提出的问题。在此不可能充分地讨论这个问题,但是至少可以指出进一步研究的方向。这也有助于从新的视角来揭示这项研究的主体,即马克思对黑格尔的隐秘的多种解读。首先,我们回想如下的通常看法或许有所帮助:在最一般意义上,那些解读模式是在拒绝之后的批判性接受。毫无疑问的是,黑格尔的残余仍然贯彻在马克思的全部生涯之中,其中某种版本的辩证方法显然是最明显的残余，并且马克思在不同时期也对黑格尔表现出不同程度的感激和称赞。但是，总体的模式是清楚的。同样清楚的是，对黑格尔哲学的实践意义的意识从一开始就是马克思对待黑格尔的态度的主要方面。因此，具有重要意义的是，即使在其最黑格尔主义的时期，马克思对待黑格尔的主要方式仍表现为"黑格尔法哲学批判"。当然，还应当记住的是，正如马克思倾向于坚持的那样，这里不应严格地区分开理论与实践。因此，他指责黑格尔的学生"从适应或类似的东西出发……来解释他的体系的这一或那一规定"①。相反，马克思希望强调的是，"这种表面上的适应的可能性本身的最深刻的根源，在于他的原则本身不充分或者哲学家对自己的原则没有充分的理解"②。本文的研究试图表明，事实上马克思以许多不同的方式理解了黑格尔的"原则"。我们现在可以指出，这些方式的共同之处在于其中每一方式都以自己独特的方式批判了适应。于是，应该思考的可能性是，就马克思本该发现充分的一致性从而掩盖进行更多的自觉反思的必要性而言，他对黑格尔哲学的实践批判是多元决定的。在他把全部注意力转向哲学之外的真正的毕生事业之前，这种状况至少可能持续了相对短暂的时期。

至少就其非动态的形式而言，泛神论的情况似乎非常明显。而且，凡是当马克思谈到黑格尔的适应的泛神论根源时，涉及的恰恰是这种形式的泛神论。倘若万物都是上帝的化身，那么它们恰恰由于自身的神性特征而应被接受。如果现存东西都是合乎理性的，那么应该接受现存的东西具有理性的权威。在这种形式上，泛神论是一种普遍适应的学说。

---

① 《马克思恩格斯全集》第 2 版第 1 卷第 74 页。
② 《马克思恩格斯全集》第 2 版第 1 卷第 74—75 页。

就一神论的解读而言，它将会富有帮助地把问题简单化，集中关注那个黑格尔被指责去适应的世界的核心特征。这个世界就是君主制度，典型的例子是普鲁士的君主制度。在某个方面上，那个在马克思看来使制度在黑格尔思想中得以合法化的过程是完全明确的，而且事实上遵循的方法就像泛神论的解读一样。马克思指出："黑格尔力图把君主说成是真正的神人，说成是观念的**真正化身**。"① 君主拥有这样一种身份，显然值得尊敬和热爱。因此，这种方法恰恰通过直接产生对君主的直接评价来把它合法化。然而，我们在马克思的解释中可以找到另一种更复杂的思维方法。当然，到目前为止所说的一切并未公正地对待黑格尔对形而上学冲动的意识，而这种冲动则是他对待君主的态度的基础。这种冲动的特征体现在马克思所引述的那个一般性主张中："真正的主观性只是作为**主体**才存在，人格只是作为**人**才存在。"②《法哲学原理》中的那段话——正如马克思所言——将是试图"构想出体现为'某一个体'的观念"，这与上述主张完全一致。

这样一来就产生了一种神的王国与人的王国的结构平行论。对马克思来说，这是一种非常熟悉的理论，因为在19世纪30年代他思想形成的十年里，这种理论明确突出地出现在德国的思想争论之中。于是，与整个世界的人格主体——一神论的上帝——相适应，人类的王国中也有一个人格化主体，例如普鲁士国王就是首要的例证。在这里我们讨论的并不是神的化身，而是它的类比或镜像。结构平行论具有一种异体同形的形式，即可以说通过投射到世界的屏幕上，人类世界的制度得到了规范上的同意。因此，这些制度所具有的合法性就是一切符合——事实上

---

① 《马克思恩格斯全集》第2版第3卷第33页。
② 《马克思恩格斯全集》第2版第3卷第31页。

重新规定——世界基本特征的东西所具有的合法性。马克思对结构平行论模式具有深刻的同情,并且在其后来的著作中继续加以运用。例如,在《资本论》中,他对宗教世界和商品世界进行了"类比"。特别是崇拜抽象人的基督教,可以说是最适合商品生产社会的宗教形式,而在商品生产社会中,所有的私人劳动都被纳入到同质的人类劳动关系中。因此,在他思考黑格尔的适合被植入一神论原则中的方式时,结构平行论模式发挥了一定的作用,这就根本不让人感到奇怪了。

  无世界论的实践意义必须以稍微不同的方式进行理解,因为在这种情况下几乎不可能以任何直接的方式谈论现存制度的合法化。与自然和社会的其他所有因素一道,现存制度必定患上非真实疾病。我们的注意应该转向实践的合法化,或更严格地说转向实践的去合法化。当我们作出这种转变的时候,我们才可能从马克思那里看到,无世界论的哲学可以说在客观上是保守的。在一般的意义上,可以合理地认为,对世界的虚无性的信念往往必定会抽干行动的源泉。至少它必定会摧毁和颠覆任何为激进——更不用说革命——纲领进行理论奠基的规划。因此,斯宾诺莎无世界论的生存论意义似乎并不在于实践的形式,而在于对唯一的、包罗一切的现实的沉思以及对现实外观的具体特征的原则性漠视。然而,当前从费希特的无世界论出发来讨论问题或许更有成效。

  按照费希特的无世界论,正如我们上文所指出的那样,自然界作为"思想物"隐藏在观念里面,并由思维者从观念中释放出去。《手稿》还把这种对自然的本体论地位的看法应用于人类社会世界。因此,"财富和国家权力"被黑格尔理解为"思维—本质"。由此可以推论出,自然界和社会世界的全部产生过程,即马克思所说的"异化"过程,全部发生在意识当中,因而只要改变意识就可以克服这种异化。因此,黑格尔提供的是"思想上的扬弃,在现实中没有触动自己的对象",却以为"实际上克服了自己的对象"。① 正是在这种意义上，我们才可以说费希特的无世界论在客观上是保守的。这进一步揭示出与黑格尔的追随者即青年黑格尔派相比马克思是如何讨论这一主题的。在马克思看来，更应该积极地做的事情是必须揭露他们作为革命思想家的伪装。然而，既然青年黑格尔派分子的革命充其量不过是一种意识革命，因此，尽管他们满口讲的都是"震撼世界"的词句，而实际上他们是最大的保守分子。事实上，这些思想家中真正的费希特主义者麦克斯·施蒂纳呼唤一种更实质的改变，但是这充其量相当于对自我改变的呼吁："我、一个现实的人，必须改变的不是现实（要改变现实，我只有和其他人合作才做得到），而是在我自身中改变自身。"② 因此，这就是施蒂纳所声称的暴动最终表达的意思："暴动什么都是，但只不是行为。"③ 在马克思看来，从它的意义中首先被排除的是改变社会和政治的集体行为，改正现存财富和国家权力结构的行为。在把这种结构仅仅当做是个体意识的投射时，费希特的无世界论把任何此类的行动纲领说成是错误的，除此之外还被认为缺乏合法性。

　　适应植根于黑格尔哲学的原则之中，并且这种哲学可以说体现出一种适应的逻辑或逻辑学。马克思的著作似乎为坚持上述观点提供了各种各样的根据。反过来，这种根据的多样性反映出马克思对所说的原则的解释的多样性。然而，如果没有看到马克思还认识到黑格尔有一种非适应的逻辑，即一种他本人并不相信的逻辑，那么我们不可能把问题抛开。当然，这种认识属于更深水平的洞见，正是在这一水平上，我们才

---

① 《马克思恩格斯全集》第 2 版第 3 卷第 330 页。
② 《马克思恩格斯全集》第 1 版第 3 卷第 232 页。
③ 《马克思恩格斯全集》第 1 版第 3 卷第 444 页。

能看见马克思作为黑格尔批判者的真正成就。到目前为止的讨论都集中在马克思对"整个黑格尔哲学"——事实上是形而上学——的评论上。所呈现出的东西可以说本身大概具有神秘故事的特征：诱人的片段、变化的视角以及隐秘的、尚未解决的紧张。然而，如果没有考虑到马克思成功地理解《法哲学原理》"神秘主义"的实质，那么故事不可能是完整的。此外，不这样做，就不可能充分利用我们当做主要资料的那一部分文本。因为这为我们应该向何处前进提供了清楚的指南。

这一指南来自于对262节的评论之始的一句话："家庭和市民社会仿佛是黑暗的自然基础，从这一基础上燃起国家之光。"① 由此建立的批判原则是黑格尔的国家学说就它的结构缺陷而言完全由这个黑暗的基础决定的。马克思所指出的关键压力点是世袭君主制、世袭立法者和长子继承制，尤其是在涉及土地财产时。在这些压力点上，纯自然的决定因素，即与生俱来的决定因素，得以能够胜过理性、精神和社会的主张。这种状况是马克思尖锐批判的内容，例如在下面这段话中就是这样：

"黑格尔处处都从他的政治唯灵论降到最粗陋的**唯物主义**。在政治国家的顶端，处处都是出生使某些个人成为国家最高使命的化身。由于出生，某些个人与国家的最高活动符合一致，这就如同动物生来就有它的地位、性情、生活方式等等一样。国家在自己的最高职能中获得**动物的现实**。"②

这种批判的力量恰恰在于它的内在性特征。因为黑格尔对精神胜过自然界的偏爱——正如马克思充分意识到的那样——是其思维结构的一

---

① 《马克思恩格斯全集》第2版第3卷第9页。
② 《马克思恩格斯全集》第2版第3卷第131页。

部分。于是,精神是更高的阶段,体现出对黑格尔观念的更全面更具体的定义。此外,对黑格尔来说,精神成功使自身从自然中解放出来是历史进步的决定因素。对黑格尔在政治哲学中的规划来说,具有灾难性的东西是——正如马克思所指出的那样——他应该承认"盲目的自然必然性"支配着本身是所谓的"自由的最高存在"、"自觉的理性的存在"的国家。黑格尔在这里未能遵循他本人的最佳洞见,非适应的逻辑本该使他拒绝那些"秘密"是"动物学"的制度。在把注意力转向精神对自然的这种胜利时,马克思批判的恰恰是《法哲学原理》所描述的制度结构的各种基础。正是在这个意义上,马克思可以说揭露了《法哲学原理》以它所存在的根本不一致以及它同黑格尔的体现缺乏有机联系的形式所表现出的"神秘主义"。

我们几乎不可能想象出一种更为致命的批判。然而,我们不可以说,这种批判在研究黑格尔的主流学术(在很大程度上不承认马克思作为批判者的重要性的领域)中获得了应有的地位。毫无疑问,这种状况有许多原因,但在某种程度上反映出一个更一般的失败,即无论推崇者还是反对者都没有仔细地关注马克思对黑格尔的具体解释,从而使这种解释的任何特定方面难以得到明确的关注。本文的研究试图小范围地表明这样一种关注的价值。由于集中于观念的本质以及它与经验世界之间的关系的问题,并且把一部分文本作为出发点,本文区分了三种立场。这三种立场可以概括为如下主张:这个世界是观念的一个构成部分,是观念的创造物,并且与观念相比,它缺乏真正的现实性。这三种立场分别被称为泛神论、一神论和无世界论。本文表明,泛神论以两个版本——历史的和非历史的版本——出现在马克思的解释中,并且两个不同的思想溪流不断涌入无世界论之中,其中一个源于斯宾诺莎,另一个源于费希特。这些对黑格尔"原则"的不同理解为他的"适应"提供了不同的理论依据，因而间接地为马克思拒绝其思想的实践问题提供了不同的理论依据。

  现在已经出现了一幅复杂的图像。正如前文所暗示的那样，这种复杂性并未充分地反映在关于黑格尔和马克思之间关系的文献中，任何熟悉此类文献的人无疑都可以证明这一点。在这里只能以最简单的形式勾画出马克思与黑格尔之间的关系，因而要详细地探讨这种关系的图像内容和连接，仍然有许多工作要做。最终可能有人建议，具有至关重要的意义的是，同情马克思及其遗产的评论者应该参与这样一些计划。他们应该给予他应有的尊重，即尽可能严格地对他的著作进行批判的分析。此外，要明显地展示马克思思想的丰富性，因而肯定他在西方哲学中作为不可或缺的重要人物的正确地位，这样做是唯一的方式。无论这样一些分析多么严格，我们都没有理由担心所产生的结果。马克思不需要过分的心慈手软来庇护，就马克思对黑格尔的讨论而言，心慈手软特别具有误导性。以往曾经把思想史上实际上最复杂的纠葛之一当做清楚、明确的，具有直接权威的真理的一个来源，现在应该是消除这做法的禁令性讽刺的时候了。

（原载 *Karl Marx and Contemporary Philosophy*，

Palgrave Macmillan, 2009）

（陈高华 译）

马克思思想中的黑格尔:
马克思主义革命观里的分娩式论题[*]

〔英〕G. A. 柯亨

一

我首先提出三个强度逐步递增的关于问题及其解答的命题,并把它们作为讨论马克思主义中的分娩式论题(obstetric motif)的开场白。第三个命题蕴含着第二个命题,而第二个命题则蕴含着第一个命题。这三个命题现在关注的是:正如我们将要看到的那样,对它们的理论解读既符合黑格尔对传统数学的局限的批判,也符合马克思主义对空想社会主义的局限的批判。

"(1)如果某个(真正的)问题存在解答的话,那么当(且仅当)这个问题以充分发展的形式出现时,对它的解答才会被发现。

(2)某个问题总是存在解答,但是,由于(1),当(且仅当)这个问题以充分发展的形式出现时,对它的解答才会被发现。

(3)某个(真正的)问题发展的完成并且仅此提供了它的解答。某个问题

---

[*] 本文选自《马克思主义与现实》2008年第2期。作者 G. A. 柯亨(Gerald Allan Cohen)系当代分析马克思主义的代表人物之一,英国牛津大学万灵学院社会和政治理论教授。

的解答是该问题充分发展的成就。"

现在，正如我所说的，这种学说——即某个问题的充分发展总是产生它的解答——既有理论上的解读，又有政治上的解读。这是因为我们能够把"某个问题的**发展**"**要么**理解为对它的阐述过程的发展，**要么**理解为不是对问题的阐述过程的发展，而是问题本身、问题对象或形势在世界上的发展。就第一种理解而言，当对问题的**阐述**达到极致时，问题也就被解决了；就第二种理解而言，当问题本身发展到极致时，当它发展到最高点时，它也就被解决了。（有人可能认为黑格尔的唯心主义损害了问题的发展与对它的阐述的发展之间的区分；但是，无论任何，我们都能够轻而易举地作出上述区分。）

对这三个命题的政治解读是把"某个问题的发展"解读成问题形势的发展：就此而言是一种社会形势。例如，思考一下资本主义提出的问题——按照马克思和恩格斯的构想——简而言之，就是大规模生产能力加上大规模贫困的问题。随着这个问题的进一步发展，它的解答就会出现，因为这个问题在进一步发展。

这样一来，在对命题（1）的政治解读中，它解释了空想社会主义者为什么没有解决社会问题的正确方法：社会问题尚未充分发展到能够找到其解决办法的程度。然后，命题（2）继续向我们保证，既然问题已经尖锐化，因此它的解决办法必定正在到来。最后，命题（3）补充说，所期待的解决办法将来自于问题本身的发展：提供解决办法的无产阶级革命是问题即资本主义矛盾本身发展的结果。命题（3）为命题（2）所补充的主题是：当命题（2）也谈到的充分发展已经完成时，问题的解决办法就暴露在问题内部。命题（3）也是马克思主义者批判空想社会主义者的基础——后者认为他们之所以会找到社会问题的解决办法，是因为他们避开了现存社会并寻找一种更优越的社会形式，而不是因为深入研究现实的社会问题。社会主义理论家们所做的这一切工作使无产阶级所面临的任务更加明确。因此，我们在恩格斯《社会主义从空想到科学的发展》的结尾中读到这样一段话："考察这一事业的历史条件以及这一事业的性质本身，从而使负有使命完成这一事业的今天受压迫的阶级认识到自己行动的条件和性质，这就是无产阶级运动的理论表现即科学社会主义的任务。"① 无产阶级被要求完成的"重大行动"（momentous act）是解决历史问题的革命行动。而革命就是资本主义社会问题的解决。

应当指出的是，在对它们的社会解读中，命题（2）和命题（3）是令人难以置信的乐观主义学说。对带来社会变革的手段的乐观主义几乎和对命题（3）的差不多。命题（3）告诉我们，问题的解答来自问题的充分发展：解答来自于问题结构即生产方式的充分发展。

由此可以说，马克思主义称颂自身政治的所谓科学性——即它的政治从正在发展的问题中找到了解答——其核心主张源于黑格尔的思想，而如今很少有人认为这个思想符合严格的科学性。同时，应该注意的是那个核心主张是多么地有力。科学社会主义没有为无产阶级提供各种理想原则和价值观念。共产主义者所做的（参见上述引文的第二句话）是告诉无产阶级事实的真相和现状。

现在，我要表明这种分娩式的学说在经典马克思主义中是多么地根深蒂固。

---

① 《马克思恩格斯全集》第 1 版第 19 卷第 247 页。

二

我首先从马克思 1837 年 11 月 10 日写给在特里尔的父亲的一封信开始。当时,马克思已经 19 岁,在柏林大学学习法律仅仅一年。

在这封信中,马克思报告了他在思想上经历过的曲折发展。他超越了一个个人发展阶段。在这个阶段,他"相信现有的东西和应有的东西之间完全对立",并且现在发现自己处在一个他看到"现有的东西"与"应有的东西"之间更和谐的地点上。马克思这样兴奋地总结他的新观点:"如果说神先前是超脱尘世的,那么现在它们已经成为尘世的中心。"①

这封信显然具有迷惑性,部分原因是马克思在心理上把当时已经抛弃的那种否定世界的唯心主义与一种特别高涨的所向往的方面连接了起来——在这个方面上,他一直在思念他的爱人燕妮,后者在马克思离开柏林的时候仍然待在特里尔。这里是马克思关于他对燕妮的爱与他对拒绝世界的理想之爱的比较:"我的天国、我的艺术同我的爱情一样都变成了某种非常遥远的彼岸的东西。一切现实的东西都模糊了,而一切正在模糊的东西都失去了轮廓。对当代的责难、捉摸不定的模糊的感情,缺乏自然性、全凭空想编造、现有的东西和应有的东西之间完全对立……"②

因此,马克思在这里模仿黑格尔对通常数学的两重性——问题与外生的解答之间的两重性——的蔑视。而且在所期待的对比中,问题"展

---

① 《马克思恩格斯全集》第 1 版第 40 卷第 15 页。
② 《马克思恩格斯全集》第 1 版第 40 卷第 9—10 页。

开了它自身的丰富而又生动的内容",因而消解并解决了自身,然后又再次出现。

马克思继续说:

"三角形使数学家有可能作图和论证;但它仍然不过是空间的一个概念,并没有发展成任何更高的形式;需要把它同其他某种事物对比,这时它才有了新的位置,而对同一对象采取的不同位置,就给三角形创造了各种不同的关系和真理。在生动的思想世界的具体表现方面,例如,在法、国家、自然界、全部哲学方面,情况就完全不同:在这里,我们必须从对象的发展上细心研究对象本身,决不应任意分割它们;事物本身的理性在这里应当作为一种自身矛盾的东西展开,并且在自身求得自己的统一。①"

正是由于观点的这种转变,"神"不再是超脱尘世的,而是"成为尘世的中心"。这就是说,马克思就像黑格尔一样,从(康德和费希特的)理想主义"转而向现实本身去寻求思想"②。现在,马克思也在问题中寻求它的解答。

应该指出的是,马克思把这种根本的内生性学说——这个原则是问题的解答在问题内发展并从中出现——应用于一切"生动的"主观问题。(他没有把这种学说应用于通常的数学,但这是因为数学不是生动的。)几年后,即1842年,他明确地把这种学说应用于政治问题及其解答,尽管他尚未成为一个运用唯物主义来思考这些问题及其解答的马克思主义者。因此,他在一篇题为《集权问题》(《莱茵报》,1842年5月17日)的文章中写道:"一个时代所提出的问题,和任何在内容上

---

① 《马克思恩格斯全集》第1版第40卷第10—11页。
② 《马克思恩格斯全集》第1版第40卷第15页。

是正当的因而也是合理的问题,有着共同的命运:主要的困难不是**答案**,而是**问题**。因此,真正的批判要分析的不是**答案**,而是**问题**。正如一道代数方程式只要题目出得非常精确周密就能解出来一样,每一个问题只要它是一个**实际**的问题,也就能得到答案。世界史本身,除了通过提出新问题来解答和处理老问题之外,没有别的方法。"① 一个问题要成为一个现实的问题,它就必须得到充分的发展:与现实性相对的则是潜在性。

在一年后的 1843 年,马克思写了两封非常重要的书信给阿尔诺德·卢格。后者是一个激进的同伴,相信民主、言论自由和其他自由改革,但他和当时的马克思本人一样是个真正的社会主义者。在这两封书信中,马克思继续把社会变革视为根本的意识变革,并且从分娩式角度来理解社会变革者的任务:必须从旧的胎胞中接生出新的意识。

按照马克思在这两封信中的解释,"问题的充分发展能够带来自身的解决办法"这一黑格尔主义的命题既适用于对问题的**阐述**的发展,又适用于问题本身的发展。从分娩式的观点来看,这两种解释能够结合在一起。因为正是政治助产士——用《集权问题》中的话来说——"使问题变得非常精确精密"。正是政治助产士——用 9 月份致卢格的书信中的话说——"向世界指明它究竟为什么而斗争"。通过促进"自我理解",通过使对问题的阐述达到极致,政治助产士使问题本身达到了终点。不过,只有当问题自主发展到自身的倒数第二阶段时,即只有当妊娠期结束时,她才能那样做。

现在,把黑格尔的关于概念问题的那种学说应用到社会和政治问题

---

① 《马克思恩格斯全集》第 1 版第 40 卷第 289 页。

上，是有些令人惊讶的，即便有人认为社会意识是历史变迁的核心。然而，当把历史发展的场所从意识政治转移到生产方式及其革命改造的政治上时，仍然沿着这种脉络继续前进则无疑更加令人惊讶了。可是，在马克思不可逆转地带来这种转变后，我们在《德意志意识形态》中发现他说："共产主义对我们来说不是应当确立的**状况**，不是现实应当与之相适应的**理想**。我们所称为共产主义的是那种消灭现存状况的**现实**的运动。"①

当然，关键并不在于运动应该由一种除共产主义之外的理想来指引，而在于它并不需要一种理想，一种超越现实的启示，一种"超脱尘世"的神，就如同问题并不需要一个来自问题之外的答案一样。问题在被正确地提出时就能得到它的答案；它在发展自身的同时也发展出它的答案。同样，使运动取代现存状况、取代它要"消灭"的现状的东西，恰恰取决于运动自身的完成。"消灭"就是"扬弃"。"扬弃"（aufhebt）是一个用来表述辩证过渡的黑格尔主义术语，从字面来说就是"升华"，但在黑格尔那里意味着"改造和完成、升华到更高级的形式上"。在这种非常特殊的意义上，运动"消灭"（abolish）现存状况，但它并不"彻底毁灭"（annihilate）现存状况：运动从现存状况中提升出其内部正在生长的东西。

应该进一步指出的是，"运动"一词在这里还存在一个细微的模糊性，因为它既可能指历史中的一种运动或过程，又可能指一种有组织的政治这一意义上的运动。政治运动随历史潮流而起伏不定，因而是历史潮流的一部分。我们正在随历史而运动，因而在这里无异于彻底思考一

---

① 《马克思恩格斯全集》第1版第3卷第40页。

个问题直到它的结论。而且,马克思之所以把共产主义称为一种"现实的"运动,因为在他看来共产主义是现实自身的运动,而不是一种从外部走向现实的运动。科学社会主义革命者的任务仅仅是加入世界上的这种运动,并同正在变化的现实——亦即正在自我改造着的生产方式——联系起来。借用并改变20世纪60年代美国的一句口号就是:每一个革命者的任务就是帮助推动发展。

马克思只在一个地方系统阐述了他的历史理论:1859年《〈政治经济学批判〉序言》。马克思在那里的阐述深深地打上了分娩式比喻的烙印。马克思坚称,在社会变革时期中进行斗争的群体的意识"必须从物质生活的矛盾中,必须从社会生产力和生产关系之间的现存冲突中去解释"。然后,马克思继续说:

> "无论哪一个社会形态,在它们所能容纳的全部生产力发挥出来以前,是决不会灭亡的;而新的更高的生产关系,在它存在的物质条件在旧社会的胎胞里成熟以前,是决不会出现的。所以人类始终只提出自己能够解决的任务,因为只要仔细考察就可以发现,任务本身,只有在解决它的物质条件已经存在或者至少是在形成过程中的时候,才会产生。"①

由这些表述可以得出结论说,只要一种社会形态耗尽了它的进步性,耗尽了它通过提高生产力来满足人类需要的能力,一种新的社会形态就会出现,取代这种已经耗尽的社会形态,进一步地推动进步,因而在旧社会本身中就会发现新的社会形态。

---

① 《马克思恩格斯全集》第1版第13卷第9页。

因此，我们得到了一个令人愉快的结论，即《资本论》中的这样一句话："问题和解决问题的手段同时产生。"① 就像黑格尔所设想的概念修复一样，社会的修复不可能来自外部，而始终来自内部，只要该物实际上已是破碎的物。

因此，空想主义者的计划既是不可能的，也是不必要的。按照一种来自外部的构想不可能重建社会，因而，谋求这样一种构想是不必要的，因为一个破碎的社会正处在重建自身的过程之中。

按照马克思和恩格斯的观点，使马克思的社会主义成为现实的东西，用恩格斯的话说就是，它"不过是这种实际冲突（即资本主义的矛盾）在思想上的反映"，"用来消除已经发现的弊病的手段，也必然以多少发展了的形式存在于已经发生变化的生产关系本身中。……现代社会主义不过是这种实际冲突在思想上的反映，是它在头脑中、首先是在那个直接吃到它的苦头的阶级即工人阶级的头脑中的观念的反映"。②

首先，恩格斯说现代社会主义是冲突在工人的头脑中观念的反映；其次，我们能够补充说，他们的理论代表完善了这种反映。因此，现代社会主义，马克思和恩格斯的社会主义，是一种知道自身是一种反映的反映。

这意味着现实在意识中的自我肯定存在两个连续的阶段，第一个阶段是这种肯定在无产阶级运动中的表现，第二个阶段是这种肯定在有组织的无产阶级运动形式中的表现。马克思在谈到第一国际时分别提到了这两个阶段，他说：国际工人协会"并不是某一个宗派或某一种理论的

---

① 《马克思恩格斯全集》第 1 版第 23 卷第 106 页。
② 《马克思恩格斯全集》第 1 版第 19 卷第 228—229 页。

人为的产物。它是无产阶级运动自然发展的结果,而无产阶级运动又是由现代社会自然的和不可抗拒的趋势所产生的"①。

因此,一方面,"工人阶级不是要实现什么理想,而只是要解放那些在旧的正在崩溃的资产阶级社会里孕育着的新社会因素"②;另一方面,正是因为工人没有发明什么理想,因此他们的理论代表不过是接受和完善工人在应该发展现实时所坚持的立场。因此"共产主义现在已不再意味着凭空设想一种尽可能完善的社会理想,而是意味着深入理解无产阶级所进行的斗争的性质、条件以及由此产生的一般目的"③。

在1918年的《论俄国革命》一文中,罗莎·卢森堡运用马克思对空想社会主义和科学社会主义的区分来批评列宁和托洛茨基的国家主义方案。我将用其中的一段话来结束这种对马克思恩格斯文本的大量引用。在那段话中,卢森堡充满了惊人的乐观情绪,但不如上文所引述的马克思恩格斯著作中的类似段落乐观:

"历史归根到底是有机自然界的一个部分,它同有机自然界完全一样,有一个好习惯,总是在产生实际的社会需要的同时也产生满足这一需要的手段,在提出任务的同时也提出解决的办法。"④

---

① 《马克思恩格斯全集》第1版第16卷第365页。
② 《马克思恩格斯全集》第1版第17卷第363页。
③ 《马克思恩格斯全集》第1版第21卷第248页。
④ 〔德〕卢森堡:《论俄国革命》,载《国际共运史研究资料增刊:卢森堡专辑》,北京:人民出版社1981年版,第88页。

三

马克思主义的进化论式的社会主义运动观对它在社会改良上的态度产生了令人关注的影响。马克思主义者之所以准备在资本主义内争取社会的改变，是因为他们可能把这样的改变视为资本主义自我改造成社会主义的过程的一部分。既然空想主义者缺乏资本主义自我改造概念，他们就不可能以那种方式来看待改良，并且常常看不到其中的价值或者将其视为达不到目的的东西。

那些高度空想主义的宗派就证明了这一点。它们谴责资本主义内部的一切变化（例如争取提高工资和改善工作条件的成功斗争），因为这类变化（纯粹）是资本主义内部的变化。在《哲学的贫困》中，马克思说："社会主义者劝告工人不要触动旧社会，以便更好地进入他们用非凡的先见之明准备就绪的新社会去。"① 他说的社会主义者可能就是这样一些宗派。

同时，恩格斯在青年时期的卓越著作《英国工人阶级状况》中也提出了类似的观点。他说：

> "社会主义者十分驯顺温和；不管现存的制度如何坏，他们还是承认它，因为他们除争取社会舆论外，对改变现存制度的其他一切途径是一概否定的。然而他们的原则又这么抽象，如果他们的原则保持现在的形式，他们是永远也不能争得社会舆论的。……他们不承认历史的发展，所以他们打算一下子就把国家置于共产主义的境界，而不是通过国家的合乎规律的进一步的政治发展，

---

① 《马克思恩格斯全集》第1版第4卷第195页。

直到这一过渡成为可能的和必然的。"①

毫无疑问，马克思和恩格斯都意识到了一种局限于改良的近视的政治立场对共产主义事业的危险。在1865年题为《工资、价格和利润》的演讲中，马克思对这类改良主义——在这个术语的正确意义上——提出了警告：

> "工人阶级也不应夸大这一日常斗争的最终结果。它不应当忘记：它在这种日常斗争中只是在反对结果，而不是在反对产生这种结果的原因……只是在用止痛剂，而不是在除病根。所以工人不应当只局限于这些……必然经常出现的游击式的搏斗。……工人应当摒弃'**做一天公平的工作，得一天公平的工资！**'这种保守的格言，而要在自己的旗帜上写上革命的口号：'**消灭雇佣劳动制度！**'"②

不过，《工资、价格和利润》仍然是在批判"公民韦斯顿"的如下观点：争取提高工资的斗争毫无意义。马克思反对的并不是对资本主义的部分改造——他把其中的部分改造称为"劳动的政治经济学对财产的

---

① 《马克思恩格斯全集》第1版第2卷第525页。（这里需要说明的是，这段引文引自恩格斯的著作《英国工人阶级状况》，中译文被收录在《马克思恩格斯全集》中文第1版第2卷。在该卷第525页的正文中，该段引文的最后一句被译为："他们不承认历史的发展，所以他们打算一下子就把国家置于共产主义的境界，而不是进一步开展政治斗争以达到国家自行消灭[sich selbst auflöst]的目的。"不过，编者为该句话所加的脚注指出："在1887年和1892年的英译本中，这句话的后半句改为：'而不是通过国家的合乎规律的进一步的政治发展，直到这一过渡成为可能的和必然的。'"G. A. 柯亨的引文显然来自1887年和1892年的英译本，因此本文后半句的引文使用了中文版脚注中的译法，而非正文中的译法。——编者注）

② 《马克思恩格斯全集》第1版第16卷第169页。

政治经济学还取得了的一个更大的胜利";① 他反对的是把革命政治活动**局**限于"反对现存制度所产生的结果,而不同时力求改变这个制度"②。然而,目标有限的"游击式的搏斗"是"必然出现的"。

缺乏革命维度的改良运动是危险的,因为它们把无产阶级引向歧途。但是,由此不可以断言说,由于担心会驯服无产阶级,因而就应当逃避实现人道化改良的成功。无论后来谁持这种矛盾的观点,我都想不出马克思和恩格斯有哪一本著作赞同了这种观点。

四

按照马克思主义,当科学社会主义实际上已出现时,使科学社会主义成为可能的东西,亦即保证当时占主导地位的社会主义是科学的东西就是:资本主义已经发展到了这样一个关口,因此不仅将产生一个解决它所带来的问题的社会,而且使产生这一社会的手段已在资本主义自身中可以辨认出来了。社会主义如今之所以有望实现,并不是因为发现了保证它能够实现的原则,而是因为社会主义不过是完成了资本主义独自所做的事情,是代表无产阶级利益并且在其能力范围之内完成的事情。

空想社会主义的出现并非偶然。资本主义必定达到了一个使空想社会主义的观点成为可能的特殊阶段,一个发展到足以使社会主义产生的阶段,但在这个阶段上,空想社会主义的种种局限不可避免,因为这一阶段并未发展到足以使科学社会主义产生的程度。

对马克思和恩格斯来说,在两种意义上,社会主义在成为科学之前

---

① 《马克思恩格斯全集》第1版第16卷第12页。
② 《马克思恩格斯全集》第1版第16卷第169页。

必然是空想的。

第一，在空想社会主义实际产生的现实时代——即大概在19世纪的前30年，只有某种空想社会主义才可能产生。如果当时存在某种社会主义的话，那么它注定是一种空想的社会主义。因此，在科学社会主义实际产生的时代之前，社会主义只能是空想的社会主义。在这个意义上，社会主义在成为科学的之前必定是空想的。

第二，也是我认为一种更可以自由解释的建议，科学社会主义必须有空想社会主义作为它的先驱。空想社会主义之所以必须先于科学社会主义，是因为存在先于意识，并且科学社会主义是达到自我意识的社会主义。因此，在不是它们产生的特殊时代而是它们产生的秩序这个意义上，空想社会主义必定先于科学社会主义。

从根本上来说，空想社会主义的产生也是必然的吗？我无法引述与这个问题明确相关的文本材料，但是，从科学社会主义必定拥有空想的先驱这个主张来看，再加上马克思恩格斯无疑相信当资本主义达到相应阶段时科学社会主义迟早必定会产生这个命题，我们可以得出一个肯定的答案。

如果科学社会主义是达到自我意识的社会主义，那么它也是达到自我意识的历史。在《1844年经济学哲学手稿》中，马克思说，"共产主义"就是"历史之谜的解答，而且知道自己就是这种解答"[①]。这时，马克思把共产主义视为一种运动而不是一种社会形态，但他后来可能准备对共产主义运动作出同样的判断。因为尽管向来是人们创造了历史，但只有随着共产主义运动的出现，人们才能自觉地创造历史。以前的历史创造者在自身的观念中充满了幻想。

---

① 《马克思恩格斯全集》第1版第42卷第120页。

五

我把某种反思性（reflexivity）放到了科学社会主义自画像的中心上：在它对自身的解释中，与之前的社会主义不同，科学社会主义是一种认识到自身特性的社会主义。它是一种意识到自身的社会主义，因而也算是达到自我意识的历史。这种反思性以修改过的形式重复了黑格尔哲学中的一个主题。到目前为止，我尚未提到这个主题。

黑格尔说，精神只有通过理解它自身的历史才能理解自身，并且使精神能够理解它自身历史的东西是它所经历过的那种历史。黑格尔的《精神现象学》追溯了一般精神的生成，以便阅读这本书的个人通过这种阅读能够理解他自身。我引述乔·埃尔斯特（Jon Elster）对黑格尔这种观点的精彩阐释："使精神能够理解自身历史的过程就是它的历史。"[①] 随着意识的扩展和深化，它解释自身生成和内容的能力也不断提高。

与之部分类似，支配科学社会主义实践的是它对自身在历史中的位置的理解。它理解它自身和它必须做的事情，因为它理解那种位置；它拥有那种理解，仅仅是因为充足的历史已经展开，从而使对历史的理解——那些不能理解自身的空想主义者对历史的理解——成为可能。

对黑格尔来说，精神科学直到精神达到它自身能够发展这一科学的时刻才能产生，因此精神科学不过是精神对它自身如何达到那一时刻的说明。对科学社会主义来说，关于社会和历史的科学直到历史达到这样一种科学是可能的阶段才能产生，因此，科学即使不只是涉及对如何到达那一阶段的说明，至少在某些至关重要的方面也是如此。

---

① Jon Elster, *Logic and Society*, Chichester, 1978, p. 92.

对空想社会主义来说,理论的发展不依赖世界,并且实践是主体(被认为是世界的对立者)使世界符合理论的要求的尝试。这就是空想社会主义对它自身的理论和实践的误解,因为它忽视了自身的世界性,因为它没有理解它自身运动的起点和未来走向。相比之下,对科学社会主义来说,理论的发展脱胎于世界,因而它所激起的实践属于世界自我改变过程的一部分。因此,在科学社会主义关于理论、实践和世界相结合的观念中,使世界满足理论的要求不存在任何问题,至少不存在相同的问题。

在《德意志意识形态》的用法中,一组观念之所以可能会成为意识形态,不仅仅是因为它是虚假的或其中的虚假性在于它为某个阶级的利益服务。仅当那些沉迷于一组观念的人对于自己为何坚持这些观念给出虚假的解释,这组观念才是意识形态。意识形态的赞同者相信他们之所以相信意识形态,是出于纯知识的理由,而不是因为作为他们生活环境的社会发展,因而他们相信那些并非产生于社会发展的观念能够指导社会发展:他们是作为工程师、历史的主人而不是作为它的助产士出现的。这一点是意识形态的本质。由此可以得出结论说,在《德意志意识形态》的意义上,使空想社会主义者成为空想主义者的东西也是使他们成为意识形态学家的东西,因而使马克思主义的社会主义成为科学的东西保证了它不是意识形态。

并非所有的学说都需要或拥有一种关于自身的理论,一种关于自身如何和为何产生的理论。马克思主义拥有这样一种理论。这是个显而易见的事实,因为马克思主义需要这种理论来反驳它也是一种意识形态的指责。在它关于它自身的观念中,马克思主义并不是一种意识形态,因为它意识到自身的世界起源,并且它能够在毫无偏见地对待自身的真理要求的情况下表明自己是被世界所包围的;因为它是无产阶级的代言人，而无产阶级的历史地位消除了它对幻想的需要。无产阶级是历史上第一个能够在没有虚假的伪装下完成自己的世界历史使命的阶级。它之所以能够如此，是因为它不必依靠宣扬各种幻想来获得盟友。与封建阶级和资本家阶级不同，既然无产阶级在本质和数量上都是一个世界性的阶级，是人类本身的代表，所以它不需要任何盟友。

马克思主义关于自身的学说是它在认识论上引以为豪的来源之一，这使它不会陷入面对那些可以追溯出非理性的来源信念的尴尬境地之中。

六

分娩式的政治实践观念显然是错误的。不论一百多年前使这种政治实践观念成为历史信念的根据是否站得住脚，如今没有人能够为这种信念辩护。

分娩主义（obstetricism）为什么是错误的？马克思主义者又是为何相信它的呢？解决这些问题的方式之一就是比较卢森堡那句长言的前半部分和后半部分。我们来看看她的整句话：

> "社会主义的社会制度只应当而且只能是一个历史产物，它是在它自己的经验的学校中，在它得到实现的那一时刻，从活的历史的发展中产生的；历史归根到底是有机自然界的一个部分，它同有机自然界完全一样，有一个好习惯，总是在产生实际的社会需要的同时也产生满足这一需要的手段，在提出任务的同时也提出解决的办法。"①

---

① 〔德〕卢森堡：《论俄国革命》，载《国际共运史研究资料·增刊：卢森堡专辑》，北京：人民出版社1981年版，第88页。

这句话的前半部分（分号之前的部分）是正确、有趣和重要的。卢森堡大概认为，比前半部分更长，并与之不同肯定了分娩式学说的第二部分，来自于并重述了前半部分中所说的东西。不过，由于反对完全空想的学说，有人可能相信，只有通过对历史及其形成的东西的立即干预，社会主义才能实现，也就是说，他可能赞同卢森堡这句话的前半部分，但他仍然会坚决反对这句话后半部分所提供的再保证。而且，那是一种在20世纪的苦难历史之后我们不再能够拥有的再保证，也是一种威胁到我们的渴望的再保证。

因为我相信的不仅是"分娩式的观念是错误"，而且是"它已经带来了大量的破坏"。如果你从分娩式的角度来思考政治，那么，你就会冒风险地假定，列宁所说的"具体情况具体分析"会显而易见地揭示出你须进行怎样的政治干预，因此，你不会预料到，也由此不会面对一种负责任的政治所必须争取的不确定性和艰难选择。

要支持"政治实践是轻而易举的"这个推论，就需要对分娩式学说作出庸俗的解释。有人可能反对这种看法。毕竟，马克思为社会主义政治所指定的特殊任务，一种属于分娩比喻的任务，是"缩短和减少"新社会到来的"分娩痛苦"。这可能是一项非常困难和重要的手术。有些人的信念与分娩式学说是一致的，相信我们如今确实处于一个向社会主义过渡的时代，而分娩痛苦则已经变得比本来需要的痛苦更漫长和更可怕，因为俄罗斯和德国的共产党人在20世纪前30年里作出了不明智的政治选择。有人大概会说，分娩主义与对政治工作的难度的适当强调是一致的，因而没有为蔑视政治的态度辩护；但是，那些鼓励这种思想的事例也会被认为表明分娩主义多么强烈地鼓励了一种蔑视态度，即使它没有为之辩护。如果你确信你必定会得到答案，那你就容易认为你已经得到了答案。

同时，不论分娩主义是否证明和/或鼓励减少对社会主义战略问题——即，如何推翻资本主义的问题——的重视，但它无疑是在为错误地不关注人们努力实现什么的问题——即，社会主义方案的问题——这一行为而辩护。在卢森堡说出上述引文之前的一段话中，她批评了一些人把社会主义的建立说成是"应用事先开出的处方"。毫无疑问，并且从卢森堡那段话的前半部分的正确性来看，我们不应该写出一张毫无灵活性的食谱，而忽视厨房在烹煮食物时可能存在的约束条件。然而，我们必须开出一张处方，并且拒绝分娩式的视角（按照这种视角，婴儿就是婴儿本来的样子，而不是助产士为他设计的样子，因此助产士确实没有为未来的厨房写出食谱）。社会主义的挫折历史表明，确实需要写出各种食谱，这不仅是为了知道如何运用力量，而且是为了吸引那些非常合乎情理地与他们所了解的难题结合在一起的人民群众。除非我们为未来的厨房开出食谱，否则，就没有理由认为我们会得到我们所喜爱的食物。因此，如果我们不喜欢自己所处的厨房中的炎热，那么我们（我们当中那些仍然是社会主义者的人）最好为未来的厨房开出食谱才行。

（原载 Gerald Allan Cohen, "Hegel in Marx: The Obstetric Motif in the Marxist Conception of Revolution", in his *If You're an Egalitarian, How Come You're So Rich?* Cambridge, M.A.: Harvard University Press, 2000）

（吴晓云　译）

马克思与黑格尔思想的连续性*

〔美〕诺曼·莱文

对马克思和黑格尔关系的解释通常分为两个思想派别，也就是关于中断性与连续性的争论。最引人注目的当属中断论的代表——法国马克思主义者路易·阿尔都塞。阿尔都塞声称，1844—1845年是马克思摆脱黑格尔的"认识论断裂"之点，在《德意志意识形态》这一文本中，马克思断绝了与黑格尔的所有思想关联。② 我则主张马克思与黑格尔思想的连续性，我认为，马克思把黑格尔方法论中的许多范畴都移入到了有关社会形式的分析之中。

我的新作《不同的道路》对马克思与黑格尔的关系进行了深入的探讨，它的第三章给出了一个内容颇广的综览表，其中列举了马克思在1836—1850年的成熟时期所借用的黑格尔逻辑学的各个确定形式。在青年马克思1836年所作的一篇诗文中，他评价黑格尔美学是愚钝的，但是在本文中，我将以马克思1837年致父亲的信为起点来展开我的分

---

* 本文选自《马克思主义与现实》2008年第5期，系诺曼·莱文为《马克思主义与现实》杂志撰写的专稿。作者诺曼·莱文（Norman Levine）系美国著名马克思学家。

② 〔法〕阿尔都塞、巴里巴尔：《读〈资本论〉》，北京：中央编译出版社2001年版。

析，这封信就马克思采用黑格尔主义提供了更为深刻的洞见。本文并不想重复《不同的道路》所作的研究，而是要探查马克思与黑格尔之间连续性的新领域，特别是考察马克思在《黑格尔法哲学批判》中对黑格尔法哲学的解读。本文也将表明，从1837年到1843年，马克思一直都把黑格尔视为黑格尔中间派的一员、自由的立宪君主制者；而且直至1843年，马克思本人也是黑格尔中间派的倡导者；尽管马克思在1843年所写的《黑格尔法哲学批判》一文标志着马克思与黑格尔的某些思想方式的决裂，但是，更为重要的是，马克思仍然继续使用着黑格尔方法论的多种形式。

马克思与黑格尔之间的中断性可以延伸到以下领域：（1）黑格尔唯心主义；（2）黑格尔关于哲学与宗教的定义；（3）黑格尔关于国家的定义以及他的具体政治观点。1843年，马克思与黑格尔的思辨唯心主义原则、主客体同一的理论、理念从潜能向现实运动等思想决裂。他也摆脱了对哲学的黑格尔式理解，即坚信理念是主体，是塑造现实的能动力量。在《黑格尔法哲学批判》中，他把黑格尔的思想贬斥为"逻辑泛神论"。① 以上述对黑格尔唯心主义的驳斥为基础，马克思也抛弃了黑格尔在《法哲学原理》中对国家的解释，即国家是理念的谓词的解释。在1842年10月到1843年3月担任《莱茵报》主编期间，马克思仍然对黑格尔立宪君主制的一般原则深信不疑，或者说，在这几个月里，马克思既把黑格尔视为黑格尔式中间派的一员，又把自己置于黑格尔式中间派之中。

马克思与黑格尔之间的连续性包括以下几个领域：（1）历史性；（2）市民社会；（3）生产模式；（4）方法。在黑格尔那里，历史性概

---

① 《马克思恩格斯全集》第2版第3卷第10页。

念、时间之前进对于他描述理念的运作过程是不可或缺的,而马克思却把历史性从理念领域移植到了社会形式之中。在《法哲学原理》中,黑格尔区分了市民社会和国家,马克思接受了这一区分,并且此后将全部精力都投入到了有关社会形式之政治经济学前提的研究中。在《精神现象学》一书中,黑格尔把人类生产力理论概括为四个阶段:占用、对象化、异化和再占用。马克思采用了这种生产范式,并使之成为其劳动理论的基础。在《法哲学原理》的《序言》和《逻辑学》的《绝对理念》一章中,黑格尔把逻辑学方法、思维所采用的诸多形式描述成是自我发展的,而马克思亦采用了这些方法论的绝大部分表述。在黑格尔那里,这些方法论对于思维活动的作用是非常有限的,而马克思却用它们来描述社会—经济建制的有效运作。

本文的篇幅决定了它不可能对这四个领域详加探讨,因此,下面的分析将集中在方法论领域,并且表明,马克思是如何继续使用却重新配置了黑格尔方法论的这些形式的。在本文所及范围之内,我将把关于马克思与黑格尔连续性的讨论限定在主体—客体、形式—内容和有机体理论这三种形态上。然而,在我着手进行这一阐述活动之前,我必须首先探讨1837—1843年间马克思与黑格尔之间的关系,探讨马克思摆脱黑格尔的起始年代,因为只有当马克思与黑格尔开始决裂时,他与黑格尔之间的连续性才能清晰可见。在《不同的道路》中,我把1836—1850年称做马克思对黑格尔的初次借用期,1850—1883年称做马克思对黑格尔的二次借用期。①

马克思初涉黑格尔研究是在1836年,当时他从波恩大学——在那里他与父亲一样学习法学——转入柏林大学,开始了哲学的研习。在

---

① Norman Levine, *Divergent Paths*, Lanham: Lexington Books, 2006, pp. IX - X.

1837年致父亲的一封信中，19岁的马克思谈到，他加入了柏林的黑格尔研究俱乐部，而且"从头到尾"①阅读了黑格尔的著作。马克思这里所谓的"从头到尾"，是指他阅读了爱德华·甘斯（Edward Gans）所编辑的第一版《黑格尔全集》的全部卷册。马克思还写道，他尝试着去寻找"现实的观念"②，这就涉及了黑格尔的"现实是主观理念的谓词"这一理论。1837年的这封信是马克思转向黑格尔主义的宣言书，但这里的黑格尔主义还不是左派黑格尔主义，因为左派黑格尔运动直到1841年才出现。③1837年马克思对黑格尔主义的采用，也是他否定历史法学派的明证。历史法学派的主要倡导者是弗里德里希·卡尔·萨维尼（Friedrich Karl Savigny）。黑格尔与萨维尼是水火不容。黑格尔在1820年出版的《法哲学原理》——马克思也曾拜读过——就包含着对历史法学派长篇累牍的贬斥。

黑格尔与萨维尼之所以针锋相对，就在于二者对法的源起这一根本问题的见解不同。黑格尔把形式—内容的方法论运用到了法的源起中。法的内容始终是法的理念，或者说，由于内容始终是理念，而理念又是恒久的，因此，法的内容也恒常不变。不过，黑格尔认为，法的形式是变化的。他认识到，历史上形形色色的社会都具有不同的法的形式。但是，他仍然主张，这些法的内容即法的理念是永存不变的。

另一方面，萨维尼却主张，法律是彻头彻尾的历史产物。人类社会面临着不同的社会、文化和政治条件，因此，法只是这些不同的环境的反映。法之所以演进和更改，仅仅是因为社会的政治社会条件随着时间

---

① 《马克思恩格斯全集》第2版第47卷第15页。
② 《马克思恩格斯全集》第2版第47卷第13页。
③ John Toews, *Hegelianism*, Cambridge: Cambridge University Press, 1979.

的推移而发生了变化。萨维尼认为,根本不存在什么内容,存在的只是形式。

在1837年致父亲的信中,马克思表明了他对黑格尔哲学的笃诚,因为他采取了黑格尔的全盘取消萨维尼的立场。马克思对父亲写道,他读了萨维尼的著作,但却不敢苟同。马克思声称:"概念也是形式和内容之间的中介环节。"在信中,马克思也写道:"我则认为形式是概念形成的必要结构,而实体是概念形成的必要品质。"① 1837年的信向我们展现了作为黑格尔方法论之信徒的马克思。对于马克思以及黑格尔来说,内容就是理念,而形式则是历史性,或者说,前者是隐秘的,后者是公开的。马克思是黑格尔唯心主义的拥护者,因为他坚持认为,理念是现实的决定力量。

1841年,马克思完成了博士论文《德谟克利特的自然哲学和伊壁鸠鲁的自然哲学的差别》。与此同时,黑格尔的遗产也被分割成了左派、右派和中间派。在概括《德谟克利特的自然哲学和伊壁鸠鲁的自然哲学的差别》一文中马克思对黑格尔的阐释之前,我们有必要对左派、右派、中间派的主要特征进行诊析,从而准确判定马克思与黑格尔在这些派别中的归属。

黑格尔左派的三位主要倡导者是费尔巴哈、鲍威尔和卢格。费尔巴哈对黑格尔左派有两大贡献:他抛弃了黑格尔对哲学的定义,因为他相信,哲学把人的本质从人自身中异化出来,或者说,哲学是把人类的诸多本质属性归结为抽象的宗教理念的结果;他断言,人类生来就是社会性的,或者说,他赞成关于社会人的本体论。

---

① 《马克思恩格斯全集》第2版第47卷第9页。

鲍威尔并没有追随费尔巴哈的自然主义倾向，而是信奉自我意识的自由。他接受了哲学的宇宙，但却坚信，哲学的至高活动在于主观精神。他以康德为基础吸收了批判的概念，却把批判运用到了自我意识的建构中。费尔巴哈与鲍威尔在本质上都是非政治的，因为这二者并不为普鲁士政府的任何结构性改变而抗争，从而以此来改善德国人的自由。卢格是黑格尔左派的一员，他号召实践的政治改革。卢格是黑格尔左派的政治良心，正是他教导马克思必须通过实践活动来谋求政治改革。

黑格尔右派，特别是菲利普·康华特·马海奈克（Philipp Konrad Marheinecke）——他曾主编了《黑格尔全集》第一版的《宗教哲学》一书——强调黑格尔思想的宗教维度，或者说，他把黑格尔解读为路德派神学作家。黑格尔右派支持王权与新教的统一。但是，作为强硬的君主制者，黑格尔右派并不倾向于自由的立宪君主制，他们主张王权与祭坛结盟，以此来强化世袭君主制和公共秩序。1789年法国大革命的记忆对黑格尔右派来说是场梦魇。

在1841年，黑格尔中间派的代表人物是爱德华·甘斯和卡尔·路德维希·米希勒（Karl Ludwig Michelet），马克思在《德意志意识形态》中就曾多次提到"伟大的米希勒"。[①] 黑格尔中间派把黑格尔视为一名支持立宪君主制的德意志政治自由主义者。黑格尔中间派坚信，黑格尔把历史看做自由之发展[②]，他们把黑格尔所信奉的历史进步观视为终结新闻审查制度的呼唤，视为对普鲁士地产贵族所拥有的中世纪特权的拒斥，视为选举权的扩大——尽管不是民主制，视为王权与祭坛的分离，

---

① 《马克思恩格斯全集》第1版第3卷第197—198页。
② 〔德〕黑格尔：《历史哲学》，上海：上海书店出版社2001年版，第450页。

恰如黑格尔在《法哲学原理》中所倡导的。① 中间派区分了法国自由主义和德国自由主义，而马克思承认，他所致力的德国自由主义是与法国自由主义相对立的。黑格尔中间派把黑格尔奉为中间派的开山鼻祖。

为了正确地评估马克思与黑格尔之间的连续性，我们有必要就黑格尔中间派提出两个问题：马克思对黑格尔中间派的立场是怎样的？马克思是如何把黑格尔本人定位于黑格尔中间派的？这两个问题的答案是：直到1843年写作《黑格尔法哲学批判》时，马克思一直是黑格尔中间派的一员，尽管马克思在1843年抛弃了黑格尔中间派，但他从未改变自己关于"黑格尔是中间派一员"的观点。

通过对黑格尔主义各派别的分类，我们现在就可以正确地评估《德谟克利特的自然哲学和伊壁鸠鲁的自然哲学的差别》了。马克思认为，伊壁鸠鲁比德谟克利特更为高明，因为伊壁鸠鲁是自由的自我意识的典范。德谟克利特和伊壁鸠鲁同为希腊原子论的倡导者，但是，德谟克利特主张，原子在宁宙虚空中直线下落，而伊壁鸠鲁却主张，原了以曲线的形式下落，而正是这一点导致了原子的碰撞与联系。显然，希腊人是看不到原子的，而马克思却把伊壁鸠鲁的假定视为自由的自我意识的范例。鲍威尔是黑格尔左派关于自由的自我意识的预言者，马克思也对伊壁鸠鲁作出了鲍威尔式的解释。值得注意的是，马克思和鲍威尔在1839年是有通信往来的。在当年12月的通信中，鲍威尔还对马克思的博士论文提出了几点建议。②

---

① 〔德〕黑格尔：《法哲学原理》，北京：商务印书馆1961年版，第269—274页。

② Bruno Bauer an Karl Marx, Dec. 11, 1839, in Die Hegelsche Linke, ed. *Pepperle, Heinzund Ingrid*, Leipzig: Verlag Philipp Reclam, 1985, pp. 793 – 795.

在《哲学史讲演录》中，黑格尔描述了希腊哲学的伊壁鸠鲁派、斯多亚派和怀疑派，并以之作为希腊思辨沦落的序曲。希腊哲学的伟大时代是苏格拉底、柏拉图和亚里士多德，但是，伊壁鸠鲁却通过其唯物主义预示了古人思想的衰朽。希腊哲学瓦解的征兆不仅仅在于伊壁鸠鲁的唯物主义，而且还在于他对主体性的倡导以及对公共生活的远离。黑格尔反对极端的主体性，他把伊壁鸠鲁对"智者"——退出公共事务的私人——的伦理上的信奉，判定为极端个人主义的典型，而这正是希腊城邦衰落的原因之一。①

马克思的博士论文并不关涉伊壁鸠鲁主义者对政治活动的自我疏离，并不关涉伊壁鸠鲁的伦理学，而是关注于自由的自我意识的活动。从这一立场出发，马克思认为，伊壁鸠鲁体现了哲学复兴所必需的哲学手段。虽然黑格尔把伊壁鸠鲁视作古代思想衰落的标志，但是马克思认为，伊壁鸠鲁的思想原则在伊壁鸠鲁哲学中开辟了一个全新的创造性的时代。虽然黑格尔视伊壁鸠鲁为衰朽，而马克思却视之为重生。马克思的博士论文为黑格尔左派有关西方思想的历史编纂学奠定了基础。它是对黑格尔《哲学史》的全盘否定，它表明，西方哲学能够在关于自然、唯物主义和自由的自我意识的研究基础之上得以光复。马克思的博士论文完全专注于哲学问题，它对黑格尔就普鲁士君主制下的德国事务所持的政治立场只字未提。

《德谟克利特的自然哲学和伊壁鸠鲁的自然哲学的差别》是对黑格尔关于哲学的历史编纂学的修正，但是，它并不是对黑格尔本人的根本性批判。即使马克思的哲学史重新书写了黑格尔的哲学史，这也不意味

---

① 〔德〕黑格尔：《哲学史讲演录》第3卷，北京：商务印书馆1981年版，第47—85页。

着马克思抛弃了黑格尔哲学。马克思对鲍威尔的偏向并不意味着他与黑格尔思想的中断。

相反,在《德谟克利特的自然哲学和伊壁鸠鲁的自然哲学的差别》中,马克思也为黑格尔进行了辩护,以反击他的那些诽谤者。马克思把黑格尔称为"老师",并且对那些指责黑格尔顺应普鲁士王权的诽谤者加以讥讽奚落。他指出,黑格尔并没有通过顺应霍亨索伦的君主制来换取职业上的实惠与升迁,他谴责那些中伤"老师"的人对黑格尔的不忠,因为他们中的许多人都曾是"老师"的忠实弟子。①

即使马克思就黑格尔表达了鲍威尔式的观点,这也不意味着马克思抛弃了他所认为的"黑格尔是黑格尔中间派的一员"的观点。马克思为黑格尔所作的辩护表明了马克思在思想上对黑格尔的忠诚。马克思知道,黑格尔并不是左派,而他对黑格尔的辩护表明,他认识到黑格尔也不是右派,对左派与右派的排除意味着马克思把"老师"定位于中间派。

马克思的博士论文证明,在1841年,马克思与黑格尔之间的连续性得以保留。我们不应该认为,马克思的鲍威尔式黑格尔主义意味着马克思与黑格尔的分裂。它仅仅意味着马克思更为看重主体性的自我意识的作用,但是单单这种背离并不是根本决裂的明证。马克思是一个批判的黑格尔主义者,但也是黑格尔式的中间派。

我们必须牢记,马克思是在1841年才知道黑格尔的《法哲学原理》的。马克思在1843年所写的《黑格尔法哲学批判》是针对黑格尔政治哲学的一篇激情洋溢的檄文。正是这篇手稿标志着马克思开始脱离黑格尔。然而,在1841年,即使马克思已经知晓了《法哲学原理》,他也没

---

① 《马克思恩格斯全集》第2版第1卷第74页。

有对黑格尔的政治哲学作出任何批判。马克思在 1843 年所发起的攻击并没有在 1841 年发动，即使他在 1841 年也可以像在 1843 年那样通达这同一部著作。我只能断定，马克思在 1841 年时还不是特别地反对黑格尔的政治哲学或其一般哲学，因此，他仍然与黑格尔的体系密切相连，并且认为，黑格尔是德意志的自由立宪君主制者。

在 1841 年获得耶拿大学的博士学位后，马克思曾希望在一所大学任教，但是他的这些雄心遭到了普鲁士政府的重挫。普鲁士专制政府视马克思批判黑格尔主义为一种威胁，因而禁止他在大学任教。鲍威尔也遭遇到同样的命运。出于对工作的需要，马克思开始为一份在科隆出版的自由主义的德国报纸工作，这就是《莱茵报》。

在当时的《德国科学和艺术年鉴》主编卢格的影响下，马克思在加入《莱茵报》之前一个月首次谴责了黑格尔。这一谴责集中于黑格尔的政治学，但不是黑格尔哲学。在 1842 年 3 月致卢格的一封信中，马克思写道："我为《德国年鉴》写的另一篇文章是在内部的国家制度问题上对黑格尔自然法的批判。这篇文章的主要内容是同立宪君主制这个彻头彻尾自相矛盾和自我毁灭的混合物作斗争。Respublica 一词根本无法译成德文。"①

对于马克思的这段评论，有三点需要说明：（1）马克思运用鲍威尔的批判的哲学武器来反对黑格尔的政治学。（2）1842 年 3 月的这封信标志着马克思对黑格尔政治学的首次公开批判。这封信关注立宪君主制与自然法学说的内在矛盾，它断言，德国还没有为共和制政府形式做好准备。我们必须谨记，马克思对普鲁士政府是非常痛恨的，因为就是它断然否定了马克思的学术工作与学术事业。（3）虽然在 1842 年 3 月，

---

① 《马克思恩格斯全集》第 2 版第 47 卷第 23 页。

马克思确实表达了他对黑格尔政治哲学的反对之声，但是，当马克思从1842年4月开始为《莱茵报》撰稿以后，他对黑格尔的这些抨击就戛然而止了。从这时起直到1843年3月与《莱茵报》断绝一切关系，在将近12个月的时间里，马克思的新闻工作对黑格尔没有半句指摘之词。

必须指出的是，《莱茵报》是一份处在普鲁士政府书报检查的长期监督与威胁之下的自由派报纸，因此，马克思在表达其观点立场时也备受束缚。《莱茵报》的出版人聘请马克思把报纸的基调转向中间派。马克思便取代了莫泽斯·赫斯（Moses Hess）而成为了主编。因为赫斯表现得过于激进，所以推出马克思的目的就是缓和报纸的基调。在成为主编之后，马克思也把阿道夫·鲁滕堡（Adolf Rutenberg）调离工作队伍，因为后者是柏林"自由人"团体的倡导者，并且与左派的距离也实在太远。在《莱茵报》时期，马克思消除了左派的一切影响。另外，他在这份报纸上发表的所有文章不仅是连贯一致的，而且把黑格尔政治方针的主要前提都加以永恒化。撇开1842年3月致卢格的信不谈，我认为，马克思在这12个月中对黑格尔不加批判、毫无指责，正是马克思与黑格尔一致的讯号。这场争论的缺失也表明，马克思把黑格尔视为中间派的一员。

马克思在1842年4月开始了与《莱茵报》的合作，同年10月成为该报主编，次年3月辞职离开，以抗议普鲁士政府沉重压抑的书报检查制度。对马克思来说，《莱茵报》时期是具有重大教育意义的一段经历，因为正是这一时期引领马克思踏入了政治世界。由于与一份自由派报纸的隶属关系，马克思不再处于大学的境遇之下，而是迫使自己熟悉日常的政治事件，在社论中表达政治见解。被驱逐出大学讲坛，与政治性报纸相关的首份工作，是改变马克思生活方向的两大事件。

在《莱茵报》时期的新闻工作为马克思自己的政治立场以及对黑

格尔政治观点的阐述提供了远见卓识。在《莱茵报》时期，马克思仍是一位自由派的立宪君主制者，他也依旧把黑格尔视为自由派的立宪君主制者。马克思与黑格尔都是黑格尔中间派的一员。就对黑格尔的看法而言，马克思在《莱茵报》时期的立场与他在博士论文时的立场也是前后一致的。

《莱茵报》时期的马克思也仍然忠实于鲍威尔及其批判理论。1842年11月，时任《莱茵报》主编的马克思还在卢格主编的《德国科学和艺术年鉴》上发表文章，就他所认为的那些不公正抨击而为鲍威尔进行辩护。① 当马克思就"如法律准则一样的德国建制的集权"这一问题批驳赫斯时，他也运用了鲍威尔的批判策略。② 同样在1842年11月，马克思在《莱茵报》发表文章，为黑格尔也曾辩护过的离婚权进行辩护，而其文章的小标题就是"批判的批判"。③ 马克思在1842年就运用了鲍威尔的批判策略，而这至少是在他写作极具影响力的《黑格尔法哲学批判》的一年之前。

马克思证明了他与黑格尔政治哲学的一致性，因为他的新闻工作对黑格尔的政治学没有丝毫的指责批判。马克思在其新闻工作中把黑格尔归类为德国自由派的立宪君主制者，而这恰恰是马克思本人的立场。马克思的新闻工作没有对鲁普士君主制的根本的结构性改变发出半点呐喊呼号，这就意味着马克思对世袭君主制是坚定不移的，而这恰恰也是黑格尔的立场。1843年2月，马克思为《莱茵报》的政策写了一封辩护信函，以反对普鲁士政府所谓该报是激进报纸的责难。在这封信中，马

---

① 《马克思恩格斯全集》第 2 版第 1 卷第 300—304 页。
② 《马克思恩格斯全集》第 2 版第 1 卷第 203—205 页。
③ 《马克思恩格斯全集》第 2 版第 1 卷第 315—317 页。

克思指出，尽管《莱茵报》是自由派的，但它完全效忠于霍亨索伦王朝。信中还罗列了《莱茵报》所支持的诸条普鲁士政策。①

需要特别指出的是，马克思提倡教会与国家的分离、处于普鲁士影响下的德国集权、离婚的合法化、世袭君主制、德国法律原则的集权，以及更大的新闻出版自由。这些都是黑格尔本人所支持的政治方针。在隶属于《莱茵报》期间，马克思对黑格尔在《法哲学原理》中所倡导的政策方针是基本赞成的。马克思还明确否定了《莱茵报》能够接受社会主义或共产主义思想。在1842年10月发表的《共产主义和奥格斯堡〈总汇报〉》一文中，马克思断绝了他本人和《莱茵报》对社会主义或共产主义的一切兴趣。②

马克思与黑格尔之间连续性的明显证据，就是马克思于1842年8月在《莱茵报》所发表的《历史法学派的哲学宣言》一文。③ 早在1837年致父亲的信中，马克思就首次抨击了历史法学派，其矛头所向是萨维尼，但是《历史法学派的哲学宣言》却是对该学派的最初创始人之一——古斯塔夫·胡果（Gustav Hugo）的斥责。

《历史法学派的哲学宣言》的重要性在于，它表明，马克思在1837年致父亲的信中用来质疑历史法学派的黑格尔主义原则与他在1842年的文章中用来反对历史法学派的原则是完全相同的。其方法论正是黑格尔的形式—内容模式。在《历史法学派的哲学宣言》中，马克思一再声称，法的内容就是理念。随着理念在历史领域中不断运动，它的形式也不断地发生变化，但是内容或者说本质，仍然是永恒的：内容就是法

---

① 《马克思恩格斯全集》第2版第1卷第429页。
② 《马克思恩格斯全集》第2版第1卷第291—296页。
③ 《马克思恩格斯全集》第2版第1卷第229—239页。

的理念。胡果的"法律是历史的纯粹反映,它仅仅是历史条件之确定性的投影"这一理论是错误的。马克思的《历史法学派的哲学宣言》,不过是黑格尔在《法哲学原理》中所首次提出的论辩的重复。

在《莱茵报》时期,马克思所展现的哲学意识表现出两种倾向:马克思是黑格尔中间派的一员,并且他把黑格尔也判定为黑格尔中间派的一员;马克思既借用了黑格尔的政治学,也借用了具有鲍威尔倾向的黑格尔思辨唯心主义的主要原则。马克思把黑格尔哲学当做鲍威尔式的武器,因为对现实的批判正是源于黑格尔的方法论。

马克思从《莱茵报》辞职后,又陷入到失业的状态中。普鲁士政府的专制主义再次剥夺了他的职业。他离开科隆去了克罗茨纳赫,在那里,他与燕妮·冯·威斯特华伦结婚,居住在他的姻亲家中。马克思在克罗茨纳赫的停留是他一生中的另一个转折点。正是在克罗茨纳赫时期,即1843年3月到9月,他开始了对1789年法国大革命的研究,而正是这一研究颠覆了他与黑格尔的关系。马克思在克罗茨纳赫写了《黑格尔法哲学批判》。在这部手稿中,他重新界定了与黑格尔的关系。马克思以批判为武器反对黑格尔,或者说,马克思借用了鲍威尔的策略并以之来反对黑格尔。

为了对这种分裂进行分类说明,我们有必要把马克思与黑格尔的关系划分为三个部分:(1)政治学;(2)黑格尔中间派;(3)哲学。

(1)在政治议程领域,马克思与黑格尔之间的分裂表现得最为明显。在《黑格尔法哲学批判》中,马克思断绝了与黑格尔的具体政治方案的所有联系。

(2)《黑格尔法哲学批判》标志着马克思转向了左派。不过,他还不是一名共产主义者,而是一名激进民主主义者。他转向左派意味着他不再是黑格尔中间派的忠实信徒。然而,马克思脱离黑格尔中间派,并不意味着马克思改变了他关于黑格尔是中间派一员的解释。正如我先前所指出的,黑格尔中间派与自由立宪君主制是同义的。当马克思成为一名激进民主主义者时,他更加反对立宪君主制。马克思的激进民主制使他越发严厉地斥责自由立宪君主制,但他并没有把黑格尔从中间派的队伍中剔除出去。

(3)《黑格尔法哲学批判》标志着马克思与黑格尔思辨唯心主义的决裂。正如我先前所指出的,从1837年到1843年的《黑格尔法哲学批判》,黑格尔的"理念是现实的内容"这一信念一直是马克思思想的组成部分,而《黑格尔法哲学批判》不仅否定了黑格尔的国家哲学,而且否定了推动黑格尔走向形而上学的思辨唯心主义体系。

但是,取消思辨哲学并不意味着放弃黑格尔的方法论。马克思的事业恰恰建立在这一信念上,即我们有可能在否定黑格尔思辨唯心主义的同时却坚持黑格尔的方法论。在哲学的领域内,马克思与黑格尔之间的中断性体现在思辨唯心主义领域,而马克思与黑格尔之间的连续性则体现在方法论领域。

1843年的《黑格尔法哲学批判》表明,马克思是一名雅各宾派式的民主主义者,而马克思向共产主义的转变却是在后来的1844年《〈黑格尔法哲学批判〉导言》中完成的。《〈黑格尔法哲学批判〉导言》不仅记录了马克思作为一名共产主义者的诞生过程,而且也是马克思与费尔巴哈决裂的宣言书。

马克思拒斥黑格尔国家理论的核心在于,他坚信,《法哲学原理》是"逻辑泛神论"的典型。在马克思看来,黑格尔的这部著作是思辨唯心主义的公开声明,它坚信,现实是谓词,是理念的对象,而理念是主词,它决定了现实的每一个方面。马克思认为,法哲学不过是"逻辑学的形而上学"①。

然而,《黑格尔法哲学批判》妨碍了马克思正确认识黑格尔关于市民社会的阐述所具有的唯物主义方面。马克思是怀着偏见来接近黑格尔的这本著作的,而这种偏见使马克思对黑格尔关于家庭和市民社会的社会学演进知识视若无睹。在探讨马克思与黑格尔在方法论领域的连续性之前,我们不妨简单描述一下为马克思所忽略的黑格尔的社会学唯物主义的某些方面,由此,有关马克思与黑格尔关系的视野将得到深化。

当马克思考察黑格尔的《法哲学原理》时,他倾向于把这部著作看做是一种国家理论,而不是对法的理论性考察。马克思把《法哲学原理》看做是国家学说的倾向,被书中他决定加以评论的部分所强化。在《黑格尔法哲学批判》中,他仅仅分析了书中关于国家的那些部分,因此,他的评价是有失公允的,因为他仅仅阐释了黑格尔的国家概念,却避开了黑格尔对法的演进的描述。而当他确实要触碰黑格尔的法的概念时,他却从国家的立足点来入手,或者说,从黑格尔的法的观念如何成为国家的功用来入手。

马克思对黑格尔国家理念的探讨是以市民社会和国家间的冲突排斥为基础的。市民社会和国家之间的区别是马克思从黑格尔那里得到的最大惠赠之一。黑格尔认为,市民社会是社会经济生活,它先于国家,属于政治经济领域。虽然黑格尔认识到国家是从市民社会演变而来的,国家作为政治结构亦是由市民社会决定的,但是,他也意识到了这两个领域的区别。市民社会是社会经济性的,而国家却是伦理性的。市民社会之为法,表现在社会经济之中,而国家之为法,则表现在立法活动与行政活动中。

---

① 《马克思恩格斯全集》第 2 版第 3 卷第 22 页。

马克思在《黑格尔法哲学批判》中所表现出的知识主张,源于他坚信国家是私有财产的工具,或者说,国家是通过私有财产而得到表述的。在《莱茵报》时期的新闻工作中,马克思号召人们注意私有财产在统治中的重要分量,而在《黑格尔法哲学批判》中,他则走得更远。他声称,国家的一切政治组织都不是独立的,而仅仅是私有财产的不同规定。

从这一视角出发,马克思声称,黑格尔把市民社会与国家隔绝开来,没有什么连续的发展可以把市民社会与国家联系起来。① 马克思的这个断言是一种自己的观点,因为在黑格尔看来,国家是从市民社会演化而来的,或者说,市民社会是国家依建于其上的组织结构。

1843 年手稿中马克思对市民社会的理解,很大程度上得益于费尔巴哈的《哲学改革纲要》和《未来哲学》。马克思在《1844 年经济学哲学手稿》的序言中承认了这种影响,他在其中谈到了费尔巴哈这些文章的重要性。② 费尔巴哈强烈反对黑格尔的思辨唯心主义,他用社会本体论取代了黑格尔的理性本体论。费尔巴哈认为,在黑格尔那里,理念具有本体论的地位,而费尔巴哈却用人的类存在取代了理念。费尔巴哈所谓的类存在是指人类的自然本质。费尔巴哈相信,人类展现了各种固有的性质,而这些性质就等于人类的存在。

人类的本体论特征之一就是它的合群性。固有的合群性说明了人的社会性存在。当费尔巴哈使用社会存在这一短语时,他是指人与人之间自然的和谐,或者说,建立在爱的基础之上的社会交往。1843 年,马克思借用了费尔巴哈的社会存在这个观念,并把社会存在与市民社会结

---

① 《马克思恩格斯全集》第 2 版第 3 卷第 77—81 页。
② 《马克思恩格斯全集》第 2 版第 3 卷第 220 页。

合了起来。费尔巴哈的本体论帮助马克思转向了雅各宾民主制。因为社会存在从本质上说是合作性的,所以,市民社会自然就倾向于民主制。费尔巴哈的本体论是马克思转向民主制的先决条件。

马克思提倡消灭国家,因为这样就会使市民社会得以存在,而市民社会的作用就是民主制的普遍化。马克思号召废除国家,就意味着赋予市民社会以权力,或者说,市民社会从国家、从私有财产的控制中解放出来。

马克思与费尔巴哈社会本体论的分裂,在1844年的《〈黑格尔法哲学批判〉导言》中首次得到明确阐发。在这篇发表于马克思与卢格共同主编的《德法年鉴》上的文章中,马克思不再把社会视为类存在的表现,而是视为为无产阶级解放而斗争的舞台。市民社会不是社会和谐的天堂,而是阶级斗争的战场。只有当马克思从费尔巴哈的社会本体论中解放出来时,他才能够谈论革命,而革命同样违背了费尔巴哈社会合作的理想。

《〈黑格尔法哲学批判〉导言》同时也标志着马克思转向了共产主义,因为在这篇文章中,马克思把国家的消亡等同于私有财产的消亡。在这篇文章中,马克思首次号召消灭私有财产。马克思写道:"无产阶级要求否定私有财产,只不过是把社会已经提升为无产阶级的原则的东西,把未经无产阶级的协助就已作为社会的否定结果而体现在它身上的东西提升为社会的原则。"① 在1843年,马克思把私有财产视为国家的本质,而在1844年,他认识到,只有从私有财产中解放出来,无产阶级的解放才能真正实现。

马克思的观点源于他认为黑格尔否定了市民社会。拘于这个观点,

---

① 《马克思恩格斯全集》第2版第3卷第213页。

马克思认为,黑格尔在市民社会和国家之间划了一条分界线。《黑格尔法哲学批判》的副主题之一就是,黑格尔始终对市民社会的重要性茫然无知,国家则是自生的而不是派生的。对于这个问题,我不同意马克思的观点。黑格尔并没有把市民社会与国家割裂开来,而是认为国家是从市民社会演化而来的。对于黑格尔来说,市民社会与国家是相互依存的,马克思关于国家与市民社会截然二分的断言是可以商榷的。

马克思想说的是,国家灭绝了市民社会的民主潜能。他声称,国家抹杀了市民社会的民主进程。但是,这与国家与市民社会截然二分的断言是完全不同的。说国家压制了市民社会,这是正确的,但是,这并不等同于说,市民社会与国家之间没有任何连续性纽带。

马克思的《黑格尔法哲学批判》是一名雅各宾主义者对黑格尔立宪君主制的谴责,在这篇文章中,他用1793年宪法对黑格尔的政治哲学予以了报复,但是那时,马克思是知道黑格尔对罗伯斯庇尔的厌恶的。我并不认为,马克思完全忽略了黑格尔《法哲学原理》中市民社会的存在。不过,我的确认为,马克思并没有对黑格尔的市民社会观念给予充分的重视,而且,我也认为,马克思并没有对市民社会部分进行详细的阐释,正因如此,马克思为自己的忽视行为付出了沉重的代价。马克思所遭受的惩罚之一就是他忽略了政治经济学在黑格尔那里所具有的重要意义。马克思对黑格尔之为思辨唯心论者的专断解释,使他产生了避开黑格尔对政治经济学的大量阐述及运用的心态,而马克思的这种观点的后果之一就是,他在1843年没有注意到,黑格尔把历史性观念既运用于市民社会之中,又运用于国家之中。

在《1844年经济学哲学手稿》中,马克思的确借用了黑格尔有关历史性的方法论。在马克思对黑格尔的第二次借用期,他对社会哲学的贡献就是以他把历史性概念运用于社会形式为基础的。马克思把历史性概念从对精神的研究转向对社会经济形式的研究,而这正是他的政治经济学新方法的核心原则。

然而,1843 年由于马克思专注于给黑格尔《法哲学原理》钉上"逻辑泛神论"之典范的标签,使得他没能看到黑格尔关于市民社会历史性和国家历史性的认识。马克思的偏见妨碍了他去认识黑格尔的唯物主义,或者说,黑格尔的政治经济学。在《法哲学原理》中,黑格尔写道:"政治经济学就是从上述需要和劳动的观点出发,然后按照群众关系和群众运动的质和量的规定性以及它们的复杂性来阐明这些关系和运动的一门科学。这是在现代世界基础上所产生的科学之一。它的发展是很有趣的,可以从中见到思想(见斯密、萨伊和李嘉图)是怎样从最初摆在它面前的无数个别事实中,找出事物简单的原理,即找出在事物中发生作用并调节着事物的理智。"①

在《法哲学原理》中,黑格尔把历史性概念运用于家庭和市民社会。家庭先于市民社会,它主要基于财产继承法而发生了历史性的改变。在第180节的附释中,黑格尔描述了继承法如何塑造了罗马的家庭结构,但是,他也意识到家庭本身经历了历史性的改变。他注意到,单个家庭扩大成为氏族这种部落性的社会形式。② 黑格尔在1820年就对社会组织的最早形式之一——氏族如此熟悉,这就表明,他知道,不论多么原始的社会形式都经历着历史的嬗变。

当黑格尔提到氏族时,他也就表明了自己在人类学研究方面的学识。在《黑格尔法哲学批判》中,马克思并没有注意到黑格尔思想的

---

① 〔德〕黑格尔:《法哲学原理》,北京:商务印书馆1961年版,第204页。
② 〔德〕黑格尔:《法哲学原理》,北京:商务印书馆1961年版,第195—196页。

这一维度，他的手稿对氏族没有丝毫提及。直到19世纪70年代，在马克思阅读了摩尔根的《古代社会》一书后，他才尝试使用氏族来证实社会形式的历史性，或者说，他用氏族来证明他的政治经济学方法的可行性。

在《法哲学原理》第181节的附释中，黑格尔概括了自己对家庭和市民社会历史性的认识。他写到了家庭向市民社会的变迁。"家庭的扩大，作为它向另一个原则的过渡，在实存中，有时是家庭的平静扩大而成为民众，即民族，所以民族是出于共同的自然渊源的，有时分散的家庭团体通过霸道者的暴力或出于自愿而集合一起，自愿结合是由于相互钩系的需要和相互满足这些需要所引起的。"①

能够最好地描述黑格尔关于家庭与市民社会历史性的词就是形式。当黑格尔对家庭、氏族和早期的工业市民社会进行区别时，他就描绘了诸多社会经济形式。这恰恰是后来马克思所追求的思想探险。黑格尔则起步更早，他是把马克思带到阐释并扩大这种社会形式历史化方法的道路上的马克思的诸多师长之一。

在黑格尔写下市民社会历史性的同时，他也写下了国家的历史性。在《法哲学原理》和《历史哲学》中，黑格尔描绘了几种国家形式。青年马克思阅读了《历史哲学》，并且在《德意志意识形态》中引用了《历史哲学》。

黑格尔所描绘的第一种国家形式就是古代中国的家庭父权制模式。在中国的市民社会中，家庭是中枢性的、备受尊崇的社会建制。中国的儒学颂扬家庭，而在家庭的范围内，父亲享有不可挑战的权威。由于宗

---

① 〔德〕黑格尔：《法哲学原理》，北京：商务印书馆1961年版，第195—196页。

教和哲学的强化，中国的市民社会又为父亲在家庭中的专制提供了支持。通过对市民社会的反思，可以说，古代中国的国家是"父权制的专制主义"。古代中国的国家反映了市民社会的结构，而皇帝被看做是拥有无限权力的家长。"家庭基础亦是宪法的基础。"黑格尔也注意到了官僚阶级的官僚政治效率。①

黑格尔所析取出来的第二种国家形式就是古代印度。与中国不同，印度次大陆的市民社会组织是对印度宗教的佃农发生作用的。遵循着印度教神学教义的古代印度市民社会被划分成四个阶级体系：婆罗门、武士、商人和贱民。②印度教所支持的社会结构建立在阶级划分的基础上。在黑格尔看来，印度国家是按照阶级分层来进行统治的。

雅典是民主制的典范，但又与现存的民主制不尽相同。在雅典形式的国家中，没有父权专制主义，没有阶级专制主义，个人主体性才是最高的原则。但是，城邦的主体性是在政治习俗的诸因素，或者说，是在社会的范围内展开的。雅典人的主体性不是无限的，而是由对雅典社会的忠诚、责任所限定的。没有这种限定，民主制是不可能的。③

主体性不受任何约束的民主制形式就是恐怖统治。疯狂的主体性是雅各宾派统治暴行的原因所在，而黑格尔对这种民主制形式亦深恶痛绝。正是由于黑格尔对疯狂主体性的厌恶，《法哲学原理》所概括的国家形式才把个体性归入到团体和社会等级中。个体性必须同团体的普遍

---

① 〔德〕黑格尔：《历史哲学》，上海：上海书店出版社2001年版，第121—131页。
② 〔德〕黑格尔：《历史哲学》，上海：上海书店出版社2001年版，第143—144页。
③ 〔德〕黑格尔：《历史哲学》，上海：上海书店出版社2001年版，第257—260页。

性结合在一起。

正如阶级划分是古代印度的显著特征一样，阶级斗争亦是晚期罗马共和国的显著特征。在对罗马历史的叙述中，黑格尔描绘了为贵族与平民之间的阶级斗争所困扰的晚期共和国时代。① 在对罗马的共和制政府形式的探讨中，黑格尔描绘了在帝国成立时达到顶点的阶级斗争的演进过程。

日耳曼人的入侵在欧洲引入了一种不同的国家形式，这就是封建制。封建制是个体性的另外一种表达。在封建制这种统治形式下，个体性既被赋予了财产，又被赋予了头衔，如男爵、君王和领主等。正是由于其财产和政治封号，封建主们不仅是自治的个人，而且统治着独立的封邑和行省，这就是说，地方分权是封建制国家的显著特征。②

黑格尔的国家历史性终结于君主制形式。《法哲学原理》明确指出，君主制形式是历史的产物。在第 273 节的附释中，黑格尔写道："国家发展为立宪君主制是现代世界的成就，在这个世界中，实体性的理念赢得了无限的形式。"③

黑格尔的国家历史性思想使他抛弃了亚里士多德对国家形式的三重划分：君主制、贵族制和民主制。黑格尔摒弃了这些固定类型而选择把所有的国家形式都视为历史的产物。黑格尔分析国家形式的原则可以归

---

① 〔德〕黑格尔：《历史哲学》，上海：上海书店出版社 2001 年版，第 293—302 页。

② 〔德〕黑格尔：《历史哲学》，上海：上海书店出版社 2001 年版，第 363—370 页。

③ 〔德〕黑格尔：《法哲学原理》，北京：商务印书馆 1961 年版，第 287 页。

纳为第273节附释中的这一句话:"我们只能从历史观点来谈这些形式。"①

在《黑格尔法哲学批判》中,虽然马克思采用了黑格尔的方法论,但是,黑格尔的历史主义却逃出了他的视野。他没有看到黑格尔归结于市民社会和国家的历史性,结果,他没有完全理解黑格尔的《法哲学原理》。马克思通过责难黑格尔的国家理论而对思辨唯心主义提出质疑。马克思的主张采取了如下形式:"逻辑泛神论"的方法和思辨唯心主义总是源于"国家具有永恒本质"这一假定。历史性在黑格尔的国家理论中没有任何作用,或者说,马克思用《法哲学原理》取消了"逻辑泛神论"和思辨唯心主义的效用,批判了黑格尔哲学。

费尔巴哈的本体论仍然出现在了1843年的《黑格尔法哲学批判》中。在这部手稿中,马克思反复提及人的社会存在,并且运用社会存在本体论来确证其废除国家政治的主张。国家政治的瓦解并不意味着混乱的开始,而是意味着社会存在或市民社会将承担社会决策制定的任务。国家的消亡仅仅是决策制定向其最初存在之处——市民社会的回归。社会本体论的主题在马克思的另外两篇文章《论犹太人问题》和《评一个普鲁士人的〈普鲁士国王和社会改革〉一文》中也得到了表达。在这两篇文章中,马克思提出了他的两步假说:国家的消亡留下了市民社会的社会本体论,而民主是市民社会固有的立法表现。

由于黑格尔并不信奉费尔巴哈的本体论,因此,他对市民社会的理解是建立在截然不同的前提之上的。人的个体性源于意志,而在黑格尔那里,市民社会是个人意志向社会前进发展的结果。对于黑格尔来说,

---

① 〔德〕黑格尔:《法哲学原理》,北京:商务印书馆1961年版,第288—289页。

市民社会是历史的产物。黑格尔的人类学以个人尤其是意志作为起点，而这一意志经过演化过程而达到了市民社会。在主观的意志实现于市民社会之前，它必须经历道德、财产和家庭三个阶段。主观意志向市民社会的发展就是一段历史进程。

黑格尔主张人类学的历史主义，而1843年仍处于费尔巴哈影响之下的马克思则赞成人类学本体论。① 马克思对黑格尔《法哲学原理》带有个性的解读，亦使他对黑格尔的社会福利政策或者说黑格尔的福利国家视而不见。由于马克思倾向于把国家解释为私有财产本身，因此，他没能考虑到黑格尔所提出的改善贫穷剥夺或确保所有公民基本的生活水准的详细措施。

马克思的《黑格尔法哲学批判》广泛地评论了财产、阶级、团体和等级等概念以及黑格尔《法哲学原理》中发挥重要作用的诸多观点。在这一方面，他认识到了黑格尔对这些社会政治结构的重视。然而，马克思对这些社会政治结构的讨论却是否定性的，或者说，他把它们阐述为破坏市民社会的社会政治手段。

马克思对黑格尔的社会福利或者说君主制社会主义只字未提，而这种王权制社会主义的一个方面就是"警察"。当黑格尔写作《法哲学原理》时，"警察"一词承载着完全不同的意义。在黑格尔时代，"警察"意味着公共权力。公共权力的一个方面就是拘捕那些违法者，而它的另一个要素就是公共福利的供给。

在《法哲学原理》第239节，黑格尔把公共权力描绘为"普遍家庭"。在第238节中，黑格尔进一步引申了他的家庭类比，他说，"个

---

① 感谢中国中央编译局当代马克思主义研究所的研究员鲁克俭博士，是他使我注意到了赫斯在使马克思摆脱、批判费尔巴哈方面所产生的影响。

人就成为市民社会的子女。"① 正如我先前所阐述的,家庭是先于市民社会的机构。家庭的主要责任就是维持所有人的生命。营养与维生是家庭的运作原则。

公共权力把家庭的运作原则延伸到了市民社会。正如家庭必须供养孩子并维持其生命一样,公共权力也必须供养市民社会的所有成员并且维持他们的生命。在描述公共权力的具体方案时,黑格尔对哪些人有资格获得供养与维生的惠利进行了明确的划分。他区分了"贱民"和穷人,即暂时残疾或失业的人。"贱民"是指那些不想工作的人,他们没有个人的尊严或任何程度的主观独立性。因此,"贱民"没有资格得到供养和维生。穷人是指那些尽管失业却仍然积极寻找工作的人,那些暂时残疾的人。他们有资格获得公共权力——也可以被称为公共援助部——的资助。

在第236节中,黑格尔在附释中列出了公共援助部面向穷人所实施的一些项目。② 这个社会家庭的项目包括:稳定食品价格,这样穷人就能够获得食物供给;防止欺诈;监察市场上所售物品,从而确保穷人所购商品的质量;对大的工业部门的监督力,从而使单个人在面对集体贪婪时不会孤立无援。总的说来,黑格尔是亚当·斯密的学生,他赞成自由市场。但是,他也确实看到让公共援助部具有干涉市场之权力的必要性,从而捍卫穷人的权利。在第239节中,黑格尔把普遍教育的权力赋予了公共援助部。在第240节,他看到了公共援助部的家庭责任,即它

---

① 〔德〕黑格尔:《法哲学原理》,北京:商务印书馆1961年版,第242、241页。

② 〔德〕黑格尔:《法哲学原理》,北京:商务印书馆1961年版,第239—240页。

可以成为作为破碎家庭之受害者的孩子的托管人。在第 241 节中，他亦把为穷人提供通达公正体系、公共卫生设施及教育机构等的权力归结为公共援助部的家庭责任。黑格尔通晓商业的循环，在第 243 节中，他知道经济萧条是频繁发生的。在第 244 节中，他注意到，如果利润不均衡地流向已经富有的人，那么就会产生社会分化和阶级分裂问题。由于对斯密和李嘉图著作的熟稔，黑格尔认识到了由工业革命所导致的社会的变革，封建主义和地权均分主义的终结。作为改善社会分化、改善由于萧条所造成的贫困的手段，第 245 节号召国家来资助民生，或者工作岗位项目。① 即使有必要让国家来资助民生、资助直接的福利项目，但它们也不是黑格尔所偏爱的，因为它们违反了个人独立的原则。即使政府创造了工作岗位，不幸的个人仍然要通过自己的劳动来赚取工资，也就是说，工作和自给自足的道德原则应该得到维护。

撇开马克思淡化了黑格尔唯物主义的重要领域这一事实不谈，可以说，马克思始终都是忠诚于黑格尔的方法论的。为了准确地追溯黑格尔与马克思在方法论领域的连续性，我们首先需要洞悉黑格尔方法论的意义。

在《哲学全书》第 1 卷《小逻辑》中，黑格尔简要勾勒了哲学的历史，但是，他在这本书中所追溯的历史把哲学大业划分成了三种不同的形态：形而上学、经验主义和始于康德的批判学派。对于每一种哲学形态来说，都有三种逻辑形态与之相对应，也就是说，每种独立的哲学体系都伴随着与之相应的逻辑体系。黑格尔所概括的三种哲学有机体和三种逻辑有机体证明了逻辑的历史性。黑格尔认为，逻辑并不是形而上

---

① 〔德〕黑格尔：《法哲学原理》，北京：商务印书馆 1961 年版，第 242—245 页。

学,而是描述思维进程的方法论。特定的方法支持特定的哲学形态。认识论并不是一套永恒的规则。①

因为逻辑是支持某种哲学见解的思维方式,所以,逻辑的同义词就是方法。方法一词可以更准确地把握黑格尔对逻辑的再界定。正是由于黑格尔重新定义了哲学,所以,他把逻辑也重新定义为方法。黑格尔《逻辑学》的最后一章"绝对理念",包含着对黑格尔所理解的方法的明确阐述。

> "所以这里所要考察的作为方法的东西,只是概念本身的运动,对于这种运动的本性,已经认识过了,但是第一,现在却具有以下的重要性,即,全部概念及其运动是普遍的、绝对的活动,是自身规定和本身实在化的运动。所以应该承认方法是没有限制的、普遍的、内在的和外在的方式,并且是绝对无限的力;假如客体呈现为外在的、远隔理性而又不依存理性的客体,那么,就没有任何客体能够对抗上述的力,以一种特殊的本性来与它对立,并且不被它穿透。所以它是灵魂和实体;任何事物都只有在完全受方法支配时,才被理解,其真理才被知道;它是每一事情自己的方法,因为它的活动就是概念。"②

为了确立其思辨哲学的有效性,黑格尔就必须重新构建逻辑的本质,而"逻辑学概念的初步规定"就是服务于这一计划的。第19节的附释中有这样一句话:"认思维为逻辑学的对象这一点,是人人所赞同的。"③ 黑格尔对逻辑学体系的历史的介入,是以他使逻辑学成为关于思维本身之学问为基础的,或者说,逻辑学致力于发现思维的功用,而

---

① 〔德〕黑格尔:《小逻辑》,北京:商务印书馆1980年版,第94—151页。
② 〔德〕黑格尔:《逻辑学》下卷,北京:商务印书馆1966年版,第531—532页。
③ 〔德〕黑格尔:《小逻辑》,北京:商务印书馆1980年版,第66页。

方法正是功用的同名物。

因为这一点极为关键,所以我想再次以《小逻辑》中的一段引文为例证。这段引文出自第 24 节的附释,它确证了上面的阐释,而且就逻辑的重新构建提出了黑格尔的方案。

"据前面所说,逻辑的原则一般必须在思想范畴的体系中去寻求。在这个思想范畴的体系里,普通意义下的主观与客观的对立是消除了的。这里所说的思想和思想范畴的意义,可以较确切地用古代哲学家所谓'Nous(理性)统治世界'一语来表示。——或者用我们的说法,理性是在世界中,我们所了解的意思是说,理性是世界的灵魂,理性居住在世界中,理性构成世界的内在的、固有的、深邃的本性,或者说,理性是世界的共性……任何事物莫不有一长住的内在的本性和一外在的定在。"①

按照黑格尔的思辨哲学,方法就是逻辑学。方法并不致力于在内在世界与外在世界之间创造对称的关系,而是展现思维的"内在"形式。为了把握黑格尔的理念方法论的全部内涵,我们必须牢记,在黑格尔那里,思维处于恒常的外化过程中。黑格尔思辨哲学的主要原则——主客体的同一,就是建立在思维的不断喷涌外泻基础之上的。从潜能向现实的运动是思维主要的现象学活动。潜能就是思维、理念。现实则指思维在外在世界自我实现的过程中而完成的客体化。《逻辑学》即《大逻辑》关于"生命"的一章很好地描述了理念向现实领域的喷涌倾泻。"生命"章所探讨的是生命理念,因此在讨论生命的过程中,黑格尔也描绘了思想是如何在生命中发生作用的。

"现在若在其理念中更切近地考察生命,它就是自在自为的绝对普遍

---

① 〔德〕黑格尔:《小逻辑》,北京:商务印书馆1980年版,第80页。

性……这样，灵魂便无所不在地灌注于这个多样性之中，同时又仍然绝对是具体概念与自身单纯合一。……但单纯的生命还不仅是无所不在，而且绝对是其客观性的持续存在和内在实体，但却是作为主观实体那样的动力，并且诚然是特殊区别的特有动力，而在本质上又同样是特有物一个和普遍的冲动，这冲动使它的这种特殊化重新返回到统一中并在其中仍然保持着。"①

《逻辑学》和《哲学全书》中的《小逻辑》都描述了观念的发生学。它们是观念的履历，是理念出现之前必定要被跨越的各阶段的示意图。发生学的动力就是从潜能向现实的运动，因为这种力量说明了从理念到现实的生成。

在"本质论"中，形式的分类是最为切题的，因为在《小逻辑》和《大逻辑》的这一章中，黑格尔都描绘了现实的生成。在"本质论"的结尾部分，实存（reality）生成了，潜能与现实间的连续性实现了，世界屹立于主体性之前。"本质论"提供了实存由以产生的方法论。"本质论"考察的是思维本身及其所有的排列组合，而它们正是实存的 DNA。

黑格尔与马克思之间的连续性最为明显地体现在方法论领域。虽然黑格尔把实存看做是思维的产物，但是马克思采用了黑格尔的方法形式，并把它们运用到社会经济形式中。

就黑格尔的《大逻辑》和《小逻辑》而言，马克思尤为关注的是"本质论"。马克思并不关注"存在论"，因为他认为没有必要对实存进行说明，他的唯物主义已经承认了自然界的存在。相反，马克思对社会存在的进化本质，或者说，对必须从物质层面来维持人类生活这一需要

---

① 〔德〕黑格尔：《逻辑学》下卷，北京：商务印书馆1966年版，第458—459页。

十分关注。人类并不是形而上学的现象,而是在生产自己的食物过程中所形成的人类活动。存在是社会的生产力。

同样,马克思也不关注"概念论"。在《大逻辑》和《小逻辑》的这一部分中,黑格尔集中阐释了理念的辩证发展,或者说,理念是如何从思维方法论中构造出来的。作为一名唯物主义者,马克思对观念的经验性源起颇为重视。黑格尔把经验主义还原到人类理性的最低水平,而马克思尽管采用了黑格尔的现实性方法论,但他却赋予理性的唯物主义起源以更大的意义。

马克思所关注的黑格尔方法论领域就是"本质论",《大逻辑》和《小逻辑》中的这一部分都追溯了从潜能向现实的运动过程。它提供了实存的传记。马克思借用了黑格尔的大量方法,而他对这些形态的探求又使他对《逻辑学》最为倚重,因为这部著作提供了关于这些形态的更多的、更为明确的界定。

从"本质论"出发,马克思采用了诸多方法论形式来帮助自己阐发社会形式的变迁史。马克思重新配置了黑格尔的方法论。虽然黑格尔运用"本质论"的方法论来阐释实存的发生学,但是,马克思却用这同一种方法论来解释社会经济建制是如何起作用的。《黑格尔法哲学批判》中的两段引文可以清楚地表达马克思的方案:

(1)"因此,家庭和市民社会到政治国家的过渡在于:本身就是国家精神的这两个领域的精神,现在也是作为这种国家精神来对待自身的,而且作为家庭和市民社会的内在东西本身,是现实的。可见,过渡不是从家庭等等的特殊本质以及从国家的特殊本质中引申出来的,而是从必然性和自由的普遍关系中引申出来的。这完全是在逻辑学中所实现的那种从本质领域到概念领域的过渡。

这种过渡在自然哲学中是从无机界到生命。"①

(2)"因此，如果那些最抽象的、还完全没有成熟到进入真正的社会现实的规定，国家的那些自然基础如出生（君王的）或私有财产（长子继承权中的），都是最高的、直接人化了的观念，那么这必然是最深奥、最思辨的。

这也是不言而喻的。正确的方法被颠倒了。最简单的东西被描绘成最复杂的东西，而最复杂的东西又被描绘成最简单的东西。应当成为出发点的东西变成了神秘的结果，而应当成为合乎理性的结果的东西却成了神秘的出发点。"②

马克思对社会学理论的变革将彻底推翻黑格尔的方法论。当马克思把黑格尔的方法论运用到生活的"自然基础"——市民社会的经济社会的生产建制时，他也开始了对黑格尔方法论的重新配置。这就等于黑格尔方法论的延续，因为马克思留存了其形式却改变了其内容。形式就是黑格尔方法论的原则，而内容不再是"思维"，而是社会存在的"自然基础"。

《黑格尔法哲学批判》不仅是对黑格尔的国家和政治学理论的驳斥，而且也是马克思对黑格尔手稿的模仿。马克思试图尽可能地运用黑格尔方法论的更多范畴来讥讽《法哲学原理》。通过夸张地运用《法哲学原理》中的这些方法论步骤，马克思试图展现黑格尔的内容如何曲解了国家的"自然基础"，而通过证明由之所造成的曲解，马克思亦嘲讽了黑格尔方法论的内容。

就本文的论述范围来说，我们不可能考察马克思所借用的黑格尔的所有方法。我的著作《不同的道路》的第三章对理性的这些功用给予了详细的界定，并且还提供了马克思如何运用它们的例证。

---

① 《马克思恩格斯全集》第 2 版第 3 卷第 13 页。
② 《马克思恩格斯全集》第 2 版第 3 卷第 52 页。

就上下文而言,本文只允许我花时间分析黑格尔的三种方法论:主体—客体、形式—内容以及有机体理论。

(1) 主体—客体

当马克思说《法哲学原理》是"逻辑泛神论"的典型时,他是指,在黑格尔那里,理念是主体,或者说,理念为实存提供形式。客观性仅仅是理念的一个谓词。理念是从潜能向现实运动的内在动力。在《法哲学原理》中,实在的国家、存在于客观世界的国家仅仅是国家理念的投影。

黑格尔关于理念运动的理解是模仿亚里士多德的心灵哲学的。在《哲学史》中,黑格尔承认自己在亚里士多德那里受益良多,特别是亚氏的思维目的论理论。亚里士多德首先提出,思维的发展分为三个阶段,即从潜能出发,经过实现化过程最终在现实世界中达到外化。思维包含着向终极运动的内在目的,而这条道路始于内在的精神,最终达到外在的实存。①

马克思借用了亚里士多德—黑格尔模式。亚里士多德的目的论经由黑格尔的传递,在马克思那里获得新生。只不过,马克思用劳动代替了思维。从潜能向现实的运动成为了劳动的力量。劳动实现过程的结果就是价值。

马克思对黑格尔方法论的批判源于一种颠倒策略,或者说,马克思颠倒了主体—客体的角色。马克思借用了主体曾经产生客体的功用,但却颠倒了主体的内容。对马克思来说,主体变成了人类劳动,或者说,人类活动的内容就是人类劳动,而客体成为了人类劳动的对象,或者说

---

① 〔德〕黑格尔:《哲学史讲演录》,北京:商务印书馆1981年版,第269—365页。

形式。马克思改变了原因或者说力量的位置。在马克思那里，劳动是最初的原因，是力量之源，而这一原因现实化的结果就是经济对象。《1844年经济学哲学手稿》证明了马克思的颠倒策略，因为这些笔记致力于建立人类劳动的力量。它们就是人类劳动力量的证明。劳动成为潜能，成为内容，它向现实性的形式运动。

（2）形式—内容

如果说主体—客体这种形态与现实化过程的关系更为密切，那么形式—内容这种形态则更多地是描述历史性的。对于黑格尔来说，内容总是理念，但是，内容在其中得以现实化的形式却随着理念所寓居的历史环境的变化而不断地变化着。

黑格尔用另外几个术语来描述理念的实现过程，即从思维到现实的发展过程。他所使用的与形式—内容等价的术语就是内在—外在、自在到自为以及隐秘—公开。内容总是源起之点，总是内在的、自在的和隐秘的，而形式却总是外在的、自为的和公开的。内在与外在、自在到自为、隐秘到公开的联结点就是历史。只有历史能够保证：内容以多种形式保持永恒。

马克思从黑格尔那里汲取了形式—内容形态，并且使之经历了一个置换过程。在理念的位置，马克思用社会形式取而代之。马克思形式—内容方法论的采用，使得他能够展现自在的劳动，进而描述这种永恒性是如何在社会形式的历史进化中获得不同的现实性的。

（3）有机体理论

在"逻辑泛神论"的范围之内，真理只能作为系统整体的一部分而得以实现。黑格尔认为，要使特殊性具有真理性，就必须把它置于普遍性的背景中。黑格尔使用了另外几个与有机体同义的术语，它们是普遍—特殊、整体—部分以及全体性、整体论和系统。在黑格尔的著作中，这些术语是可以互换的，因为这些方法论所指的是同一个过程。我把它们统称为有机体理论。

黑格尔对知识的定义是建构在解剖学模式之上的。特殊性仅仅是经验的、孤立的，没有任何意义。只有当特殊性被置于普遍性之中时，才有可能获得意义或知识。

在黑格尔看来，有机体总是理念。正是理念提供了全体性，从而赋予特殊性以意义。全体性就是思维。在对黑格尔的有机体理论这一概念进行批判时，马克思再次运用了颠倒法的策略。马克思借用了黑格尔方法论的形式，并且颠倒了它们的内容。在马克思那里，并不是理念提供了全体性，而是社会提供了全体性。

马克思对社会形式的定义可以证明黑格尔方法论的唯物主义化，即这种方法论从理念领域出发，进而转入社会经济领域。在马克思那里，社会形式总是作为决定特殊性的全体性而出现的。

在《政治经济学批判大纲》的导言中，我们可以发现马克思的最明确表白，即他整合了黑格尔的解剖学方法。在这段叙述中，马克思把"猴体解剖"当做把握黑格尔的解剖学意义的一种类比。尽管这段引文出自马克思对黑格尔的第二次借用期的一篇文章中，我仍然愿意在这里使用它，因为它承认了上述关于社会全体性讨论的一般主题。

资产阶级社会是最发达的和最多样性的历史的生产组织。因此，那些表现它的各种关系的范畴以及对于它的结构的理解，同时也能让我们透视一切已经覆灭的社会形式的结构和生产关系。资产阶级社会借这些社会形式的残片和因素建立起来，其中一部分是还未克服的遗物，继续在这里存留着，一部分原来只是征兆的东西，发展到具有充分意义，等等。人体解剖对于猴体解剖是一把钥匙。反过来说，低等动物身上表露的高等动物的征兆，只有在高等动物本身已被认识之后才能理解。①

在马克思对社会形式的分析中,他总是表明,普遍性是如何决定特殊性的。决定资本主义性质的本质、普遍性就是加强对劳动力价格的限定,资本主义形式的每一方面都在重复着这一价格限定过程。

马克思对黑格尔的初次借用为《资本论》提供了大量的方法论。马克思分析社会形式的新的方法论也为他的新的政治经济学奠定了基础。

(赵玉兰 译)

---

① 《马克思恩格斯全集》第 2 版第 30 卷第 46—47 页。

黑格尔的主奴辩证法与马克思学的神话[*]

〔英〕克里斯托弗·阿瑟

人们普遍认为,马克思受到黑格尔《精神现象学》中的主奴辩证法的深刻影响。这种观点最初因萨特而流行,他在《存在与虚无》中提到:"著名的主奴关系深刻影响了马克思。"[①] 萨特没有解释他为什么这样认为。也许这个评论反映了亚历山大·科耶夫在20世纪30年代开设的论黑格尔的讲座的影响。科耶夫以一种准马克思主义的方式来解读《精神现象学》,主奴辩证法是其中的核心所在。(科耶夫可能认为,马克思是以同样的方式解读的。然而,回到黑格尔来解读马克思主义是一回事,从黑格尔引申出这个问题是另一回事。)在萨特的观点表述三年之后,我们发现让·伊波利特再次指出,统治和奴役的辩证法是《精神现象学》中最重要的部分,因为"它对黑格尔的后继者特别是马克思

---

[*] 本文选自《马克思主义与现实》2009年第2期。作者克里斯托弗·阿瑟(Christopher John Arthur)系英国著名马克思学家,退休前在萨塞克斯大学任教,他编辑的英文版《德意志意识形态》在英语世界非常流行。

① J. P. Sartre, *Being and Nothingness*, London 1958, p.237.

的政治哲学和社会哲学产生了影响"①。事实上，有很多评论家的观点与此相反，他们认为萨特和伊波利特没有参加科耶夫的讲座。他们信奉的这个"未知的、先验的"的神话是目前所公认的，但二手文献没有为此提供任何证据。让我们再回到第一手资料上来。科耶夫的弟子雷蒙·格诺负责整理和发表科耶夫在1947年的讲稿，他给出的参加者名单中不包括萨特和伊波利特。至于伊波利特，我们还有他夫人提供的证据。伊波利特没有参加，"因为怕被影响"。

然而情况可能是这样的，当萨特和伊波利特论述黑格尔和马克思之间的关系时，科耶夫的重要文本已经存在于公共领域。科耶夫在1939年1月14日发表了《精神现象学》中题为《自我意识的独立与依赖：主人与奴隶》这一节的意译，添加了很多注解。对我们的意图而言，更为有趣的是，科耶夫还以马克思下面的这句话作为题词："黑格尔……他把劳动看做人的本质，看做人的自我确证的本质。"尽管没有给出参考文献，但事实上这句话引自20世纪30年代才发表的马克思的《1844年经济学哲学手稿》。因此，科耶夫是第一个将马克思对黑格尔的著名论断与《精神现象学》中的主奴辩证法直接联系起来的人。

如今，很多著作都教条地断言，马克思受到黑格尔对奴隶劳动的分析的启发。这种观点是完全错误的。本文试图证明这一点，并解释马克思对《精神现象学》的重要借用的真正意义。

如果我们要思考黑格尔的精神现象学对马克思的影响，马克思的

---

① J. Hyppolite, *Genesis and Structure of Hegel's Phenomenology of Spirit*, Evanston 1974, p. 172. 以及 "The Famous Dialectic of the Master and Slave that Became the Inspiration of Marxian Philosophy", *Studies on Marx and Hegel* (1955), New York 1969, 1973, p. 29.

《1844年经济学哲学手稿》是必须考察的重要文本，他在这里引出了异化理论，继而用浓重的笔墨对《精神现象学》进行了深入的批判。在该书后面的章节中，马克思赞扬了黑格尔，因为黑格尔将人理解为他们自己劳动的结果。几乎所有的评论家都天真地认为，在这里，物质劳动意味着回到了《精神现象学》，并确实在其中找到了关于物质劳动的"主人和奴隶"这个重要章节的有趣讨论，通过主奴关系的辩证法，奴隶"发现了自身"。此外，黑格尔看到的劳动是在奴隶的语境中实现的，这个事实导致很多评论家对马克思在同一章节中描述的异化理论作了过度解读。赫伯特·马尔库塞可能是第一个这样做的。他在《理性与革命》（1941）中说："1844年，马克思通过对黑格尔的《精神现象学》的审慎分析，使他自己理论的基本概念更为尖锐。他根据黑格尔对主人和奴隶的讨论描述了劳动异化。"①

二手文献的这些预设的唯一困难在于，当马克思在《1844年经济学哲学手稿》中进行"对黑格尔的辩证法和整个哲学的批判"时，他从未提到《精神现象学》的这一节，从未考虑到它有何重要性。他将《精神现象学》作为一个整体来讨论，并提请人们特别注意该书的最后一章；他还称赞了其他三个章节，但没有一个是论及"主奴辩证法"的。因而，这将使我们对关于"主人和奴隶"的观点表示怀疑。

在思考马克思对《精神现象学》的评价之前，让我们回顾一下主奴辩证法。（顺便说一句，虽然"主人与奴隶"是通用的译名，但奴隶

---

① 事实上，马尔库塞已经在他1932年对《1844年经济学哲学手稿》的评论中指出，马克思的重要概念回到了黑格尔在《精神现象学》中发展了的"劳动"和"统治与奴役"的本体论范畴（*From Luther to Popper*, London 1983, p.13, p.39）。皮埃尔·纳维尔强调黑格尔的论述，但他还指出，认为这就是马克思思想的来源未免过于简单。

的正确翻译应该是"奴仆"。)在《精神现象学》前面的章节中,意识被转化为自我意识。黑格尔认为,仅当以另一个自我意识为中介的时候,自我才能成为自我意识。在黑格尔这个主题的辩证发展过程中出现的第一个稳定的关系就是主人和奴隶的关系。主人就这样被他的奴隶所承认,而他通过奴隶的劳动提供的商品和服务而获得其欲望的直接满足。然而,辩证法的确是通过奴隶而向前发展的,因为"通过劳动奴隶的意识却回到了他自身"。劳动形式使事物具体化,而通过这种陶冶活动,"意识现在在劳动中外在化自己,进入到持久的状态","因为对象对劳动者来说是有独立性的"。"奴隶据以陶冶事物的形式由于是客观地被建立起来的,因而对他而言并不是一个外在的东西而即是他自身。"黑格尔说:"因为这形式正是他的纯粹的自为存在。"他的结论是:"虽说在劳动里似乎仅仅体现异己者的意向,奴隶通过自己再重新发现自己的过程,才意识到他自己固有的意向。"①

这些术语从表面上看是可以与马克思相媲美的,因为黑格尔和马克思都看到,劳动不仅体现在功利主义方面,而且也是自我实现的手段。因此他们看到,是奴隶而不是主人体现了人类存在进一步发展的轨迹。然而,当我们注意到这一点时,马克思和黑格尔之间的根本分歧变得明显了。马克思认为,只有改变生产方式,工人才能重新获得他们的自我意识和自我实现;而黑格尔认为,对工人的自我实现而言,劳动的教育意义即使是在剥削的生产关系中也是充分的,因为他们的"意义"体现在他们的产品中。此外,在现象学的辩证法这个阶段,"恐惧和服务"是作为此目的的必要性而被规定的:即奴隶成为他自身的对象。

---

① 〔德〕黑格尔:《精神现象学》上卷,北京:商务印书馆1997年版,第130—131页。

黑格尔将劳动规定为"受到限制的欲望":它使自我意志的瞬间冲动和根据客观规律的构造活动保持一段距离。如果你同意这个观点,那么可见奴隶是真正的主人,因为他的对象是"自我满足的纯粹知觉":也就是说,他是他的欲望的奴隶,而他的满足"仅仅是短暂的",缺乏永恒的客观性。另一方面,奴隶在他创造的劳动中实现了对他的工艺的支配权,正是奴隶提升了人类普遍理性的水平。然而,黑格尔引入了"恐惧和服务"这一对概念,这对促进欲望的限制以及确保在以自我为中心的目的之上产生来自于人类创造性活动的"普遍能力"的意识的自由来说是必要的。显然,黑格尔认为,在具有理性自由的能力之前,每个人都必须通过被异化的力量征服而遭受自我意志的断裂,这个论断是相当随意的。①

现在,我们来研究马克思对《精神现象学》进行复杂讨论的关键段落,马克思在其中赞扬了黑格尔,因为黑格尔掌握了劳动的重要性。"黑格尔的《现象学》及其最后成果——辩证法,作为推动原则和创造原则的否定性——的伟大之处首先在于,黑格尔把人的自我产生看做一个过程,把对象化看做非对象化,看做外化和这种外化的扬弃;可见,他抓住了劳动的本质,把对象性的人、现实的因而是真正的人理解为他自己的劳动的结果。人同作为类存在物的自身发生现实的、能动的关系,或者说,人作为现实的类存在物即作为人的存在物的实现,只有通过下述途径才有可能:人确实显示出自己的全部类力量——这又只有通过人的全部活动、只有作为历史的结果才有可能——并且把这些力量当做对象来对待,而这首先又只有通过异化的形式才有可能。"②

---

① 这在《精神现象学》第434、435节中显得更清楚。
② 《马克思恩格斯全集》第2版第3卷第319—320页。

难道这样的论断——正如科耶夫所暗示的以及后来的很多作家大胆断言的——还停留在黑格尔对奴隶劳动的论述中吗？首先让我们暂停的是，在这个赞扬之后，马克思紧接着就指责"黑格尔唯一知道并承认的劳动是抽象的精神的劳动"①。奴隶的劳动显然是物质的，因而这个评论表明，马克思不仅没有描述这种分析，而且它实际上全然忘记了这一点，并且认为黑格尔多少有些失误。

马克思确实向我们提到了《精神现象学》的最后一章——《绝对知识》，"这一章既包含经过概括的《现象学》的精神"，也包含《现象学》同辩证法的关系。② 它包含着整个运动的结果。"抽象的精神的劳动"对马克思来说指的是精神的劳动。现象学是精神上的奥德赛，或者也许是精神的成长教育小说，从中可见，精神在意识中被赋予客观形式，而自我意识只不过是它本身的自我决定。精神通过生产自己而知道自己，最初的情形是，事物秉持反对自身的立场。马克思详细说明了《精神现象学》的最后一章，关于异化的世界在生活中可以通过特殊的方式被克服或否定。正如黑格尔所说的："自我意识扬弃了异化和对象性……因此，它在自己的异在本身中就是在自身。"在这个框架中，异化的范畴，比如宗教、国家、市民社会等等都被理解为精神自身的劳动。黑格尔强调，只有通过确立对立面进而否定之，精神才能回归自身。这就是他所谓的"否定性的劳动"。

当马克思提到《精神现象学》的"最后结果"是"辩证法、是推动原则和创造原则的否定性"时，他指的是《精神现象学》中的这种整个的精神的劳动。当然，在马克思看来，人类通过物质劳动生产自

---

① 《马克思恩格斯全集》第 2 版第 3 卷第 320 页。
② 《马克思恩格斯全集》第 2 版第 3 卷第 319 页。

身。然而，据此认为他赞扬黑格尔是因为黑格尔谈到过奴隶的物质劳动，可能是一个错误。当马克思说黑格尔掌握了劳动的本质时，他没有谈及黑格尔究竟如何论述了物质劳动（因此，没有提到"主人和奴隶"），而是谈及在精神的全部自我设定运动中否定性辩证法的深奥意义。（因此，马克思认为黑格尔所了解的唯一的劳动是抽象的精神的劳动。）马克思看到，抽象反映在黑格尔的否定性辩证法中将哲学的物质发展过程实体化，因而人通过他们自己的劳动生产自身，这个（马克思与黑格尔一致的）过程必然经过异化的阶段。

在自我意识的精神发展视野中确定"主人和奴隶"是必要的。正如我们已经指出而现在正要强调的，这是精神回到自身的早期阶段。用黑格尔的术语来说，这比诸如法律、艺术、宗教和哲学等文化成果更为"具体"。然而，它定位在某些重要的转折点上，因为黑格尔所面对的问题是如何从外部事物的纯粹意识中辩证地发展自我意识。意识不能在事物中把握自身。它必然通过彻底的否定而使自身从中完全区分出来。对欲望的对象的消费以转瞬即逝的方式实现了这一点。意识在对另一个意识施加压力的过程中挑战自己的生命，假定一种认识代表了一个更有希望的中介。但主人发现他自己在减轻对奴隶——他的所有物——的征服的过程中陷入了困顿。只有通过互相尊重，比如黑格尔所说的个人构成与黑格尔后来在其中发展的伦理关系相符合，自我意识才能获得恰当的承认。在这个阶段，辩证法通过被轻视的奴隶而得到发展。正如我们所看到的，他通过在劳动中的否定性活动而"发现自身"。然而，必须强调指出的是，自我意识在这个方面也得到了发展。

在物质世界中形成的客体的实现方面，与马克思的兴趣有很多不同之处，但它是作为整体的《精神现象学》中的一个片段。值得指出的是，黑格尔在《哲学全书》的《现象学》中没有提到工人在他们的产品中发现自身；而强调"主人和奴隶"的结果是"需要的共同体"以及"对于主人的恐惧是智慧的开始"。就《精神现象学》而言，由于它是精神上的奥德赛，因而特别强调物质劳动的重要性是完全错误的（比如马尔库塞和科耶夫对"马克思主义"过度解读的个案），因为其重要性不在于物质的结果，而在于精神的结果。辩证法的另一个阶段是，由于自我意识被分为不同的"自我"，其间缺乏统一性，因而它试图在"思想"中找到自己的"自由"；在黑格尔认同的斯多葛主义和怀疑主义看来，客观性在思想的纯粹普遍性中是被"否定"的。正如黑格尔所说，这种生命内在的"自由"对任何社会地位的人都是适用的。

难道像（上面提到过的）马尔库塞所说的，马克思在他的异化理论中沿用了黑格尔的"主人和奴隶"的关系这个术语？我们已经说过，这一点足以令人怀疑。此外，不仅马克思本人没有向我们提到这一节，而且黑格尔本人在其论述中也没有提到异化。显然，对黑格尔来说，直接的物质劳动不属于这样的问题，而只是因为它是物质的，正如我们所假定的那样。与此相反，黑格尔在精神的发展中赋予其肯定的意义。但这完全是真实的，马克思在黑格尔的思想中发现了外化和异化的主题——但他没有在奴隶的劳动中发现这个主题。即使是那些看重黑格尔《自我异化了的精神》这一章的评论家也只有部分是正确的。诚然，马克思有效地参考了这方面的材料，他说："这些章节，包含着对宗教、国家、市民生活等整个整个领域的批判的要素，不过也还是通过异化的形式。"① 然而，在这些章节中，我们研究的是有限精神的领域，这在历史上指的是封建主义经由启蒙运动抵达法国大革命这个时期。马克思主要关注自身，并未涉及这么多问题，而只是涉及"绝对的否定性"

---

① 《马克思恩格斯全集》第 2 版第 3 卷第 319 页。

的精神运动,特别是最后一章《绝对知识》。(而当他提到《哲学全书》时,他讨论的是绝对理念及其自身在本质上的异化。)

在讨论这类问题时,对黑格尔文本和马克思文本的翻译是颇为复杂的,"Entäusserung"和"Entfremdung"这两个概念可能其中之一被译为"异化",也可能都被译为"异化"。然而,在黑格尔看来,这两个术语在文本中的差别是明显的,而且具有不同的意义。我们刚才提到了《异化》(Entfremdung)这一章,正如卢卡奇所指出的,"外化"(Entäusserung)是《精神现象学》结论中的关键概念:作为自身的自我异化的产物,精神把握了外化的领域。由异化产生的外化是现象学的结果——存在的状态——精神在他者中设定自身的积极的过程。①

而给马克思留下深刻印象的是黑格尔对外化的现象学描述,真正激发他的是现象学的"形而上学"方面——精神在自身的外化(Entäusserung)中以自身为中介。这是"绝对的否定性"的发展过程,而马克思在提到这个问题的时候指的是,通过异化以及对异化的克服,尽管黑格尔采用了神秘的形式,但他将人理解为他自己劳动的产物。

但是,马克思认为,黑格尔对异化问题的讨论植根于思辨的幻想中,而因为这"只是虚有其表的批判主义",因而表现为"虚假的实证主义"。在这方面,请务必注意科耶夫在上面提到的题词中高超地使用的引文,其大意是黑格尔把握了劳动的本质。科耶夫引用的句子来自于下面这段话(科耶夫对"引文"作了强调):"黑格尔站在现代国民经济学家的立场上。他把劳动看做人的本质,看做人的自我确证的本质;他只看到劳动的积极的方面,没有看到它的消极的方面。劳动是人在外

---

① G. Lukács, *The Young Hegel*(1948),London,1975.

化范围之内的或者作为外化的人的自为的生成。"①

马克思为什么以这种方式表述他对黑格尔的赞扬呢？

首先，尽管在《精神现象学》的大量内容中，所有事物都被看做意识或自我意识的形式。但这意味着意识的变迁消除了外化，因为外化本身只是作为意识采取的态度而被理解的。这种"消灭"使所有事物都在现实中成为其所是。因此，解决问题的关键手段是"虚假的实证主义"。②

其次，由于这个运动的主题是"精神"，黑格尔只能将对象化（Vergegenständlichung）理解为外化的结果。因此，他以对象化的范畴取代外化的范畴，如同对象化，外化具有客观的内涵，但它也意味着对其表现的让渡，因而构成了异化。但是，黑格尔看到某些事物在这个过程中是积极的。因为在这个异化的过程中，精神成为自身的目的。它是精神的自我实现和自我意识的重要环节。那么，黑格尔并不反对对象化，而是根据它导出了外化。他当然认为对象化导致了外化，但这并不意味着他认为精神应该保持自身的内容，而避免自身不幸遭遇异化。然而，我们将这个问题转换为一般的哲学反思，这是完全处于哲学内部的解决方案——这个方案将外化（"他者本身"）理解为绝对的环节——而不是一种真正的历史的解决方案。这是他的"只是虚有其表的批判主义"③。事实上，黑格尔的对象化和异化的公式使他在精神的自我实现中将虚假的外化引入生命进程中。也就是说，与现代政治经济学家一样，黑格尔将劳动理解为人类发展的本质，而不是自身在资本主义社会

---

① 《马克思恩格斯全集》第2版第3卷第320页。
② 《马克思恩格斯全集》第2版第3卷第328页。
③ 《马克思恩格斯全集》第2版第3卷第328页。

中的异化，因为如果人们无法假设真正的历史的否定之否定，那么现存的条件就成了阻碍重要观点生成的可能性的地平。事实上，这些条件扭曲了人通过劳动并以劳动作为必要的根基的对象化，这对人来说是即将发生的，也是必然要发生的。外化的世界表现为劳动的绝对的自我表现。

总之，可以说，对主奴辩证法的关注反映了两个偏见。第一，必须对科耶夫和伊波利特——现象学的"存在主义"解读的发起者连同他们对"生死搏斗"的不合理的过度强调及其在"主人和奴隶"中的结果作出评论——《精神现象学》剩下的600页大概只是一种事后的想法。第二，马克思主义者的讨论通常倾向于直接的政治问题，诸如统治问题和阶级斗争问题，《1844年经济学哲学手稿》、《德意志意识形态》以及最近的《大纲》等文本的传播，使得对本体论问题的认真讨论成为可能；因此，黑格尔及其《精神现象学》对马克思的影响必然得到不同的解释。

（臧峰宇 译）

政治经济学和《1844年经济学哲学手稿》中的"异化问题"[*]

〔民主德国〕汉·瓦格纳

使马克思的《1844年经济学哲学手稿》一再成为值得讨论的对象的实际问题是什么呢?肯定不仅仅在于这一事实,即社会主义的敌人滥用异化概念攻击社会主义。我认为,更确切地说是关于社会关系的表现的现象学观点,即认为社会关系作为物质形式呈现在当今世界的个人面前,被各个人"内在化",转化为主体行为的现象学观点,促使我们对《手稿》给予认真的评价:通过同那些滥用《手稿》的人进行争论并以此作为推动我们自己的思考力发展的动力,不言而喻,我们这样做是以《资本论》的全部财富而不是仅仅以它的理论预备阶段为依据的。对于政治经济学(也许不只是对于政治经济学)来说,今天对马克思在《资本论》中没有涉及的一个问题作出答复是有重要意义的:在资本主义社会的生产力和生产关系不协调一致的条件下,行为关系在今天是怎样表现的,而又有哪些经济矛盾是以异化行为的特殊的发展了的形式、

---

[*] 本文选自《马列主义研究资料》1987年第2辑,系德意志民主共和国统一社会党中央委员会所属社会科学院马克思列宁主义哲学研究所组织的一次马克思列宁主义哲学史研究领域跨学科学术讨论会上的发言。作者汉·瓦格纳系民主德国柏林洪堡大学经济科学教研室教授、经济学博士。

以政治思想斗争为基础的呢？不过，这也涉及发达的社会主义社会形式，涉及在发达的社会主义社会中"非异化的"动机和行为方式的完全实现。这是在社会主义制度下行为如何产生的问题。

如果说，我们的意识形态对手滥用马克思主义形成时期的概念，那么，过错不在于这些概念，而在于使用这些概念的人的世界观立场。他们使用这些概念时所持的立场是否认从揭示资本主义社会形态的经济运动规律中得出的革命结论，所以，在青年马克思和老年马克思之间，或者说，在马克思对社会主义的"描绘"和社会与主义现实之间虚构一个"断裂"是不太困难的。然而真理不仅仅是成果（《德意志意识形态》或《资本论》），而且也是导致这种成果的通途！

马克思思想的形成过程可以由他的思想成果来表明，在《黑格尔法哲学批判》中涉及的是基础和上层建筑（社会和国家）的关系，《手稿》中涉及的是资产阶级社会本身以及（雇佣）劳动和资本之间的基本生产关系，而在《德意志意识形态》中涉及生产力和生产关系的关系是历史过程的具有决定意义的基本辩证法，这种辩证法说明任何一个社会的经济运动规律是自行再生产。《资本论》是《德意志意识形态》的天才假说的实现。

我完全同意会议报告的观点：认为《手稿》中的"异化"在《资本论》理论的经济概念中被扬弃和具体化了（雇佣劳动、商品拜物教和资本拜物教，等等），异化的位置放到有关资本主义生产的表现的现象学观点的论述中，即具有异化形式的资本主义生产被生产当事人内在化，而且作为动机和行为表现出来。

马克思在《手稿》中的异化概念，就其来源而言，毫无疑问打上了人本主义的人的概念的烙印，即抽象人道主义的烙印。但是，马克思利用这个沿袭下来的概念——他从哪里能找到别的概念呢——是为了对资产阶级经济学的理论基础提出具有世界观意义的批判：揭示（雇佣）劳动和资本的关系及其共产主义的否定！一项连资产阶级经济学都无法试图取得的成就。在我看来，如果对政治经济学进行哲学批判的出发点是要求揭示世界变革的社会力量和动机，那么《手稿》就是这种批判所能提供的富有教益的范例。

马克思就是这样承前启后，以具有十分重要意义的方式把抽象的异化概念具体化并且加以发展，即把异化概念理解为私有财产的属性：理解为劳动和资本分离、资本和土地分离的结果；在这里，私有财产实际上被理解为三个基本阶级的生产关系，它们在生产关系中是彼此独立的阶级主体。① 但是，马克思又继续迈出了具有决定意义的一步："……对这一概念的分析表明，与其说私有财产表现为外化劳动的……原因，还不如说它是外化劳动的结果……后来，这种关系就变成相互作用的关系。"②

把资本主义制度下"作为财产之排除的"（雇佣）劳动理解为"私有财产的主体本质"，把"作为劳动之排除的"资本理解为"客体化的劳动"③，这种观点是认识基本生产关系的本质的十分重要的一步：它不是扎根于财产，而是扎根于劳动！这里，财产的核心被理解为对象性地活动着的财产，理解为生产过程，而不是理解为对象性活动之外的固定不变的关系。与此相反，国民经济学把异化，就是说把资本的真正本质掩盖起来，因为它"不考察工人（即劳动）同产品的直接关系"。劳

---

① 见《马克思恩格斯全集》第 1 版第 42 卷第 89—90 页。
② 《马克思恩格斯全集》第 1 版第 42 卷第 100 页。
③ 《马克思恩格斯全集》第 1 版第 42 卷第 117 页。

动同产品的直接关系是"工人同他的生产的对象的关系"①，也就是说，工人同生产资料的关系，但是，为了理解私有财产，不应当把这种关系作为状况，而应当做为过程，作为活动着的关系来进行分析。

把私有财产看做生产本身中（雇佣）劳动和资本的关系的结果，就是说看做生产出来的东西，这是理解《资本论》的钥匙：雇佣劳动如何生产资本，而不是相反！通过劳动进行的对象的生产即资本的生产如何产生异化现象，这是政治经济学的十分重要的方法论原则，我们在对帝国主义进行分析时经常忘记这个原则。

我认为，对问题的这种天才提法中的抽象的东西，不在于把叙述从属于异化概念，而是在于：阐明异化劳动的问题还没有被提出来。令人感到惊奇的是，这个问题在许多方面本来是很明显的，但是本身没有被理解：《手稿》的读者不禁会一再想到的生产力和生产关系的关系只是在《德意志意识形态》中才被作为历史唯物主义的基本辩证法加以阐明。

塞夫认为，从《手稿》到《德意志意识形态》的进步——他称之为"断裂"——就在于从异化劳动概念向分工概念的过渡。② 分工这个术语以及把它制定成概念，实际上是个重大的进步，它使人看到生产关系的物质性。但是在扬弃《手稿》中还包含的抽象的东西时，主要的东西是揭示生产力和生产关系的相互关系。随着这一发现，历史规律性作为具有物质的规定的辩证发展过程是可以理解的，当人们改变自己的对象性生产条件时，他们自己就在实行这个过程。因此，通过雇佣劳动

① 《马克思恩格斯全集》第1版第42卷第93页。
② 见〔法〕吕·塞夫：《对异化的马克思主义分析》，美因河畔法兰克福1978年版，第35—36页。

进行的私有财产的生产正好表现为扬弃这种财产的生产,异化的生产同时表现为扬弃这种异化的生产,以此类推。历史的发展、社会力量的历史行动是可以被理解的,而共产主义则从一个仍然是抽象的概念变为一门科学。不过,我无法看出在《手稿》和《德意志意识形态》之间有"断裂"。

《手稿》中对资产阶级政治经济学的哲学批判把资本主义制度下的个人及其异化同共产主义制度下被扬弃了私有财产的社会的个人作了对比。而《资本论》中论述的是这些个人的关系,就是说,涉及的是他们的"异化"行为的经济基础和所产生的结果。这并不是对立的。然而今天再来论述这些关系本身已经不够了。否定意义上的帝国主义也好,肯定意义上的社会主义也好,都不是生产力得以同生产关系相适合的"经典的"生产方式。因此,以《资本论》和历史唯物主义的丰富的范畴体系为依据,有助于意识到《手稿》是通往更深刻地理解当前世界上社会进程的现实表现的途程中的一个阶段。

至于共产主义的"抽象描绘"、"社会的个人"、"旧的分工的扬弃"、具有这种对象性条件的生产——"……物按人的方式同人发生关系",从而人能够按人的方式而不是异化的方式同物发生关系①,以及类似的意见,在一些主张务实的人看来,可能就是对未来世界的无益的空想,但是,从历史过程的观点来看,它们是今天在起作用的矛盾的必然结果,因而是这些矛盾的作用的客观历史倾向。由此可见,它们必定是从这些矛盾中产生的,并且具有在今天从总体上解决这些矛盾的条件。

由于它们不是作为人本身的抽象理想,而是作为今天正在进行的历

---

① 见《马克思恩格斯全集》第 1 版第 42 卷第 124 页及以下各页。

史过程的内在倾向，它们是构成当前实践和意识形态工作的重要成分的理论观点的不可或缺的要素。这涉及完成从资本主义生产的异化经济观向社会主义生产的经济观的思想转变，在前一种观点中，经济学表现的只是个人的外在有效性联系，在后一种观点中，社会的人本身的社会本质变为现实。在解放同社会所有制相适应的千百万个人行为的动力和动机这一问题中，首先表现出社会主义以及个人生存条件的全部构成的方向必须是和资本主义不同的劳动效率的目的动机。这不仅可以通过分配原则来实现，而且还必须包括对象性劳动条件本身的发展。

对于从内容上扬弃分工过程的理解，即把这个过程理解为劳动的社会形式和对象性内容统一的过程（就是说，生产关系和生产力统一的过程），是理解发达的社会主义社会建设过程的性质的基础。

工业是一本"打开了的关于人的本质力量的书，是感性地摆在我们面前的人的心理学"[①]。

[原载民主德国社会科学院《专题情报资料》1985年柏林版第2类（会议）第50辑]

---

① 《马克思恩格斯全集》第1版第42卷第127页。

《1844年经济学哲学手稿》中作为人的生命表现的劳动和作为异化劳动的劳动[*]

〔民主德国〕赫·东凯

《1844年经济学哲学手稿》产生于马克思批判分析资产阶级国民经济学的早期阶段。这时,马克思对各种经济理论的主要内容,对这些理论的世界观的基本立场作了最初的概述。

马克思断定,英国的国民经济学把劳动提高到作为它的唯一原则的地位,但是它掩盖"劳动本质的异化"[①]。它把私有财产看做一个事实,但是它没有说明这个事实。它总是把资本家的利益当做最后的根据。[②]因此,它也就想不到要考察"工人(即劳动)同产品的直接关系"。[③]国民经济学是"在承认人、人的独立性、自我活动等等的假象下"开始它的历史发展进程的。它越是明确而彻底地发挥关于"劳动是财富的

---

[*] 本文选自《马列主义研究资料》1987年第2辑,系德意志民主共和国统一社会党中央委员会所属社会科学院马克思列宁主义哲学研究所组织的一次马克思列宁主义哲学史研究领域跨学科学术讨论会上的发言。作者赫·东凯系民主德国柏林洪堡大学马克思列宁主义哲学教研室教师、哲学学士。

[①]《马克思恩格斯全集》第1版第42卷第93页。

[②]《马克思恩格斯全集》第1版第42卷第89页。

[③]《马克思恩格斯全集》第1版第42卷第93页。

唯一本质"的论点,它就越清楚地证明自己是"彻底实现对人的否定"。①

马克思认识到,资产阶级国民经济学的矛盾性不仅表现了它的理论上的缺陷,而且也表现了资本主义现实所固有的矛盾。他企图通过把资本主义条件下的劳动归入历史过程并且把它作为人的自我产生的一个特定历史阶段,作为具有异化形式的劳动来加以分析的办法,更加确切地把握这个矛盾。

从《手稿》的行文不能直接看出1844年进行的这种分析的理论内容。但是,如果把这一手稿归入马克思理论的形成过程,是可以推论出这种理论内容来的。下面首先应探讨的问题是,为了揭露资本主义社会的矛盾性质,马克思在这时使用的是什么样的理论工具。

大家知道,彻底唯物主义历史观的决定性的基本特征只是在后来才得到阐述。过了还不到两年,马克思通过研究历史在深入探索社会生活结构方面就已经大大地向前迈进,以致他已经以概念的形式在理论上制定了区分各个历史发展阶段的标准。这特别牵涉到在《德意志意识形态》中所阐述的对生产力和生产关系的联系的规定。当马克思在巴黎手稿中试图分析社会生产的资本主义发展阶段的矛盾性时,这个概念工具还没有出现。在这里,他所依据的仍然是可以看做旨在批判费尔巴哈而对黑格尔的哲学辩证法进行清理的临时结果的那种哲学立场。这种立场表现了在批判地克服黑格尔唯心主义哲学方面到那时为止所达到的水平。

跟费尔巴哈不同,马克思通过对辩证法的抽象而思辨的形式的批判想要达到的目的是,使辩证法的积极因素即辩证方法摆脱唯心主义的外

---

① 《马克思恩格斯全集》第1版第42卷第113页。

壳。最初，他着手修正理论上的出发点，正如赫尔曼·莱伊①中肯地指出的那样，用贯穿一切的对象性去反对黑格尔观念的精神性。黑格尔把能动的人同自然界分离开来，从而把人看做非对象性的、抽象的、思维着的存在物。同黑格尔相反，马克思的出发点是，人是靠自然界为生的。"自然界是人为了不致死亡而必须与之不断交往的、人的身体。"②对他说来，人是一种自然的、对象性的存在物，就是说，人是具有自然的本质力量的、能动的自然存在物，这种自然的本质力量作为天赋和才能存在于人身上。而且人在自身之外有自然界，这个自然界是为了确证他的本质力量的对象，是他的生命表现的对象。这样说来，自然界是人的活动的前提，而不仅仅是其结果。③ 这种理论上的出发点是直接同黑格尔的观点相对立的，它是把黑格尔的辩证法唯物主义地倒转过来的"序幕"。

马克思不是只限于用费尔巴哈关于人同自然的统一的同样抽象的命题去反对黑格尔关于人的抽象概念。他想具体地理解这种统一，即把它理解为能动的关系，并且以人的实践的生活过程作为研究目标，在这种实践的生活过程中人实现着他同自然的统一。从而就基本上制定了以后理论工作的方向。

在巴黎手稿中，马克思从两个方面分析了人的实践的生活过程：

第一，从纯粹形式的可能性的角度出发，这里涉及的是一般人的生命活动的特点；

---

① 见〔德〕赫·莱伊：《论〈精神现象学〉和马克思列宁主义的行为理论》，载《论当代对黑格尔的理解》，柏林1972年版，第273页。
② 《马克思恩格斯全集》第1版第42卷第95页。
③ 《马克思恩格斯全集》第1版第42卷第167—168页。

第二，从现实的角度出发，这里涉及的是在资本主义社会的条件下这种生命活动的历史规定性。

马克思就人和动物同自然界的能动关系把人和动物加以比较，并且得出了关于人的生命活动的特点的值得注意的观点。这些观点的核心包含如下的看法：

人和动物一样靠自然界生活。他们两者只有在同自然界不断进行物质交换的过程中才能维持其肉体的生存。但是，把人同动物区分开来的是他实现其同自然界的关系的方式。动物按其所属的物种的尺度，通过对一定的有限的领域的直接占有来实现它同自然界的物质交换。这始终是一种片面的占有。相反，人对自然对象的占有则表现为一个间接的过程，因为这种占有是作为劳动过程发生的。正因为人必须加工、按自己的需要改变自然对象，所以他同自然界的关系既不限于一定的地区，也不同一定范围相联系。这种关系可能发展成为普遍性，以致自然界从全面的意义上说会成为人的生活的一个部分。人的生命活动的特点就在于，人不仅生产出他自己，而且除此以外还再生产出整个自然界。① 随着人生产出一个对象性的世界，而这个对象性世界又取代原来的自然的外部世界，人也形成了自己的主观力量，发展了自己的能力和需要，并且把他的生命表现的多样性作为他自己的普遍性生产出来。这样，人同自然界的统一就表现为一个历史过程，表现为人由他的劳动所产生，表现为自然界为人而生成。②

这些关于人的生命活动的普遍性质的观点从方法的角度来看也是值得重视的。它们为对人的本质的传统哲学问题作出唯物主义的回答开辟

---

① 《马克思恩格斯全集》第 1 版第 42 卷第 96—97 页。
② 《马克思恩格斯全集》第 1 版第 42 卷第 94—97 页。

了道路。从此以后，在人同自然界的现实的实践的联系之外，在人的物质生活的生产之外对人的本质的任何探索都是多余的。

对这个问题的看法具有决定性意义的是马克思的一个发现，即否定性的辩证法在黑格尔那里是推动原则和创造原则；这种辩证法对于历史运动，即被黑格尔看做人的自我产生的历史过程的那种运动来说，是一种抽象的、思辨的表现。因此，在这个时候，因为马克思还没有制定他自己的概念工具，他利用黑格尔的一般思维形式来概括自我产生的运动——把对象化理解为外化和异化，把外化和异化的扬弃理解为占有，这并没有什么可奇怪的。但是，这种思维形式在马克思那里从一开始就包含着发生了本质变化的内容。这是从对理论上的出发点的修正所得出来的结论。

马克思认识到，黑格尔关于对象化作为外化和异化的观点是同他的唯心主义见解相联系的。既然人被看做仅仅是自我意识——因为只有精神才被认为是人的真正本质——，那么对象性本身就不属于人的本质，它对于人的本质而言是一种异己的东西。于是，人的本质赖于对象化的行动也不被看做人的本质的表现、实现，而被看做自我外化和自我异化。因为这不是自我意识的行动，这不是根据作为抽象思维的人的本质，而是与此相反而设定为对象的。自我意识作为对象是在自身之外，是同人的本质相异化的。对象是他的异化的、对象性的本质。

与黑格尔相反，马克思把劳动看做是人的现实的对象化："对象性的存在物客观地活动着"，而"它的对象性的产物仅仅证实了它的对象性活动，证实了它的活动是对象性的、自然存在物的活动"。①

当马克思把劳动的普遍本性看做人的生命表现时，异化这个环节是

---

① 《马克思恩格斯全集》第1版第42卷第167页。

不包括在内的。当他说明劳动在私有制条件下的特殊性时，这是另一种情况。

在黑格尔关于自我产生过程的理论结构中，对象化的行动同时也被看做是它自己的对立面，被看做是外化和异化的行动。因此，马克思能够利用这种思维形式来表现劳动的对象性的性质，表现劳动在资本主义条件下的特殊的社会规定性。后来，这种对资本主义社会的看法被发展了的经济理论所证实。对基本生产关系的阐述提供了理论上的证据，证明劳动确实是同劳动实现的对象性条件相对立的，因为这些条件是作为资本同劳动相对立的。

[原载民主德国社会科学院《专题情报资料》1985年柏林版第2类（会议）第50辑]

异化的消除和人的前景[*]

〔苏〕伊·谢·纳尔斯基

对个性因素在人身上的恢复和发展的分析,人的劳动摆脱异化而获得解放,以及对空想共产主义的批判,——这就是青年马克思对科学人道主义理论的贡献。马克思在《1844年经济学哲学手稿》中为科学人道主义奠定了基础。对黑格尔有关人及其异化的观点的彻底批判,是马克思的这一理论进步的条件之一。

马克思认为,进行上述分析就是弄清人的、社会的需要——物质需要和精神需要的形成的机制,因为这些需要被异化的虚假的需要(例如宗教的需要)所歪曲和扼杀了。人的人道主义化道路,人的劳动不再异化,是通过一系列连续的消除虚假需要和培养真正人的需要的阶段而实现的。但是,革命地克服劳动的异化,是这一过程的必不可少的条件。

马克思在批判空想共产主义理论的时候,把"粗陋的和无思想的"平均共产主义同在此条件下继续发生的对私有财产的崇拜和对人的个性的否定联系起来。在空想主义的这个变种中至少有两种异化感:"忌妒

---

[*] 本文选自《马列主义研究资料》1985年第5辑。作者系苏共中央社会科学院马列主义哲学教研室教授、哲学博士。

和平均化欲望","向贫穷的、没有需求的人……的非自然的单纯倒退"。①

因此,平均共产主义的思想,仍然受私有财产的"束缚"。后来,马克思和恩格斯在一系列著作中,特别是在《共产党宣言》中继续对这种思想进行批判。在这部完成马克思主义形成过程的经典著作中,有论述人及其价值的资本主义异化,揭露资产阶级道德、家庭和法律正义的贬值的著名篇章。在这方面产生有关异化机制对社会各个阶级的影响的问题。这里的回答是明确的:是的,剥削者阶级也受害于异化,但是,它的代表人物所拥有的那些私有财产的物质可能性,给他们提供了大量的"安慰"手段。有产阶级"在这种自我异化中感到自己是被满足的和被巩固的,它把这种异化看做自身强大的证明,并在这种异化中获得人的生存的外观"②。异化的主要对象,始终是被剥削、被压迫阶级。

平均共产主义学说的特点是非科学性和乌托邦主义。马克思在《1844年经济学哲学手稿》中把自己对平均共产主义学说的全部批判同揭示任何一种形式的私有财产、哪怕是变形的私有财产所带来的危害性联系在一起。私有财产不仅歪曲了物质生产活动,而且也歪曲了精神创作、人的整个心理状态和价值体系。私有财产燃起了资本家的拥有感和贪图暴利的念头,同时也引起被剥削者的需要的简单化、"牲畜般的野蛮化"的倾向。

私有财产的扬弃是"人的一切感觉和特性的彻底解放",全面的完整的人就是在这个基础上形成的。共产主义运动带来"人的本质的充

---

① 参看《马克思恩格斯全集》第1版第42卷第118页。
② 《马克思恩格斯全集》第1版第2卷第44页。

实"。马克思从自己同巴黎的共产主义手工业者和工人会见时进行的个人观察中得出结论说,革命的团结形成集体主义的精神。"……人与人之间的兄弟情谊在他们那里不是空话,而是真情,并且他们那由于劳动而变得结实的形象向我们放射出人类崇高精神之光。"① 共产主义运动在人身上培养一种需要:"需要最大的财富即另一种人。"②

这种人道主义的前景是和表面的道德说教格格不入的。同时,马克思愤怒地鞭挞了资产阶级社会的冷酷无情和厚颜无耻,坚决捍卫自由劳动、公有财产和全面发展的人的道德价值。共产主义是"私有财产即人的自我异化的积极的扬弃,因而是通过人并且为了人而对人的本质的真正占有;因此,它是人向自身、向社会的(即人的)人的复归,这种复归是完全的、自觉的而且保存了以往发展的全部财富的"③。

马克思在1844年手稿中发展了在此以前他在《德法年鉴》上表述过的思想,他把共产主义想象为异化劳动的革命扬弃,自由劳动即创造性的、真正人的劳动的创立。马克思强调指出:"社会从私有财产等等的解放、从奴役制的解放,是通过工人解放这种政治形式表现出来的,而且这里不仅涉及工人的解放,因为工人的解放包含全人类的解放……"④ 这些论点在《神圣家族》中得到进一步的发挥。

因此,在《1844年经济学哲学手稿》中对共产主义的历史唯物主义的论证,是通过异化的范畴形成的,这种论证所依据的是初步拟定的、尚未加工的经济范畴。这一双重论证——哲学论证和经济学论证,

---

① 《马克思恩格斯全集》第1版第42卷第140页。
② 《马克思恩格斯全集》第1版第42卷第129页。
③ 《马克思恩格斯全集》第1版第42卷第120页。
④ 《马克思恩格斯全集》第1版第42卷第101页。

决定于下列情况：这里的"异化"是从广义上来理解的。"一切异化的积极的扬弃"①——摆脱异化，同样也意味着摆脱由私有财产、私有制产生的剥削。共产主义——这不是天才理论家智慧的结晶，而是资产阶级社会里的异化劳动的矛盾发展的必然产物，它是解决这一矛盾的手段和结果。马克思在1844年手稿中就努力制定关于共产主义问题的科学观点。毫无疑问，黑格尔的异化观的框框在这里被马克思坚决彻底地打碎了。马克思对这一问题的进一步分析已经同黑格尔的概念范围毫无共同之处了。

马克思在《1844年经济学哲学手稿》中给"共产主义"这一术语注入了什么具体的内容呢？"共产主义是最近将来的必然的形式和有效的原则。但是，这样的共产主义并不是人类发展的目标，并不是人类社会的形式。"②马克思的这几句话引起了不少争论。马克思指的是什么呢？可能他想强调指出，在已经摆脱私有财产的社会的范围内，社会的发展是无止境的。也可能他想强调指出，无产阶级革命运动的共产主义性质不同于这一运动过程中所达到的作为某种社会制度的成果。

作为社会成果的共产主义在1844年手稿中具有特殊的术语标志。马克思把这种共产主义称为"完成了的自然主义"和"完成了的人道主义"③，并以此来强调它的真正的人道主义性质。但也可能是这样的：这个可供讨论的说法意味着成熟马克思主义所特有的对共产主义社会制度的两个阶段（低级阶段和高级阶段）作出区分的萌芽；青年马克思把解放了的人类的历史发展阶段称为共产主义，而把社会主义描写为人

---

① 《马克思恩格斯全集》第1版第42卷第121页。
② 《马克思恩格斯全集》第1版第42卷第131页。
③ 《马克思恩格斯全集》第1版第42卷第120页。

向没有压迫的自由状态的复归。当然，这仅仅是区分的萌芽，因为只有在《哥达纲领批判》中马克思才对共产主义社会"初级"阶段和"高级"阶段作出十分明确的区分。

此刻这种区分只是作为以后应当加以解决的问题提出来的。马克思的下列说法也带有提出问题的性质：在资本主义条件下，人表现为"商品"，而作为工人的人则是"资本"。① 这还不是最终的论断，仅仅是一种提法，甚至主要不是提法，而是表明流行的看法。进一步分析的任务在于：弄清楚真理究竟在何处。

在评论资产阶级经济学家时，马克思那时还只是初步弄清楚：商品性质不是作为人的工人所固有的，而是作为劳动力的人所固有的。事实上，我们在马克思的手稿中已读到：按照政治经济学的逻辑，"工人的需要不过是维持工人在劳动期间的生活的需要，而且只限于保持工人后代不致死绝的程度。"还有一段："……工人完全和一匹马一样，只应得到维持劳动所必需的东西。"②

至于劳动的商品性质问题，马克思在这里只是初步提到可供讨论的二律背反的现象，后来他才揭露资本产生的二律背反现象。在1844年手稿中，他写道："……如果劳动是商品，那么它就是一种具有最不幸的特性的商品。然而，甚至根据国民经济学的基本原理，劳动也不是商品，因为它不是'自由交易的自由结果'。"③ 在《资本论》中，马克思揭示了提出问题的情况：货币所有者变成真正的资本家，"必须在流

---

① 《马克思恩格斯全集》第1版第42卷第104、111页。
② 《马克思恩格斯全集》第1版第42卷第105、56页。
③ 《马克思恩格斯全集》第1版第42卷第60页。

通领域中，又必须不在流通领域中。这就是问题的条件"①。康德的关于哲学认识的二律背反的矛盾的思想就这样获得了唯物主义的解释，认识的矛盾显示出自己的真正的启发式的功能。

青年马克思还提出了抽象劳动的辩证概念。在1844年手稿中，马克思预告了经济发展的趋势，这种趋势在《资本论》中被称为一般资本主义积累的规律，而许多空想主义者，其中包括魏特林，都仅仅以经验的事实的形式指出了这一趋势。在1844年手稿中我们读到："工人生产的财富越多，他的产品的力量和数量越大，他就越贫穷。"② 在社会的一极积累着贫困和异化，而在另一极则积累着财富和私有财产。

在《1844年经济学哲学手稿》中对劳动异化进行的哲学分析，同对资本利润形成过程和私有财产的功能的经济分析相结合，是马克思将来发现剩余价值的真正来源的出发点。这时青年马克思希望通过对私有财产和异化劳动的相互作用的分析，在将来能够揭示资本主义经济的整个机制。在写作《资本论》时，马克思确认只思考"利润"和"私有财产"的概念是不够的，但同时也表明，在1844年手稿中指出这些概念对研究的重要意义，这不能算是错误。

因此，研究资本主义社会的生活辩证关系问题的广泛规划，是从革命无产阶级的立场和利益出发来加以描绘的。要充分认识这种辩证关系，必须分析资本主义社会经济形态的扩大再生产"细胞"中的基本矛盾，揭示劳动力作为剩余价值创造者的辩证特点，确立社会存在的基本范畴，揭示这些范畴的内在辩证联系。我们看到，在1844年手稿中已经使用了"生产力"这一范畴，但这一范畴暂时还是从斯密以及其

---

① 《马克思恩格斯全集》第1版第23卷第189页。
② 《马克思恩格斯全集》第1版第42卷第90页。

他经济学家那里借用来的①，不是从它同马克思以后称之为"生产关系"的那种关系有辩证联系的角度提出来的。摆在面前的任务是，还要揭示劳动的异化和私有财产之间的关系，这种关系由阶级对抗社会所固有的分工后果产生。在1844年手稿中，这一任务是这样表述的："分工是关于异化范围内的劳动社会性的国民经济学用语"。接着又说："考察分工和交换是很有意思的……"②

这样，从非常广泛的、容量大的、但因此而不能完全明确限定的社会异化的概念中开始分出一个作为历史地导致劳动异化过程的分工的概念。然而，这种分工本身，正如在《资本论》中将清楚地表明的，是抽象劳动和具体劳动的辩证矛盾统一的后果。黑格尔也没有打算要揭示劳动的内在矛盾。黑格尔运用到"劳动"范畴上去的一切矛盾，如果可以被认为是内在的话，那么按照黑格尔的意见，所有这些矛盾仍然存在于先前的主客观精神的范畴之中，首先也存在于需要体系的范畴之中。黑格尔在《精神现象学》里考察了精神异化为劳动的问题，认为对劳动的分析只属于生产使用价值的具体劳动问题。后来，在《法哲学》中，黑格尔固然也提到"劳动中的普遍的和客观的东西"，但他认为这种普遍的东西就在于精神的抽象化。难怪他阅读了斯密、萨伊和李嘉图派的著作之后，就提到了分工问题，但分工这一概念在他那里同抽

---

① "在马克思和恩格斯自己写的正文中，'生产力'概念是同他们开始于1843—1844年的经济研究同时出现的：恩格斯在《政治经济学批判大纲》（1843年11月）中运用这一概念，而马克思在《巴黎笔记》、摘录李斯特著作的札记本（可能是1843年底—1844年初）和摘录斯密著作的札记本（1844年春）以及《经济学哲学手稿》（1844年夏）中运用这一概念。"（〔苏〕巴加图利亚：《马克思和恩格斯理论遗产中的"生产力"范畴》，载《哲学问题》1981年第9期，第104页。）

② 《马克思恩格斯全集》第1版第42卷第144、148页。

象劳动和具体劳动的辩证法没有联系，仅仅表现为通往劳动机械化概念的小桥。黑格尔赞同卢达分子的错觉，把机器本身看成工人贫困的主要原因之一。

正是马克思在具体劳动和抽象劳动的辩证法这方面揭示了按多极方式发展的一切经济矛盾的深刻根源。早在《1844年经济学哲学手稿》中，他已接近于发现生产即历史的自我运动的源泉这种深刻的辩证法，马克思正是通过对异化范畴的分析和对这一范畴所包含的进一步研究的可能性的分析而达到这一步的。

在马克思看来，私有财产"是异化了的、人的生命的物质的、感性的表现"①。尽管马克思利用了费尔巴哈的物质性即自然物质性和感性的概念，但是，在正在形成的唯物主义历史观的基础上已经出现了新的更高形式的唯物主义。生产的发展，即"工业的历史和工业的已经产生的对象性的存在，是一本打开了的关于人的本质力量的书……"② 这一论点，克服了费尔巴哈把人仅仅当做自然界产物的观念。同时，马克思并不摒弃费尔巴哈的自然物质性观念，他以这一观念的合理因素为依据，首先是以关于自然原发性及其"感性"活动能力的论点为依据。而且马克思还克服黑格尔关于社会和自然的唯心主义观点。

马克思强调指出，"没有自然界，没有感性的外部世界，工人就什么也不能创造……"工人是"现实的、有形体的、站在稳固的地球上呼吸着一切自然力的人……"③ 工人是社会存在物，他并不因此而不再成为自然界的一部分。如果说20世纪60年代修正主义的"实践派哲学

---

① 《马克思恩格斯全集》第1版第42卷第121页。
② 《马克思恩格斯全集》第1版第42卷第127页。
③ 《马克思恩格斯全集》第1版第42卷第92、167页。

家"从马克思的"被固定为与人分离的自然界,对人说来也是无"这一著名论点得出主观主义的、甚至是主观唯心主义的结论,那么,从马克思对黑格尔的批判的真正上下文来看,这句话表明完全相反的意思,那就是:唯心主义的抽象是无,"只有自然界才是某物"。①

只有在使自然界脱离人并使人脱离自然界的极度抽象中,自然界对从事实践活动的人来说,才是有名无实的东西。对于实践来说,在实践范围以外的一切东西都似乎是无。但这不是绝对的"无",因为,对实践来说,必须有被它使用的、由它引入自己活动范围的客体,这正如火焰必须有可供它燃烧的材料一样。自然界——这对实践来说是客体的"供应者",并且是这样一种不变的维持基础,没有这种基础,任何卷进或尚未卷进批判范围的个别客体都根本不能存在。现实中的自然界,是最本原的现实,在自然界和人之间发生不可分割的联系。马克思也已经完全不按费尔巴哈的方式来揭示这一联系:"只有在社会中,自然界对人说来才是人与人联系的纽带……只有在社会中,自然界才是人自己的人的存在的基础。"②

在《1844年经济学哲学手稿》中形成了一种把唯物主义的自然观和关于人和社会的唯物主义观点结合在一起的观念。这里形成了把唯物主义和辩证法连接在一起的伟大哲学理论,但在这一理论中心的是人及其命运。

人们的活动是物质的,"对象性的存在物客观地活动着,而只要它的本质规定中不包含对象性的东西,它就不能客观地活动"。这种活动同时在本质上又是社会的,"社会是人同自然界的完成了的本质的统一,

---

① 《马克思恩格斯全集》第1版第42卷第177、178页。
② 《马克思恩格斯全集》第1版第42卷第122页。

是自然界的真正复活，是人的实现了的自然主义和自然界的实现了的人道主义"①。费尔巴哈试图通过他的自然主义把本体论人道主义化。马克思则借助于历史唯物主义在一定意义上使自然界人道主义化："工业是自然界同人之间，因而也是自然科学同人之间的现实的历史关系。"历史本身"是自然史的即自然界成为人这一过程的一个现实部分"。②

在《1844年经济学哲学手稿》中，青年马克思还没有非常明显地和清楚地实现唯物主义和辩证法在统一的世界观范围内相结合的思想。他注意到：人的自我产生过程（即人来自自然界）是自然界自我产生（即发展）的过程的继续。同时，"思维和存在虽有区别，但同时彼此又处于统一中"③。

在《1844年经济学哲学手稿》中直接包含对黑格尔哲学以及有关否定之否定规律的观点的批判的那些片断里，明显地可以看到唯物主义辩证法的形成。从下面这些话可以看出马克思的这条思路："彻底的自然主义或人道主义，既不同于唯心主义，也不同于唯物主义，同时又是把这二者结合的真理。"④ 这些话的内容实质上超出了承认费尔巴哈的人本主义比18世纪法国唯物主义优越这一范围。我们在《神圣家族》中看到这一思想的发展，这种发展显然已经证明唯物主义和辩证法的结合。这条著名的原理是这样的：思辨的或任何一般的形而上学"将永远屈服于现在为思辨本身的活动所完善化并和人道主义相吻合的唯物主义"。⑤ 从上下文来看，这里的"思辨"指的是黑格尔制定的辩证法，

---

① 《马克思恩格斯全集》第1版第42卷第122、167页。
② 《马克思恩格斯全集》第1版第42卷第128页。
③ 《马克思恩格斯全集》第1版第42卷第123页。
④ 《马克思恩格斯全集》第1版第42卷第167页。
⑤ 《马克思恩格斯全集》第1版第2卷第159—160页。

但现在需要加以批判的改造。

马克思的思想主旨在于,自然界和社会由人们的实践活动的辩证法结合在一起,而这种主客体相互作用的辩证法把物质和意识结合在一起。但这是这样一种结合:物质的、对象性的东西是第一性的,它不由任何似乎在它之前的精神所创造。在哲学思想史上,马克思第一个揭示了在无神论即彻底的唯物主义(马克思暂时把它叫做"自然主义")和共产主义即共产主义运动(以对社会、人及其未来的历史唯物主义观点为依据)之间现实的、最紧密的世界观联系。马克思认定无神论是理论的即世界观的人道主义,而共产主义是实践的人道主义。"……无神论作为神的扬弃就是理论的人道主义的生成,而共产主义作为私有财产的扬弃就是对真正人的生活这种人的不可剥夺的财产的要求,就是实践的人道主义的生成……"①

与无神论和共产主义有直接联系的是,马克思还提出了关于劳动异化的产生和消灭的历史唯物主义学说。由此,他再一次强调指出了,自然性和社会性之间的内在联系,不是通过精神(黑格尔),也不是通过一般的人(费尔巴哈),而是通过社会实践。人的自然也好,社会也好,异化也好,都不是来自外面的或来自上面的某种影响的结果,而是产生人的、人的活动的结果,因此,摆脱异化、压迫和剥削,也就是说,对世界进行共产主义改造,也只能是并且应当是人们自身活动的成果。劳动异化的消除(共产主义)也带来精神异化的扬弃(无神论)。这就是说,共产主义不仅意味着新经济制度的出现,而且意味着人们之间的新关系体系的产生和人们的新的精神世界的建立。

在《1844年经济学哲学手稿》中马克思已经克服了费尔巴哈对异

---

① 《马克思恩格斯全集》第1版第42卷第174页。

化的解释，突破了费尔巴哈的自然主义的狭隘框框。同时，不很明确的、与事物的实质不完全相符的费尔巴哈术语还部分地保留下来，我们还看到对费尔巴哈的理论成就不加批判的评价。在《德意志意识形态》里，我们就找不到"费尔巴哈崇拜"了。然而，重要的是理解1844年手稿中对费尔巴哈的赞扬话的真实根据，并且把这些话放在马克思这时同黑格尔和费尔巴哈的实际关系的角度来理解。费尔巴哈恢复了唯物主义的权利，为反对唯心主义他不仅批判了黑格尔的体系，而且批判了黑格尔的辩证法。他认为黑格尔的辩证法的主要缺陷就在于唯心主义。为了建立唯物主义辩证法，全面地弄清这一点，是非常重要的。因此，费尔巴哈"对黑格尔辩证法采取严肃的、批判的态度"①，马克思的这句话从当时的思想来龙去脉来看，完全准确地表达了实际发生的情况。从《德意志意识形态》的内容可以得出结论说，费尔巴哈对黑格尔的批判的水平是不够高的，尤其因为费尔巴哈不能揭示社会辩证法的"合理内核"。

正确对待黑格尔辩证法，对马克思来说，在形成新方法这一点上是非常重要的。马克思发现，资产阶级政治经济学的方法是表面确认外部因素，肤浅地求助于心理经验，以及形而上学的绝对化。②马克思认为，费尔巴哈的方法是形而上学的自然主义，黑格尔的方法是唯心主义，而唯心主义的探索和层层表达则是阐述得很透彻的范畴的辩证联系和过渡。在这方面，马克思特别注意"否定的否定"，但已从把异化当做辩证过程的角度来重新考察异化。

---

① 《马克思恩格斯全集》第1版第42卷第157页。
② 后来，马克思写道，甚至资产阶级古典政治经济学家的特点也在于指望"强制的抽象"。（《马克思恩格斯全集》第1版第26卷第Ⅱ册第300页。）

在1844年手稿论述黑格尔哲学和辩证法的单独片断中，马克思摈弃了黑格尔的本体论异化观，并表明对青年黑格尔派的"神学批判"的不满。马克思对黑格尔唯心主义的批判不再是一般的对唯心主义的批判。他同时还指出黑格尔的有价值的推测，恰恰这些推测是费尔巴哈所没有注意到而忽视了的。这就是指出主体的积极性以及主体同客体的相互作用。这些因素在《精神现象学》中已经获得了相当详细的研究。

但是，黑格尔把对人们和自然界的关系以及人们彼此间的关系的描述变成了宇宙精神过程，这种关系所特有的异化通过明朗的哲学意识向"自身"返回的哲学空想而"扬弃了"。黑格尔使他所认为的异化派生形式即人的精神活动的异化形式的命运从属于这一公式。纯粹唯心主义的"否定的否定"公式就这样形成了，而黑格尔的异化及其"扬弃"的观念恰恰就蕴含在这一公式之中。

从黑格尔的观点看，物质对象性领域是一种暂时的、原则上有缺陷的东西，他认为"否定的否定"是由物质对象性返回到精神的工具，也就是脱离物质性、脱离现实性，所以，这是在自身内部的纯粹的不停息的旋转。而现实的异化及其真正的克服变成"异化的思想，是异化的抽象的因而无内容的和非现实的表现，即否定……这种无内容的抽象所作的抽象的、无内容的扬弃，即否定的否定"。因此，"在黑格尔那里，否定的否定不是通过否定假象本质来确证真正的本质，而是通过否定假象本质来确证假象本质，或者说，来确证自身异化的本质……"①

费尔巴哈坚决反对黑格尔的本体论意义上的"否定的否定"的唯心主义，但是，他在双重否定的辩证过程的结构上仅仅看到唯心主义。他认为，如果说"对立物是一种将被扬弃的、将被否定的东西……何以

---

① 《马克思恩格斯全集》第1版第42卷第176、172页。

不应当立即从否定它开始呢?"①

关于这个问题,马克思指出:"费尔巴哈把否定的否定仅仅看做哲学同自身的矛盾,看做在否定神学(超验性等等)之后又肯定神学的哲学,即同自身相对立而肯定神学的哲学。"②费尔巴哈恰恰没有看出"否定的否定"中的合理因素,他利用这一公式来迎合自己的反历史的自然主义。按照他的意见,似乎自古以来就存在的人的"类本质"异化为宗教的唯心主义幻想,这种幻想使"类本质"变得空虚;"……人毫无区别地把一切都置于自身之外"③,但是,在克服异化之后,又恢复了自己的内容。

马克思在1844年手稿中解释"否定的否定"原则运用于人的"类本质"的作用,已经不是按费尔巴哈的方式,不是从恢复早先丧失的东西这个意义上来说的,而是把"否定的否定"看成消除由人的活动产生但又与人相敌对的私有财产的力量的过程。私有财产的力量阻碍人的类本质形成的历史过程的完成。真正的人的本质的繁荣在未来。从这个意义上说,"共产主义是作为否定的否定的肯定",即对人的积极现实的积极肯定,"私有财产……积极的扬弃"。④

马克思在《资本论》第1卷运用"否定的否定"公式来描述剥削者进行剥削的过程,上下文有点不一样。那里确实谈到恢复(当然是在完全新的水平上的恢复)阶级对抗形态的时代之前存在过的公有财产问题。

---

① 《费尔巴哈哲学著作选集》上卷,北京:三联书店1962年版,第170页。
② 《马克思恩格斯全集》第1版第42卷第158页。
③ 《费尔巴哈哲学著作选集》下卷,北京:三联书店1962年版,第58页。
④ 参看《马克思恩格斯全集》第1版第42卷第131、120页。

要更深刻地理解异化问题，必须有唯物主义辩证法，而对于这一方法的形成来说具有重要意义的是批判地分析黑格尔的对立面调和的观念。马克思在1844年手稿中把极大的注意力放在分析《精神现象学》的最后一章上。在黑格尔的学说中存在的对立面的调和，是黑格尔唯心主义和黑格尔所特有的阶级妥协的社会立场的局限性的产物。马克思提到黑格尔的"非批判的实证主义"、"徒有其表的批判主义"和"虚假的实证主义"①，正是指后面这一点。由于黑格尔辩证法的这些毛病，在他对否定范畴的理解上，往往主要不是否定，而是保存，实际上就发生了黑格尔同异化的调和："一个认识到自己在法、政治等等中过着外化生活的人，就是在这种外化生活本身中过着自己的真正的、人的生活。"②

尽管黑格尔的哲学本身是异化的思维，但在这个哲学的形式中包含有批判异化精神状态的萌芽。但这一批判被黑格尔转移到实现哲学"理解"（即曲解现存现实）的思想领域，因此，批判变成了同现实妥协、调和。同时，黑格尔甚至往往迁就最一般的和表面的关于事物的观点。对事物现状抱这种态度，就不可能参与反异化的斗争，不可能参加革命的实践。"而要消灭现实的私有财产，则必须有现实的共产主义行动"③，即革命的实践。

黑格尔将实践和实践的批判归结为纯理论运动这个事实，是黑格尔哲学本身表现为精神活动和物质活动相异化的后果之一。费尔巴哈认为

---

① "实证主义"这一术语，显然马克思是从青年黑格尔的著作中借用的。青年黑格尔在伯尔尼写的著作中确认空谈教条的、容忍非正义现象的基督教是不自由的"实证"宗教，即宗教的"实证主义"。

② 《马克思恩格斯全集》第1版第42卷第172页。

③ 《马克思恩格斯全集》第1版第42卷第140页。

黑格尔的哲学以及一般唯心主义都是异化的产物，特别是自然主义异化的产物，也就是说，表现为人的自然需要向虚幻的空想领域异化的继续。

与费尔巴哈不同，马克思认为，唯心主义其中包括黑格尔唯心主义的根源在于异化的社会经济实践。歪曲的实践也会产生歪曲的理论即脱离实际改造社会的现实任务的理论。但是，理论和实践必须统一。马克思很快写出了《关于费尔巴哈的提纲》，但是，在1844年手稿中就已经提到，对立面的解决"是一个现实生活的任务，而哲学未能解决这个任务，正因为哲学把这仅仅看做理论的任务"①。

在社会实践过程中，"否定的否定"具有革命地肯定新事物的意义。马克思关于理论和实践相互关系问题的解决办法是：把社会劳动及其异化的范畴同现实地革命地推翻私有财产的要求结合起来，这一解决办法也强调辩证唯物主义同历史唯物主义的不可分割的联系。

在批判异化的进程中，对理论和实践的有机统一的揭示有助于辩证唯物主义的认识论的形成。在《1844年经济学哲学手稿》中，马克思采用了费尔巴哈的唯物主义感觉论，但是从本质上对它作了重新理解。人的感性并不归结为直观，人的感性是通过人的劳动表现出来的，应当被看成感性的实践的活动。感性的东西和理性的东西相互作用，这就使人能在认识过程中揭示"整体的内在联系"。

马克思强调指出人的感官发展过程的社会历史性质，以及在这一过程中摆脱异化的意义。"五官感觉的形成是以往全部世界历史的产物。"人的感觉与动物的感觉不同，而摆脱了异化的人的感觉与"非社会的"即异化的人的感觉不同。私有财产不仅使思维变形，而且使人的感性变

---

① 《马克思恩格斯全集》第1版第42卷第127页。

形，给感性带来明显的歪曲和不协调。但是，依据真正社会的原则对社会进行改造，"创造着具有丰富的、全面而深刻的感觉的人……"①

马克思关于理性认识的考虑是很重要的。这些考虑首先涉及对逻辑和历史的矛盾和统一的认识问题，这些问题与异化问题的关系是间接的，尽管对批判黑格尔的观点有最直接的关系。但是，没有对这些问题的正确解决，就不可能有以后在创作《资本论》过程中对异化的科学分析。

在1844年手稿中，马克思区分了客观矛盾和认识过程所固有的矛盾。马克思在考察客观矛盾时，运用了社会矛盾在其现实运动的过程中日益尖锐化的概念。从这个意义上说，"劳动和资本的这种对立一达到极限，就必然成为全部私有财产关系的顶点、最高阶段和灭亡。"② 至于认识过程的矛盾，马克思指出将来的资本产生的二律背反现象，区分了客观矛盾和主观矛盾。

马克思抛弃了黑格尔把客观矛盾和认识矛盾视为同一的说法。这种视为同一的说法在黑格尔著作中是由黑格尔的存在和思维同一的原则产生的，但它又同另一原则即作为异化状态的现实状态的特殊性的原则相矛盾，因此，存在和思维的同一，在绝对者的逻辑的和历史的发展的中间阶段是相对的。在马克思看来，认识的矛盾在某种程度上反映现实的客观矛盾。例如，"劳动是商品也不是商品"的矛盾的解决，揭示了存在于"它下面"的、生产性地利用"劳动力"商品的客观矛盾。这一过程也将在以后的《资本论》中得到阐述。

现在谈逻辑的和历史的东西相互关系问题。马克思在写《剩余价值

---

① 《马克思恩格斯全集》第1版第42卷第126页。
② 《马克思恩格斯全集》第1版第42卷第106页。

理论》很久以前就得出结论说,理论家、经济学家们的观点的演进、斗争和变换反映了社会的历史的阶段就是异化劳动发展中的阶段。资产阶级经济学家的意识在某种程度上代表了异化的思想意识的形成。在分析这种意识演化的进程中,马克思指出了能确定经济学说在思想史上的地位和评价其意义的客观标准。"地产是私有财产的第一个形式,而工业在历史上最初仅仅作为财产的一个特殊种类与地产相对立,或者不如说它是地产的被释放了的奴隶,同样,在科学地理解私有财产的主体本质即劳动时,这一过程也在重演。而劳动起初只作为农业劳动出现,然后才作为一般劳动得到承认。"①

在关于共产主义的片断中,马克思指出关于未来共产主义状况的学说的更替过程反映了异化劳动的历史阶段的连贯性这种类似的规律性。然而重要的是指出,关于社会经济形态的历史更替的成熟的马克思学说,是在马克思放弃了1844年手稿中提出的不确切的按异化形式进行历史分期之后形成的。在对资本主义进行的批判中以及在对生活进行共产主义改造的理论中,"自我异化的扬弃同自我异化走的是一条道路"。历史的运动一方面产生现实的共产主义运动,而另一方面,"对它的能思维的意识说来,又是它的被理解到和被认识到的生成运动"。②

青年马克思没有在资产阶级政治经济学古典作家和他们的追随者之间作出十分明确的划分,当时他仅仅指出了研究者和肤浅的解释者之间的差别。在马克思的后来的著作,特别是《剩余价值理论》中,充分地揭示了这种差别,并且指出了资产阶级理论思想中发生的从往昔对真理的探索到粗暴的辩护这种根本的转变。这一转变意味着资产阶级理论

---

① 《马克思恩格斯全集》第1版第42卷第117、120页。
② 《马克思恩格斯全集》第1版第42卷第117、120页。

意识的异化性的加强，黑格尔早就把资产阶级理论意识称为"知性的"、缺损的，但仅仅是从以下的意义上说的：他认为任何一种涉及现象表面的局部科学的认识都是"知性的"、缺损的。

《1844年经济学哲学手稿》是马克思的天才著作。它完成了马克思主义形成的第一阶段，并开始了第二阶段，在这个第二阶段上，已经提出的原理得以确切化，得以发展和补充，同时还创立了与已获得的真理完全相符的新的科学术语。

阅读1844年手稿，出现在我们面前的是一位伟大的唯物主义者、辩证法学者、共产主义者和人道主义者的面貌。劳动、生产（工业），是人类历史的基本内容。但私有财产，特别是它的现代资本主义形式，给生产者套上劳动异化和剥削的枷锁。深受异化和压迫之苦的无产阶级肩负着伟大的使命，它要实现私有财产的革命的扬弃，以公有财产来代替私有财产。正是这一点将解放整个社会，消除剥削和劳动的异化，为人们开辟通往光明的共产主义未来的大道。

在研究历史唯物主义的异化学说的产生和相应的黑格尔观念的克服的问题范围内，《1844年经济学哲学手稿》是马克思主义史上极其重要的文献。马克思在这里抛弃了异化和对象化等同的说法，阐明了异化的基本形式，指出了劳动异化的结构。在完成无产阶级意识形态的哲学原理和经济学原理的形成方面，进一步研究的道路打通了。

（原载《异化和劳动》，莫斯科思想出版社1983年版）

（冯申 译）

异化的逻辑和历史意识*

〔日〕城塚登

一

目前对异化概念的含义有种种解释，这是需要解决的问题。滥用异化概念使异化概念的内容很不明确，这种做法受到了指责。的确，"异化"、"外化"、"自我异化"等一连串术语不仅使用于哲学内部（主要指马克思主义哲学、实在哲学），而且日益广泛地使用于经济学、政治学、社会学（社会心理学）以及教育学、美学等领域。正如西门指出，异化概念似乎成了"实质上分析一切事物的通用的名词"①。

对概念的内容作多种多样的解释，在某种程度上虽然是难免的，但我感到，目前连概念的最基本的性质都越来越不清楚了。同时，又开始出现了曲解异化概念基本性质的所谓异化概念无用论和无效论的信奉者。在这些人中既有站在马克思主义立场上的，也有持非马克思

---

* 本文选自《马列主义研究资料》1986年第1—2辑。作者系日本东京大学教授。

① 梅尔文·西门：《异化的含义》，载《美国哲学评论》1959年12月号，第783页。

主义立场、反马克思主义立场的。例如，加藤荣一先生在《异化和物化》（载《思想》1962年10月号）中认为，异化是"抽象的"、"非历史性概念"，如果凭这种概念来理解市民社会的人，那么"这个人已经不再是历史的、社会的人"。他力图说明，异化"根本算不上社会科学的概念"。又如，美国社会心理学家福伊尔在《什么是异化》一文中，在概括异化概念的历史时问道："异化是不是一种用来分析人的不幸或人们的欲望无法满足时的各种情况的有效概念？"他作了否定的回答，同时又说："如果有人认为异化是现代社会特有的现象，那将是愚蠢的失误，如果用历史的、比较的观点看问题，就会发现异化的普遍存在。"①

为了回答这类批判，我们首先必须明确异化概念的基本性质。为此，我将本文的任务以及写作目的定为：（1）对"异化"、"外化"、"自我异化"等一系列概念的内容进行历史的分析并明确其基本性质；（2）通过这种探讨，确定防止任意扩大解释或使用异化概念的界限；（3）同时，弄清异化概念所揭示的状态的结构和运动，从而得到"异化"扬弃的运动的启发。总而言之，我的目的在于，澄清被玷污了的、变得含混的异化概念，使之成为现实中有效的东西。

---

① 刘易斯·福伊尔：《什么叫异化》，载《新政治》1962年版，第12页。关于这篇论文，口窝八郎先生在《现代的自我异化》（载《思想》1962年10月号）中作了介绍。

二

我曾经对马克思经过费尔巴哈从黑格尔那里继承的"外化"、"异化"、"自我异化"的概念作了详细的追本溯源的论述,[①] 因此这里就不重复了。我将在上述任务以及写作目的所需要的范围内,提出几个至今尚未充分讨论的问题。

首先,我要提出的问题是:为什么在黑格尔、费尔巴哈、马克思的思想中,即在18世纪末至19世纪初的德国思想中,"外化"、"异化"、"自我异化"等概念是作为他们思想的核心出现的呢?正如卢卡奇已经指出的[②],"外化"(Entäußerung)和"异化"(Entfremdung)正是从英文"alienation"译成的德文词,这个词在英国经济学中意味着商品的转让,在自然权利的社会契约论中,意味着社会成员将原本的自由转让给通过契约而成立的社会。我认为,这一事实本身带有一种象征性的意义,下面还要提到这一点。然而,在黑格尔那里,异化概念上升到成为思想核心的高度,这又意味着什么呢?

因为不可能在这里对该问题进行全面论述,所以让我们从马克思的话中寻找一些线索来说明其要点。

"因此,黑格尔的《现象学》及其最后成果——作为推动原则和创造原则的否定性的辩证法——的伟大之处首先在于,黑格尔把人的自我产生看做一个

[①] 我的论文《"自我异化"的思想史》[载《东京大学教育系社会科学纪要(1955年)》]以及《费尔巴哈——对人的异化的探讨》(劲草书房1958年版),也曾对"异化"作过刨根问底的论述。

[②] 〔匈〕卢卡奇:《青年黑格尔》,1945年版,第682页。

过程，把对象化看做失去对象，看做外化和这种外化的扬弃；因而，他抓住了劳动的本质，把对象性的人、现实的因而是真正的人理解为他自己的劳动的结果。"①

1. 由此得出的第一个线索是：异化的概念在黑格尔那里，是与辩证法紧密结合的。"命题应该表述真理，但真理在本质上乃是主体，作为主体，真理只不过是辩证运动，只不过是这个产生其自身的、发展其自身并返回于其自身的进程。"② 黑格尔的这一叙述清楚地说明，他的辩证法（这一运动）的过程正是自我异化（精神使自己成为他物或变成它自己的对象）和自我复归（扬弃这个他物，然后再回到自我）的过程，即自我异化和扬弃异化的过程。因此，探讨黑格尔著作中异化概念形成的基础与探讨黑格尔辩证法思想形成的基础，是紧密联系在一起的。

2. 第二个线索是：黑格尔的异化概念（从而辩证法思想）是在《精神现象学》中完成的。马克思在《经济学哲学手稿》中，称《现象学》为"黑格尔哲学的真正诞生地"③。因此，探讨异化概念形成的基础时，应将注意力放在《现象学》思想形成时期即法兰克福时期（1797—1801 年）以后的阶段。

3. 第三个线索是：外化或异化的概念与对"劳动"概念的掌握有着密切的联系。正如卢卡奇指出的④，黑格尔移居法兰克福以后，对经

---

① 《马克思恩格斯全集》第 1 版第 42 卷第 163 页。
② 〔德〕黑格尔：《精神现象学》上卷，北京：商务印书馆 1979 年版，第 44 页。
③ 《马克思恩格斯全集》第 1 版第 42 卷第 159 页。
④ 〔匈〕卢卡奇：《青年黑格尔》，1948 年版，第 227 页及以下数页。

济问题产生了兴趣,据罗生克兰茨证明,自1799年2月19日至5月16日,黑格尔对詹·斯图亚特的《政治经济学原理研究》德译本进行了研究,同时加了注。我虽然对卢卡奇的那种强调经济学研究是创立辩证法的动因的观点表示怀疑,但是,掌握劳动本质对辩证法思想和异化概念的形成起了核心作用这一点,看来是事实。阿多尔诺通过劳动这一概念来考察黑格尔的整个《现象学》①,固然,这样做显得是黑格尔式的抽象化了,但我觉得,掌握劳动本质成了《现象学》的重要内容。

让我们沿着上述线索来观察一下异化概念在黑格尔那里的形成过程。法兰克福时代的黑格尔曾面临"过渡时期的危机"(卢卡奇语)。卢卡奇指出,这种思想危机是以当时德国资本主义发展中的内在危机或内在矛盾为基础的。我认为,这种看法是可以的。但我注意到里特在批判卢卡奇的见解时所强调的侧重点。②那就是:正当对法国革命=启蒙=自然权利思想的特殊德国式反应表现为路德主义这一内在问题,并暴露出内在的绝对自由与外在的从属之间的对抗分裂的时候③,黑格尔的思想危机就产生了。因此,这种危机是以内在的人的根本自由—自我活动性和外在的"实有的"(成为制度的)东西之间的尖锐的对立和对

---

① 〔德〕T. W. 阿多尔诺:《关于黑格尔哲学》,1957年版,第26页及以下数页。

② J. 里特:《黑格尔与法国革命》,1957年版。

③ 请大家回想一下:路德在著名的《基督教徒的自由》中,使两个互相矛盾的命题即"基督教徒是高于一切的、自由的主人,而不是任何人的从属者"和"基督教徒是为一切人服务的奴仆,从属于任何人"通过区别内在的人和外在的人的办法而并存;还有,康德在《什么是启蒙》中,引用弗里德里希二世说的"对任何事情尽情地去议论吧,但是要一心一意地去服从"这一段话,并赞美说:这才是只有真正亲自体现启蒙的人才能说出的话。

抗为内容的。

这种危机在被认定全面"落后"（卢卡奇语）的德国的条件下，只能从思想（观念）上加以解决，而不能现实地加以解决（资产阶级革命）。正如勒维特所指出的，特点在于"调和"①，我们可以认为黑格尔对现实（既有的东西）采取妥协的根本原因就在这里。

但是，我想强调的一点是：黑格尔受到了这种制约，应该说，正因为他受到了这种制约，所以他能够在解决危机的激烈的思想斗争中——在思想（观念）的范围内，把人的自由从人的内在性中解放出来，而且恰恰是作为一种从内到外、又从外到内的活动来理解的；通过这种活动，将所有现实—制度—实有物作为人的活动的产物归自己所有，这样，就将人的自由扩大到了如此广泛的范围。正是在此瞬间，黑格尔头脑里形成了辩证法思想和异化概念。

下面，举出两件事情来证实我的推断。首先，黑格尔于1795年前后所著《基督教的实证性》手稿②和他于1800年再次修改的《实证性》序文③之间，有明显的变化。前者是站在启蒙主义立场上，承认唯一的人的自然是"不应转让的人权"④的基础，并主张依据这一理想来变革全部既有的、制度化的现实；后者指出"人的自然这一普遍概念无论如何也不够充分"⑤，只有作为既有制度存在的风俗习惯，才是现实的、人的、有生命的、自然的表现和内容。从这里可以清楚地看出，他的目

---

① 〔德〕卡尔·勒维特：《从黑格尔到尼采》，1953年版，第59页及以下数页。

② 《黑格尔神学青年读物》，1907年版，第152—239页。

③ 《黑格尔神学青年读物》，1907年版，第139—151页。

④ 《黑格尔神学青年读物》，1907年版，第213页。

⑤ 《黑格尔神学青年读物》，1907年版，第141页。

的是要使自然权利—自由和制度的东西—现实这三者紧密相结合。①

其次，在与这个修订版的序文同一时期写的《一个体系的札记》的手稿中，是将"生"和失去生命力的实有性对立起来加以描写的。正如卢卡奇所指出的②，这里明显地表现出具有辩证法性质东西。这就是说，"生"作为"结合与非结合的结合"③，经常地在自己内部包含着矛盾并通过这一矛盾上升到更高的阶段，同时"生"也被认为是包含着个人—自然—精神三个不同阶段。这里令人注意的是黑格尔将这个"生"的自我展开，理解为"表现"（Äußerung）和"反思"（Reflexion）的过程。因而我们可以从中看出自我异化和自我复归这一结构的原型。在这里，还没有把内在的"表现"以及外在的"反思"的过程明确地理解为否定和否定的否定这样的否定过程。当明确意识到这一否定性时，"表现"就朝向"外化"、进而朝向否定（对立）意义加深的"异化"展开。④

综上所述，黑格尔将实有物视为人的活动的历史的产物，并初步采取将历史视为人的自由的发展的立场。但这只不过是在思想内部所采取的立场，因此，作为历史主体的人的活动被看成是"精神"的活动。

"外化"、"异化"的概念在上述过程中形成为黑格尔的思想核心。

---

① 卢卡奇在《青年黑格尔》中的第 295 页及以下数页，对修订版序文作了详细分析。

② 〔匈〕卢卡奇：《青年黑格尔》，1948 年版，第 295 页。

③ 《黑格尔神学青年读物》，1907 年版，第 346 页。

④ 根据《精神现象学》，"表现"也可以说是"对象化"。"精神就是这种自己变成他物，或变成它自己的对象和扬弃这个他物的运动。"（见《精神现象学》上卷，商务印书馆 1979 年版，第 23 页。）但是在《现象学》中，对象化本身成为"纯粹的否定"过程，当然这就和"外化"、"异化"是同一回事了。

通过这一考察，异化概念得以形成的基础可分别表述如下：（1）异化概念是在既存制度的东西（实有的东西）即人的活动（精神）的成果这种认识的基础上形成的。（2）这种认识是根据人的自由（人的自然）只有通过由内到外、由外到内的活动（劳动的本质）才能变为现实这一立场（辩证法思想）而成立的。（3）此时，人作为产生现存制度的东西的主体，不可能是个人，而必然是类存在物（在黑格尔看来则体现为"我就是我们"①的精神）。（4）这一作为主体的人、人的自由、人的自然，并不是抽象的普遍概念，它们只有通过活动才能变为现实，所以也只有通过历史才能理解。（5）同时，现存的一切东西也都是历史地生成的。

如果用一句话概括，可以说，异化的逻辑只能建立在极为强烈的历史意识上。异化的逻辑与其说是在历史意识淡薄的启蒙立场上建立起来的，倒不如说是在力求克服启蒙（思想上）的黑格尔那里形成的。前面已经指出，异化一词曾经是社会契约论的术语。② 以自然权利思想为基础的社会契约论，一般来说，就是设想了原初的自然状态，然后为了现实地确保自然权利，通过契约，将自己的原本自由（权利）转让给共同体（主权者）。社会契约论的现实意义在于，通过这一构想，确认社会为人（个人）的产物；同时对人（个人）的自由和社会秩序之间的对立进行调和。在将现有社会看成人的产物时，当然要历史地回顾一下它是经过什么样的过程而产生的。事实上，卢梭曾经试图引用历史观

---

① 〔德〕黑格尔：《精神现象学》上卷，北京：商务印书馆1979年版，第122页。

② 不仅是霍布斯，而且卢梭也使用 l'alienation 一词。见 J. J. 卢梭的《社会契约论》。

点。卢梭在启蒙的立场上占有微妙的位置,这一点暂且不谈。启蒙立场的非历史性和个人中心主义使引用历史观点的做法最后失败了。黑格尔的立场可以说是在引用历史观点、将一切实有物看做人(类存在物)的自由的历史产物的情况下形成的。就在这时,作为人的自由的"转让"的"异化",作为一个问题被提出来,因此,"外化"或"异化"是从 alienation 译成的德文名词这一点就带有某种象征性的意义。

三

马克思以费尔巴哈为中介,继承了黑格尔著作中的作为思想核心(辩证法)的异化概念。可是,中介一词应该说带有特殊的含义。因为马克思在继承费尔巴哈把"黑格尔思辨哲学颠倒过来"的同时,直接地继承了黑格尔的辩证法思想。上面已经指出,异化概念的形成是与辩证法思想不可分割地连在一起的,因此,马克思继承异化概念,是通过"黑格尔—费尔巴哈—马克思"和"黑格尔—马克思"这两种途径的;由于马克思竭尽全力的苦心思索,这一概念才第一次作为马克思自己的概念确立下来。

黑格尔把"精神"看做通过自我发展的活动而产生一切存在物的主体,而费尔巴哈尖锐地揭露了"精神"只不过是现实的、感性的、自然的、人的思想产物。[①] 费尔巴哈认为,黑格尔的"精神"本身就是人的自我外化、自我异化的产物。这样,异化概念已不再是精神这种抽象的东西,而成为现实的、自然的、人的东西。然而,在这个颠倒的过程中,异化概念却发生了不容忽视的变化。

---

① 〔日〕城塚登:《费尔巴哈》,第106页及以下数页。

费尔巴哈将自然—感性作为自己立场的基础。这是由于他接近黑格尔想加以克服的那种启蒙立场的结果。① 因此，费尔巴哈理解的自然，是脱离历史意识的。"作为存在的存在的本质，就是自然的本质。时间上的发生只推广到自然的外形上，不能推广到自然的本质上。"② 人以自然为基础。"自然是与存在没有区别的实体，人是与存在有区别的实体。没有区别的实体是有区别的实体的根据——所以自然是人的根据。"③

因此，辩证法、否定的否定就从他的人本学中被排除出去了。费尔巴哈认为，确实的东西、存在、现实、真理等，只有作为感性的直接对象时，才能被承认。"黑格尔哲学说：一切都是凭借中介的。但是一个东西只有当它不再是凭借中介的东西，而是直接的东西时，才是真实的。"④

正如前面已经指出，异化概念以历史意识为基础，是与辩证法思想不可分离地联系在一起而产生的。当它与历史意识、辩证法思想分离时，发生了什么样的变化呢？在费尔巴哈那里，仍然可以假设内部和外部两个方面。"抽象就是假定自然以外的自然本质，人以外的人的本质，思维活动以外的思维本质。黑格尔哲学使人与自己异化，从而在这种抽象活动的基础上建立起它的整个体系。"⑤ 但是，这种从内

---

① 〔日〕城塚登：《费尔巴哈》，第84页及以下数页。我对这一接近（直接地来说，是通过皮埃尔·培尔的接近）作了分析。
② 《费尔巴哈哲学著作选读》上卷，北京：三联书店1959年版，第115页。
③ 《费尔巴哈哲学著作选读》上卷，北京：三联书店1959年版，第116页。
④ 《费尔巴哈哲学著作选读》上卷，北京：三联书店1959年版，第170页。
⑤ 参看《费尔巴哈哲学著作选读》上卷，北京：三联书店1959年版，第104—105页。

到外的分离，总是在意识即思维内部进行的。本来属于人的思维的产物（观念），被认为是独立的东西而存在于人的外部，并以此为主体，反过来支配人。

这里值得注意的是，人的这种自我异化对人来说只含有否定的意思，丧失了作为现实运动过程的作用。在黑格尔看来，自我异化和自我复归的过程对精神的自我展开（历史）来说，是不可避免的和不可缺少的。自我异化是历史的一个过程。但是在费尔巴哈看来，自我异化则是意识的一种错觉和谬误。换句话说，异化概念从事实概念变成价值概念。在黑格尔那里表现为客观历史运动的、事实上的过程的异化概念，现在已变成表现主观的、反价值的状态的东西。

同时，异化的扬弃过程也被认为是与客观历史运动无关，异化的扬弃是通过摆脱由错觉产生的意识来实现的。这同费尔巴哈以批判宗教（神学）和思辨哲学作为主要课题有关系，但是也同他以非历史的自然——感性作为基础这一点有密切的关系。

至于人的自我异化，指的是人同自己相异化或者说人从自己异化出去。因此，从逻辑上来说，人们就要提出：这个自己是指什么？黑格尔认为，主体（精神）始终只有在历史的发展中表现自己，因此，这个主体即主体自身，可根据历史的内容具体地规定。但费尔巴哈认为，主体总是表现在个别的人的身上。而且，这个个别的人是以非历史的自然——感性为基础的，所以个别的人自身意味着人的本质、人性（人的自然）。费尔巴哈把人的本质叫做"类本质"。这就是说，原本的人，是作为个体和类的统一而存在的，但在宗教异化和哲学异化的情况下，个体的人把类本身当做他物来认识。这个"类本质"现在被认为是人作为类所具备的各种能力：理性（悟性）、意志（道德）、情感（爱），同时人们用实证的自然科学的方法来分析人,从而来理解类本质的内容。①

四

马克思继承了费尔巴哈把"黑格尔哲学颠倒"的做法,就这一点而言,马克思继承了费尔巴哈的自然—感性的立场。同时,马克思不仅考虑意识中的异化问题,而且还考虑历史社会中的人的活动本身的异化问题,因此,作为马克思自己的立场的基础的,必然不光是自然的、感性的人,而且同时又是劳动的人即历史的社会的人。就这一点而言,他继承了黑格尔的历史意识和辩证法思想。坦率地说,我认为,马克思的异化概念及其基础——人的立场,是建立在自然和历史的交接点上的。

根据这一观点来重新全面分析使人费解并使人产生种种误解的《经济学哲学手稿》,是一项极为重要的任务,但这一任务只能另写文章加以解决。这里,我只是在开头提出的课题和写作目的所需要的范围内进行分析。那么,自然和历史的统一,在马克思头脑中是以什么样的形式实现的呢?

按照马克思的想法,人首先是自然存在物。但同时,人是进行对象性活动的,是使自己对象化而产生自身的、进行活动的存在物。因此,马克思不能像费尔巴哈那样,将自然和人的关系看做感性的直接的(非活动性的)结合。自然与人只能在不断的动态关系中相结合。

---

① 参看《费尔巴哈哲学著作选读》上卷,北京·三联书店版1959年版,第28页。

而且,"活动和享受,无论就其内容或就其存在方式来说,都是社会的……"① 因此,自然与历史的关系,只有通过社会——人的活动(劳动)及其成果——这一中介,才能进行考察。

首先,让我们考察一下人与自然的关系。自然首先作为人的对象,作为"感性的外在世界"表现出来。也就是说,人为了维持肉体生存,需要自然对象作为"生活资料"。人还需要"精神的无机界"作为"精神食粮"。同时,自然作为人自身的生命活动——劳动的原料、对象、工具——也是人所不可缺少的。人对无机界进行加工,通过实践创造出对象世界,从而确认自己是有意识的类存在物。②

这里,我们应注意两点。第一点是:这里讲的"无机界",正如马尔库塞所指出的③,是与黑格尔《精神现象学》的"自我意识"阶段开头出现的"生命"和"欲望"中的概念,有着密切的联系。④ 而且,马克思指出自然科学、艺术的对象是"精神的无机界",同时认为人通过劳动而获得的自然产物也属于自然范围。因此,马克思所说的"整个自然"意味着在人之外的一切存在物,同时它本身势必也包含着历史的发展。

第二点要注意的是:人对自然界进行改造,确认自己是自由的(有意识的)"类存在物"。"类存在物"这一经常被人们议论的难懂的概念,尽管是从费尔巴哈的"类本质"那里继承下来的,但是,正如同

---

① 《马克思恩格斯全集》第 1 版第 42 卷第 121 页。
② 参看《马克思恩格斯全集》第 1 版第 42 卷第 95—96 页。
③ 〔德〕H. 马尔库塞:《关于创立历史唯物主义的新材料》,载《社会》第 2 卷,1932 年版。
④ 〔德〕黑格尔:《精神现象学》上卷,北京:商务印书馆 1979 年版,第 117—120 页。

一个术语"Gattungswesen"被译成不同的名词那样,在内容上差异很大。主要的不同在于:费尔巴哈是把这个概念当做非历史的(也可以说是超历史的)人的自然(人性)来理解的,马克思则不同。马克思对"类"概念的看法和黑格尔的"类"概念密切相关,黑格尔的"类"概念第一次出现在这样的运动中:所属的种的整体(全部生命)分化为个别形态(分裂),而分化的个别形态(分裂)又重新统一于所属的种的整体。① 也就是说,这个"类"不是逻辑学上的类概念,也不是和所属的种完全同一的东西。② 这是所属的种的整体和个别的统一,它意味着统一的运动(活动)本身。因此,个体进行着实现(恢复)所属的种的整体性的活动,在这种情况下,个体作为"类"而存在。而且只有人,即进行自由的、有意识的活动的存在物,才能把这个"类"作为"类"来认识(自为的)。也就是说,只有根据自己的直接欲望、自由地按照对象所属的种的尺度生产对象并对整个自然界进行"再生产"的人,才能做到这一点。

由此看来,自然界首先作为人不可缺少的对象出现,同时,这里还存在人本身就是自然界这个因素。"所谓人的肉体生活和精神生活同自然界相联系,也就等于说自然界同自身相联系,因为人是自然界的一部分。"③ 这种关系通过对象化活动(劳动)——证明人之所以成为人——而进一步明确下来。马克思认为,人是自然存在物(对象性存在物)。人是"一个有生命的、自然的、具备并赋有对象性的即物质的本

---

① 在《精神现象学》的"自我与欲望"开头部分有对这一概念的规定。见〔德〕黑格尔:《精神现象学》上卷,北京:商务印书馆1979年版,第120页。

② 马克思在明确表示动物等的所属的种时,使用了"species"一词。

③ 《马克思恩格斯全集》第1版第42卷第95页。

质力量的存在物"①。人拥有作为对象的一切存在物。人是"进行对象性活动"的存在物。人是"只有凭借现实的、感性的对象才能表现自己的生命"②的存在物。正因为如此，人的"自我外化又设定一个现实的、但以外在性的形式表现出来的因而不从属于他的本质并且凌驾其上的对象世界"③。那么，人为什么能进行对象性活动呢？"它（按：对象性存在物）所以能创造或设定对象，只是因为它本身是被对象所设定的，因为它本来就是自然界。"④

这样，人被确定为自然界的一部分。但是人不单单是自然存在物，而且是自为的存在物，即类存在物。因此，人的各种对象并不是被直接赋予那种形态的自然对象，而是人通过有意识的活动创造出来的成为对象的东西。同时，人的感觉也并不是直接的原始的东西，而是以有意识的活动作为媒介而产生的东西。"自然界，无论是客观的还是主观的，都不是直接地同人的存在物相适应的。正像一切自然物必须产生一样，人也有自己的产生活动即历史，但历史是在人的意识中反映出来的，因而它作为产生活动是一种有意识地扬弃自身的产生活动。历史是人的真正的自然史。"⑤

如前所述，自然与历史的关系是错综复杂的。自然界由对象的自然界扩展为包含人的活动及其成果的整个自然界，自然界本身就是历史地发展的东西。人的历史是这一自然史中的一个过程，它是扬弃单纯的生成行为的东西。自然界，是在人身上成为自为的、产生自身的东西（自

---

① 《马克思恩格斯全集》第 1 版第 42 卷第 166 页。
② 《马克思恩格斯全集》第 1 版第 42 卷第 168 页。
③ 《马克思恩格斯全集》第 1 版第 42 卷第 166 页。
④ 《马克思恩格斯全集》第 1 版第 42 卷第 167 页。
⑤ 《马克思恩格斯全集》第 1 版第 42 卷第 169 页。

由)。"历史本身是自然史的即自然界成为人这一过程的一个现实部分。"① 同时,自然界成为包括社会的东西。"自然界的人的本质,只有对社会的人说来才是存在的。"② 自然界在人身上成为自为的,并通过劳动产生自身,但这始终是只能通过社会才得以实现。这就是说,自然界在人身上实现历史的、社会的转化。

五

马克思的异化概念存在于我上面所叙述的自然界与历史的错综复杂的关系中。我们现在一面考察在这种关系中马克思的异化概念具有什么样的特点,一面消除对异化概念的种种误解。

1. 异化概念绝对不是非历史性的概念。马克思始终是以人的对象性活动(物质的和精神的生产劳动)来看人的。可以说,人只有在对象性活动中,才作为人而存在。而且,因为人自身是自然存在物并受自然界运动的制约,所以这种对象性活动才有可能进行。同时,这种对象性活动只有在历史的社会的条件下,才能进行。因此,作为进行对象性活动的人,他本身就是历史的社会存在物;而且是有意识的、自为的存在物,在对象性活动中确保所属的种的整体性的类存在物。以上关系可归结为自然界→规定性作用→人→对象性活动→自然界的运动,这个过程本身就是历史,这种场面就是社会。但是,在特定的历史的社会的条件(私有制、资本主义社会)中,对象性活动不能起到对象化的作用,而变为外化、异化的活动。换句话说,对象的产生变成对象的丧失。由

---

① 《马克思恩格斯全集》第1版第42卷第128页。
② 《马克思恩格斯全集》第1版第42卷第122页。

于造成这一特定的社会条件的东西本身也是对象性活动,人们只能历史地理解异化状态,异化概念应该说是一个历史性极强的概念。

众所周知,马克思是从三种关系来理解异化的。这清楚地说明,他是以对象性活动为中心,以"自然界—人—历史"的相互渗透的关系为基础来理解异化的。首先,从工人(对象性活动)对劳动产品(对象)的关系来看异化。马克思将这一点规定为:"工人同感性的外部世界、同自然对象这个异己的与他敌对的世界的关系。"① 其次,从工人和工人的劳动、生产行为的关系来看异化。由于这种关系意味着进行对象化活动的人把对象性活动本身看做外在的东西,马克思称之为"自我异化"。第三,从人的类本质来看异化。不过,我们已经确证,对象性活动足以证明人是有意识的类存在物,因此可以把它看成逻辑上的必然结果。这样,在异化的条件下,劳动(对象性活动、类本质的确证)似乎是表现为满足个人欲望的手段。

前面已经指出,人的自我异化意味着人本身同自己相异化,而这个"人"指的是在特定的历史的社会中活动的人,这个"自己"指的是通过对象性活动、使自然界得以历史地发展的、作为历史主体进行对象性活动的人。因此,自我异化正是在自然界的历史的发展过程中发生的辩证矛盾,换句话说,是正在历史地发展中的人的社会的自我矛盾。

因此,扬弃异化的运动,也必定是历史性很强的东西。黑格尔认为,外化——异化作为历史发展的一个过程处于辩证运动之中。同样,马克思认为,异化的活动及其成果(物的世界)根据它自身的逻辑的必然性也要扬弃异化的形式。通过对异化的逻辑必然性的探索,理解了历史运动的辩证法,写出了《德意志意识形态》。进而,对商品生产的

---

① 《马克思恩格斯全集》第 1 版第 42 卷第 94—95 页。

社会——资本主义社会中的对象性活动变为外化——异化的活动的机制进行了具体的探索,写出了《资本论》。(有关《资本论》中的异化逻辑的研究,另文论述。)

2. 异化概念不仅仅是价值概念,而且是事实概念和价值概念的统一。上面已经清楚地揭示,产生劳动的异化结构的,是社会的历史的发展,因此,产生异化结构的扬弃的必然性的,也无疑是由异化结构产生的物的世界的运动。因此,即使人从价值观念出发,来规定异化状态是善还是恶,都不会使异化和异化的扬弃的必然性发生变化。但是,历史只有通过人的自觉的活动(实践)才成其为历史。只要异化状态使人不能进行自觉的对象性活动,那么这种异化状态就应被谴责为非人的状态(即违反人的存在规定的状态)。当马克思讲到黑格尔"只看到劳动的积极方面,而没有看到它的消极的方面"的时候,可以说,马克思是从人的立场出发,来谴责这个消极方面的。就这一点而言,马克思的异化概念和费尔巴哈的异化概念是有联系的。社会的实践只有在这种价值观点和认识事实的观点相结合的时候,才能成立。异化概念是在这种结合中建立起来的。它与无视并排除价值观点的客观主义以及无视并排除认识事实的观点的主观主义,显然是不相容的。

3. 异化扬弃的运动只能建立在社会的现实的认识事实和掌握价值的统一上。异化的扬弃,一方面是对于人的异化活动的结果和原因——外在的物的世界的历史辩证法运动(现阶段的自我否定的必然性)的事实认识,另一方面是对于这一历史运动的现阶段包含着人的否定的价值判断,只有在这两者统一的条件下,异化的扬弃才能成为一种实践。

前者以历史的社会为依据,后者以审判历史的自然界为依据。① 当人们只强调前一方面时,必然表现出无视个人的自发意识、活动和人的自然的情况;在强调后一方面时,必然表现出对历史存在的纯粹破坏和非现实的精神主义。对象性活动具有体力劳动和精神劳动两个方面,而在异化的条件下,这两个方面是分裂的,而且在这两个方面都产生异化的过程。当然,要把这两个方面的过程紧密结合起来加以科学的分析,这就是说,要解决对现存的资本主义社会的物质生产和精神生产的机制进行具体分析,并从中发现辩证法运动的这一困难任务。其次,对象性活动的丧失的结果,给人(个人)的意识和人格带来较深的影响。例如,西门列举的"软弱无力"、"失去生活意义"、"缺乏标准"、"孤立无援"、"自我疏远"等状态可以看成是异化的结果给人的心理投下的阴影。但是正如福伊尔所批判的,产生这种状态的原因是多种多样的,列举的五种状态只不过是对现代社会中病态的心理现象的归纳而已。我认为,可以不直接把这样的状态称之为异化,而只把物质的、精神的对象化活动的外在化,称之为异化。对揭示异化结果的个人心理—意识—人格的状态,则有必要使用另外的术语(如可称之为派生的异化)。从这样的观点出发,去掉杂质,搞清楚本来的异化及其结果即各种现象之间的逻辑的、事实的关系,才能进一步从社会心理学角度对"异化"进行分析,从而在异化扬弃运动中产生积极的意义。

(原载《青年马克思的思想》,劲草书房1977年版)

(陈月霞 译)

---

① 关于这一点,由于版面关系,以后在别的地方再详细论述。在现代资本主义社会,人们认为有必要以新的观点来认识自然界的动因。

马克思的《资本论》和其他著作中的异化范畴[*]

〔苏〕伊·谢·纳尔斯基

马克思的主要理论著作中的异化问题,首先涉及年轻的马克思和"成熟的"马克思的观点的相互关系问题,其次涉及异化范畴的哲学内容和经济学内容问题,最后涉及整个马克思主义的哲学和经济学内容问题。

自然,解决问题不是目的本身。这种解决的理论意义在于,它可以更加深刻地揭示马克思主义学说的人道主义,显示出这一学说为争取人类幸福,为争取人成为完全的与和谐的人,成为感受并意识到自身是真正的人而进行斗争的纯真热情。在围绕马克思的人道主义而展开的争论中,出现了不少有争议的和错误的论断。马克思主义的某些解释者断言,成熟的马克思主义已经消除了人道主义的性质(Э.提尔),另一些解释者则断言,马克思主义的实质始终是人道主义的思想,即按其意义来说是全人类的思想,不过这种思想似乎等于承认自古以来人们在其生存的深处就存在着异化性,只要人成其为人,这种异化性就是无法消除的,就是人所固有的(Г.彼得罗维奇)。我们认为,这两种观点都是错

---

[*] 本文选自《马列著作编译资料》1981年第18辑。作者系苏共中央社会科学院马列主义哲学教研室教授、哲学博士。

误的。

在马克思的早期著作中就出现了异化概念。早在博士论文中就曾谈到原子的相互偏斜，把这种偏斜看做原子自我异化的表现。诚然，这种自我异化并不压抑原子，恰恰相反，它实现原子的自由。这种解释是由黑格尔作出的，虽然马克思对伊壁鸠鲁的解释远非是黑格尔式的。在黑格尔看来，异化除了表现为精神向自然和人类活动产物的转化以外，由于道德的发展还不充分，还被感情上的利己主义所束缚，所以又表现为主观精神的反叛。然而，马克思早在青年时代，在理解人类自由及其理想上，就已经同黑格尔有了本质的分歧。随后，马克思又同散见于傅立叶和圣西门、魏特林和蒲鲁东的著作中的，并且有时是十分模糊的社会异化概念分道扬镳了。

马克思同意费尔巴哈考察宗教异化和哲学唯心主义异化时所持的批判观点，同时看到把异化幻觉归结于自然主义基础是不够的，指出费尔巴哈没有回答这样一个问题："人们是怎样把这些幻想'塞进自己的头脑'的？"[①] 必须对异化的宗教类型的政治内幕以及经济内幕进行分析，并揭示异化的政治类型和经济类型以及这些类型的相关的原因。马克思在《论犹太人问题》（1843年）一文中已经接近了商品拜物教思想，而这种商品拜物教正是经济关系的深处所发生的异化的一种表现。[②]

马克思在《1844年经济学哲学手稿》中，在对异化进行辩证唯物主义的分析和创立新的异化概念的道路上，向前迈进了一大步。这种分析使马克思的立场同黑格尔把异化看做精神的自我异化的观点十分明确地对立起来。马克思力求揭示人的异化的本质，把这种异化看做是人丧

---

① 《马克思恩格斯全集》第1版第3卷第261页。

② 参看《马克思恩格斯全集》第1版第1卷第419页。

失那种缺之就会使人成为不幸者和使人非人化的内容。他发现这种本质就是劳动的异化，正是这种异化引起了经济本身的以及应予一般哲学分析的更广泛的后果。

马克思在《手稿》中指出劳动异化的相互关联的四个方面：(1)无产者在丧失支配自己的活动的权利方面的自我异化；(2)劳动产品同生产者的异化；(3)工人同"人的内在本质"发生自我异化，也就是同适应于人的和人所应有的生存条件即满足人的需要的形式发生自我异化；(4)最后，人彼此相异化、分离，人丧失自己的社会的丰富内容，陷于空虚状态。①

当人被迫劳动只是为了不致饿死的时候，人的"类生活"，即生产的生活便失去价值，个人生活，即单个工人劳动的目的，便失去价值。个人丧失人的个性："动物的东西成为人的东西，而人的东西成为动物的东西。"② 然而，资产阶级社会的个人的相互异化也有自身的社会内容，这表现为阶级斗争，表现为资本家之间以及劳动力市场上的失业者之间的竞争。

在《1844年经济学哲学手稿》中已经可以看到进行进一步探讨的两个相互关联的方面：其一是把劳动的异化看做社会的过程，这种过程存在于一切阶级对抗的社会形态中，特别是在资本主义制度下更为发达；其二是集中精力研究作为资本主义社会的经济生活的根本缺陷的劳动异化。第一个方面对于探讨历史唯物主义的各个部分十分重要，这方面的研究在马克思的《路易·波拿巴的雾月十八日》和恩格斯的《家庭、私有制和国家的起源》等著作中付诸实现了。第二个方面的研究则

---

① 参看《马克思恩格斯全集》第1版第46卷上册第486页。
② 《马克思恩格斯全集》第1版第42卷第94页。

在《资本论》中达到了高峰。

至于从破坏性的（压制性的、毁灭性的）社会影响的意义上来看的异化，那么在马克思看来，这种异化表现在极不相同的各个领域中，包括远离经济基础的领域中。不过在这里也必须从两个方面来研究，即从剥削社会的全部历史方面和从资本主义本身的社会方面来研究。但是不管这里所考察的异化具有怎样的形式（存在于政治、法、道德、宗教、哲学等等之中），其中的每一种形式归根到底都是由劳动的异化产生的。

马克思在《1844年经济学哲学手稿》中批驳了黑格尔把商品流通过程说成是精神异化为物质的独特形式的观点。马克思在批判黑格尔的唯心主义的同时，驳斥了黑格尔把异化同人类活动的物化，尤其是同一切对象化混同起来的固有看法。在黑格尔看来，"仅仅作为意识的意识所碰到的障碍不是异化的对象性，而是对象性本身。"[①] 结果，对异化的认识便使主体离开对象性而返回到意识领域，这样一来，异化的克服就被归结为异化被意识理解，而这就等于把异化当做既存的东西而与之和解。"因此，现在不用再谈黑格尔对宗教、国家等等的适应了，因为这种谎言是他的原则的谎言。"[②] 异化作为劳动的异化，从根本上说是物质的过程，而异化的消除需要无产者的物质行动。无产者不是渴求在意识中，而是渴求在现实中摆脱异化。同时，马克思认为，对象化和物化确实存在于现实中，其中也包括存在于异化中，虽然异化并不能归结为对象化和物化。

马克思在《手稿》中提出这样一个问题："这种异化（即劳动的异

---

① 《马克思恩格斯全集》第1版第42卷第171页。
② 《马克思恩格斯全集》第1版第42卷第172页。

化——作者注）又怎么以人类发展的本质为根据？"① 为了回答这个问题，马克思必须严格划清同形形色色的小资产阶级空想社会主义的界限，并在《德意志意识形态》中初步提出了马克思主义的异化概念，尔后在《资本论》中进一步发展了这一概念。

在《德意志意识形态》中，马克思和恩格斯提出了异化的下列定义。他们认为，异化是"社会活动的这种固定化，我们本身的产物聚合为一种统治我们的、不受我们控制的、与我们愿望背道而驰的并抹杀我们的打算的物质力量"②。马克思和恩格斯认为，这个过程"是过去历史发展的主要因素之一"③。接着，对异化作了进一步的更充分的说明：

> 受分工制约的不同个人的共同活动产生了一种社会力量，即扩大了的生产力。由于共同活动本身不是自愿地而是自发地形成的，因此这种社会力量在这些个人看来就不是他们自身的联合力量，而是某种异己的、在他们之外的权力。关于这种权力的起源和发展趋向，他们一点也不了解；因而他们就不再能驾驭这种力量，相反地，这种力量现在却经历着一系列独特的、不仅不以人们的意志和行为为转移的，反而支配着人们的意志和行为的发展阶段。④

根据马克思和恩格斯的意思，这是"异化"（用哲学家易懂的话来说）。

把一切带来破坏性后果的反作用都看做是"异化"，这是不正确的，这样的反作用，例如在自然界中或在机械设备中，都是存在的。异化始终只是由人引起的，因此只对人发生作用。

---

① 《马克思恩格斯全集》第 1 版第 42 卷第 102 页。
② 《马克思恩格斯全集》第 1 版第 3 卷第 37 页。
③ 《马克思恩格斯全集》第 1 版第 3 卷第 37 页。
④ 《马克思恩格斯全集》第 1 版第 3 卷第 38—39 页。

异化就它在生产关系背后揭示出人之间的关系来说，多多少少属于经济范畴。但是，它主要是社会学范畴，虽然一般哲学理论对它也颇感兴趣。异化是一个过程，在这个过程中，人的力量、才能、活动及其结果从作为某一阶级和社会集团的成员的人那里摆脱出来，并且这种结果取得相对的独立性以及对于产生出这些结果的主体的统治地位，对主体发生毁灭性的和破坏性的作用。异化作为社会过程，不可能作为局部的"现实"从矛盾的一般范畴（矛盾的相互作用的范畴）中"排除出去"，这种要把异化"排除出去"的企图将是对唯心主义的迁就。在自然现象领域中，所发生的过程就其结构来说只是远远望去像是异化。在社会生活领域中，甚至在意识形态的上层建筑对经济基础和生产者的意识发生反作用的场合下，也不是每一过程都成为异化，因为远不是一切意识形态的上层建筑都像马克思和恩格斯在《德意志意识形态》中所说的那样，对于人发生使人迷失方向和出现畸变的影响。

在资本主义制度的条件下，异化是以最激烈的、最明显的形式发生的，而在资本主义以前的阶级对抗的社会形态中，则是以较不发达的、"初级的"形式发生的。这就是为什么在《德意志意识形态》中，即在马克思一般地概述历史唯物主义的这部著作中，异化问题占有重要的地位。

马克思在《德意志意识形态》中遵循着《手稿》中所确定的探讨问题的方法。劳动的异化在其最初的形式上是资本主义以前的，并且一般说来是阶级产生以前的分工的发展过程的结果，特别是脑力劳动和体力劳动所发生的"总体性"（就其性质来说）分离的结果。马克思在《手稿》中写道："分工是关于异化范围内的劳动社会性的国民经济学用语。"①

社会过程的整个这种机制总是给自己打上异化的印章，因为这种机制使分工走向阶级的划分，进而走向作为统治阶级工具的国家的出现。到此为止，马克思只是扼要地谈到这种机制。在《德意志意识形态》的第一章中，还没有明确地把劳动异化问题同各种异化问题区别开来，但是，马克思和恩格斯的整个思路已使他们得出如下结论：一个社会阶级剥削另一个社会阶级的现象，是作为以分工为始端的劳动异化的表现而出现的。

> 分工从最初起就包含着劳动**条件**、劳动工具和材料的分配，因而也包含着积累起来的资本（从上下文来看，这里显然还不是指本来意义上的资本。——作者注）在各个私有者之间的劈分，从而也包含着资本和劳动之间的分裂以及所有制本身的各种不同的形式。分工愈发达，积累愈增加，这种分裂也就愈剧烈。劳动本身只有在这种分裂的条件下才能存在。
>
> 因此，这里显露出两个事实。第一，生产力表现为一种完全不依赖于各个个人并与他们分离的东西，它是与各个个人同时存在的特殊世界，其原因是，个人（他们的力量就是生产力）是分散的和彼此对立的，而这些力量从自己方面来说只有在这些个人的交往和相互联系中才能成为真正的力量。因此，一方面是生产力的总和，这种生产力好像具有一种物的形式，并且对个人本身说来它们已经不是个人的力量，而是私有制的力量……②

我们摘录的这一大段引文是极其重要的。在这里，一切还不是十分清晰，"资本"和"生产力"这些术语的含义还同马克思和恩格斯后来所详加论述的有所区别："资本"指的是私有者拥有的劳动工具和材

---

① 《马克思恩格斯全集》第 1 版第 42 卷第 144 页。
② 《马克思恩格斯全集》第 1 版第 3 卷第 74—75 页。

料,"生产力"指的是力量的异化和个人的劳动能力。由此得出的结果是:"另一方面是和这些生产力相对立的大多数个人,这些生产力是和他们分离的,因此这些个人丧失了一切现实生活内容,成了抽象的个人……"①在这段引文中,我们可以看到,马克思在《资本论》中十分明确地加以阐述的那一发现的萌芽。这一发现就是:异化的秘密在于劳动本身的二重性,也就是抽象劳动同具体劳动相异化的可能性,这种异化在私有制的条件下会造成可怕的后果,像雪球似的越滚越大。

继《1844年经济学哲学手稿》之后,在《德意志意识形态》中已经谈到二律背反。一方面,私有财产和剥削由异化产生,后者在分工不断加深的基础上日益加剧。"……异化劳动是私有财产的直接原因"②。而另一方面,私有财产的力量产生并日益加剧异化。这种二律背反通过把劳动异化的原始形式和后来在私有财产的基础上发展起来的形式区分开来而得到解决。③ 原因和结果发生了辩证的"转化"。在《德意志意识形态》中,还没有明确作出这种区分。以后来的(派生的)形式出现的劳动异化以及随之而来的新的阶级对抗性的分工,是资本主义很久以前的私有制运行的结果和一个方面,但是,在资本主义以前,它们远没有达到顶峰。问题的复杂性在于:在《德意志意识形态》中,考察资本主义异化和资本主义以前的各种异化类型的任务还没有逐一划分开来。区分开简单商品流通和资本主义商品流通是这种划分的基础,而这种区分只有在《资本论》的理论结构中才具有充分的分量和意义。

---

① 《马克思恩格斯全集》第1版第3卷第75页。
② 《马克思恩格斯全集》第1版第42卷第101页。
③ 〔苏〕Т. И. 奥伊泽尔曼:《马克思主义哲学的形成》,莫斯科1962年版,第266页。

不管怎样，继《1844年经济学哲学手稿》之后，马克思在《德意志意识形态》中已经认为，劳动异化是历史发展的主要因素之一，是剥夺过程的本质方面，因此研究后者的起源、机制、趋势和前景的任务同研究异化的任务是不可分的。为了实现这一研究，特别应当给予小资产阶级空想学理主义者以彻底的批判，因为这些人的著作"用关于异化……的空洞思想来代替一切纯经验关系的发展"①，并且他们打着"真正的社会主义者"的招牌，用"哲学胡说"代替科学的分析，关于这一点，马克思和恩格斯在《共产党宣言》中曾作过说明。上述的批判过程是由不朽著作《宣言》完成的，正是在马克思和恩格斯的这部著作中，对资本主义的科学批判在许多场合都是借助于鲜明的、十分动人的异化形象叙述的，例如《宣言》中说：现代资产阶级社会"却像一个魔术士那样不能再对付他自己用符咒呼唤出来的魔鬼了"②。

对资本主义进行科学批判的奠基人马克思，随着经济研究的不断深化，在50年代就把注意力集中到资本主义的劳动异化上来。在《1857—1858年经济学手稿》中，马克思把异化看做是资本主义社会的社会经济范畴，不过就其意义来说已经超出资本主义社会的直接界限。他把异化描述成"劳动把劳动客观条件——因而也是把劳动本身所创造的客体性——看做是他人财产的关系"③。接着，马克思又把资本主义的劳动异化看做是各种关系的总体，这种总体"包含着一切狭隘的生产前提的解体"④，即资本主义的解体，而这种解体则开辟出一条道路，

---

① 《马克思恩格斯全集》第1版第3卷第317页。
② 《马克思恩格斯全集》第1版第4卷第417页。
③ 《马克思恩格斯全集》第1版第46卷上册第519页。
④ 《马克思恩格斯全集》第1版第46卷上册第520页。

能够在共产主义的条件下为"个人生产力的全面的、普遍的发展创造和建立充分的物质条件"①。

关于异化在成熟的马克思主义著作中的地位和作用问题，以及关于马克思主义的人道主义这一更广泛的问题，出现了两种不正确的观点。某些反马克思主义的作者，如 П. 比果、Г. 维特尔硬说，1846—1848 年以后，异化问题在马克思的理论研究中越来越退居次要地位，越来越失去价值。这类不正确的观点也不时地出现在马克思主义者的著作中，并导致重新评价成熟的马克思主义的人道主义问题。另一些人（就他们的哲学见解来说，是很不相同的），如 Ж.卡利维兹、Ж.伊波利特以及 Э.布洛赫、А.列费弗尔等人则断言，马克思主义按其实质来说是作为全人类异化理论而出现和发展的。这第二种看法有着一定的潜台词：抹杀马克思主义学说的阶级性质和革命内容。这种观点的影响也反映在个别马克思主义者的某些片面的哲学论点之中。例如，收在《马克思学说》文集中的 M. 马尔科维奇的《马克思的哲学》一文写道："在马克思那里，中心的问题是人在世界中的地位，而不是物质和精神的关系……在马克思看来，这就是哲学的根本问题。"②

但是，上述引文中把"两个问题"对立起来的观点是错误的，因为离开人的思维同客观世界的关系问题，也就不可能科学地解决人在世界中的地位问题，人对其他人和社会的关系问题以及人的生活意义和目的问题；要科学地解决这些问题，就必须运用唯物主义来解决哲学的根本问题。就异化问题的地位和作用问题来说，在成熟的马克思主义中，

---

① 《马克思恩格斯全集》第 1 版第 46 卷上册第 520 页。
② 〔南斯拉夫〕M.马尔科维奇：《马克思学说》，贝尔格莱德 1964 年版，第 3 页。

就是说包括马克思的主要著作《资本论》在内，都表明了上述两种倾向是错误的。

证实在20世纪60年代的资产阶级社会中存在着异化，这大概是没有必要的。在现代资本主义条件下，异化不仅被保存下来，而且更加发展和深化，这一事实已经如此明显，以至于现在几乎没有一个有影响的资产阶级社会学家和哲学家会否认这一事实。从新托马斯主义者到新弗洛伊德学说的信徒，不管是Я.霍梅斯和Э.穆尼耶，也不管是麦姆福尔德和Э.弗罗姆，他们都不否认这一事实。而且现在人们也不否认这样一个事实：现代资本主义的已经扩散的异化癌症是深深地扎根于资本主义制度的基础之中。诚然，差别是非常值得注意的：就18至19世纪的"老的"资本主义来说，资产阶级社会学家认为这种资本主义所特有的异化来自于困苦和贫穷；而就20世纪的资本主义来说，他们则把全部过错都归咎于"过度"丰裕、吃得太饱、生活设施标准化、生活方式单调化等等。如果相信这些社会学家和哲学家的说法是对的，那么结论就是：垄断前资本主义的特点是经济异化，而现代资本主义的特点主要是精神异化，即文化、道德、心理等方面的异化。在这种变换论据的背后，不难看出当代某些资产阶级的异化"揭示者"所抱有的阶级意图。

考察一下马克思在《资本论》中所使用的"异化"术语的例子无疑是有益的。这一术语在德文原文中是用几个含义有所变异的词来表达的，这几个词是"Entfremdung"、"Entäußerung"、"Entmenschlichung"[①]等等。这就可以证明在历史唯物主义的术语中保存有"异化"一词的

[①] 这几个词在一般情况下分别译作"异化"、"外化"和"非人化"。——译者注

几个变体的事实。研究者们已经注意到这一情况，并证实了这一事实。① 遗憾的是，《资本论》和《剩余价值理论》的相应段落的俄译文直到最后出版《马克思恩格斯全集》第二版时还没有消除各有关段落存在的含义不一致的现象，这就给研究工作带来了某些不便。然而这个困难是可以克服的。不管怎么说，马克思主义术语学的问题是重要的，不能等闲视之，而应引起注意。

马克思在《资本论》中曾不止一次使用"异化"这一术语，而且是在阐述带有原则性的原理时使用的。让我们引述一下马克思对这一术语的含义的某些说法，特别是在这些说法相互对照（虽然是部分地）的场合。马克思在第3卷中（这并不是第一次）曾指出"使工人处于和他自己劳动的现实条件完全无关［Gleichgultigkeit］、相外化［Äußerliehkeit］和相异化［Entfremdung］的状况"。②

接着，我们看到一段明白的叙述："……工人实际上把他的劳动的社会性质，把他的劳动和别人的劳动为一个共同目的的结合，看成是一种和自己相异化的权力［zu einer fremden Macht］。"③ 还有，再生产条件"经常作为资本，作为从劳动异化出来的、支配劳动的和在资本家身

---

① 〔苏〕Г. С. 巴提晓夫：《人的活动本质是哲学的原则》，载《"社会主义社会和资产阶级社会中的人"学术讨论会（报告和报道）》，莫斯科1966年版；〔苏〕И. С. 纳尔斯基：《关于"异化"概念的历史的和哲学的发展》，载《哲学科学》1963年第4期，等等。

② 《马克思恩格斯全集》第1版第25卷第100页；并见《资本论》第3卷，柏林1957年德文版第105页。

③ 《马克思恩格斯全集》第1版第25卷第101页；并见《资本论》第3卷，柏林1957年德文版第105页。

上个性化了的力量同劳动相对立"①。

例如马克思对上述敌对的异化状态作了如下详细而具体的说明。他说:"资本主义生产方式一方面促进社会劳动生产力的发展,另一方面也促进不变资本使用上的节约。但问题还不只是限于:在工人即活劳动的承担者,同他的劳动条件的经济的,即合理而节约的使用之间,存在着异化[Entfremdung]和毫不相干[Gleichgültigkeit]的现象。"② 异化并没有停留在毫不相干的阶段上,而是发展成为戏剧性的矛盾,因为资本主义本身的对抗性使它产生了这样一种后果:工厂主把糟蹋工人的健康恰恰看做是节约的一个重要方法。从工人的角度来看,这也不是毫不相干的,因为这种"节约方法"会引起工人的仇恨。

这个例子是我们从《资本论》第3卷第五章中借用来的,然而,关于生产条件同生产者相异化的问题在其他章中,例如在第3卷第三十六章中,也曾不止一次地谈到。③

我们注意到,马克思在《资本论》第1卷第十一章中关于劳动条件的节约同工人的关系的思想同上面所引述的马克思的论断是一致的,不过马克思在第1卷第十一章中并没有使用"异化"这一术语。在这一章中,关于劳动条件作为某种独立的东西同工人相对立这一点的说明,是同这一术语一致的。④ 还可以举出另外一些例子,表明马克思没有使用这一术语来说明问题,但是这类例子不能证明马克思打算根本放弃这一术语。我们发现,列宁很少使用"异化"这一术语,虽然曾不

---

① 《马克思恩格斯全集》第1版第26卷第3册第299页;并参看第323页。
② 《马克思恩格斯全集》第1版第25卷第101—102页;并见《资本论》第3卷,1957年柏林德文版第106页。
③ 《马克思恩格斯全集》第1版第25卷第674页。
④ 《马克思恩格斯全集》第1版第23卷第361—362页。

只一次地指出这样的现象（如在《国家与革命》中）。不过，这一术语在列宁的著作中还是出现过。总起来说，在《资本论》第 2 卷和第 3 卷中，"异化"[Entfremdung 和 Entäußerung]这一术语的出现要比在第 1 卷中频繁些，虽然从这几卷的语言方面来看，很难认为马克思是这样做的："有些地方我甚至卖弄起黑格尔特有的表达方式。"① 甚至就第 1 卷来说，这也只是从某种有保留的意义上来看才是对的。因此，马克思在《资本论》中使用"异化"术语这一情况，不能用因袭黑格尔的传统这一点来说明。不过，为了说明问题的实质而必须引证的时候，马克思并不回避引证黑格尔的话。例如，马克思在第 1 卷第四章中研究隐蔽的奴隶制的时候，曾提到《法哲学》第六十七节，在这一节里，"异化"这一术语的法的内容原来是深刻的社会关系的结果。②

自然这并不是说，马克思从来没有在"剥夺财产"这一最基本的法的含义上来使用这一术语（没有作出内容丰富的进一步的规定）。恰恰相反，这种场合是不少的。从这种纯粹法的含义上来使用这一术语的情况，不仅见于《哲学的贫困》，而且见于《资本论》第 3 卷第十五章。在后一处，原文已经不是 Entfremdung[异化]，而是 Enteignung[剥夺]。③ 我们试引述《政治经济学批判》（1859 年）这一著作中的一句话，作为明显的例证："一种商品作为使用价值只能转移给把它看做使用价值即特殊需要的对象的人。"④ 显然，这里的"异化"[Veräußert warden]这一术语的含义只是指"转移为他人财产"。关于一个人的财

---

① 《马克思恩格斯全集》第 1 版第 23 卷第 24 页。
② 《黑格尔全集》第 7 卷，莫斯科列宁格勒 1934 年版，第 91 页。
③ 《马克思恩格斯全集》第 1 版第 25 卷第 269 页；并见马克思《资本论》第 3 卷，柏林 1957 年德文版，第 269 页。
④ 《马克思恩格斯全集》第 1 版第 13 卷第 32 页。

产由他人剥夺这层意义上的异化,卢梭在《社会契约论》中就曾谈过,许多资产阶级经济学家,如弗·威·纽曼也谈过。马克思在《资本论》第 1 卷中谈到从前的所有者的土地的异化过程时,曾引证纽曼的《政治经济学讲演集》。①

因此,我们看到,在把"Enteignung"[剥夺]翻译成俄文时一律译成"异化",这会造成误解。在使用术语"Entaüßerung",特别是使用术语"Veräußerung"的许多场合,也是这样,因为这些术语所表示的向外部客体化的过程,即外化的过程,不仅仅发生在异化中。

"异化"这一术语在《资本论》中还有一层意思,这是指这样一些场合,在这些场合下马克思所研究和阐述的是剩余价值和资本的一种外貌隐蔽起来的和很容易使人发生误解的形式,这就是利润。所考察的这一术语的这层含义似乎表明,客观经济意义上的异化可以转化为主观思想意义上的异化,即转化为社会经济的异化在意识中取得的虚幻的和发生转化的反映形式。马克思在《剩余价值理论》中写道:"生息资本的情况与利润不同,在利润上,剩余价值的形态成了某种异化的、离奇的东西,使人不能直接认清剩余价值的简单形态,从而不能认清它的实体和产生的原因;相反,在利息上,这种异化形式却明显地作为本质的东西出现、存在和表现。这种形式作为某种同剩余价值的实际性质相对立的东西独立化并固定化了。"② 异化形式是一种形式从另一种形式中产生,并且一种形式又覆盖起另一种形式,以致利润以平均利润的形式出现时,竟完全成了自身的异化形式。在货币上"资本的形态越来越……

---

① 《马克思恩格斯全集》第 1 版第 23 卷第 792 页第 201 注。
② 《马克思恩格斯全集》第 1 版第 26 卷第 3 册第 543 页。

异化"①，已经为拜物教幻觉提供了丰富的土壤。

马克思在《剩余价值理论》中曾说明，资本集中亦即生产集中使得资产阶级社会濒临社会主义革命，因为"生产……转化为社会生产，尽管是以异化的形式"②。我们看到，他在这里所说的完全是异化的另一种"转化"。这里所说的生产"异化"，指的是生产机构的相对独立性。马克思主义面临的任务就是必须弄清楚：马克思是怎样通过异化的棱镜构思《资本论》的其他一些范畴的，这使得马克思得出了一些什么样的理论结论。

在马克思主义文献中，关于这个问题有各种各样的答案。O.科尔纽认为，异化理论"促使马克思对于劳动作出多少是形而上学的抽象理解，把它看做是人类的实践……"③甚至据说使青年马克思否认劳动价值理论。

O.科尔纽认为，后来，在马克思的后期的经济学著作中，"通过对生产的分析……才得出了把劳动看做社会实践的基本概念，并且这一概念作为中心概念越来越排挤掉异化的概念并取而代之"④。不过，科尔纽并不否认，在《资本论》中谈到商品拜物教时还是使用了异化的概念。当然，不是异化，不是超出"纯粹"经济范畴界限的这一范畴（虽然它也是这些范畴中的一个），而是劳动、商品等等，才是政治经济学的专有概念，然而还没有完全弄清楚的是，"劳动"是怎样取代

---

① 《马克思恩格斯全集》第 1 版第 26 卷第 3 册第 517 页。
② 《马克思恩格斯全集》第 1 版第 26 卷第 3 册第 348 页。
③ 参看〔法〕奥·科尔纽：《马克思恩格斯传》第 2 卷，北京：三联书店 1980 年版，第 173 页。
④ 〔法〕奥·科尔纽：《马克思恩格斯传》第 2 卷，北京：三联书店 1980 年版，第 279 页。

"异化"的。不言而喻，如果这里指的是这些概念在"异化劳动"中的"融合"，那么这并不存在困难，但是全部异化问题并不都归结为异化劳动本身的问题，虽然前一问题的根子恰恰寓于后一问题之中。

在 Т. И. 奥伊泽尔曼的上述《马克思主义哲学的形成》一书中，曾详细考察了青年马克思和恩格斯从革命民主主义走向科学共产主义的途程。该书贯穿着这样一种思想："在马克思的《资本论》中，异化概念起着次要的作用，主要是用来阐明商品交换和与此相联系的拜物教。"①

奥伊泽尔曼认为，在成熟的马克思主义的著作中，这一概念被一整套历史唯物主义的概念所代替。这一大体正确的想法本来可望得到进一步的具体说明。本来，进一步的任务是要弄清楚，这种代替是怎样发生的。事实上，如果异化概念被用来阐明商品交换，那么这就表明，异化同《资本论》的结构的联系是相当紧密的。

现在来阐述一下我们在所考察的这一问题上所持的见解。首先我们来考察一下马克思在《资本论》第 3 卷第二十七章中的一个说法，因为这一说法对理解"异化"概念在该书中的实际作用异常重要。这一说法绝不是唯一的，我们在其他章节中还可以找到类似的观点。马克思写道：从根本上决定资本主义形成的那一过程，也就是生产资料转化为资本的过程，是"生产资料已经和实际的生产者相分离"的实现。②

这里所谈的远不只是具有法律性质的经验主义的事实，即剥夺一定集团从前握有的财产的事实。十分明显，马克思在《资本论》中不可能只限于把生产资料同直接生产者相脱离的现象当做经验上观察到的事

---

① 〔苏〕Т. И. 奥伊泽尔曼：《马克思主义哲学的形成》，第 312 页。
② 参看《马克思恩格斯全集》第 1 版第 25 卷第 494 页。

实确认下来而不予发挥,因为劳动成果同企业主所雇用的无产者相异化以及个人财产同司法当局宣布为无支付能力的债务人相异化这二者之间的一切差别,都被这种事实冲刷掉了。对异化作出这种狭隘经验主义的解释,就会使它失去历史的和辩证的内容,从范畴中被排除出去,并使异化观点不仅倒退到马克思主义以前的哲学水平上,甚至倒退到黑格尔以前的哲学水平上。显然,马克思在写出《1844年经济学哲学手稿》和在《手稿》中对异化问题达到哲学分析的一定深度之后,决不会再回到记述事实的现象论者的解释上去。

的确,在上面我们部分地引述过的那段话中,马克思并不只是指出了从分离［Trennung］、分立［Absonderung］等意义上来理解的经验上的最基本的异化事实。他进一步写道:生产资料同生产者的异化意味着"生产资料已经作为别人的财产,而与一切在生产中实际进行活动的个人……相对立"①。换句话说,发生异化的过程也就是资本主义所有者和无产阶级之间发生阶级对抗的过程,这就是社会经济异化的辩证法。"……资本都只是作为劳动本身的物质条件所具有的从劳动异化的而又支配劳动的力量……才生产价值。"② 这种异化力量既统治着劳动,也统治着社会。③

在《1844年经济学哲学手稿》和《德意志意识形态》中,马克思指出了异化劳动的两种形式,一种是原初的,它创造了私有制;一种是派生的,它似乎是发挥职能的私有财产的一方,是私有财产的产物,并且在资本主义制度下不断地再生产出来。然后,在《资本论》中着重

---

① 《马克思恩格斯全集》第1版第25卷第494页。
② 《马克思恩格斯全集》第1版第26卷第1册第73页。
③ 参看《马克思恩格斯全集》第1版第25卷第294页。

分析派生的、也就是资本主义的异化的形成和发展的形式。

这里的观点（阐述的环节和阶段）如下。首先，资本主义的劳动异化预先要求剥夺劳动者的财产，把他们变成无产者。这不只是从形式上加以确认的事实，而是资本主义原始积累的社会历史过程。但是立刻发生这样一个问题：把剥夺财产看成是异化机制中的行为（或初步环节），这是不是正确？本来大家都知道，资本主义原始积累是借助于大量暴力方法进行的，然而异化的特点恰恰不是外部强制的剥夺，而是内在地决定的，甚至似乎是主体"自愿"进行的放弃从前属于他们并成为他们以往生活条件一部分的那种东西的过程。如果把资本主义生产方式早期阶段所发生的对所有者的剥夺说成是这样一种意义的异化，即认为剥夺者进行剥夺是"善意的"，他们不知道他们是在做什么，即不知道他们剥夺穷人的生产资料不仅为自己造成了手工工场和工厂的劳动力，而且也造成了未来的革命力量，——如果这样来解释这种剥夺，那完全是矫揉造作，因为这里剥夺的客体并不是企业主自己的力量和能力。

不过问题还要复杂得多。本来，马克思在《1844年经济学哲学手稿》中曾指出："封建的土地占有已经包含土地作为某种异己力量对人们的统治……私有财产的统治一般是从土地占有开始的；土地占有是私有财产的基础。"① 在封建制度下，虽然异化不是从非经济的强制中产生，但并不是那样干脆地同这种强制相隔绝。不过问题根本不在于经济和暴力之间的区分，因为资本主义原始积累时期的"声名狼藉"的暴力措施本身，也是通过封建生产方式的解体而在经济上准备好了的，就是说是由这种解体所内在地决定的。暴力是从经济冲突中产生的，而不

---

① 《马克思恩格斯全集》第1版第42卷第83页。

是相反。最后，在发达的资本主义制度下，资产阶级生产着"自己的掘墓人"即革命的无产阶级，这一行动无疑是统治阶级的一种异化得迷失方向的行为，但却是内在地决定的行为；这种行为中所隐藏的"错误"，同以前的工场手工业主、矿主、制铁业主所犯的"错误"基本相似，因为这些业主加速造成了对他们的子孙后代来说是致命危险的那个阶级。

因此，对直接生产者的剥夺不能排除在对资本主义制度下的劳动异化的考察范围之外。马克思是在生产资料转化为资本的机制的范围内，把剥夺当做辩证过程加以考察的。马克思在《资本论》第1卷第二十四章中概述了开辟资本主义纪元和宣告封建主义末日的原始积累的历史，他在这里深刻地揭示了剥夺的矛盾性质。这种剥夺导致了经济以及整个社会生活中的进步的改造，然而，与此同时十分重要的是，它由此也引起了极端悲惨的退化，贫穷困苦现象扩大，道德败坏和精神堕落，先前的经济中心毁灭和传统联系中断，惨遭剥削的人民群众遭受新的苦难。

消灭建筑在个体劳动基础上的农民和手工业者的私有财产和建立新的、资本主义私有财产，不仅意味着资本主义前的财产同先前拥有财产的人"相异化"的过程，而且还意味着劳动者在资本主义所有制的条件下同自己用血汗浇灌出来的劳动成果不断重新异化的过程开始了。对财产的先前的资本主义剥夺，造成了不断实现对无产者的劳动成果进行剥夺的机制。换句话说，剥夺以扩大的规模反复进行着，私有制永无止境地、贪婪地吮吸着剥夺来的脂膏。也就是说，异化的相应形式以及异化所造成的劳动者的贫困和苦难，以扩大的规模再生产着。"……在一极是财富的积累，同时在另一极，即在把自己的产品作为资本来生产的阶级方面，是贫困、劳动折磨、受奴役、无知、粗野和道德堕落的积累。"①

可见，资本的原始积累和确立所造成的人类生活的冲突和破坏，随着不断发展的和正在执行职能的资本的积累而更加深化。"……劳动能力和作为资本而独立存在的劳动的客观条件之间的分离和对立不断增长。"② 关于这一过程，马克思写了如下一段著名的话："产业后备军的相对量和财富的力量一同增长。但是同现役劳动军相比，这种后备军越大，常备的过剩人口也就越多，他们的贫困同他们所受的劳动折磨成反比。最后，工人阶级中贫苦阶层和产业后备军越大，官方认为需要救济的贫民也就越多。这就是资本主义积累的绝对的、一般的规律。"③

从凭经验描述现象的观点来看，无产者的贫困和苦难本身不是异化，因为一个人如果无衣无食，头顶青天，那么他的痛苦岂不是直接来自于挨饿受冻，然而劳动者的痛苦深深扎根于劳动的异化。工人们筋疲力尽，他们遭受绝对的和相对的贫困化，陷于失业，所有这一切都是资本家从经济上不断剥夺受雇从事生产的工人的劳动成果这一过程的产物和后果。这个过程就是剥削，资本主义制度下的劳动异化正是在这里得到本质上的表现。

这并不是说，劳动异化和资本家阶级对雇佣工人阶级的剥削是相重合的概念，但是要把它们彼此孤立起来也要犯更大的错误。商品生产的矛盾发展的从前的各阶段，造成了资本主义的劳动异化和资本主义剥削的不可分离的联系。

---

① 《马克思恩格斯全集》第1版第23卷第708页。
② 《马克思恩格斯全集》第1版第26卷第2册第473页。
③ 《马克思恩格斯全集》第1版第23卷第707页。

马克思在《资本论》中说明,劳动异化是深深扎根于抽象劳动同具体劳动的"异化"即分离。这种异化随后表现为价值同使用价值的"异化",表现为价值形式之间的矛盾,进一步则表现为货币同商品的异化。按其性质来说,所有这些都是劳动成果同劳动本身相异化的过程。在私有制产生以后,在私有制条件下,向前运动的这些劳动异化形式绝不仅仅限于活动的产物同活动本身的分离。早在资本主义以前的商品生产中就以较不发达的形式存在的这些异化形式,就造成人同人的本质的异化,并准备好资本主义剥削桎梏下人的更进一步的自我异化。

早期的各种异化形式,如我们在上面指出的,在资本主义很久以前就已经形成了,它们是从分工以及随交换而发生的抽象劳动同具体劳动的分离中发展起来的。在资本主义以前还不存在资本主义的劳动异化,但是已经有了劳动剥削。虽然异化不仅仅发生在直接的剥削过程中,异化的各种派生的、变化了的形式远远超出了这种剥削的界限,然而正是在剥削过程的范围内才可以看到劳动异化的主要表现,至于例如"〔生息资本中的〕资本的异化性质,它同劳动的对立,处于剥削过程之外,处于这种异化的现实行动范围之外"。①

资本主义剥削是同资本主义异化劳动这一最强烈的异化形式联系在一起的。资产阶级社会中的劳动异化是马克思的全部四卷主要理论著作的最本质的范畴之一。整部著作充满了揭露资本主义异化和揭示应成为资本主义掘墓人的那个阶级的热情,而要详细考察这一点,在很大程度上就要把《资本论》的结构的各个主要环节重述一遍。

可见,异化问题绝不是与马克思的《资本论》无关。相反,马克思在研究资本主义方面达到更高的理论水平以后,才有可能加深对这个

---

① 《马克思恩格斯全集》第 1 版第 26 卷第 3 册第 550 页。

问题的研究。马克思虽然用《资本论》的政治经济学思想代替了他在《1844年经济学哲学手稿》中所表述的劳动异化的思想，但是没有放弃这一思想，相反，他对以前所表述的基本思想作了深刻的经济论证，这就使这些思想作为关于无产阶级革命和科学社会主义理论的人道主义内容的学说得以发展和加深。马克思转而详细研究剥削和阶级斗争的机制时，已经不能局限于异化的范畴，因为他必须从记述事实转向更全面地分析事实，具体研究造成事实的原因，而单靠异化方面的一些术语是不可能实现这一点的。但是马克思也不能不要这一范畴，因为排除这一范畴不仅不可能对原因进行更确切的分析，相反这只会使分析难于进行。

试问，可否把资产阶级社会的整个基本阶级矛盾，即资本主义社会形态的主要对抗，说成是异化呢？阶级对抗和异化不是同一的东西。马克思早在《1844年经济学哲学手稿》中就已经把异化同一般的对象化，尤其是同物化区别开来。他看到它们之间的联系，同时责备黑格尔及其剽窃者把这些概念混为一谈。在《资本论》中，异化范畴不是变得更不明确，相反，这一范畴同马克思主义的其他概念和范畴一起在内容上进一步精确化。马克思远没有把异化同历史唯物主义和政治经济学的其他范畴混同起来。如果一个人因工资微薄或失业而受苦，那么这种苦难本身就是不幸，而不仅仅是因为在这种苦难中发生作用的还有异化，即在人身上发生的人类东西的畸变和破坏。据此，马克思向无产阶级提出了非常具体的任务。他在《共产党宣言》和《资本论》中号召无产者进行胜利的革命斗争，以摆脱剥削和压迫，而不是摆脱异化本身。断言"异化是社会中的主要冲突问题"[①]，即使是针对资本主义来说的，也未

[①] 〔波兰〕A. 萨夫：《马克思主义和人的个性。论马克思主义关于人的哲学的材料》，华沙1965年版第40页。

必是正确的。如果凡是在讨论剥削、阶级斗争等等时都把"异化"这一术语当做必备的哲学伴奏，事实也就被硬是"驱赶到"这一公式之下，这样一来，"异化"这一术语也就失去自己的意义，烟消云散，丧失价值。

其实，在资本主义生产方式的结构中异化的作用是很大的。对生产者的剥削虽然是异化的组成要素，但是剥削同异化并不完全一致，它是异化机制中的更本质的环节。马克思在考察工资下降到劳动力价值以下的过程时，他在这一矛盾中揭示了"从本身中异化出来的劳动的本质，这种劳动创造的财富作为别人的财富和它相对立，它自己的生产力作为它的产品的生产力和它相对立，它的致富过程作为自身的贫困化过程和它相对立，它的社会力量作为支配它的社会力量和它相对立"[①]。在生产过剩的危机的形势下，特别是在世界性危机的形势下，这一点表现得尤为尖锐。资产阶级社会的阶级对抗性的矛盾和异化是辩证地交织在一起的过程，甚至在一定程度上（虽然绝不是完全地）是相互重合的过程。资本主义私有财产和雇佣劳动之间的对抗性矛盾同异化现象的关系，也就是同自身的结果和自身发展的一个方面的关系。由于资本主义的基本矛盾是从抽象劳动和具体劳动的矛盾中产生的（通过一系列中间环节），这一矛盾就使先前的异化成为自身的直接原因。不仅资本主义的经济矛盾本身，而且劳动异化都是扎根在商品中，即资本主义结构的这一原初"细胞"中。马克思把价值、商品、货币等等都列入"社会交往的异化形式"的概念之中。[②] 异化本身是一个深刻的矛盾过程，所以毫不奇怪，它同对抗性阶级社会的经济范畴有着完全固有的联系，以

---

① 《马克思恩格斯全集》第 1 版第 26 卷第 3 册第 284—285 页。
② 《马克思恩格斯全集》国际版第 1 版第 3 卷第 536—537 页。

致原因和结果经常换位。

《资本论》的内容提供了使这一命题具体化的可能性。在《资本论》中我们找不到任何一个范畴可以完全"代替"异化范畴，但是我们在这部著作中可以看到经济的和社会历史的概念和范畴的完整体系，这是通过同异化范畴密切相关的，部分地是在这一范畴之上形成的各种范畴的各个方面、联系和中介作用而表现出来的。其中包括："抽象劳动同具体劳动的分离"、"分工的消极后果"、"对生产者的剥夺"、"剥削"、"阶级对抗的发生和加深"等等。难怪马克思把"资本的异化性质"和"资本的对立性质"当做同一性质的概念来使用。① 其次，我们再来看一看这样一些异化现象，这些现象在很大程度上包含在这样一些总括的概念之中，如"经济基础在虚幻的思想形式中的反映"和"社会意识对阶级对抗社会形态中的社会存在的反作用"。

同上层建筑的异化形式，其中包括精神的即意识形态的异化形式所引起的苦难密切相连的生活教训，在教育无产阶级完成自己作为资本主义掘墓人的革命职能方面，起了相当大的作用。在卢梭只看到心理现象的地方，马克思揭示了这些现象的客观根源。这种种异化形式是从经济异化本身中产生的：早在《论犹太人问题》、《1844年经济学哲学手稿》、《神圣家族》和《德意志意识形态》等著作中，这些形式就引起了青年马克思和恩格斯的极大注意。在《资本论》中，对上层建筑的异化形式作了异常仔细的和深刻的"剖析"和研究。马克思对这些形式的分析使得他所草拟的对资本主义的起诉书变得更加严厉和证据确凿，也更加慷慨激昂。

我们在研究资本主义异化的上层建筑形式问题时，考察的是异化劳

---

① 《马克思恩格斯全集》第1版第26卷第3册第549页。

动的这样一些方面和后果的总体，这些方面和后果已超出剩余价值和生产中的直接剥削、私有财产和工资、市场价格和失业这样一些经济现象的界限。这种总体处于辩证的矛盾之中，因为第一，这种总体包括了这样一些现象，这些现象把剥削工人的现象扩展为一整套压迫工人的行为，同时这些行为也增强了工人反抗的怒火和决心，这些现象就是：资本主义社会的国家官僚机构生长起来，合法侵犯人身的体制逐渐确立，资产阶级政党转化为相对独立的压迫势力，等等；第二，在这种总体中还包括这样一些现象，资本通过这些现象制造混乱，进行欺骗，企图麻醉无产阶级和剥夺他们的战斗能力。

资本主义只有一种"克服"自身矛盾的手段，这就是以扩大的规模再生产这些矛盾。资本加速寻找可以使它的"呼吸"变得轻松一些的"出路"，为此它在危机时期破坏生产力、大规模进行殖民扩张、发动战争等等。与此相适应，资本主义只有一种克服异化的手段，这就是以新的类型和形式再生产出异化，其中包括这样一些类型和形式，它们可以削弱工人阶级的自我意识，模糊工人关于自己属于一个统一阶级这样一种认识，从而把工人个个击破。同劳动异化相比具有派生性质的各种异化形式就是如此，这些形式使劳动异化神秘化并表现于社会心理学、道德、文化、科学和宗教等各种领域中。

人类个性的资本主义异化表明人类价值的下降和崩溃。在马克思看来，人本身、他的财富和幸福，永远是最高的价值。马克思总是把从事劳动的人的全面发展的幸福和远景当做评价个别人、阶级和社会制度的活动的标准。

离开完全的、全面的生活，离开人的积极活动，离开需要和满足需要的形式的多样化，离开个人潜力的全面发展，人类幸福就不可能实现。私有制、人的异化和自我异化是人类幸福的死敌，是"真正的人"

的敌人。

当无产阶级为缩短工作日向企业主进行斗争时,他们实际上是在反抗把他们降到牲畜状况的行为,也就是不甘于降到这样一种自我异化状态,在这种状态下,他们没有可能为美好的未来而进行一场更进一步的、真正人类的斗争,即有意识的和有目的的斗争。① 只有人才能有意识地进行斗争,而动物只能本能地为生存而斗争。马克思在《资本论》第1卷中曾指出,精神能力在工人身上正在消失并集中到资本身上,从而他提出这样的警告:精神的自我异化已经危及阶级斗争的开展。由此得出的结论是:为吸引被剥削、被压迫者的广大阶层参加阶级斗争,克服他们的消极心理,应当向自我异化状态宣战!

在《资本论》中我们可以看到许多极为精彩的段落,表明马克思以极大的热情和愤慨揭露了到处散布异化毒害的资本主义罪行。异化的种种虚幻形式掩饰着剥削,使人们辨别不清真正的敌人。马克思撕下了这些假面具和招牌。

第一,他对意识取决于社会生活这一点进行了光辉的分析,揭露了资本家的兽性道德和资本主义国家的罪行。资本主义国家通过税收制度、导致降低工资的财政诡计、镇压工人结社和罢工的法律、保护关税政策以及有时禁止移民等等,来加强对工人阶级的剥削。马克思还揭露了资产阶级的法,这种法把"自由"变成进行剥削的自由,把"平等"变成商品交换的等价原则,而把"所有权"升格为人人只顾自己的最

---

① 在20世纪中叶的条件下,相对剩余价值的生产具有这样的一种性质,流水作业达到极高的强度,因而使人成为机器总体的附件和生产节奏的奴隶,给无产者只留下极少的自由时间。但是资本主义把异化的魔掌又伸向这一自由时间,企图利用这点时间通过所谓大众文化散布麻木不仁的霉菌,以便从精神上奴役工人。

高规律（"人对人是狼"）。

第二，马克思揭露了资产阶级的道德、法的意识形态、国家政策、日常的和宗教的意识的这样一些因素，这些因素就其起源来说都是异化的东西，就其破坏作用来说完全是异化的种类。首先，商品拜物教就是如此，它既在经济过程本身的领域之外发生作用，又在这一领域之内发生作用，并表现为人之间的关系的一种特有的对象化。商品拜物教作为资本主义制度下劳动异化的普遍对象化，在这一过程中起着特殊的作用：资本被偶像化了，在客体上变成了相对独立的物的力量，资本家成了这种力量的忠实仆从。

在商品拜物教下，人的劳动和人脑的产物"表现为赋有生命的、彼此发生关系并同人发生关系的独立存在的东西"①。在资产阶级社会的人们看来，"他们本身的社会运动具有物的运动形式。不是他们控制这一运动，而是他们受这一运动控制"②。资产阶级社会的人往往要受他们自己的活动所造成的并使他们自己迷失方向的幻觉所控制；他们感到，物"本身"就具有价格和价值；流通手段（货币）靠它们本身所产生的力量使商品进入流通；货币不是从商品价值中产生，而是相反，等等。资本，特别是带来利息的货币资本，即资产阶级社会的经济关系的整个体系，都发生了拜物教的神秘化。关于利息，马克思写道：它"概括了劳动条件对主体活动的关系上的异化性质"③。

异化幻觉和商品拜物教神话在资产阶级政治经济学中，特别是在庸俗政治经济学中，以所谓科学的形式表现出来。马克思不只一次地指出

---

① 《马克思恩格斯全集》第 1 版第 23 卷第 89 页。
② 《马克思恩格斯全集》第 1 版第 23 卷第 91 页。
③ 《马克思恩格斯全集》第 1 版第 26 卷第 3 册第 549 页。

商品拜物教同资产阶级经济科学的直接联系，其中包括在著名的《商品的拜物教性质及其秘密》一节（《资本论》第 1 卷第一章）中。

马克思一贯（其中包括在《资本论》中）把宗教看成是一种意识形态的异化的形式。他认为比天主教更为抽象的新教是商品拜物教的最适当的宗教形式，并把新教看做是最适合于资本主义的宗教类型之一。① 受资本主义奴役的人们的精神上的盲从，不仅表现在不可思议的道德骚动中和类似的纯粹自发的放纵行为中，而且也表现在宗教的狂热中。

异化的拜物教形式在劳动心理学中，在日常生活、家庭和爱情方面，在政治和国家生活中都存在着。在这里，马克思多处揭露了培根的新的"偶像"——成为凶险的对象化力量的资产阶级意识的异化形象。道德和文化的衰落，婚姻变成金钱骗局和卑鄙交易，爱情变成毫无人心地追求寻欢作乐，个人主义泛滥，同时在这种个人主义中反过来又充满庸人随声附和的自发感情，资产阶级的法的形式主义使一切都失去作用，——所有这些形形色色的和相互交织在一起的现象，在《资本论》、《路易·波拿巴的雾月十八日》、《法兰西内战》、《家庭、私有制和国家的起源》以及马克思主义奠基人的其他一些著作中都——遭到痛斥。

但是，马克思和恩格斯决不认为异化的"偶像"是不能消灭的。还在资本主义条件下，无产阶级随着自己的阶级意识的提高，就开始从商品拜物教中解放出来。工人阶级在阶级斗争和掌握科学革命理论的过程中，越来越克服异化幻觉。但是，只有当无产阶级奋起进行政治斗争，在这种斗争中不仅以推翻异化幻觉为最终目标，而且最终要推翻这

---

① 《马克思恩格斯全集》第 1 版第 23 卷第 96—97 页。

种幻觉的基础及其所固有的劳动的经济异化时，才开始了从异化中彻底解放出来的进程。社会主义革命摧毁了各种异化的丰富土壤，社会主义的建立和社会主义向共产主义过渡，这是彻底消灭异化的残余和复发可能的道路。

关于社会主义制度下的异化表现问题具有重要意义，这特别是因为资产阶级思想家断言，在社会主义条件下异化支配一切。

在消灭了人剥削人这一现象的制度的条件下，不可能发生任何特殊的新的经济异化，因为社会主义条件下存在的剩余产品（用于全社会利益）、货币流通（巩固社会主义关系的经济杠杆）和按劳动支付的工资（远不是劳动者从社会主义国家那里获得的全部东西），所有这些经济范畴绝不是"重演"资本主义的范畴，决不会导致异化和阶级斗争。这些范畴不会产生新的劳动异化，也不会再现旧日的、资本主义的异化。至于资本主义异化的各种精神形式的残余，不管是表现为宗教形式，还是表现为贪财、道德败坏等形式，这一切不会在社会主义革命后立即自行消失。这些残余的克服，是一个长期的、但在向社会主义过渡的时期以及尔后在社会主义时期始终是一个不断向前发展的过程。列宁写道："……我们知道，产生违反公共生活规则的捣乱行为的社会根源是群众受剥削和群众贫困。这个主要原因一消除，捣乱行为就必然开始'消亡'。虽然我们不知道消亡的速度和进度怎样，但是，我们知道这种行为一定会消亡。"①

在社会主义条件下，克服过去的资本主义所遗留下来的异化残余的手段的增长，要比这些残余本身由于种种原因而再现的速度快得不可比拟。这是彻底消灭这些残余的保证。

---

① 《列宁全集》第 1 版第 25 卷第 450 页。

异化问题原则上已经由马克思解决了，其答案已反复为生活所证实。资本主义的劳动异化表现在不断扩大再生产着的剥夺劳动者的机制中。劳动异化及其大量产物，要通过消灭资本主义社会关系才能消除。

马克思的不朽著作《资本论》包含有大量材料，使我们有可能把马克思主义的异化观点具体化。反对资本主义的斗争就是消灭资本主义剥削和异化的斗争，就是为了人和人的幸福而进行的斗争。

（原载《马克思的〈资本论〉、哲学和现代》，莫斯科科学出版社 1968 年版）

（刘焱 译）

国外关于《资本论》中"劳动异化"的不同见解[*]

〔日〕向井公敏

一、《1844年经济学哲学手稿》中的劳动异化理论

所谓劳动异化

正如《资本论》第五章第一节所阐明的,劳动过程只要作为人和自然之间的一种过程来考察,就是一切社会共有的使用价值的生产,是人类劳动的物化过程。可是马克思说,在资本主义社会,这个过程"是资本家消费劳动力的过程",这时"显示出两个特殊现象":首先,"工人在资本家的监督下劳动,他的劳动属于资本家";"其次,产品是资本家的所有物,而不是直接生产者工人的所有物"。[①]

马克思在这里指出的资本主义社会的"特殊现象",在现在广泛使用的意义上被称为"劳动异化"。不过,"劳动异化"概念今天已经越出狭义政治经济学的范围,在哲学、思想的意义上围绕马克思的理论展开了一次大争论,如果我们回顾一下迄今为止的历史研究,显然"劳动

---

[*] 本文选自《马列主义研究资料》1985年第3辑。作者向井公敏系日本同志社大学商学系讲师。

[①] 《马克思恩格斯全集》第1版第23卷第209—210页。

异化"概念并非是从《资本论》的这一阐述中直接展开的。我们宁可说，这个概念虽然在《资本论》第1卷出版前20多年即1844年就已经写在书上了，但是直到1932年初才清楚地看到全貌——《1844年经济学哲学手稿》（以下简称《手稿》）。现在我们日常所说的"异化"一词，就其起源来说，虽然可以追溯到黑格尔和费尔巴哈，但是就今天所用的意义来说，多半是指来自《手稿》的异化，而我们这样讲绝非言过其词。

从前研究异化理论时总要引经据典，即引证《手稿》的第一手稿，特别是引证以"异化劳动"为题的那一节。在这里，马克思就以下四种场合论述了劳动异化。其一，劳动对象化所生产的劳动产品，"作为一种异己的存在物，作为不依赖于生产者的力量，同劳动相对立"。总之，"在被国民经济学作为前提的那种状态下"，劳动的"对象化表现为对象的丧失和被对象奴役，占有表现为异化、外化"[①]。其二，"异化不仅表现在结果上，而且表现在生产行为中，表现在生产活动本身中"。也就是说，"劳动对工人说来是外在的东西，也就是说，不属于他的本质的东西；因此，他在自己的劳动中不是肯定自己，而是否定自己，不是感到幸福，而是感到不幸……因此，他的劳动不是自愿的劳动，而是被迫的强制劳动"[②]。

不仅如此，马克思认为，"人是类存在物"[③]。虽然马克思的这一看法的根据是，第一，人把整个自然界当做自己的非有机的肉体；第二，

---

① 《马克思恩格斯全集》第1版第42卷第91页。
② 《马克思恩格斯全集》第1版第42卷第93—94页。
③ 《马克思恩格斯全集》第1版第42卷第95页。

同其他动物不同的人类劳动是"自由的自觉的活动"①,不过"异化劳动"的第三个规定是:"人的类本质——无论是自然界,还是人的精神的、类的能力——变成人的异己的本质,变成维持他的个人生存的手段。异化劳动使人自己的身体,以及在他之外的自然界,他的精神本质,他的人的本质同人相异化。"② 最后,马克思从以上规定中得出第四个规定,即作为"所造成的直接结果就是**人同人相异化**"③。

我们知道,这里看到的异化规定虽然在《手稿》中是作为四种异化出现的,不过马克思在《手稿》中以"异化劳动"概念为核心,批判地阐明了"国民经济学的各个前提"④(如私有财产、资本等)。

德国古典哲学和马克思

大家知道,马克思研究政治经济学始于《手稿》,其后在《资本论》中结出了果实。不过,我们暂且不谈前面所看到的那些规定在内容上的相互关系,关于《手稿》所论述的"劳动异化"理论的基本设想和逻辑结构,是否已由《资本论》体系正确地再现出来这一点,向来没有取得一致的意见。

特别成问题的是,《手稿》中把作为劳动主体的人理解为费尔巴哈想出的那个"类存在",结果劳动异化是被当做这个"类存在"的人的自我异化展开的,或者说,从把黑格尔的辩证法高度评价为"把人的自

---

① 《马克思恩格斯全集》第1版第42卷第96页。
② 《马克思恩格斯全集》第1版第42卷第97页。
③ 《马克思恩格斯全集》第1版第42卷第98页。
④ 《马克思恩格斯全集》第1版第42卷第89页。

我产生看做一个过程，把对象化看做失去对象，看做外化和这种外化的扬弃"①中，我们可以看到，《手稿》中是多么积极地（尽管以批判形式出现）援引了黑格尔的哲学，特别是黑格尔的劳动概念。也就是说，围绕这样一个问题——是否应当认为这份《手稿》所受到的黑格尔和费尔巴哈等人的德国古典哲学的一定影响，已由此后的《资本论》批判地继承下来并得到了发展？或者说，是否应当彻底地清算一下同作为科学的政治经济学毫不相容的观念论的残渣？——到目前为止，在研究马克思的过程中引起了一场大辩论。这场大辩论不仅包括《手稿》和《资本论》的关系这类问题，而且还包括马克思哲学和政治经济学、科学和人道主义，即所谓同马克思理论的根本性质有关的一些重要问题。

下面我们主要介绍一下同理解《资本论》密切相关的一些问题。

二、《1848年经济学哲学手稿》中的劳动异化理论在哲学上的意义

哲学和政治经济学

不管1932年是否公布了《手稿》，"直接证明马克思理论的根在于黑格尔的哲学问题的意识中"的马尔库塞②，最早指出了这份《手稿》的异化理论的重要性。也就是说，他认为，《手稿》"批判国民经济学的全部根据，显然是建立在哲学的基础上的，或者说，是从对哲学的深入探讨中产生的"，因此作为"批判的基本概念"的"异化劳动和私有财产"，"不仅仅作为最初的简单国民经济学的概念，而且也是

---

① 《马克思恩格斯全集》第1版第42卷第163页。
② 〔德〕马尔库塞：《早期马克思研究》，1932年版。

作为从人类存在的历史中所产生的具有决定性的现象的概念去理解去批判的"。从而,由"异化劳动""所描绘的东西,不仅仅是经济学的事情,也是指人类异化、对新创造的价值的剥夺、人类现实的逆转以及丧失等等"。

因此,马尔库塞以《手稿》为根据,虽然进而把劳动异化理解为"人类异化",但是他说,《手稿》的异化理论的哲学性质和存在论性质绝不是"残滓",或者说,不应把这些性质看做是在《资本论》这个"后期(政治经济学的)形式中""已经得到克服的"东西。不过,这"证明了有人试图回避和胆怯地隐瞒马克思理论所具有的哲学内容,完全误认这一理论的本源的历史基础"。这是因为,与其说从黑格尔的劳动概念是"马克思的一切具体的劳动概念的基础","在《资本论》中依然发生作用"这一点来看,显然马克思的理论"在整个阶段上都包含着哲学基础",不如说"马克思以深入研究黑格尔时所描绘的人类存在及其现实化这一理念为基础,把经济学的事实首先当做人类存在的逆转,当做人类现实性的丧失。——只有把这一点作为基础,经济学的事实才能成为在现实中变革人类存在和人类世界的革命的现实基础"。

我们在这里所看到的马尔库塞对《手稿》异化理论给予的积极评价,在以下两个方面针对以后期马克思为中心的、到那时为止的研究马克思的所谓"客观主义"和"经济主义"倾向,提出带根本性的反题,对其后的异化理论的研究产生了重大影响:第一,强调劳动异化理论的哲学的和人类学的要素,并在这里发现了马克思对德国古典哲学的继承;第二,在这一意义上可以把《手稿》中的"哲学家"和《资本论》中的"经济学家"统一起来理解,或者宁可说,试图以前者的观点再构成后者。

对异化理论的多种多样的研究

除马尔库塞外，从各自观点出发积极评价异化理论的理论工作者是很多的。在海外，与马尔库塞几乎同一时期的代表人物有卡尔·勒维特①、卢卡奇②、简·伊波里特③、叶利希·弗洛姆④等人。卡尔·勒维特主张，马克思在《资本论》中把他的初期的异化理论"依然作为基础"，在《资本论》的商品概念中看到了人类的"自我异化在经济上的表现"；卢卡奇在政治经济学古典学派和黑格尔辩证法的批判的统一这种意义上，高度地评价了《手稿》的异化理论，说"后来马克思根据这个理论制定了某些公式的基础"；简·伊波里特通过《手稿》和《资本论》，强调黑格尔和马克思的继承关系；而叶利希·弗洛姆则着眼于《手稿》中的"人类学"，主张马克思的人道主义。在我们日本，最早有梯明秀⑤，他认为《手稿》"具体地分析了雇佣工人的阶级异化关系在逻辑上的根据，因此开始完成对黑格尔的自我异化在逻辑上的唯物主义的改造"，进而认为这种"马克思的自我异化的哲学思想把它在政治经济学中的表现确定为《资本论》中的剩余价值规律"；与梯明秀的看法不同的，有田中吉六⑥和梅本克己⑦，他们在探索作为《手稿》的异

---

① 〔德〕卡尔·勒维特：《费尔巴哈和马克思》，1932年版。
② 〔匈〕卢卡奇：《青年马克思》，1954年版。
③ 〔法〕简·伊波里特：《黑格尔和马克思》，1955年版。
④ 〔德〕叶利希·弗洛姆：《马克思的人类观》，1961年版。
⑤ 〔日〕梯明秀：《〈资本论〉辩证法根据》，有斐阁1953年版。
⑥ 〔日〕田中吉六：《唯物史观的形成》，季节社1972年版。
⑦ 〔日〕梅本克己：《唯物史观和政治经济学》，现代理论社1971年版。

化理论发展的后期马克思唯物史观同政治经济学的关系。

三、"未成熟的马克思"和"成熟的马克思"

观念论和唯物主义

以马尔库塞为代表对《手稿》异化理论的积极评价和试图在这一基础上重新理解马克思的整个理论,自然引起立足于后期马克思的"正统"马克思主义者的反驳。其中大多数人同马尔库塞的观点相反,把《手稿》的异化理论的哲学和人类学的要素看做青年时期的即未成熟的马克思的观念论中的残余,认为在《德意志意识形态》(1846年)确立历史唯物主义(唯物史观)以后,这些要素已经不再成为马克思理论的中心概念。例如科尔纽①说:"在《德意志意识形态》中历史唯物主义通过它的本质特征的论述已经建立起来,异化问题已不再是核心问题,而是作为私有制度所不可缺少的本质条件的现象来考察的,是作为普遍的历史发展框架中的生产力和生产关系的发展来把握和运用的。"

因此,如果从这种观点出发,那么马尔库塞等人的观点就自然成为批判对象,因为他们"把马克思已经发展了的思想拖回到黑格尔和费尔巴哈对异化的理解上,并把这一概念说成是一个非历史的、永存的范畴"②。也就是说,"他们把异化转化为人类学的现象"③,因此模糊了异化的历史性,特别是模糊了资本主义中的劳动异化的阶级性。

---

① 〔德〕科尔纽:《马克思的思想原像》,1955年版。
② 《马克思恩格斯全集》俄文版第40卷编者说明。
③ 〔苏〕奥伊泽尔曼:《马克思主义和异化》,1956年版。

劳动异化理论和政治经济学

持有这种观点的还有卢森贝①、游部久藏②、塚本健③、大内秀明④和林直道⑤等一些经济学家,他们从后期马克思确立政治经济学出发,论述了劳动异化理论的政治经济学的意义。

例如大内秀明批评说,"由于马尔库塞没有充分评价后期马克思研究政治经济学时在理论上的深化","便从政治经济学的问题上取消了初期马克思的异化理论,而只把它当做一个哲学问题"。因此马尔库塞对异化理论的哲学评价,"便陷入马克思的黑格尔化中了"。也就是说,与其说"异化不能充分地把握资本主义经济过程中的阶级关系",不如说"对这些具体问题置若罔闻,取消了劳动的自我异化问题,而只剩下失去人性这个一般性的问题"。与此相反,"《资本论》中的异化理论……已经不单单是劳动异化理论了。"这一理论"是建立在这样一些事实的基础上的:从工人那里夺走了全部生产资料和生活资料,作为这些东西的生产资料在行使职能,工人只不过是劳动力商品的所有者",这就是"后期马克思所得出的研究成果"。

---

① 〔德〕卢森贝:《早期马克思经济学说的形成》。

② 〔日〕游部久藏:《异化理论的经济学的意义》,载《三田学会杂志》1959年1月第52卷第1号。

③ 〔日〕塚本健:《物化和自我异化——劳动异化理论的意义和界限》,载《思想》1968年5月第527号。

④ 〔日〕大内秀明:《宇野政治经济学的基本问题》,现代评论社1971年版。

⑤ 〔日〕林直道:《历史唯物主义和政治经济学》两卷本,人月书店1971年版。

同样，塚本健也指出了"具有黑格尔的劳动观——因为黑格尔说过，人类本质归根到底就是劳动——的"劳动异化理论的界限。他说，"当初，人类异化这个哲学概念，只有通过作为经验科学的政治经济学的理论发展，通过劳动力商品这个概念，才能为人们所理解，并得到发展，而且只有在这个时候，劳动异化的规定，才能完成从前者向后者过渡这种中介的作用"；"市民社会中的人类异化，归根到底，只有通过作为劳动力商品的经验科学的概念，才能为人们所理解"，因此他强调说，只有同马尔库塞的观点相对照，才能看出确立作为后期马克思的经验科学的政治经济学的意义。其次，说到由于各自对《资本论》的不同理解所产生的种种细小差别，在另外一些研究者中间，也都是从经济理论的意义这一角度理解劳动异化的，所以，马尔库塞等人所强调的哲学的和人类学的要素，作为初期马克思未成熟的东西，已经在后期马克思研究政治经济学的过程中得到了清算，或者说，在逻辑上已被资本主义的经济过程所吸收，就这一点来说，他们有着共同之处。

异化和物化

和以上的看法不同的有广松涉①和清水正德②，他们指出，《手稿》异化理论在逻辑结构自身上存在着缺点，而这种缺点自然由后期马克思所克服。

例如，广松涉认为，"本来，自我异化是同特殊的主体概念密不可

---

① 〔日〕广松涉:《马克思主义的形成过程》，至诚堂1968年版。
② 〔日〕清水正德:《人类异化理论》，纪伊国书屋1971年版。

分的"①；如我们在《手稿》中所看到的，对马克思来说，这种所谓主体就是作为"类存在"的人。而《手稿》中的马克思虽然"通过既是作为类存在的人，也是作为自我活动的主体的人类劳动异化和自我获得这一先验图式，得出并提出历史哲学上的宏远前景"，但《手稿》的异化理论毕竟包含着"重大难点"，以至包含着"无法解决的难题艳。清水正德也说，本来"作为类存在的人类劳动在人同自然的物质变换中是使自身不断物化并形成自身的东西"，不过一旦"建立在人类主义即自然主义之上，不管你怎样分析出现在作为人以至社会的原像的类存在和共同体（类社会）中的劳动，只要生产劳动产品的社会形式得不到发展，就不能从中'推论'出已经异化的劳动"。总而言之，不管马克思的主观意图如何，"只要作为类存在的人类劳动尚处于原始状态"，异化历史的形成及其扬弃"就不可能得到发展"。

不管是广松涉还是清水正德都主张，包含着逻辑难点的《手稿》的异化理论，由于后期马克思建立了唯物史观和政治经济学，得到了彻底的克服，不过关于对克服方法的理解，他们二人之间却存在着某些不同。也就是说，清水正德是从"放弃"作为"学术原理立场"的"异化理论立场"，即从"放弃""人类主义即自然主义的主体的立场"中，发现了克服《手稿》中的异化理论的，而这一点绝不意味着"放弃"了"作为主体立场的异化理论的立场"即人道主义的立场。他认为，与其说"作为原理体系的《资本论》实质上是使资本这一劳动主体在社会的总体中成为异化的东西的一种自行运动的体系"，不如说"人的异化理论通过隐没在这种立场中的《资本论》的近代人类物化体系在学术上结出了果实，异化理论的思想结构是通过商品拜物教、货币拜物

---

① 〔日〕广松涉：《唯物史观的原像》，三一书房1971年版。

教和资本拜物教的暴露得到表现的"。

与此相反，广松涉说，"克服自我异化理论的必然性是首先扎根在主体概念上的东西"，不过，正如我们在《德意志意识形态》一书中所看到的，马克思"直截了当地克服了自我异化理论借以形成的主体概念一般"，"因此，自我异化理论已成为试图维持下去的东西"，并强调指出，"马克思在世界观的结构上已从异化理论的逻辑向物化理论的逻辑飞跃"。《资本论》中的物化理论问题虽然是另一个问题，不过广松涉所说的后期马克思直截了当地克服了《手稿》的异化理论的见解，却主张彻底地切断黑格尔同马克思的关系，他和把后期马克思的理论立场称为"反人道主义"的阿尔都塞①对异化理论的理解，同上述的马尔库塞等人对异化理论的理解正好相反。

四、异化理论研究的新动向

《詹姆斯·穆勒评注》和《政治经济学批判大纲》

以上我们围绕劳动异化理论，就《手稿》和《资本论》的关系问题粗略地介绍了到目前为止的两种见解。不过，由于问题同马克思理论的本质有关，其次这个题目几乎涉及从早期直到晚期的马克思的所有著作，所以在上面谈到的理论工作者的论述中，也只好简单地二者择一，或者谈《手稿》，或者谈《资本论》，说一说同他们各自的理论立场有关的一些差别，而这种差别越来越细的倾向，随着最近对马克思的研究的新发展，更加明显了。其中我们决不可忽视以下马克思的两份手稿，

---

① 〔法〕阿尔都塞：《苏醒的马克思》，1965年版。

虽然这两份手稿早在战前都已出版,但近来它们的意义更加明显了。一份手稿是马克思在写作《手稿》的同一时期写成的《詹姆斯·穆勒评注》(《詹姆斯·穆勒:〈政治经济学原理〉一书摘要》,写于1844年),另一份手稿是介于《手稿》和《资本论》之间的《政治经济学批判大纲》(《1857—1858年经济学手稿》)。

特别值得一提的是,既然在《德意志意识形态》中已被推到背后的异化理论,在《政治经济学批判大纲》(下面简称《大纲》)中又重新出现,结果《大纲》对异化理论的阐述产生了将早期马克思(以《德意志意识形态》为界)同晚期马克思相互对立起来的一种倾向,于是在这场论战中提出了一些新问题。例如,曼德尔①断言,"在《大纲》中有关异化的段落极为丰富",这本身就"宣告"阿尔都塞和科尔纽以前的"命题已经失效"。其次,在一直对异化理论比较冷淡的苏联和东欧各国,早就重视马克思的异化理论的阿尔弗雷特·库雷拉②一贯主张,"贯穿《资本论》体系的是没有发生本质变化的人道主义"③,就这种意义来说,"劳动异化理论……是支撑整个《资本论》体系的思想支柱"④。对早期马克思的异化理论作出过积极评价的为数不多的研究者之一杉原四郎,作为学者,极为关心《大纲》,指出《大纲》对研究异化理论具有重要意义。

在我们日本,就这种意义来说,作为研究《大纲》的成果,例如

---

① 曼德尔:《卡尔·马克思》,1967年版。
② 〔法〕库雷拉:《马克思的人类异化理论》,1970年版。
③ 〔日〕杉原四郎:《穆勒和马克思》,御茶水书房1967年增订版。
④ 〔日〕杉原四郎:《经济原论》I,同文馆1973年版。

有平田清明①的观点,这种观点试图将早期马克思的异化理论同后期马克思的经济理论统一地按照"异化即物化观点"去把握。"既然人的生产力异化为人类劳动产物的商品形式、货币形式和资本形式",那么平田清明在这里所说的"存在于作为私有制的一种社会体制的市民社会中的异化即物化观点,无非就是这样一种观点,即在追求这些社会物化所固有的力"②。他说:"这种早在40年代初所看到的异化即物化观点,在《大纲》中,作为看待体系结构的方法,使逻辑展开得以开始,在研究和阐述政治经济学时,使发生史的方法得以产生。"③

同样,细见英④也指出,在《大纲》中,"由于劳动力范畴的确立,在逻辑上所确立的'劳动异化'的过程即劳动过程和价值增殖过程的矛盾","现在被固定为从总体上把握的中心原理",并强调指出在《资本论》体系的形成过程中《大纲》所起的"决定性的重要作用"。

最后,如果我们说到《詹姆斯·穆勒评注》,那么就要谈一谈中川弘⑤的观点。他认为,《手稿》第一稿对"异化劳动"的分析"完全是以资本关系为基准的",但《詹姆斯·穆勒评注》则不同,它"是以商品即货币关系为基准去理解近代市民社会的","说明商品生产这种交

---

① 〔日〕内田义彦、大野英二、住谷一彦、伊东先晴、平田清明:《经济学史》,筑摩书房1970年版;〔日〕平田清明:《政治经济学和历史认识》,岩波书店1971年版。

② 〔日〕内田义彦等:《经济学史》。

③ 〔日〕平田清明:《政治经济学和历史认识》。

④ 〔日〕细见英:《马克思和黑格尔——政治经济学批判和辩证法》,载经济学史学会编:《〈资本论〉的成立》,岩波书店1967年版。

⑤ 〔日〕中川弘:《〈经济学哲学手稿〉和〈穆勒评注〉——对以"异化劳动"为中心的考察》,载《商学论集》(福岛大学)1968年第37卷第2号。

换社会就是原始共同体的异化了的形式",它"起了补充《手稿》的作用"。他的这种看法对以前只以《手稿》——特别是以其第一稿——为依据研究异化理论的人,可以说产生了极大影响。从这里又产生了森田桐郎①和望月清司②等人对异化理论的研究。他们实际上接受了平田清明所提出的问题,把在《詹姆斯·穆勒评注》中看到的异化理论当成"在政治经济学上对市民社会的批判的认识的形成",并试图重新解释《资本论》的体系。

  总之,《詹姆斯·穆勒评注》和《大纲》提出了这样一个新问题,即已经不能像以前争论异化理论时往往只停留在对《手稿》和《资本论》的简单对比上了。也就是说,《詹姆斯·穆勒评注》促使人们再一次探讨早期马克思的异化理论本身所具有的射程;其次,《大纲》提供了这种劳动异化理论和《资本论》之间"所失掉的一环"。从《手稿》到《资本论》这一过程中,《詹姆斯·穆勒评注》和《大纲》对今后异化理论研究来说(且不谈它们所应有的地位),显然已经不是无足轻重的著作了。

(原载佐藤金三郎等编《学习〈资本论〉》,
有斐阁 1977 年版第 2 册)

(刘焱 译)

---

  ① 〔日〕森田桐郎:《詹姆斯·穆勒评注》,载《现代理论》1971 年 5 月第 88 号。

  ② 〔日〕望月清司:《马克思历史理论研究》,岩波书店 1973 年版。

马克思对"拜物教"概念的发展[*]

〔德〕托马斯·马克斯豪森

马克思既不是第一个也不是唯一一个谈论"物神"和"拜物教"的人。但只有马克思才赋予这个概念以新的含义。这个含义是把该概念用于科学分析和批判主客观颠倒的前提。

马克思1842年春摘录过的沙尔·布罗斯论述物神的著作于1760年出版[①],德译文1785年出版。"物神"是作为自然宗教学的概念而众所周知的。例如:在布鲁诺·鲍威尔(不言而喻)1841年发表的著名的《末日的宣告》(马克思尽管没有参加写作,但肯定出过主意)中,黑人痛斥了他的"物神"[②]。费尔巴哈写过这样一句话(我们以后还要提到它):"甚至**拜物教**自身还带有……**宗教本质的痕迹**。"[③] 约翰·斯图亚特·穆勒描述了孔德的阶段理论:孔德认为,在历史上相继出现了神

---

[*] 本文选自《马克思恩格斯研究》1992年第10辑。

[①] 《马克思恩格斯全集》原文版第四部分第1卷第320页以及以下各页。

[②] 〔德〕布鲁诺·鲍威尔:《对黑格尔、无神论者和反基督教者的末日的宣告。最后通牒。》,载《黑格尔左派。德国三月革命前哲学和政治的资料》,莱比锡1985年版,第289页。

[③] 〔德〕路德维希·费尔巴哈:《人是根据自己的形象创造了上帝》,柏林1958年版,第137页。

学的思维方式、形而上学的思维方式和实证的思维方式,每种思维方式都有三个阶段:拜物教—多神教——一神教。①

这些少数例证已经表明,"物神"或"拜物教"是18、19世纪法国、德国和英国常用的语言。

"物神"这个词的词源是拉丁语或葡萄牙语或法语。葡萄牙航海家称非洲黑人的偶像是feitico(拉丁语是factitius)——人造的、假冒的、或是"被强化的东西","被施了魔法的东西"。德·布鲁斯把这个词变成了宗教学的术语。他认为,拜物教作为对神圣的物拥有力量的一种信仰,是一切宗教的"原始形式"。对于这个看法,直到本世纪还存在着不同的意见。现代宗教学研究和人种科学研究没有证实这种设想,这些研究认为拜物教不是宗教的发展阶段,也不是宗教的一定形式,"而是一种与其说是真正宗教的还不如说是神秘的力量的具体化"②。托卡列夫认为,非洲的物神崇拜,其中首先是今天在大多数情况下的个人物神崇拜"已发展成宗教个性化的独特形式。该形式与古老的氏族组织的崩溃联系在一起。一旦某个人发觉氏族集体和他的保护神们不足以保护他时,他就会寻求世界上充满神秘感的力量的帮助"③。

因为马克思只能利用当时的知识,所以他也把"拜物教"理解为宗教的原始形式,并且在把这个概念的语义转用到科学社会理论上时有意识地采用了宗教学的词义。

怀尔德默说,拜物教是"独立化"。不管是宗教或者商品拜物教,

---

① 〔英〕约翰·斯图亚特·穆勒:《奥古斯特·孔德和实证主义》,莱比锡1874年版,第9页。

② 君特·兰茨科夫斯基:《拜物教》,载《神学实用百科全书》第XI卷,柏林(西)—纽约1983年版,第143页。

③ 〔苏〕S.A.托卡列夫:《民族史中的宗教》,柏林1976年版,第193页。

"独立化的范畴仍旧完整,但它在一个特殊的场合被具体化了"。① 这种见解需要准确地加以阐明,因为"拜物教作为独立化"只是现实的超验世界中的一个无关紧要的并存物。马克思对"拜物教"的领会要比**颠倒**准确得多。他强调的不是一个结果而是一个过程,不是并存物而是特殊质的同时存在。

认为经济拜物教—宗教这种联系在马克思的著作中是不变的,这是对的,但正是彻底去除这个概念的最初含义的不可能性促使马克思使用了这个概念。

由马克思促成的语义转变表现在若干阶段或时期,现在我们简略地考察一下。

一、拜物教在早期宗教学中的概念内容

马克思根据拜物教是"最原始"的宗教形式,并且"动物宗教"体现了宗教意识的一个较发达的阶段的观点,反映了下面这种论断,即认为宗教是每种国家制度的**道德**基础,因此,原始的物神崇拜具有道德教化的作用。马克思反驳道,物神崇拜不是教化个人的"欲望",相反,其目的是满足这种欲望。这就是说,宗教的基本形式已经揭示了自身的自私特征。② 当时(1842年春),马克思还认为国家是道德思想的反映——而不是宗教。青年黑格尔派的结论是:建立在宗教意识上的国家并不符合它的真实本质。

---

① 阿尔明·维德穆特:《马克思和哲学的实现》,海牙1970年版,第169—170页。

② 《马克思恩格斯全集》第1版第1卷第112—113页。

二、拜物教同政治领域中的颠倒相类比

莱茵省议会中统治阶级和所有者阶级的代表们把产生了省议会的莱茵省看做是代议制的**目的**,而不是从相反的方面来理解议会对于莱茵省而言的意义和目的。

马克思批判了主客体的颠倒,并写道:"辩论人只知道等级会议的省,但是不知道省的等级会议。等级会议有一个施展其活动特权的省,而省却没有一个可以表现其活动的等级会议。的确,在规定的条件下,省是有权为自己塑造这些神像的,但是把它们塑成以后就应当像**偶像崇拜者**那样立刻忘记这些神像正是它亲手塑成的。"①

三、拜物教同私有制领域中的颠倒相类比

马克思在《莱茵报》上无情驳斥了私有者的自私,因为他们残酷地惩罚那些捡枯树枝的穷人。马克思最后写道:"古巴野人认为黄金是西班牙人的崇拜物。他们祝贺黄金,围着黄金转圈歌唱,然后把它扔到大海里。"②(至此,马克思几乎逐字逐句地引用了他摘录过的德·布鲁斯的论述。)"假若古巴野人出席了莱茵省议会的会议,难道他们不会认为树木是莱茵省居民的崇拜物吗?然而下一次会议将会向他们表明:人们的拜物教就是动物崇拜。"③(暗指拜物教和上述论文中的动物宗教

---

① 《马克思恩格斯全集》第1版第1卷第53页。
② 《马克思恩格斯全集》第1版第1卷第180页。
③ 《马克思恩格斯全集》第1版第1卷第181页。

之间的联系。)"那时，为了拯救人，古巴野人将把兔子丢到大海里去。"① 这样，马克思就揭露了所有者们的貌似宗教的行为并且贬低这种行为，把这种行为等同于宗教的原始阶段。马克思批判了那些自以为远高于非基督教徒的"基督教"私有者们，认为他们不单单是现实的世俗世界中的"异教徒"和偶像崇拜者，而且远不如这些人，因为"异教徒"为了拯救人类而牺牲陌生的偶像，可是他们这些人——森林和猎场的所有者们——却用牺牲人类来维护自己的私有财产。马克思把私有财产理解为同物的权力关系，即财产。这种类比得出以下结论：私有财产变成了人类的敌人。

四、工业以前的经济思想中的金属货币崇拜

在《1844年经济学哲学手稿》中，马克思根据亚当·斯密的观点断定："私有财产的主体本质……就是劳动。"这种认识只能在资本主义的某个发展阶段中获得。在这个阶段，"那些认为私有财产对人来说仅仅是对象性的本质的货币主义者和重商主义者，是一些**拜物教徒、天主教徒**"。② 而一切构成财富的"物"最终分解为"劳动"，这使以前的经济思想失去了崇拜。其代价却是这种经济思想把"劳动的异化"当做创造财富的主体的自然存在方式。可见，旧的经济学对劳动者漠不关心，而现代经济学则是劳动者的敌人。③

---

① 《马克思恩格斯全集》第1版第1卷第180—181页。
② 《马克思恩格斯全集》第1版第42卷第112页。
③ 《马克思恩格斯全集》第1版第42卷第113页。

马克思是用社会实践的发展来解释这种进展的。在手稿的另一处写道:"那些仍然被贵金属的感性光辉眩惑,因而仍然是金属货币的拜物教徒的民族,还不是完全的货币民族。法国和英国之间的对立——例如,在拜物教上就可看出,理论难题的解决在何种程度上是实践的任务并以实践为中介,真正的实践在何种程度上是现实的和实证的理论的条件。拜物教徒的感性意识不同于希腊人的感性意识,因为他的感性存在还是不同于希腊人的感性存在。"①

这样,马克思开始仅仅重复了以前表述过的思想,即货币主义者和重商主义者的行为同"野人"一样。然而"拜物教徒"和"希腊人"的比较是怎样的呢?这种比较反映出感觉和精神的对立,因为马克思的结论是:只要"人对自然界的感觉,自然界的人的感觉,因而也是人的自然感觉还没有被人本身的劳动创造出来,那么,感觉和精神之间的抽象的敌对就是必然的"②。

从上述角度来看,把偶像崇拜者和希腊人进行比较的作用就是暗喻自然和理智之间的异化。马克思关于"偶像崇拜者"和(无思想)的感性的总体考虑使我们想到了《莱茵报》上的论战。在那里,他用费尔巴哈的方式——宗教的对象反映了人类需要和利益的对象——说明了对偶像的膜拜是纯粹的"欲望"。③ 当时的宗教史研究认为,在历史上拜物教之后便是多神教。这种观点是否在把拜物教徒和希腊人进行比较时起了作用,至少应该作为一个问题提出来。在马克思当时的经济思想范围内,重要的是把崇拜对象性财富称做"拜物教",可见使用的还是

---

① 《马克思恩格斯全集》第 1 版第 42 卷第 139 页。
② 《马克思恩格斯全集》第 1 版第 42 卷第 139 页。
③ 《马克思恩格斯全集》第 1 版第 1 卷第 113 页。

斯密以前的概念。因此，这个概念揭示了工业以前的经济思想的颠倒。这种颠倒在本质上是与自然宗教的偶像崇拜相类似的。马克思在那些已认识到财富存在于（资本主义）雇佣劳动中的经济学家那里，当然没有看到这种类似。因此，他必须用另一个概念来研究"现代"经济学家。"异化"描述了失去崇拜的但"被颠倒的"资本主义社会经济的宏观结构。劳动尽管被异化了，但仍是活动，而活动从来不可能是偶像崇拜的对象。这反映了马克思在最初的经济学研究中对"拜物教"（和"物神"）概念的探讨还局限在科学的初级阶段的特点（从历史上看）。那时候，他还不能普遍地认清资产阶级经济学的"商品拜物教"，或者说，还不能认清反映资本主义本质的各种物神形式的统治，也不能把这种统治（例如，通过货币）纳入"异化"的概念中。

五、"某些"经济学家的拜物教

这里首先要指出的是：第一，马克思从《1844年经济学哲学手稿》至1857年的《大纲》，据我所知，没有使用过"拜物教"这个概念，它至少在理论性的正文中没有出现过；第二，如果人们注意到在1857年至1873年（《资本论》第1卷第2版）之间完成的经济学著作，就会发现马克思在一般论述中极少提到"经济学家"的拜物教。在《政治经济学批判》里的一个不显眼的脚注中有一句马克思异乎寻常地赞扬庸俗经济学家麦克库洛赫的话。马克思说他比诸如罗南兹、冯·施泰因这些"德国'思想家'们的拜物教高明得多"，后者把"物质"和"半打杂物"凑在一起说成是"价值的原素"。① 马克思在1861—1863年手

---

① 《马克思恩格斯全集》第1版第13卷第23页。

稿中好几次把贝利说成"拜物主义者"、"拜物教徒"或者"陷入了拜物教"。① 同样，在少数场合以概括的方式提到资产阶级经济学家的拜物教。李嘉图认为固定资本和流动资本的定义可以根据资本的这两个组成部分的不同的自然持续时间得出来。马克思从这种观点出发，在《大纲》中概括说："这种粗俗的唯物主义，是一种同样粗俗的唯心主义，甚至是一种拜物教，它把社会关系作为物的内在规定归之于物，从而使物神秘化。"② 根据相同的理论前提，在《资本论》第2卷的一个手稿中提到了经济学家的拜物教。③ 马克思在《直接生产过程的结果》中写道："资本就被看成这样一种物，它在生产过程中起着某种物的作用，起着它作为物应有的作用。"④ "因此，在资本主义生产过程的基础上，使用价值（资本在这种使用价值上以生产资料的形式存在）和作为资本（资本是一定的社会生产关系）的这些生产资料即这些物的用途，是不可分割地融合在一起的；这正像在这种生产方式内，对于局限于这种生产方式中的人来说，产品本身就被当做是商品一样。这一点构成了政治经济学拜物教的一个基础。"⑤ 马克思在《资本论》第1卷第1版的正文中又写道："商品世界具有的拜物教性质或劳动的社会规定所具有的物的外观，怎样使一部分经济学家受到迷惑，也可以从关于自然在交换价值的形成中的作用所进行的枯燥无味的争论中得到证明。既然交换价值是表示消耗在物上的劳动的一定社会方式，它就像汇率一样并不包含自然物质。由于商品形式是资产阶级生产的最一般的和最不发达的

---

① 《马克思恩格斯全集》第1版第26卷第3册第138、139、159页。
② 《马克思恩格斯全集》第1版第46卷下册第202页。
③ 《马克思恩格斯全集》第1版第24卷第252页。
④ 《马克思恩格斯全集》第1版第49卷第40页。
⑤ 《马克思恩格斯全集》第1版第49卷第40页。

形式（所以它早就出现了，虽然不像今天这样是统治的、从而是典型的形式），还比较容易看穿。但是比较具体的形式中，例如资本怎样呢？古典经济学的拜物教在这里是明显的。"①

这段论述在《资本论》第2版中实际上未作修改（马克思作了细小的不涉及内容的修辞改动）。但只有一处非常有趣而又极其重要的改动，那就是把原来的"古典经济学的拜物教"改为："而蔑视货币主义的现代经济学，一当它考察资本，它的拜物教不是也很明显吗？"②

马克思在考虑《资本论》第1版对古典经济学下的定义时，用极其普通的概念"现代经济学"取代了"古典经济学"：这种经济学的实质是研究"资产阶级生产关系的内部联系"，而庸俗经济学只是把表面形式加以系统化，③尽管甚至资产阶级古典政治经济学也陷入了拜物教，但马克思几十年来仍然积极研究了它的成果，并明确地指出了它的局限。在这方面，马克思认为特别重要的是强调与它的庸俗后辈们相比

---

① 参看《马克思恩格斯全集》第1版第23卷第99页。

② 《马克思恩格斯全集》第1版第23卷第100页。[整段论述在《马克思恩格斯全集》第1版第23卷第99—100页中的内容如下："商品世界具有的拜物教性质或劳动的社会规定所具有的物的外观，怎样使一部分经济学家受到迷惑，也可以从关于自然在交换价值的形成中的作用所进行的枯燥无味的争论中得到证明。既然交换价值是表示消耗在物上的劳动的一定社会方式，它就像汇率一样并不包含自然物质。由于商品形式是资产阶级生产的最一般的和最不发达的形式（所以它早就出现了，虽然不像今天这样是统治的、从而是典型的形式），因而，它的拜物教性质显得还比较容易看穿。但是在比较具体的形式中，连这种简单的外观也消失了。货币主义的幻觉是从哪里来的？是由于货币主义没有看出：金银作为货币代表一种社会关系，不过采取了一种具有奇特的社会属性的自然物的形式。而蔑视货币主义的现代经济学，一当它考察资本，它的拜物教不是也很明显吗？"——编者注]

③ 《马克思恩格斯全集》第1版第23卷第98页脚注。

所取得的突出的科学成果。这里，在进行概念史的探讨时，目前只要把握住一点就足够了，即在马克思的著作中，是在历史的进程中，根据资产阶级经济思想的一定发展阶段来确定"拜物教"的特征的。1844年马克思认为，货币主义者和重商主义者陷入了拜物教，1867年和1873年又分别认为古典经济学家和"现代"经济学家也陷入了拜物教，而货币主者还有"幻觉"①（讲得很克制）。但如果从历史来考察一个概念，那么这个概念就不可能不涉及历史，概念改变着自己的内容。概念改变了内容，从而改变了把拜物教概念运用到资产阶级经济学上的已变化了的条件。马克思关于资本主义生产方式中拜物教本质的普遍定义证明了这一点。

六、资本主义商品世界现实中的拜物教

马克思在1861—1863年手稿中第一次完整地研究了"三位一体的公式"，即资产阶级生产要素理论。这种理论认为，资本、土地和劳动是每种生产中共同发挥作用的要素或条件。从总产品分配的观点来看，它们之间是毫无联系地并列在一起的，是三种收入形式即利润（利息）、地租和工资的"源泉"。在这种前提下，"收入的形式和收入的源泉以**最富有拜物教性质**的形式表现了资本主义生产关系。这是资本主义生产关系从外表上表现出来的存在，它同潜在的联系以及中介环节是分离的"②。而且，"在所有这些形式中，最完善的物神是**生息资本**"，因为资本最初的一般公式（G—W—G′）被缩简成了没有意义的简化式

---

① 《马克思恩格斯全集》第1版第23卷第99页。
② 《马克思恩格斯全集》第1版第26卷第3册第499页。

（G—G'）①，生息资本具有了它的"纯粹的拜物教形式"。② 在生息资本上，"物神达到了完善的程度"③。马克思在另一处写道："在生息资本上，这个自动的拜物教，即自行增殖的价值，会生出货币的货币，就纯粹地表现出来了"，"并且在这个形式上再也看不到它的起源的任何痕迹了"。④ 这些论述的一部分可以在《资本论》第3卷的手稿中逐字逐句地找到，以致马克思在标题为"资本关系在生息资本形式上的外表化"这一章（第24章）中，重复了所有形容词："最富有拜物教性质的形式"，"自动的物神"，"资本的物神形态"，"纯粹的拜物教形式"。⑤

在这个问题上，有两点使我们特别感兴趣：其中一点是马克思在1861—1863年手稿中提到了（某些）经济学家的"拜物教"，并且只是在批判生产要素理论时再一次地但仅仅是在"公式"的这一个环节上提到了"物神"；另一点是，马克思把这一环节看做是"物神"，而不是"拜物教"。正如马克思在《资本论》第1卷中说的那样，拜物教的基本的一般抽象含义已经包括在《资本论》的前两部草稿中，但当时尚未使用具有概括了这个含义的特征的"拜物教"这个概念。

从马克思只把生息资本的现象当做"物神"这一特殊性中可以得知，货币（金）是引起人们注意的资金财富的化身。这种资本财富的可怕力量通过"自行增殖"G—G'——显然与劳动没有关系——表现出来。但马克思为什么用"物神"代替"拜物教"，可以从其他附注和语

---

① 《马克思恩格斯全集》第1版第26卷第3册第500页。
② 《马克思恩格斯全集》第1版第26卷第3册第516页。
③ 《马克思恩格斯全集》第1版第26卷第3册第503页。
④ 《马克思恩格斯全集》第1版第25卷第441页。
⑤ 《马克思恩格斯全集》第1版第23卷第440、441、442页。

句中得知。他论述道，资本—利润（利息）、土地—地租、劳动—工资这些环节一起构成了"**现实的颠倒**借以表现的歪曲形式"，这一形式"自然会在这种生产方式的观念中再现出来"①。"就是这些完成了的关系和形式"，在实际生产中表现为前提……"因为资本主义生产方式是通过它本身所创造的各种形态运动的，这些形态即它的结果，又同样地在再生产过程中作为完成了的前提同它相对立"。②具有决定性的一点是：马克思在这里强调了主观颠倒的**客观**特征。因此，它首先不是反思，而是物的外观的对象性现实。这种外观的形式和再现是通过被石化成"物"的（人与人之间的）经济关系作为"物"存在，或者就像G—G′那样在没有"关系"的前提下增加（增殖）。这**便是**物神——它是人的制品，客观实在地并物质化地存在着，并且支配着人类。马克思最初是把物神和其结果的对象性统一，即制品对其创造者的"超验"力量称为"**拜物教**"。在G—G′中，"变体和拜物教彻底完成了"③。甚至拜物教这个概念的语义转变也以某种方式完成了。它直到现在还影响着宗教的偶像膜拜。"变体"是天主教教义的一个中心术语（1215年拉特罗宫第四次教法会议）：在弥撒献祭时，牧师的言语把"物质"面包和葡萄酒**变成**了基督的肉体和血液。很明显的是，马克思曾计划并创造了怎样的类比。同时，现在已经超过了把"拜物教"归结为一定的思想（理论）关系的阶段，即归结为经济学家同经济现象之间的关系的阶段。

资本主义经济关系的拜物教形态虽然影响了"单个资本家的行

---

① 《马克思恩格斯全集》第1版第26卷第3册第499页。
② 《马克思恩格斯全集》第1版第26卷第3册第538页。
③ 《马克思恩格斯全集》第1版第26卷第3册第549页。

动",但动机和观念——庸俗经济学"以更加明显的学理主义的形式重复"表达了它们①——同时存在着"物的主体化、主体的物化、因果的颠倒"。这是一种实际发挥作用的力量和势力,不单单是幻想或者"被颠倒的思想"——不是单单一种意识过程就能消除的颠倒,相反,这是一种"物的形态"②,它是相应的思维方式的基础和原因。一旦人们拥有生息资本,事实上它就会立刻在 G—G′中发生,不管这种过程在理论上是否得到反映。"物神"就是会生出货币的货币,因为它是与自身发生关系的物——"一个可感觉而又超感觉的存在物",一种"现实存在的形式"③,它对人类意识的作用和与此相应的人类反应共同创造了拜物教:对偶像的膜拜,一种梦游者的行动,一种处于现实和梦幻之间的思想。

马克思在这以前以及在这里提到的资产阶级经济学家的拜物教,现在表现为"拜物教"的特殊例子。它——起源于生息资本——是隐蔽得更深的颠倒得最表面最明显的形态。因此,马克思的《资本论》第 1 卷是从基本形式本身写起的,即按照叙述逻辑,不是从生产要素理论开始,而是从商品、价值和货币开始。

马克思在《资本论》第 1 卷(第 1 版)中谈到了"商品世界具有的拜物教性质或劳动的社会规定所具有的物的外观"④。马克思在第一篇第一章的附录中比第一章的正文更细致地再次论述价值形式(而且更加明确地划分小节)时论述了等价物形式的四个特点:第一个特点,就

---

① 《马克思恩格斯全集》第 1 版第 26 卷第 3 册第 412 页。
② 《马克思恩格斯全集》第 1 版第 26 卷第 3 册第 548 页。
③ 《马克思恩格斯全集》第 1 版第 26 卷第 3 册第 536 页。
④ 《马克思恩格斯全集》第 1 版第 23 卷第 99 页。

是使用价值成为它的对立面——即价值的表现形式;① 第二个特点,就是具体劳动成为它的对立面即抽象劳动的表现形式;② 第三个特点,就是私人劳动成为它的对立面的形式,即直接社会形式的劳动;③ "等价形式的第四个特点:商品形式的拜物教在等价形式中比在相对价值形式中更为明显。"④

后面这个标题包括了这个概念的第一个定义。其中,作为它的两个组成部分即物的形式和思维形式最终得到了统一:"这只是人们自己的一定的社会关系,但它在人们面前采取了物与物的关系的虚幻形式。因此,要找一个比喻,我们就得逃到宗教世界的幻境中去。在那里,人脑的产物表现为赋有生命的、彼此发生关系并同人发生关系的独立存在的东西。在商品世界里,人手的产物也是这样。我把这叫做拜物教。劳动产品一旦作为商品来生产,就带上拜物教性质,因此拜物教是同商品生产分不开的。"⑤ 在《资本论》第1卷第2版中,马克思先研究了价值形式,然后才研究了拜物教,而不是在简单价值形式的范围内叙述拜物教。但包括定义在内的大部分论述都逐字逐句地或者只作了一些无关紧要的修辞改动就加以采用了。⑥

马克思在描述交换价值时最后写道:"因此,**货币拜物教的谜**就是商品拜物教的谜,只不过变得明显了,耀眼了。"⑦ 商品**拜物教**、货币

---

① 参看《马克思恩格斯全集》第1版第23卷第99页。
② 参看《马克思恩格斯全集》第1版第23卷第71页。
③ 参看《马克思恩格斯全集》第1版第23卷第73页。
④ 《马克思恩格斯全集》第1版第49卷第161页。
⑤ 《马克思恩格斯全集》第1版第23卷第89页。
⑥ 《马克思恩格斯全集》第1版第23卷第89页。
⑦ 《马克思恩格斯全集》第1版第23卷第111页。

拜物教、利息**拜物教**——简言之："商品世界的这种拜物教性质"① 是物的外观，不是幻想或者热昏的胡话；所以"拜物教"表明了资本主义的颠倒的社会现实，表明了主客观即精神和物质这两部分统一的"颠倒世界"，——这是一个每种物都头脚倒立的现实，因此不得不解决这样一个问题，即必须在颠倒的世界内自行"翻转过来"，获取能看透这个颠倒的世界并使之失去魔力的立场。

如果我们纵览一下马克思在 1842 年开始运用并在《资本论》中最后完成的拜物教语义转变的总过程就会发现：

1. 马克思之所以使用这个（宗教学）术语，是因为他觉得拜物教适合于说明**颠倒的形式**。马克思在所有社会领域中都遇到了这种形式：作为颠倒的意识并由人的头脑形成的宗教变成了支配人类力量；政治团体被宣传为独立的力量；私有财产成了尘世的神圣物，谁侵犯了它，就等于亵渎神物。然而资本主义私有财产的最明显的形态不是森林的木头和可以捕捉的野兽，而是**货币**，所以把这个概念引入政治经济学批判是很自然的。

2. 从《经济学哲学手稿》到《资本论》，"拜物教"都是在经济学理论的范围内使用的。马克思甚至在诸如 50 年代初研究波拿巴主义体系这一最佳时机都没有把独立的政治力量和国家力量与"拜物教"进行类比。在不断发展的经济学理论中，"拜物教"最初是用来说明（资产阶级经济学家）同社会经济实践的理论关系。一开始使用"拜物教"这个概念时，它就首先以一个普通的公式表达了对货币的崇拜。这是 40 年代中期。几十年后，在分析生息资本时，再次使用了这一概念内容。马克思在研究和认识价值形式时，阐明了社会关系物化的最隐蔽的

---

① 《马克思恩格斯全集》第 1 版第 23 卷第 89 页。

源泉,并使用了"拜物教"的说法,用一个概念来表达它。这样,"拜物教"不仅包含了主客观颠倒的客观性质,而且包含了在理论上或日常意识形态上进行的资产阶级反思的特点。

3. 马克思从未试图除去"拜物教"的最初语义,而是用它来为自己服务。这表现在:他仅仅在这个概念同社会经济现象进行类比的形式来维持最初语义的时候才使用这个概念。我们还要回过头来探讨这个问题以及它对研究马克思语言特点极其重要的结论。在这里,唯一应该注意的是,"拜物教"的认识论成分具备了"意识形态"的性质。根据马克思和恩格斯毕生运用语言的情况,"意识形态"就是"颠倒的"、独立的、因而基本上是唯心主义的意识。恰恰是(经济上的)拜物教和宗教之间形成的显著的类似促使我们简略地说明它。

4. 马克思在经济学理论中使用了"物神"或者"拜物教"。他避免使用"商品拜物教"、"货币拜物教"、"资本拜物教"等构词,尽管他谈到了商品或者货币的"拜物教性质"。"物神"是人的制品,是完成的被崇拜的对象。在《资本论》中,拜物教表示作为本体论事实和认识论现象的主客观颠倒。这等于说,它涉及的都是狂热崇拜和过分敬畏的制品——商品、货币等等。

5. 单单"拜物教"的概念史并不能取代扼要地叙述拜物教理论在不断发展的马克思主义中的发展过程。概念史的价值在于,借助语义转变来标明这个发展过程的重要阶段。它在一定程度上是一种衡量理论成熟的显示剂。马克思早在《大纲》中就基本上清楚地了解了资本主义社会关系物化的真相和过程。但他仅有一次提到了"拜物教",是为了抽象地概括资产阶级经济学思维方式的经验主义("唯物主义")和神秘主义("唯心主义")这两个组成部分。只有在《资本论》第1卷中才把其原因已被认识的事实和概念结合成一个不可分割的整体。这样,以前的理论发展几乎可以说告"终"了。在理论史上被看做结束的东西，在叙述逻辑上却是开端：《资本论》第1卷中定义式地使用成了贯穿整个卷（以及马克思暗示要写而未写成的各卷①）中的"拜物教理论展开"的开端。这样，这个概念就形成为范畴，它的使用则成为拜物教的理论。

现在，我们研究一下在成熟的经济学著作中与拜物教概念有关并以特殊的方式使人注意拜物教概念特有范围的那些有关问题和有关的词。

正如前面所指出的，马克思有意识地把拜物教和宗教进行了类比。他偶尔又以嘲弄挖苦的语气来进行说明。这种情况首先发生在《资本论》第1卷中对拜物教下定义的场合，以及研究它的展开的形态即生产要素理论——"收入及其源泉"——的场合。

为了说明社会经济颠倒的性质，马克思要求读者和他一起暂时到宗教的幻境中去。② 他也谈及了"宗教般的概念混淆"③，指责商品"神学的怪诞"④ 和已陷入"日常生活中的这个宗教"⑤ 或"浅薄"⑥ 的宗教的理论上的拜物教徒。

马克思把生产要素理论中显露出来的颠倒形式变成了经济形态和基督教中心教条之间的明白易懂的结合体。"异化形式使古典的，因而也使批判的政治经济学家感到困难，他们试图通过分析来剥去这种形式，可是庸俗政治经济学却正好是在产品价值的各个不同部分相互对立的异

---

① 《马克思恩格斯全集》第1版第23卷第89页。
② 《马克思恩格斯全集》第1版第25卷第939—940页。
③ 《马克思恩格斯全集》第1版第26卷第3册第548页。
④ 《马克思恩格斯全集》第1版第23卷第87页。
⑤ 《马克思恩格斯全集》第1版第25卷第939页。
⑥ 《马克思恩格斯全集》第1版第25卷第939页。

化中第一次感到十分自在：正如一个经院哲学家在谈到'圣父、圣子和圣灵'这一公式时感到十分自在一样，庸俗经济学家在谈到'土地—地租，资本—利息，劳动—工资'这一公式时也感到十分自在。"① 另一处提到了"经济上的三位一体"②或者"三位一体"③。《资本论》第3卷第48章的标题就宣告了一条宗教之路："三位一体的公式"④。

当马克思1842年第一次使用"拜物教"时，他和他的朋友们正被费尔巴哈的《基督教的本质》（1840年）所吸引。在这种情况下，某种语句对马克思产生了毕生的影响。但不能像马克思学那样断言，马克思从未能摆脱青年黑格尔派或者费尔巴哈的宗教批判。⑤ 相反，这是语句的吻合，而绝不是理论观点或者政治立场的相同。费尔巴哈批判"三位一体"时也使用了这些语句。他写道："三位一体是多神教与一神教的矛盾，是幻想与理性的矛盾，是想象与现实的矛盾。"⑥ 费尔巴哈经过较长的论述后，最后写道："在三位一体之神圣的神秘中——之所以说是神圣的神秘，便因为这种神秘应当显明一种与人的本质区别开来的真理——，一切东西都消失于欺骗、幻象、矛盾与诡辩之中。"⑦

---

① 《马克思恩格斯全集》第1版第26卷第3册第539页。
② 《马克思恩格斯全集》第1版第25卷第920页。
③ 《马克思恩格斯全集》第1版第25卷第923页。
④ 《马克思恩格斯全集》第1版第25卷第919页。
⑤ 〔德〕汉斯－约阿希姆·赫尔米希：《"颠倒的世界"是马克思著作的基本思想》，美因河畔法兰克福—伯尔尼—奇尔切尼切斯特1980年版。
⑥ 〔德〕路德维希·费尔巴哈：《基督教的本质》，莱比锡1957年版，第133页以及以下各页。
⑦ 〔德〕路德维希·费尔巴哈：《基督教的本质》，莱比锡1957年版，第327、330—331页。

这些思想都可以在直到《资本论》为止的马克思著作中找到。他之所以研究费尔巴哈思想中尚有意义的部分，是因为它们有助于批驳"颠倒"。对马克思来说，重要的是模型、原则，而不是马克思早在40年代就不赞成的世界观的立场和理论。

19世纪下半叶，对马克思来说，形成或者传播这个论题不仅存在理论原因，而且还有不可辩驳的政治原因。他的理论包括宗教——特别是基督教——的研究，而不是浅薄地宣传无神论。马克思的经济理论和全部理论一样，都是为无产阶级撰写的。无产阶级虽然不是很积极地参与教会生活，但他们绝对没有摆脱宗教观和所受到的影响，即使宗教观和这种影响躲藏地乍一看来是世俗的道德的价值体系之后。例如，普遍传播的正义和平等的要求就是某种被世俗化了的基督教的价值。另一方面存在着一种平常的基督教。人们在生活中的一些特殊场合借助于这种基督教进行洗礼、坚信礼、婚礼和葬礼来进行通常的社会活动。不应忘记基督教所起的安慰作用，除了酒之外，基督教已成为无产阶级贫困阶层的一种生活必然性。同时，教会也开始研究"工人问题"。现在，围绕宗教意识的研究已经不再像1848—1849年革命之前那样激进的民主资产阶级力量和保守的封建制度之间的分歧，而是工人阶级和资产阶级之间的分歧。因此，马克思把拜物教和宗教进行类比也有如下任务，即阐明宗教形成的机制，也就是撇开经济学知识来介绍意识形态理论的知识。因此，研究宗教思想主要是为了政治问题，而不是局限在这些问题本身。马克思的宣传效果最后（但并不是最重要）也得依赖于语言形态。这又回到了我们探讨的中心问题上。

与拜物教—宗教这一论题有关的有一系列揭示其基本特征的词语，它们一方面帮助马克思形成了高度发展的、表达生动、丰富的语言特点和风格特点；它们同样是无意识地产生的，并且反映了对某些在拜物教中显露出来的反理智行为的不满。

这些词语包括三种词义,每一词义都可成为中心概念的说明或同中心概念相吻合。这就是:魔术、神秘化和疯狂性。

在论述中提到了"货币的魔术"①、"虚幻形式"②,"谜"③ 或者作为商品的劳动产生的"谜一般的性质"④、"可感觉而又超感觉的存在物"⑤,甚至提到了"魔术"⑥。"魔法妖术"⑦ 统治着商品世界,劳动"只是一个幽灵"⑧;G—G′具有"一种神秘性质"⑨,等等。马克思在概括从商品到生产要素理论的拜物教形式的最后,用比较易记的方式总结说:"在资本—利润(或者,更好的形式是资本—利息),土地—地租,劳动—工资中,在这个表示价值和一般财富的各个组成部分同财富的各种源泉的联系的经济三位一体中,资本主义生产方式的神秘化,社会关系的物化,物质生产关系和它的历史社会规定性直接融合在一起的现象已经完成:这是一个着了魔的、颠倒的、倒立着的世界。在这个世界里,资本先生和土地太太,作为社会的人物,同时又直接作为单纯的物,在兴妖作怪。"⑩

---

① 《马克思恩格斯全集》第 1 版第 23 卷第 111 页。
② 《马克思恩格斯全集》第 1 版第 23 卷第 89 页。
③ 《马克思恩格斯全集》第 1 版第 23 卷第 111 页。
④ 《马克思恩格斯全集》第 1 版第 23 卷第 88 页。
⑤ 《马克思恩格斯全集》第 1 版第 26 卷第 3 册第 536 页。
⑥ 《马克思恩格斯全集》第 1 版第 26 卷第 3 册第 500 页。
⑦ 《马克思恩格斯全集》第 1 版第 23 卷第 93 页。
⑧ 《马克思恩格斯全集》第 1 版第 25 卷第 921 页。
⑨ 《马克思恩格斯全集》第 1 版第 25 卷第 934 页。
⑩ 《马克思恩格斯全集》第 1 版第 25 卷第 938 页。

第二个词义围绕着"神秘莫测"或"难以理解"①,"隐藏的秘密"②,"资本的神秘化"③,"商品的神秘主义"④,"商品的神秘性质"⑤,作为价值"神秘的、自行创造的源泉"⑥ 的 G—G′,一种"不可理解的、神秘的形式"⑦,"被完全神秘化"⑧,一种"神秘的规律"⑨ 在支配着,等等。费尔巴哈也写过这些词句。他谈到了"三位一体的秘密"(第7章)⑩,或者"三位一体"。第10章的标题就叫"神秘主义或上帝里面的自然之秘密"⑪。费尔巴哈在该章写道:"神秘家跟普通的、有自我意识的思想家有着同样的对象;但是,神秘家并不把现实的对象当做现实的对象,而是把它当做被想象的对象;从而,他又把被想象的对象当做现实的对象。"⑫

把拜物教和疯狂性合并起来就形成了第三个词义。它是由"疯狂

---

① 《马克思恩格斯全集》第1版第26卷第3册第503页。
② 《马克思恩格斯全集》第1版第26卷第3册第538页。
③ 《马克思恩格斯全集》第1版第26卷第3册第549页。
④ 《马克思恩格斯全集》原文版第2部分第5卷第47页。
⑤ 《马克思恩格斯全集》第1版第23卷第88页。
⑥ 《马克思恩格斯全集》第1版第26卷第3册第503页。
⑦ 《马克思恩格斯全集》第1版第26卷第3册第517页。
⑧ 《马克思恩格斯全集》第1版第26卷第3册第544页。
⑨ 《马克思恩格斯全集》第1版第26卷第3册第572页。
⑩ 〔德〕路德维希·费尔巴哈:《基督教的本质》,莱比锡1957年版,第133页。
⑪ 〔德〕路德维希·费尔巴哈:《基督教的本质》,莱比锡1957年版,第156页。
⑫ 〔德〕路德维希·费尔巴哈:《基督教的本质》,莱比锡1957年版,第138页。

性"("三位一体的公式")①和"荒谬形式"② 开始的,并以"不合理性"③ 为标志使用美妙的、一种麻木的瘾君子或许习以为常的画面作为结束:"'劳动的价格'是和'黄色的对数一样不合理'。"④ 甚至在这种情况下,在费尔巴哈的著作中也能找到差不多的词句。其中,他论述道:"即使在最可怕的歪曲中,拜物教像漫画一样还仍然带有宗教本质的痕迹。这些痕迹对于探寻宗教秘密本质的思想家来说,是和认识人类精神本质的激情和疯狂状态一样重要。"⑤

魔术(Zauber)—神秘主义(Mystifikation)—疯狂性(Wahnsinn):这是三个互相交叉的词义。把这些词义组合起来就能使拜物教—宗教这个论题拥有自己思想上的联系紧密的成分。其目的则在于证明,拜物教是集中表现缺乏理智和反理智的思维方式。在这些词的背后绝不是与启蒙运动密切相关的马克思的思想,恰恰相反,是对资产阶级观念或者自我表现所进行的明确无声的指责,并且用理智之灯消除了中世纪经院哲学的蒙昧主义和精神上的愚昧。事实上,马克思指出,资产阶级社会从它的社会经济关系这个角度来看,一边在消灭缺乏理智的资本主义以前的形式,一边在形成自己特有的形式。资产阶级对教会成员的"迷信"所进行的嘲讽没有理解这样一个事实:启蒙运动的发展是随着资本主义生产方式的形成开始的,把理性变成衡量社会的可靠量器所花费的代价是社会整个运动的自我行为。

---

① 《马克思恩格斯全集》第 1 版第 26 卷第 3 册第 5533 页。
② 《马克思恩格斯全集》第 1 版第 23 卷第 93 页。
③ 《马克思恩格斯全集》第 1 版第 26 卷第 3 册第 542、578 页。
④ 《马克思恩格斯全集》第 1 版第 25 卷第 924 页。
⑤ 〔德〕路德维希·费尔巴哈:《人是根据自己的形象创造了上帝》,柏林 1958 年版,第 137 页。

探讨概念史是研究理论史的一个要索。把它独立出来或者甚至用概念史来取代理论史将会在马克思理论的实际产生过程方面引起严重的误解。这一点在分析"拜物教"的概念发展时表现得尤为清楚。

如上所述,马克思早在《大纲》中研究商品、价值和货币时就认识到了拜物教的本质,但没有使用这个概念。他谈到了交换关系借助货币可以"固定为一种对生产者来说是外在的、不依赖于生产者的权力"①。他在另一个地方还写道:"活动的社会性,正如产品的社会形式以及个人对生产的参与,在这里表现为对于个人是异己的东西,表现为物的东西;不是表现为个人互相间的关系,而是表现为他们从属于这样一些关系,这些关系是不以个人为转移而存在的,并且是从毫不相干的个人互相冲突中产生出来的。"② 马克思一再提到"物的依赖性"③,"人们互相间的物化的关系"④,个人的"物的联系"⑤,等等。或者:"资本被理解为物,而没有被理解为关系。"⑥ 最后所引的这句话清楚地表明,马克思决没有把"物化"仅理解为货币现象,而是把它当做过程本身,并表述了出来。

在《资本论》第 1 卷的拜物教论述中可以找到几乎与《大纲》一模一样的论述和词语。依靠《大纲》中相似的动词就可以证实 1857—1858 年手稿具有高度的理论水平。当时虽没有拜物教概念,但马克思显然也能应付自如。于是就产生一个问题,为什么马克思在 1867 年要

---

① 《马克思恩格斯全集》第 1 版第 46 卷上册第 91 页。
② 《马克思恩格斯全集》第 1 版第 46 卷上册第 103 页。
③ 《马克思恩格斯全集》第 1 版第 46 卷上册第 104 页。
④ 《马克思恩格斯全集》第 1 版第 46 卷上册第 107 页。
⑤ 《马克思恩格斯全集》第 1 版第 46 卷上册第 108 页。
⑥ 《马克思恩格斯全集》第 1 版第 46 卷上册第 212 页。

通过下定义来引入这个概念呢?

其原因在于概念本身的所谓语义特征。这个概念和宗教思想之间固有的类似使它拥有一个"物化"所没有的、但又不能抛弃的意识形态理论观,即可以把握和表现多方面和多层次的主客观颠倒现象。自然,马克思在后来也能够使用"物化"。在选择使用"拜物教"时,马克思显然遵循了思维经济学的原则,即以必要的最少的语言工具记录下最多的认识。另外,还有交流的目的。如果这些认识以能再现口头流传的语言形式记录下来并得到介绍,那么交流目的将会更有效地实现。使用"拜物教"也就是这种情况。与宗教意识的类似是很容易描述的,它会使《资本论》的读者产生(故意的)批判性的意见,甚至使他们产生厌恶。

所以,把"拜物教"引入《资本论》不单单是用一个词来概括所获得的认识,而是认识进一步发展的标志。这篇概念史的论文将会使说明这些认识的发展过程变得更有把握、更完整、更容易。

(原载马丁·路德大学《马克思恩格斯研究文集》第22辑)

(周福海 摘译　张钟朴 校)

异化理论和"否定性"的辩证法[*]

〔日〕岩佐茂

全球化正以猛烈之势席卷全球。和以往相比,无论是去世界任何地方,都可以简单、迅速到达。远在世界不同地区的物资也和国内的商品一起充斥着市场。如今的世界,正在发生的事情几乎同时就可以看到它的直播的影像。人、物资、货币、技术、信息等纷纷越过国境,以全球的规模相互往来,全球的统合正在急速的进行当中,世界被联系得更加紧密,生活也变得更加便利。

但是,一味地称赞全球化是否妥当呢?显然未必如此。全球化破坏了扎根于世界各个地区风土的传统文化,使乏味、同质的功能性的"文化"蔓延开来。伴随着全球化,贫富差距、"南北差距"都变得更加严重,环境破坏在世界各地不断发生。正因为如此,在欧洲、南美、亚洲各地都产生了反对全球化的看法和运动,并逐渐形成了一种浪潮。替代性的(alternative)全球化运动正在进行。

之所以产生替代性的全球化,是因为现实中进行的全球化是异化形

---

[*] 本文选自《马克思主义与现实》2012年第2期。作者岩佐茂系日本一桥大学教授。

态的全球化。① 之所以如此，原因在于现在进行的全球化由资本逻辑主导。如今，全球化已扩展到金融资本领域，它使资本暴露出越境的本性，使发展不平衡的世界各地的经济陷入竞争的漩涡，并据此以同质的世界市场统一了扎根于世界各地的内发型主导的经济，使强者的资本来蹂躏它。新自由主义正是这种意识形态的表现。

一、马克思的"资本的伟大的文明作用"概念

从马克思主义的立场来把握如今的全球化，一个重要的观点就是《政治经济学批判》中的"资本的伟大的文明作用"的概念。

在《政治经济学批判》当中，马克思写道："这就是所谓对外贸易的传播文明的作用。"② "只有资本才创造出资产阶级社会，并创造出社会成员对自然界和社会联系本身的普遍占有。由此产生了资本的伟大的文明作用；它创造了这样一个社会阶段……"③

在日本，"资本的伟大的文明作用"往往被认为是马克思肯定了"资本的文明作用"的积极意义。但是，这种解释是不正确的。以追求利润最大化为目的的资本逻辑，在"世界市场"中打破了自然的、封建的各种各样的狭隘性和制约，在促进文明化的进程中发挥着巨大的作用。对于这一现实，马克思称之为"资本的伟大的文明作用"。

资本的逻辑不仅剥削劳动者、掠夺自然，而且利用"世界市场"

---

① 〔日〕岩佐茂：《全球化当中的马克思》，载杨春贵主编：《中日学者论马克思主义哲学的当代形态》，北京：中共中央党校出版社2007年版。
② 《马克思恩格斯全集》第1版第46卷上册第210页。
③ 《马克思恩格斯全集》第1版第46卷上册第393页。

的"伟大的文明作用"将欧洲以外的国家变为殖民地、进行掠夺,并通过"伟大的文明作用"创造了均一的"世界市场"。在"世界市场"中进行的物资交换、交易和人的交流,依据的并非是互惠互利原则,而是依据资本的逻辑以"异化交往"的形态来进行的。马克思看准了这个事实。他从异化角度考察"资本的伟大的文明作用"。现在,全球化已经扩展到金融资本领域,这其实也是马克思所说的"资本的伟大的文明作用"的延伸,有必要用异化理论来把握这种全球化。

用异化的观点来把握全球化和"资本的伟大的文明作用",承认"资本的伟大的文明作用"既有肯定又有否定的方面,不能分开评价。由资本的逻辑引起的全球化或"文明作用",一方面打破了扎根于各地的传统的文化、制约和枷锁,另一方面又导致了基于资本和劳动对立的新的异化的现实,清楚地认识到这一点是十分必要的。为此,有必要对马克思的异化概念进行更加深刻的考察。

二、《经济学哲学手稿》和《穆勒笔记》中的异化概念

马克思对异化概念的正式论述,是在《经济学哲学手稿》和《穆勒笔记》当中(两者合称为《巴黎手稿》)。《经济学哲学手稿》是马克思开始从事经济学研究的最早的一本笔记。作为对恩格斯的《政治经济学批判大纲》的回应,马克思力图从"概念上把握""私有财产"[1],在这本笔记当中,马克思还没有从构造上把握资本主义,而是通过异化概念,对资本主义的本质进行了批判的考察。在《经济学哲学手稿》的《第一手稿》的"异化劳动"一节中,马克思通过"异化劳动"来

---

[1] 《马克思恩格斯全集》第 1 版第 42 卷第 104 页。

把握"私有财产"和因此而建立的资本主义的本质。在被认为执笔于《第一手稿》和《第三手稿》之间的《穆勒笔记》中,用"异化交往"(正确的说法是"社会交往的异化形式"①)来把握资本主义的商品交换;在《第三手稿》当中,不仅有"经济的异化",还采纳了由此引起的"现实生活的异化"、"一切异化的积极的扬弃"② 等观点。

对于"私有财产"下的"经济的异化",马克思在《经济学哲学手稿》和《穆勒笔记》中提出了"异化劳动"和"异化交往"两种异化的形态。当时,马克思还没有对两者的关系进行深入的考察。但应该注意的是,在《经济学哲学手稿》和《穆勒笔记》的执笔过程中,马克思对异化概念进行了深化。可是一直以来的解释都没有对此给予足够的关注。为此,我想指出三点。

第一,关于马克思的异化理论,《经济学哲学手稿》中的《第一手稿》的"异化劳动"得到了重视,而对于作为准备笔记的《穆勒笔记》则没有给予足够的关注。结果就是对于"异化交往"的意义评价过低甚至完全忽视(在日本,经济史的研究者们则对《穆勒笔记》的意义给予了积极的评价)。"异化交往"由"异化劳动"引起,是"经济的异化"的两种形态之一,有必要给予足够的重视。"异化交往"从逻辑上牵涉到《资本论》中的物化论。在《穆勒笔记》中,物化的形态作为"异化交往"而得到了论述。

第二,容易看出,对于《第一手稿》中的"异化劳动",西方马克思主义是以没有异化的、不变的、普遍的本质作为前提来解释的。这可以被认为是对异化的本质主义的理解,但绝不是马克思在《第一手稿》

---

① 《马克思恩格斯全集》第 1 版第 42 卷第 25 页。
② 《马克思恩格斯全集》第 1 版第 42 卷第 121 页。

中展开的异化理论。马克思是为了批判资本主义的现实而使用异化概念的,并非立足于对异化的本质主义的理解。

第三,对于《第一手稿》中的"异化劳动",从来都是在和《对黑格尔的辩证法和整个哲学的批判》一文的关联中进行论述的。但是,《对黑格尔的辩证法和整个哲学的批判》是被分为三个部分放入《第三手稿》当中的。写于1844年的《经济学哲学手稿》是在短时期写的笔记,当中体现着马克思思想的发展。在写作《第一手稿》的时候,马克思还没有形成"异化交往"的思想,还没有以"类的存在"来把握人的本质,还没有"共同的存在"的观点。"共同的存在"的概念是在《穆勒笔记》和《第三手稿》中登场的。如果领会了《经济学哲学手稿》中马克思思想的发展,就必须注意《对黑格尔的辩证法和整个哲学的批判》不是从《第一手稿》的"异化劳动"的关联来解释,而是必须从和《第三手稿》的关联的角度来解释。

在《第一手稿》当中,马克思分析了资本主义劳动者的劳动向"异化劳动"转变的事态。对于"异化劳动",只是在和未被异化的劳动的否定方面的对照中论述的,除此之外马克思并没有考察得更多。对此,《第三手稿》中的"共产主义是私有财产即人的自我异化的积极的扬弃"①的规定,则试图从作为"异化劳动"的直接结果的"私有财产"中发现其肯定的契机,包含了《第一手稿》的异化概念无法理解的内容。要把握这个规定的意义,有必要根据"否定性"的辩证法来解释异化的概念。

---

① 《马克思恩格斯全集》第1版第42卷第120页。

三、"否定性"的辩证法

"否定性"的辩证法作为《精神现象学》的"伟大的成果",是马克思从黑格尔那里继承下来的。马克思这么说:"黑格尔的《现象学》及其最后成果——作为推动原则和创造原则的否定性的辩证法——的伟大之处首先在于,黑格尔把人的自我产生看做一个过程,把对象化看做失去对象,看做外化和这种外化的扬弃;因而,他抓住了劳动的本质,把对象性的人、现实的因而是真正的人理解为他自己的劳动的结果。"①

马克思从"人的自我产生"的活动的角度将"否定性"的辩证法和异化联结在一起进行论述。应该关注的是,"辩证法,作为……的否定性"(der Dialektik, der Negativität)这个说法。这个说法源自新的《马克思恩格斯全集》历史考证版。在以前的《马克思恩格斯全集》中是这样记述的:"否定性的辩证法"(Dialektik der Negativität)②。这两个说法看起来也许会被认为差别不大,但是,"辩证法,作为……的否定性"的说法,则更明确了马克思是从"否定性"来把握辩证法的核心的。

根据马克思的理解,"否定性"辩证法的实质是"否定的否定"。费尔巴哈将黑格尔看做是"否定神学(超验性等等)之后又肯定神学的哲学",将黑格尔的"否定之否定"理解为和自身对立、以其他契机为中介的"绝对的肯定的东西",然后积极地放在和直接肯定的东西对

---

① 《马克思恩格斯全集》第1版第42卷第163页。
② 《马克思恩格斯全集》第1版第42卷第163页。

立的位置上。① 马克思在《对黑格尔的辩证法和整个哲学的批判》中对费尔巴哈的这一观点进行了批判。马克思指出，在黑格尔那里，"否定的否定不是通过否定假象本质来确证真正的本质，而是通过否定假象本质来确证假象本质，或者说，来确证自身异化的本质"②。马克思认为黑格尔的"否定之否定"是通过对作为否定物的异化的存在的否定，也就是对否定物的否定，从否定物中发现其所包含的肯定的契机。"共产主义是作为否定（私有财产。——作者注）的否定的肯定，因此它是人的解放和复原的一个现实的、对下一段历史发展说来是必然的环节。"③

四、黑格尔的"否定之否定"

回到黑格尔那里，"否定之否定"概念也并非完全如一。在《大逻辑》中，"某物（etwas）作为否定之否定而存在"④ 和"否定之否定，即肯定"⑤，两者的"否定之否定"的意义和内容就不一样。

关于后者，比如说，主张形成"开始（存在）—发展—结束（理念）"的展开是向自我复归、形成"圆圈"式构造的"否定之否定"。这其实正是费尔巴哈批判的以其他事物为中介的向"绝对肯定"回归的"否定之否定"。

---

① 《马克思恩格斯全集》第 1 版第 42 卷第 158 页。
② 《马克思恩格斯全集》第 1 版第 42 卷第 172 页。
③ 《马克思恩格斯全集》第 1 版第 42 卷第 131 页。
④ G. W. F. Hegel, *Werke*, Bd. 5, S. 124.
⑤ G. W. F. Hegel, *Werke*, Bd. 6, S. 64.

前者是把握事物的逻辑。某物在拥有作为定在的规定性的动机的同时，也有作为生成消亡的定在的否定。黑格尔把这个规定性的否定看做是"第一的否定，作为一般的否定"，它和"第二的否定，否定之否定有着严格的区别"①。在这个意义上，"否定的否定"是"第一的规定性（也就是第一的否定。——作者注）的否定"②，是否定物的否定。作为否定物，否定物通过自我否定而走向被否定。因此，否定物的否定正是以自我为中介的，是自我否定的否定。所以，"某物作为否定之否定而存在"，意味着将某物作为自我否定的事物来把握。因为某物是自我否定物，所以通过否定自身，使自己转变成了其他事物。在这个意义上，"否定之否定"就是对否定物的否定，通过自我否定而实现了转化。黑格尔将这种"否定之否定"称为"绝对的否定性"③，将作为"否定之否定"的某物称为"对否定物进行否定的事物"④。所以，否定物的否定、否定物向他物的转化是不能够使自己消失或者单纯扩散的。自我在否定自我的同时，使被否定的自我中的自我保持了下来。这种以自我为中介的自我否定是黑格尔"否定之否定"在把握某物时的核心。并且，这里的自我正是黑格尔所说的主体。主体通过自我否定、向他物转化而使自我展开，其中作为主体的自我同一性也得到保持。

---

① G. W. F. Hegel, *Werke*, Bd. 5, S. 123.
② G. W. F. Hegel, *Werke*, Bd. 11, S. 77 (Felix Meiner Vlg.).
③ G. W. F. Hegel, *Werke*, Bd. 5, S. 124.
④ G. W. F. Hegel, *Werke*, Bd. 5, S. 123.

五、"否定性"的辩证法和"否定之否定规律"

马克思在《对黑格尔的辩证法和整个哲学的批判》当中,将视某物为否定物并加以否定的黑格尔的逻辑当做"伟大之处",也就是当做"否定性"的辩证法加以积极地继承。这种理解方法和马克思在《资本论》第 2 版的《跋》中所说的是一致的,即"因为辩证法在对现存事物的肯定的理解中同时包含对现存事物的否定的理解,即对现存事物的必然灭亡的理解;辩证法对每一种既成的形式都是从不断的运动中,因而也是从它的暂时性方面去理解;辩证法不崇拜任何东西,按其本质来说,它是批判的和革命的"①。

对否定物的否定,并非对否定物的完全否定,而是意味着将现存的事物理解为否定物、在否定否定物的同时,对其中所包含的肯定的动机在更高的阶段上加以继承。举个例子来看。在考虑一个人的成长的时候,成长就意味着对过去的自己的否定以及对新的自己的创造。但是,过去的自己的肯定的方面被现在的自己加以吸收和继承,在过去的自己和现在的自己之间,有了自己的同一性(如果没有作为自我的自己的同一性,就可能会导致自我的错乱)。

《第三手稿》中的"作为私有财产的积极的扬弃的共产主义"的命题,也有必要从否定物的否定的方面来理解。在《经济学哲学手稿》中,作为"异化劳动"结果的"私有财产"是否定物,但马克思并没有把"私有财产"作为和共产主义对立的事物加以拒绝,而是对"私

---

① 《马克思恩格斯全集》第 1 版第 23 卷第 24 页。

有财产"这一否定形态当中的肯定的动机加以积极的继承,构想了作为对"私有财产"的否定的共产主义。对此,马克思借助于黑格尔的用语——"扬弃"——来进行论述。

在这里,这种"否定性"的辩证法和恩格斯在《自然辩证法》中提出的辩证法的"三个规律"之一的"否定的否定的规律"[①] 的关系是怎样的呢?

恩格斯所说的辩证法的"三大规律",是从黑格尔《逻辑学》的解释中推导出来的。也就是,"量转化为质和质转化为量的规律"是从存在论的逻辑、"对立的相互渗透的规律"是从本质论的逻辑、"否定之否定规律"是从"逻辑学"的全体分别推导出来的。对这一点应该注意的是,恩格斯的"否定之否定规律"并非像马克思那样从"否定物的否定"的某物的逻辑推导出来,而是从黑格尔的"圆圈"式构造的"否定之否定"的积极继承来的。费尔巴哈拒绝了黑格尔的"否定之否定",恩格斯一方面批判了黑格尔的这种产生"圆圈"式构造的"否定之否定"的唯心主义的方面,另一方面则领会到了其中的最初的事物在高级阶段的复活的"否定之否定"的辩证法的意义。

因此,必须把作为否定物的否定的"否定之否定"和"否定之否定规律"区分开来,两者既不能被认为是相互对立的概念,也不是毫无关系的,而是相互关联的。也就是说,最初的事物在高级阶段的复活的"否定之否定"揭示的是事物发展方向的逻辑,而作为否定物的否定的"否定之否定"则是使其实现这一发展过程的内在逻辑。恩格斯自己也

---

① 《马克思恩格斯全集》第 1 版第 20 卷第 401 页。

将"否定物的否定"作为事物内在矛盾的"辩证法的否定"[①] 而给予了积极的承认,只不过他没有称其为"否定的否定"而已。

马克思在《对黑格尔的辩证法和整个哲学的批判》中将"否定性"的辩证法,也就是对否定物的否定看做辩证法的核心,并根据"否定性"的辩证法来把握异化概念。不论是此后的经济学研究,还是在"资本的伟大的文明作用"的概念中,都贯穿着这种"否定性"的辩证法和异化理论。

(倪增辉 译)

---

① MEGA², Ⅰ-27, S.89.

"物象化"与"物化"同黑格尔辩证法的联系*

〔日〕平子友长

一、现代市民社会颠倒的结构

现代市民社会的结构特点在这一过程中被展示出来:其本质必须接受一种**颠倒的**现象形式,这种形式一方面可以掩盖它独特的本质;另一方面,在分析过程中非批判地、经验地以颠倒的现象而终结,这样就需要将另一种作为真正本质的东西指认为"本质"。我称之为**现代市民社会颠倒的结构**。这种社会自身给我们带来的方法逻辑上的任务在于,破解出一个独特的、可以调和本质与现象之间"似乎存在的矛盾"[①] 的逻辑。因此马克思辩证法的核心在于,必须借助必要的过程阶段来将本质颠倒,并采纳现象的形式,从本质中内在地发展自身。[②]

工资的**本质**就是劳动力的价值。价值的现象形式一般来讲就是价

---

* 本文选自《马克思主义与现实》2012 年第 4 期。作者平子友长系日本一桥大学社会学研究科哲学教授,MEGA² 编辑委员会成员。

① 〔德〕马克思:《剩余价值理论》第 1 卷,北京:人民出版社 1975 年版,第 67 页。

② Hans-Georg Backhaus,"Zur Dialektik der Wertform", in *Beträge zur marxischen Erkenntnistheorie*, hrsg. v. A. Schimdt, Suhrkamp, 1969, S. 145, S. 148.

格。尽管如此,劳动力价值的现象形式并非**劳动力的价格**,而是**劳动的价格**。为何古典政治经济学错误地采纳了"劳动价值"范畴?因为价格的本质据此并非别的,而就是这种价值。古典政治经济学的失误就在于此。马克思说:"在'劳动的价值'这个用语中,价值概念不但完全消失,而且**转化为它的反面**。这是一个虚幻的用语,就像土地的价值一样。但是这类虚幻的用语是从生产关系本身中产生的。它们是**本质关系的表现形式的范畴**。"①"古典政治经济学没有意识到自己的分析所得出的这个结果,毫无批判地采用'劳动的价值','劳动的自然价格'等等范畴,把它们当做所考察的价值关系的最后的、适当的用语,结果就像我们在下面将要看到的那样,陷入了无法解决的混乱和矛盾中,同时为庸俗经济学的在原则上只忠于假象的浅薄性提供了牢固的活动基础。"②"因此可以懂得,为什么劳动力的价值和价格转化为工资形式,即转化为劳动本身的价值和价格,具有决定性的重要意义。这种表现形式掩盖了现实关系,正好显示出它的反面。工人和资本家的一切法的观念,资本主义生产方式的一切神秘性,这一生产方式所产生的一切自由

---

① 〔德〕马克思:《资本论》第1卷,北京:人民出版社2004年版,第616页。
② 〔德〕马克思:《资本论》第1卷,北京:人民出版社2004年版,第617页。

幻觉，庸俗经济学的一切辩护遁词，都是以这个表现形式为依据的。"①

这一情况用图表来表示就是这样的：

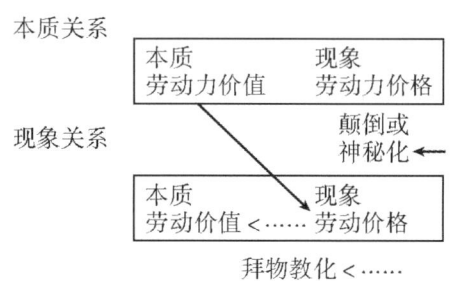

在现代市民社会中，现象关系参与到了本质与现象的本质关系之中。尽管现象关系作为映像关系必然产生一种虚假意识，然而这种关系自身也不是单纯的意识关系，而是客观的现实。因此现象的关系不能够通过扬弃掉虚假的意识而被改变。另一方面，只要人们否认映像关系的客观性，本质关系自身也转变为一种虚假的映像关系，也就是说，本质关系的定在基础（Daseinsgrund）虽然归结到主观的、由意识产生的错误上，但是却坚持作为唯一客观真实性的分离的本质关系。所有试图分析现代市民社会的人，都是从现象出发来探求其本质的。但当研究者在分析过程中更多地依据现象关系时，就会从中推导出一条与更侧重于本质关系的研究者得出的逻辑相矛盾的逻辑来。只要每个逻辑体系都能够

---

① 〔德〕马克思：《资本论》第 1 卷，北京：人民出版社 2004 年版，第 619 页。工资范畴的特殊重要性和它对于解决全部三一形式之谜的阐明，也被莱彻特（Reichelt）强调出来："工资范畴可以破解得了大多数的困难，同时在马克思看来对它的去神秘化构成了总体过程的全部概念渗透的前提"。参见 Helmut Reichelt, *Zur logischen Struktur des Kapitalbegriffs bei Karl Marx*, 4. Auf. , Europäische Verlagsanstalt, 1973, S. 88。

准确描述出现代市民社会客观真实性的一部分,那么将两个体系中的一个当做完全真实的来接受或者完全错误的而拒斥,①都是不可行的。据此看来,假定的必要性就继一种深刻的方法论而来,根据这种必要性人们可以很清楚地理解以上图表中示意的相互矛盾关系。

政治经济学长久地纠缠于无法解决的矛盾,直到它能够掌握前面给出的方法论为止。但只要这种混乱是由客观的矛盾,即现代市民社会颠倒的结构造成的,实际上对于政治经济学来说,揭露这种客观的矛盾的准备性工作就是不可或缺的,即通过政治经济学将矛盾主观地,在其自身体系内部的逻辑矛盾结构中承担起来。正是古典政治经济学派主观地、认真地从事了这项工作。②对此,马克思恰恰将其政治经济学体系构想为**对古典学派的批判**,因为政治经济学已经在主要内容上丰富了它的准备工作。在这个意义上,马克思将其政治经济学思想研究上的成功在决定性的程度上归功于古典政治经济学派。

马克思运用了一个特别的术语"映像"(Schein),它表达了一种颠倒的现象形式,这种现象形式必然在现代市民社会的表层上将本质关系引入到现象中,并干脆有意识地同单纯的"现象"(Erscheinung)区别开。简单地讲,映像显示出了颠倒的现象,因此不能够单纯地被归结为意识。马克思"实践唯物主义"的核心在于,坚决地承认映像的真实性。依照马克思的看法,资本主义启蒙的立场在于,它将这种社会的客

---

① 本质逻辑与现象逻辑之间的二律背反这样看来存在于现代市民社会的颠倒了的结构之中。参见〔德〕马克思:《资本论》第3卷,北京:人民出版社2004年版,第231页。

② 〔德〕马克思:《剩余价值理论》第2卷,北京:人民出版社1975年版,第147页;〔德〕马克思:《1844年经济学哲学手稿》,北京:人民出版社2000年版,第75页。

观颠倒结构的原因指认为虚假意识的产物,并且认为世界的颠倒性本身首先能够通过批判意识来扬弃,并力求令人相信这种意识是虚假的。马克思说:"当人们把物在一定的生产方式的基础上取得的社会性质,或者说,把劳动的社会规定在一定的生产方式的基础上取得的物质性质说成是单纯的符号时,他们就把这些性质说成是人随意思考的产物。这是18世纪流行的启蒙方法,其目的是要在人们还不能解释人的关系的谜一般的形态的产生过程时,至少暂时把这种形态的奇异外观除掉。"① 这样,马克思关于颠倒的理论就同对资本主义启蒙狭隘见解理论和实践上的克服紧密地联系在一起。

没有人能够比黑格尔更加深刻、准确地认识到映像的本质和本质与映像之间的紧密联系。因为按照黑格尔的观点,映像就是在直接性中的本质反映的畸形否定性,即作为"从无到无并从而回到自己本身的运动"②。即,"这个否定性与直接性统一,这样,直接性也与否定性统一"③。因此映像就是这样的本质,它根据直接性的方面,也就是在实存的规定性中被设定。只要映像被认作一个同本质相区别的、独立的存在,按照黑格尔的观点,映像就转变为现象,与此同时,映像自身作为一个单纯的本质规定性并没有同本质分离开来。现象因此就是"实在的映像"(realer Schein),它通过被实在化而出现。

由此我们可以清楚地认识到,黑格尔**仅仅**将现象视为映像的实在化,这样,所有的现象都作为表面的性质而被把握。④ 人们难道不能恰

---

① 〔德〕马克思:《资本论》第 1 卷,北京:人民出版社 2004 年版,第 110 页。
② Hegel, *Wissenschaft der Logik II*, Werke, Bd. 6, Suhrkamp, S. 24.
③ Hegel, *Wissenschaft der Logik II*, Werke, Bd. 6, Suhrkamp, S. 23.
④ Hegel, *Phänomenologie des Geistes*, Werke, Bd. 3, Suhrkamp S. 116.

恰据此推断出,黑格尔在他的本质现象的逻辑中,完全不是为了把握现象的本质关系,而是为了把握在现代市民社会中的现象的特殊逻辑吗?在现代市民社会中,现象不能作为其他的形式,而只能作为映像被接受。

二、马克思物象化和物化学说的逻辑结构

(一)经济学三位一体结构

本质向表面现象的抽象和颠倒在经济学三位一体结构中达到了顶峰。马克思说:"在资本—利润(或者,更恰当地说是资本—利息),土地—地租,劳动—工资中,在这个表示价值和财富一般的各个组成部分同其各种源泉的联系的经济三位一体中,资本主义生产方式的神秘化,社会关系的物化,物质的生产关系和它们的历史社会规定性的直接融合已经完成:这是一个着了魔的、颠倒的、倒立着的世界。在这个世界里,资本先生和土地太太,作为社会的人物,同时又直接作为单纯的物,在兴妖作怪。古典经济学把利息归结为利润的一部分,把地租归结为超过平均利润的余额,使这二者以剩余价值的形式一致起来;此外,把流通过程当做单纯的形式变化来说明;最后,在直接生产过程中把商品的价值和剩余价值归结为劳动;这样,它就把上面那些虚伪的假象和错觉,把财富的不同社会要素互相间的这种独立化和硬化,把这种物的人格化和生产关系的物化,把日常生活中的这个宗教揭穿了。"①

---

① 〔德〕马克思:《资本论》第 3 卷,北京:人民出版社 2004 年版,第 940 页。

以上引文中有两个重要的术语：物象化（Versachlichung）与物化（Verdinglichung）。马克思是怎样理解它们的？二者相互之间又是怎样的关系？它们是等同的，还是存在着极为细微但却不可忽略的区别呢？到目前为止，研究者对这个问题不仅没有给出明确的回答，它们甚至根本不曾进入人们的视野。

一直以来，这两个概念被当做同一概念来运用。但它们必须被精确地区别开。首先要明确的是马克思是怎样理解物化的。在上面的引文中，物化是"物质生产关系和它的社会规定性之间的直接联系"，在这种联系中，一方面物质生产关系就是生产过程的一般环节的自然物质资料关系：生产工具、土地与劳动，——这种关系，就是"人和自然之间的物质变换的一般条件，是人类生活的永恒的自然条件，因此，它不以人类生活的任何形式为转移，倒不如说，它为人类生活的一切社会形式所共有"①。另一方面，社会规定性也是以资本、土地和土地所有权作为雇佣劳动的劳动而表达出来的生产资料的规定性。因此马克思将物化理解为单纯的劳动过程和资本生产的独特历史—社会规定性的直接联系，或者一般地讲，也就是物质材料和形式的联系，在此基础上这样的形式规定性就消失了。

物象化与物化之间的区别与联系最终归结到了这样的问题上：在马克思的政治经济学批判中是以怎样的方式运用事物（Sache）与物（Ding）这两个概念的。

---

① 〔德〕马克思：《资本论》第1卷，北京：人民出版社2004年版，第215页。

（二）作为人向事物颠倒的物象化

物象化表示这样一个过程，在其中人与人之间的社会联系本身独立于相互关联的人格主体之外，并作为事物之间的社会关系而展现出来。在此意义上马克思说："因此，在生产者面前，他们的私人劳动的社会关系就表现为现在这个样子，就是说，不是表现为人们在自己劳动中的直接的社会关系，而是表现为**人们之间的物的关系和物之间的社会关系**。"① 由人的联系向事物的社会关系的颠倒过程，另一方面也是这样的一个过程，在其中物转变为"彼此发生关系并同人发生关系的独立存在的东西"②，并且借此向事物颠倒，也就是物变成了独立的主体，这些主体甚至可以主动地停止抑或促成社会关系。人向事物的颠倒因此也表现为物向事物的颠倒。生产者同产品的关系就是主体同客体的关系，产品是生产者劳动的对象化或者客体化。只要作为物的产品现在转变成了作为事物的商品——它作为独立化的产品中介了生产者相互之间的社会关系，所以作为主体的生产者自身颠倒地降低为被动的主体，一方面，被动的主体作为"自然形成的社会分工体系的一部分"③ 的自身劳动能力只有通过商品的运动才能够被证明；另一方面，被动的主体只能在这种运动所允许的范围内满足自身的需要。这样物象化呈现为，在产品中的主体颠倒为在社会关系中的客体，与此同时作为产品的客体也颠倒为社会关系中的主体（比如商品、货币、资本）。在此意义上，马克

---

① 〔德〕马克思：《资本论》第 1 卷，北京：人民出版社 2004 年版，第 90 页。
② 〔德〕马克思：《资本论》第 1 卷，北京：人民出版社 2004 年版，第 90 页。
③ 〔德〕马克思：《资本论》第 1 卷，北京：人民出版社 2004 年版，第 90 页。

思说:"这是物质生产中,现实社会生活过程(因为它就是生产过程)中与意识形态领域内表现于**宗教**中的那种关系完全**同样**的关系,即把主体颠倒为客体以及反过来的情形。"① 这样就清楚了,当马克思运用物象化这个术语的时候,多数情况下是同"事物的人格化和人格的物象化"共同出现的。

(三) 作为事物向物颠倒的物化

物化同物象化之间的区别显示出了一个过程,在其中事物的社会关系彼此之间进一步颠倒,附着在物(Ding)上,造成了物的—对象性的特征(dinglich – gegenständlichen Eigenschaften),通过事物的社会关系自身再一次与事物的状况独立开来,并在物中反映自身②的方式。经济形式规定意味着,为了更清楚地说明这种准确讲是社会关系但却反映在物上的规定,借此显示出作为物的对象性自身的特征。所以尽管这种形式规定自身按其本质来讲是社会关系规定,也就是自然关系的反面,但是在这种方式中作为**社会的自然特性**,就像劳动产品的使用价值作为它的自然特征存在一样,并且作为一种规定,它还同这种彼此创造着的事物的社会关系自身相异化,且使与此相反变得不重要。

---

① 《马克思恩格斯全集》第 1 版第 49 卷第 49 页。
② 马克思将形式规定理解为一个社会关系反映,更确切讲,将反映自身理解为物。参见《马克思恩格斯全集》第 2 版第 30 卷第 268 页。关于货币参见〔德〕马克思:《资本论》第 1 卷,北京:人民出版社 2004 年版,第 109 页。另外参见 Hans-Jürgen Krahl, "Bemerkungen zum Verhältnis von Kapital und Hegelscher Wesenlogik", in: *Aktalität und Folgen der Philosophie Hegels*, Suhrkamp, 1970, S. 145。

物化同物象化相区别的特殊之处就在于,作为关系规定(Verhältnis-Bestimmung)的形式规定被颠倒为特征规定(Eigenschafts-Bestimmung)。马克思说:"一种社会生产关系表现为一个存在于个人之外的物,这些个人的社会生活的生产过程中所发生的一定关系表现为一个物品的特有属性,这种颠倒,这种不是想象的而是平凡实在的神秘化,是生产交换价值的劳动的一切社会形式的特点。在货币上,它不过比在商品上表现得更加夺目而已。"① "在资本主义生产的基础上,物化劳动转化为**资本**的这种能力,即把生产资料转化为支配和剥削活劳动的手段的能力,表现为属于生产资料本身的东西(正像生产资料在资本主义生产的基础上已经潜在地跟这种能力结合起来一样),表现为同生产资料分不开的东西,从而表现为属于**作为物,作为使用价值,作为生产资料的生产资料的属性**。因此,这些生产资料本身就表现为资本,从而资本——它表现生产条件所有者在生产中同活的劳动能力发生的**特定的生产关系**,特定的社会关系——就表现为**物**,正像价值表现为物的属性,物作为**商品**的**经济规定**表现为物的物质性质完全一样,正像劳动在货币中获得的社会形式表现**为物的属性完全一样**。"②

当物象化将人的联系规定颠倒为事物的关系规定时,物化也将关系规定进一步颠倒为物的特征规定。作为关系规定承担者的东西就是事物,只要它现在被描述为特征规定的承担者,那么它也将变成物。比如商品被定义为社会关系的承担者,而它们的规定被定义为社会关系自身,商品就可以被指认为事物。"为了使麻布作为单纯人类劳动的物的表现,必须把它实际上构成物的一切都排除开。……但是,商品是**物**。

---

① 《马克思恩格斯全集》第 2 版第 31 卷第 442 页。
② 《马克思恩格斯全集》第 1 版第 49 卷第 47—48 页。

它们必须在物上或必须在**物的**联系上表示它们是什么。"①

但是当商品的规定（使用价值与价值）被设定为与它对立的特征时，商品就被设定为物。因为"每一种这样的物都是许多属性的总和"②。"商品本来是一个二重物，使用价值和价值。"③

形式规定必须作为以下两个环节的特殊整体来把握：本质环节（Wesentliche Moment），在这个环节中形式规定按其本质被表达为一种社会关系；现象环节（Erscheinende Moment），在此环节中形式规定在表面上被物化地展现为特征规定。这样，解答这一谜题的关键就在于，准确地把握关系和物之间的同一性和非同一性的辩证法。因为资产阶级经济学不能够理解这个辩证法，所以它必须通过一个对于他们是无法解决的悖论，并在探索关系还是物这二者哪一个是形式规定这个问题上始终处于困境之中。关系和物之间的悖论以这样非辩证的观点展示出来，对此马克思是这样表述的："货币主义的一切错觉的根源，就在于看不出货币代表着一种社会生产关系，却又采取了具有一定属性的自然物的形式。嘲笑货币主义错觉的现代经济学家，一到处理比较高级的经济范畴如资本的时候，就陷入同样的错觉。他们刚想笨拙地断定是物的东西，突然表现为社会关系，他们刚刚确定为社会关系的东西，却又表现为物来嘲弄他们。"④

商品拥有使用价值和价值，因为商品生产者的行为相互之间包括了

---

① 〔德〕马克思：《资本论》（德文1867年第1版），北京：经济科学出版社1987年版，第25页。黑体由作者添加。

② 〔德〕马克思：《资本论》第1卷，北京：人民出版社2004年版，第48页。

③ 〔德〕马克思：《资本论》（德文1867年第1版），北京：经济科学出版社1987年版，第28页。

④ 《马克思恩格斯全集》第2版第31卷第427页。

两重彼此对立的环节,这二者彼此分离,并进而被反映或物化为商品。在这个意义上,不仅价值存在,而且全部商品的对象性存在本身都遭受着一种物化。许多人一直认为:商品的拜物教特质仅仅涉及它的价值规定,而无涉于它的使用价值。这种观点建立在一种对马克思拜物教理论的错误理解之上,并误解了马克思的辩证方法。马克思说道:"商品世界的这种拜物教性质,像以上分析已经表明的,是来源于生产商品的劳动所特有的社会性质……生产者的私人劳动真正取得了二重的社会性质。"①"可见,商品形式的奥秘不过在于:商品形式在人们面前把人们本身劳动的社会性质反映成劳动产品本身的物的性质,反映成**这些物的天然的社会属性**……由于这种**转换**,劳动产品成了商品,成了**可感觉而又超感觉的物或社会的物**。"②

马克思在这些引文中将"他们自身劳动的社会特性"明确理解为他们私人劳动的双重社会特征。马克思物化观点的核心在于,为何生产中的主体人的双重联系会颠倒双重的、归之于物本身的自然特征,也就是必须表现为使用价值和价值。根据这样的观点——使用价值可以从物化和颠倒中解放出来,是因为使用价值是一个不依赖于历史条件的自然规定,可能还要经常发挥作用,它源自于一种同马克思的观点完全不同的、本质上是资产阶级经济学的思考方式。

通过以上研究可以发现,经济形式规定的神秘主义是通过双重的混淆、双重的颠倒过程——物象化与物化——导致的。进一步讲,马克思从物象化到物化的颠倒理论,还有物象化和物化,只是描述了同一个逻

---

① 〔德〕马克思:《资本论》第1卷,北京:人民出版社2004年版,第90页。
② 〔德〕马克思:《资本论》第1卷,北京:人民出版社2004年版,第89页。黑体由作者添加。

辑环节的相辅相成的环节,这个过程探求着现代市民社会中作为自然化的神秘化深入的踪迹一直到达它的根基。

(四) 商品拜物教和货币拜物教

马克思说:"货币拜物教的谜就是商品拜物教的谜,只不过变得明显了,耀眼了。"① 但是商品拜物教和货币拜物教是如何在逻辑进程中相互作用的呢?答案在以下表述中:"在论述资本主义生产方式甚至商品生产的最简单的范畴时,在论述商品和货币时,我们已经指出了一种神秘性质,它把在生产中由财富的各种物质要素充当承担者的社会关系,变成这些物本身的属性(商品),并且更直截了当地把生产关系本身变成物(货币)。一切已经有商品生产和货币流通的社会形式,都有这种颠倒。"②

商品拜物教指的是一种颠倒,这种颠倒使社会关系转变为这种物的特征,即,社会关系规定颠倒为包含物于自身的、实存的、质的规定性。但是它的规定性在这个层次上依然还是并存着的,而没有结合在一起。货币拜物教通过如下过程同商品拜物教区别开:物质自然特征(使用价值)和社会自然特性(价值)——这些特征在商品拜物教的阶段上还是彼此分离的——被转变为一个物,在物之中这两重特性相互结合在一起,从而使得生产关系自身也转变为一个物,虽然那个物被视作保

---

① 〔德〕马克思:《资本论》第 1 卷,北京:人民出版社 2004 年版,第 113 页。

② 〔德〕马克思:《资本论》第 3 卷,北京:人民出版社 2004 年版,第 936 页。

留了自然—物质的环节和社会—形式的环节，以及作为一个包含了多重规定性的具体总体。在如下语境中货币拜物教和商品拜物教的区别显示了出来："这里是阻碍理解价值形式的一切困难的枢纽。把商品的价值同它的使用价值区别开来……是比较容易的……这种抽象的对立从本身分裂而发生，因而很容易区别开。价值形式就不同了，价值形式只存在于商品与商品的关系之中……**商品的对立的规定性不是相互分裂，而是互相渗透。**"①

因此，物化本身是由以下两重过程构成的。在第一重过程里，事物的关系规定颠倒为相反的、同物联系在一起的自然特征。在这一阶段上，物的物质自然特征和它的社会特征（作为颠倒的关系规定的现象形式）共同作为两个包含于物之中的特征，作为两个实体。在第二重过程里，这些自然特征最终共同畸形地生长，以至于物质自然特征自身似乎从根本上占有了一个由社会产生的规定。在这个阶段上，一个物，一个简单的物质展示为结合在一起的本质，而非那种物的相互并立的特征。②

物化因此以这种方式从第一个过程进展到第二个过程。在"简单的价值形式"中的等价形式就遇到了转折点，在这个转折点上，第一过程向第二过程转变。对货币拜物教的解答不同于商品拜物教之处在于，正确地把握一种特殊的颠倒性（它已经在简单的价值形式中承载了等价形式）同商品拜物教的根本联系与区别。③ 但是人们并不能因此就像巴克

---

① 〔德〕马克思：《资本论》（德文1867年第1版），北京：经济科学出版社1987年版，第28页。

② 《马克思恩格斯全集》第1版第49卷第41页。

③ 〔德〕马克思：《资本论》第1卷，北京：人民出版社2004年版，第73页。

豪斯做过的，没有将商品拜物教的概念自身归之于"等价形式谜的性质"①。

（五）物质的和社会的自然

这样就存在两个自然，一个是作为经济形式规定性的纯粹承载者，另一个是作为社会关系的颠倒形式自身。我将后者称之为"社会的自然"，将前者称之为"物质的自然"。物质的自然就是作为人类生活永恒的自然条件，在一切历史条件下都有效的范畴；而社会的自然作为特殊历史范畴的自然，只有到了特殊的现代市民社会这一历史阶段才得以产生。这两个自然表面上看似乎是相互紧密联系在一起的。作为这样一种人们在分析它时将其作为映像的非批判假定现象而开始的**自然**，也就是说，在认识论上被动的唯物主义的分析方式，因此，并非没有理由导致一种错误的设想，认为资本主义的生产方式是生产的永恒自然形式。直到马克思才真正开始成功地把握了这两种自然的产生逻辑。其中，马克思在颠倒的方法上最大的贡献就在于，他将辩证法的真正内容作为他政治经济学批判的方法。

（六）政治经济学批判方法同黑格尔逻辑学的联系

黑格尔的逻辑学对马克思批判的最大帮助在于，它能够提供一种方法，这种方法至少可以按照逻辑的形式，同一系列对此不可或缺的范畴

---

① Hans-Georg Backhaus,"Zur Dialektik der Wertform", in *Beträge zur marxischen Erkenntnistheorie*, hrsg. v. A. Schimdt, Suhrkamp, 1969, S. 132.

一起来分析当代市民社会。黑格尔在反映逻辑的基础上发挥了他关于形式和内容的原创性理论。这种作为绝对否定的完全反映,按照黑格尔的观点,是"整体形式和作为总体的形式"。这样内容就是形式在其同一性自身之中的反映,也就是一种反映规定,它承载有一个形式的特征。反映规定真正说明了在联系中或者作为形式运动的反映中的环节,形式运动获得了一个作为映像的直接性,并且同联系自身相对。形式运动只是一个环节,它被设定为相对不重要的,通过使这些环节中的每一个环节都反映为实存的规定性。这就是**形式向内容颠倒的逻辑**。这种使联系的环节进入到内容,和联系自身相对而变得疏离的逻辑,在另一方面展示出,作为总体的形式被降低到一个作为外在联系的单纯形式,这个单纯形式现在同那与自身没有联系的内容只是外在地联合在一起。这就是**形式向外在形式颠倒的逻辑**。在这一语境中黑格尔谈道:"内容并不是没有形式的,反之,内容既具有形式于自身内,同时形式又是一种**外在于内容的东西**。……有时作为返回自身的东西,形式即是内容。有时作为不返回自身的东西,形式便是与内容不相干的外在存在。……所以,**内容非他,即形式之转化**为内容;**形式非他,即内容之转化**为形式。"①

反映作为同自身的否定联系或者整体形式始终分裂为外在形式和内容,与此同时这二者也一再确立自身为最高的整体。在这一过程中,一方面,作为并不持久的空洞运动的外在形式被反过来转变为作为最高整体的形式,从而被加入内容;另一方面,作为同形式相对或没有联系的内容的物质或者质料反过来转变为,或者说被塑造为作为最高整体的内容,通过让内容从外在的规定性变成它内在的规定。第一个过程是从外

---

① Hegel, *Enzyklopädie der philosophischen Wissenschaften in Grundrisse*, Erster Tiel, *Die Wissenschaft der Logik*, Werke, Bd. 8, Suhrkamp, S. 264.

在形式转变为使其物质化的形式的过程,而后一个过程则是一个从物质转变为能塑造它的内容的过程。"**质料必须形式化;而形式**自身也必须**质料化**,形式必须在质料中给予自身统一或说常在。"①

马克思将这种形式和质料的反映关系运用到他的方法之中。"因此,正如我们在许多场合看到的,以为使用价值与交换价值的区别——在简单流通中,只要这种区别得到实现,它就不属于经济的形式规定了——根本不属于经济的形式规定,那是莫大的错误。相反,我们看到,在经济关系发展的不同阶段上,交换价值和使用价值是在各种不同的关系中被规定的,而且这种规定性本身就表现为价值本身的不同的规定。使用价值本身起着经济范畴的作用。至于它在什么地方起这种作用,那要由论述本身来确定。……同一规定,时而表现在使用价值的规定上,时而表现在交换价值的规定上,不过是处在不同的阶段上,并且有着不同的意义。"②

从以上引文中至少可以得出以下几点认识。

其一,决定什么是使用价值,即质料,什么是交换价值,即形式的原则,换句话说,根据什么来决定这两重规定相互之间怎样表现;使二者相互对立和相互联系的,就是经济的形式规定。交换价值和使用价值在这种联系中的总体发展就是"价值的不同规定本身"。其二,只要使用价值被抽象、强调为使用价值的原则自身是形式规定,当使用价值也是作为物质前提"处在经济学和经济的形式规定之外"③,使用价值就还是一个同交换价值意义不同的形式规定。其三,只要形式规定一方面

---

① Hegel, *Wissenschaft der Logik II*, Werke, Bd. 6, Suhrkamp, S. 90.
② 《马克思恩格斯全集》第 2 版第 31 卷第 37 页。
③ 《马克思恩格斯全集》第 2 版第 30 卷第 224—225 页。

是以一个总体表现出来的,作为将质料和形式相互联系、相互分离的原则,那在另一方面,形式规定同时只是一个相互之间存在联系的方面,只是一个同物质规定对立的抽象对立面。其四,每一个形式和每一个质料"在不同的关系之中","不同的意义上","被视为发展的不同阶段"。形式和质料本身的联系这样就被划分为不同的层次,据此经济关系按照顺序连续地展开。

这种发展方法决定了一个方向,在其中人们可以从抽象的范畴上升到具体的范畴:"财富本身,即资产阶级财富,当它表现为中介,表现为交换价值和使用价值这两极间的中介时,总是在最高次方上表现为交换价值。这个中项……归根到底……总是表现为片面的较高次方的东西而同两极本身相对立;因为最初在两极间其中介作用的运动或关系,按照辩证法必然会导致这样的结果,即这种运动或关系表现为自身的中介,表现为主体,两极只是这个主体的要素,它扬弃这两极的独立的前提,以便通过这两极的扬弃本身来把自己确定为唯一独立的东西。"①"完整的经济表现,虽然本身对两极来说是片面的,但在它设定为中间环节时,总是交换价值……在资本本身内部,资本的一种形式又处于使用价值的地位,而和作为交换价值的另一种形式相对立。……同时,商业资本本身又是生产(产业资本)和流通(消费的公众)之间或者交换价值和使用价值之间的中介……财富本身越是远离直接生产,越是又对两个各自就其本身来看已表现为经济的形式关系的方面起中介作用。"

经济学范畴的发展必须从形式方面被当做经济形式规定的发展。但为了使之成为可能,必须反过来,令各自在使用价值产生的环节方面,

---

① 参见 Hegel, *Enzyklopädie der philosophischen Wissenschaften in Grundrisse*, *Erster Tiel*, *Die Wissenschaft der Logik*, Werke, Bd. 8, Suhrkamp, S. 203。

使同经济的形式联系相关的力量能够不断提高。只要这些是从反面出发的，是从物质规定的方面被表达的，就必须使经济范畴的发展同时也是这样的过程，在其中"同经济的形式规定像这样无关的使用价值，就是说，作为使用价值的使用价值"向一个"自身的形式规定"① 转变。经济形式规定的发展因此必须以这种方式陪伴物质规定自身的发展。马克思注意到，使用价值随着从商品到货币的形式发展而增加了一倍，其中这种发展的方法从一开始就展示出了典型的具体性。②

然而最令人感到困惑之处在于，作为使用价值的使用价值被转变为作为形式规定的使用价值，而它自身的形式联系增加得越来越高又是何以可能的？正是马克思物化的方法，使这一难题的最终解决得以可能。物化的方法证明，形式规定的发展使得自身极端化，也就是形式规定的发展必须陪伴着这一极端的过程，在这过程中使用价值被越来越高地向它相反的规定，向它的形式规定性增长。为了破解这种方法、这种颠倒的结构，他必须最终克服存在于形式和质料、联系和物之间的古典政治经济学的二元论。

从前面的论述中可以清楚地看到，马克思颠倒的核心方法采纳了黑格尔的逻辑学，特别是他本质逻辑的逻辑形式。③ 古典经济学派使现代市民社会中的一切运动表现为物质交换。这种资本主义的唯物主义将社会的原则理解为自然的原则。黑格尔的方法尽管对克服古典经济学派的自然主义作出了巨大贡献，但他把市民社会中的所有运动都相反地、单

---

① 《马克思恩格斯全集》第 2 版第 31 卷第 420 页。

② 〔德〕马克思：《资本论》第 1 卷，北京：人民出版社 2004 年版，第 109 页。

③ Hans-Jürgen Krahl, "Bemerkungen zum Verhältnis von Kapital und Hegelscher Wesenlogik", in *Aktalität und Folgen der Philosophie Hegels*, Suhrkamp, 1970, S. 141.

方面地理解为形式运动，把物质自然归结为社会自然。由一个系统构建的人的社会行为在黑格尔那里必然被绝对化为主观方面的精神，精神不仅是人类社会的全体，而且还渗透到了全部自然世界中，因此自然只是精神被异化的存在。在这种思想方式的基础上产生了资产阶级的唯心主义，它将资本主义社会的原则理解为精神。黑格尔完全有理由将社会的自然把握为精神的异化存在，并将其首先归结为形式，但是当他将这种方案嫁接到社会的物质自然之上时，就陷入到错误之中。这清楚地显示出，黑格尔依然束缚于形式的扭曲之中。

（李乾坤 译）

通过社会主义计划经济克服异化和隐蔽性*

〔民主德国〕汉·卢夫特

我同意会议报告的论述,我还想着重指出一点:不能把异化同分工等同起来,马克思也从来没有把异化看做分工的结果。马克思在自己的代表作《资本论》中指出了把人的劳动力同生产资料从而同客观劳动条件分离开来的生产资料资本主义私有制和劳动异化之间的因果联系。他论述了资本主义的生产过程:"因为在他(工人——译者注)进入过程以前,他自己的劳动就同他相异化而为资本家所占有,并入资本中了,所以在过程中这种劳动不断物化在别人的产品中。"①

因此,异化是同生产资料所有制的一种十分特殊的形式相联系的,确切地说是同资本主义所有制联系在一起的。用属于自己的生产资料从事劳动的简单商品生产者,是按照分工、为了交换才进行生产的,但是,他的劳动不是以别人的产品而是以属于自己的产品显示出来的,他打算通过交换把这种产品变卖为货币,以便能够购买其他产品。

---

* 本文选自《马列主义研究资料》1987年第2辑,系德意志民主共和国统一社会党中央委员会所属社会科学院马克思列宁主义哲学研究所组织的一次马克思列宁主义哲学史研究领域跨学科学术讨论会上的发言。作者汉·卢夫特系德国统一社会党中央社会科学院社会主义政治经济学研究所教授、经济科学博士。

① 《马克思恩格斯全集》第1版第23卷第626页。

在社会主义制度下，生产者和所有者的这种等同性甚至被置于更高的阶段，同已经达到的生产力发展状况相适应①，这时每一个劳动者都用属于他这个社会所有者的生产资料进行生产。没有人被排除在生产资料之外，正像谁也不能个人独占生产资料一样。私有制具有的使生产资料的所有者和非所有者分离的现象已被消除。谁也不再为了能够活下去而被迫为另外一个生产资料所有者去劳动。人的劳动力已经不再是商品，即买卖的对象。人对人的剥削被消除了。作为人的自我实现、作为人的个性的主要活动范围的劳动，已成为从剥削中解放出来的活动。

因此，在社会主义制度下，劳动异化已被消除，尽管旧的社会分工还继续存在着。由于生产资料公有制的统治地位，劳动异化所具有的社会对立已经被消除，但是，还继续存在着简单活动和复杂活动、脑力活动和体力活动以及工业活动和农业活动之间的本质差别，而克服这些差别是一个通过改变各种不同劳动的内容使它们逐步接近起来的复杂的、纷繁多样的漫长过程。

这些差别是否会在某个时候完全消失，今天谁也无法估计。列宁已经注意到，"农业中的大机器生产永远也不会具备工业大机器生产的全部特点"②。农业生产始终具备的一个特点是直接与自然界相联系的特点。同样地，也不能够使专业分工消失。马克思强调说："……如果没有限制，在任何地方都作不出重要的事情。因此，产品和生产者由于分

---

① 今天，每一个人固然可以独自为自己生产西红柿或草莓，却既不能生产钢和乙内酰胺，也不能生产微电子建筑构件。

② 《列宁全集》第1版第5卷第119页。

工而得到改善。"① 人们总是具有各种各样的才干和志趣，不仅如此，科学和技术的进步经常对天赋和才能提出千差万别的要求，这就更加导致这样的结果，即并不是每一个人都能学会每一种职业，历来就不是每一个孩子都会成为小提琴演奏能手的，而且在今天，也不是每一个弱电技术的工学士都掌握了设计新的完整的配电电路的才能。

但是，由于生产资料公有制，在社会主义制度下，有高度分工的、组织起来的劳动，具有直接的社会性质。简单商品生产者同资本家一样，是同其他生产者、同社会相脱离的；二者只能在为反对其他人而进行的竞争斗争中保持自己对生产资料的所有权，这往往使得为人们的幸福而作出总的社会抉择成为不可能的事。劳动消耗是不以生产额即不以当时生产者的私人劳动为转移的。相反，在社会主义制度下，一切企业和部门在最重要的生产资料的全民所有制基础上联合为统一的国民经济复合体。因此，劳动的消耗是在整个社会范围内，由整个社会负责来实现的，这还意味着，任何为制造非必需的产品所使用的劳动，必然不仅造成企业损失，而且还造成国民经济的损失，这些损失归根结底都得由整个社会来承担。

此外，在社会主义制度下，商品向货币的转化，不再是私人劳动向直接社会劳动的转化这种对抗性矛盾运动，而是具有不可比较的形式的直接社会劳动向相互比较的直接社会劳动的转化。因而，企业个人的劳动支出和社会必要劳动支出之间的矛盾不是存在于直接社会劳动之外，而是存在于直接社会劳动之中。②

---

① 《马克思恩格斯全集》第 1 版第 23 卷第 404 页。
② 见《经济学问题》第 9 期，莫斯科 1978 年版，第 8 页。

由于社会主义制度下劳动的这种直接的社会性质，随着异化的消除——与简单商品生产者不同——，商品和货币的拜物教特性，从而经济关系的隐蔽性也被消除了。作为计划的客体，商品货币关系对人们来说也就一目了然了。供给和需求在作为现实的经济范畴出现于市场以前，已经能够通过生产的确定、货币收入和价格在计划中得到平衡。这就是说，市场上交换过程的运动形式在社会主义制度下是有计划的，社会主义的商品货币关系是按照计划形成的、直接社会关系的一种形式。国家计划代替了资本围绕着投资领域进行的竞争斗争的隐蔽机制。社会总劳动对经济的和社会生活的各个部门和各个领域的分配是按计划进行的，它以居民、经济以及对外贸易的需要同可动用的资源协调一致为出发点。因此，市场竞争的隐蔽机制的消除，其结果绝不是为生产而生产，不如说是有计划地考虑整个社会范围内的需要。

此外，把对居民、经济和对外贸易的需要等同看待作为社会主义国民经济计划的具有决定意义的出发点，这只不过是社会主义社会的经济基本规律所决定的社会主义再生产过程中生产和消费关系的另一种表现：生产先于消费，而消费，即越来越好地满足人们日益增长的需要，则是社会主义生产的目的。与此相应，从社会主义社会的基本经济规律所决定的社会主义生产的一般目的产生企业和合作社的经济活动的目的功能，即保证符合需要的生产，从而完成与顾客的订货相适应的计划，社会利益就是以这些方式用尽可能低的社会必要支出物质化了。

因此，商品生产和商品货币关系不能就事论事地加以考察，而是必须在既有的、历史地确定了的生产方式的生产关系体系中加以考察。随着社会主义社会日臻成熟，它的新的内容表现得越来越完善，它的有计划利用成为社会主义计划经济的经济机制完善化所不可缺少的属性。此外，由于进行商品生产的劳动具有二重性以及因此在发达的商品生产中造成商品二重化为商品和货币，① 从而合乎逻辑地产生出物质计划和金融计划的统一，在计划中运用使用价值指数和价值指数。

社会主义经济不是建立在各种不同的甚至对立的计划生产基础上，也不是建立在一种自发的市场的基础上，而是建立在生产资料公有制的基础上，生产资料公有制使国民经济再生产过程的计划得以实现，它需要这种计划；同时，它还改变社会主义制度下的商品生产和商品货币关系的特性，因此，商品生产和商品货币关系是社会主义计划经济的固定的组成部分，它们的一般规律并入社会主义的经济规律体系。众所周知，商品生产的对立物是自然经济，计划性的对立面是无政府状态。第一对概念涉及的是人的劳动的某种产品的特性，第二对概念涉及的是当时的生产资料所有制类型所决定的、把物质财富的生产者吸收到国民经济再生产过程中去的方式方法。

这些结论具有重大的理论意义和实践意义。从这些结论中合乎逻辑地得出这种观点：人们不能把商品货币关系看做必须尽快加以克服的、异己的、退化的旧残余。更确切地说，它们是社会主义计划经济的体系的内在要素，人们必须通过每一个人都可以感觉到的确立利益协调一致的办法利用这些要素来巩固商品货币关系。这包括用低成本生产尽可能多的商品，因为畅销的高质量工业消费品供应得越多，效益原则即经济

---

① 参看《马克思恩格斯全集》第 1 版第 23 卷第 112—113 页。

和社会生活的基本原则就越起作用。① 因此，对社会主义制度下的商品生产不理解，在一般情况下都同对效益原则、对必须关心居民估计不足有联系，这并不是偶然的事情。

[原载民主德国社会科学院《专题情报资料》1985年柏林版第2类（会议）第50辑]

---

① 见艾利希·昂纳克在1982年11月25—26日德国统一社会党中央委员会第五次会议上的闭幕词：《为了人民的幸福，精力充沛地、满怀信心地胜利完成我们面临的任务》，柏林1982年版，第21页。

列宁论异化的扬弃[*]

〔苏〕弗·赫德勒

И.С.纳尔斯基指出，列宁使用过异化概念，这个概念既包括异化劳动，也包括由此派生出来的一切表现形式。[①] 这个"一般的异化概念"出现在列宁的《马克思和恩格斯〈神圣家族〉一书摘要》中。[②] 此外，纳尔斯基指出，列宁在撰写《国家与革命》时使用了"异化"概念。[③] 在这个地方就应该作一点补充，列宁在对《神圣家族》一书的摘要中摘录了马克思对资本主义异化的批判和以此为基础的对建立新的国民经济学体系的必要性的论证（这种批判和论证是从《经济学哲学手稿》中接受下来，写入《神圣家族》一书中去的），而且在1895年以后出版的所有理论著作中都采用了。在《弗里德里希·恩格斯》一文中，列宁强调指出，《神圣家族》包含着革命唯物主义的社会主义的

---

[*] 本文选自《马列主义研究资料》1987年第2辑，系德意志民主共和国统一社会党中央委员会所属社会科学院马克思列宁主义哲学研究所组织的一次马克思列宁主义哲学史研究领域跨学科学术讨论会上的发言。作者弗·赫德勒系苏联苏共中央社会科学学院马克思列宁主义哲学教研室教师、哲学学士。

① 见〔苏〕И.С.纳尔斯基：《异化和劳动》，莫斯科1983年版，第109页。
② 见《列宁全集》第1版第55卷第9—11、12—13、25、35页。
③ 见〔苏〕И.С.纳尔斯基：《异化和劳动》，莫斯科1983年版，第118页。

基础和主要思想，它是"为了现实的人，即为了受统治阶级和国家践踏的工人"而写的。①

其次，异化在社会主义社会中的扬弃的问题，在对彼·司徒卢威的论战中也起过作用。在尼·布哈林撰写《司徒卢威先生的魔术》一文时，列宁曾经向布哈林提过意见。在那篇文章中，布哈林还反驳了司徒卢威认为商品拜物教是一切经济形式所固有的论断。布哈林在《食利者的政治经济学》和《过渡时期的经济》（对这本书，列宁作了详细的评注）这两本书中进一步系统地与司徒卢威进行了论战。②

从列宁知道并且使用过"异化"概念这个事实出发，应该考察一下，在说明哪些事实时他使用了这个概念，是否《马克思主义和国家》中所有围绕这个概念而作的说明，在《国家与革命》这部著作中都加以采用了。其次，应该研究一下，这些说明在以后具有什么样的地位。因此，关于俄共（布）党纲的争论、计划中要撰写的后面一篇文章《无产阶级专政时代的经济和政治》的准备著作和对布哈林《过渡时期的经济》一书的评注，是我们注意的中心。

在《马克思主义和国家》中，在一段简短的导言之后，列宁紧接着就从恩格斯为他的著作《家庭、私有制和国家的起源》第 4 版所写的序言中引用了一段话，③ 其中把资产阶级国家称为日益同社会相异化

---

① 见《列宁选集》第 2 版第 1 卷第 93 页。
② 尼·布哈林的著作《司徒卢威先生的魔术》和《食利者的政治经济学》，载人民出版社 1983 年出版的《布哈林文选》下册。另一著作《过渡时期的经济》也有 1981 年三联书店出版的中译本，书名译为《过渡时期经济学》。——译者注
③ 这一句话与事实有出入，应改为："在《国家与革命》中，在一般简短的导言之后，列宁紧接着就从恩格斯的著作《家庭、私有制和国家的起源》第 6 版中引用了一段话。"——译者注

的力量。① 在《国家与革命》中，列宁对这段引文作了如下的解释："既然国家是阶级矛盾不可调和的产物，既然它是站在社会之上并且'日益同社会相异化'的力量，那么很明显，被压迫阶级要求得解放，不仅非进行暴力革命不可，而且非消灭统治阶级所建立的、体现这种'异化'的国家政权机构不可。"②

列宁摘录了这个概念并且致力于分析这种政权机构的职能。在《马克思主义和国家》中，他以"武装的人、监狱和各种强制机关"为例子考察了这一点，而在《国家与革命》的《特殊的武装队伍，监狱等等》这一节中又继续进行这种考察。③ 列宁同西欧和俄国的庸人们进行了论战，遵照恩格斯的观点，他把"日益背离广大人民群众的利益，变成一个大地主、交易所经纪人和大工业家的集团来剥削人民"的资产阶级国家④同无产阶级专政即组织成为统治阶级的无产阶级对立起来。在作了这些论述之后，紧接着列宁又研究了国家消亡的问题。在同反权威主义的左派和考茨基分子进行论战时，他感兴趣的首先是公共权力怎样失去其政治性质的问题。⑤ 因此，"异化"概念已经不再使用，异化的表现形式为相应的概念所取代。

顺便指出，《马克思主义和国家》和《国家与革命》中的观点来源于列宁在他对黑格尔《逻辑学》一书的摘要中作为"哲学的任务"着重加以强调的提法。列宁从黑格尔《小逻辑》以"度"为标题的那一节中摘录了论述质和量的关系、渐进性的中断和飞跃、规律和度的几乎

---

① 见《列宁全集》第 2 版第 31 卷第 5、193—194 页。
② 《列宁全集》第 2 版第 31 卷第 7 页。
③ 《列宁全集》第 2 版第 31 卷第 7、194 页。
④ 《列宁全集》第 2 版第 31 卷第 22—24、171 页。
⑤ 《列宁全集》第 2 版第 31 卷第 21—22、170 页。

所有段落。

自从第一次世界大战爆发以后,列宁就研究革命理论在上述问题上的转变。他根据马克思的观点,要求把包括过渡形式在内的从旧社会诞生新社会的过程"作为一个自然历史过程"来研究。① 同时,他从一开始就不得不反对无政府主义者所宣扬的立即废除国家的论点。因此,可以指出在《马克思主义和国家》中提到的同布哈林的论战:"但是,反权威主义者却要求在那些产生政治国家的社会关系废除以前,一举把政治国家废除。"②《马克思主义和国家》中的边注"不清楚"③在《国家与革命》中变成了如下的看法:"在这些论述中涉及了在考察国家消亡时期的政治与经济的相互关系……时应该考察的问题。那就是关于社会职能由政治职能变为简单管理职能的问题和关于'政治国家'的问题。后面这个说法(它特别容易引起误会)指出了国家消亡有一个过程:正在消亡的国家在它消亡的一定阶段,可以叫做非政治国家。"④ 这些论述几乎逐字逐句同《青年国际》那篇短评⑤相一致。布哈林在他的文章《帝国主义强盗国家》⑥中把无政府主义者的观点说成是社会主义者的观点,列宁在他同布哈林的通信中已经指出这种立场在理论上是站不住脚的,因而加以拒绝。⑦

在《国家与革命》第2版出版的时候,即在1919年,新的理论问

---

① 《列宁全集》第2版第31卷第45页。
② 《列宁全集》第2版第31卷第59、200—201页。
③ 《列宁全集》第2版第31卷第201页。
④ 《列宁全集》第2版第31卷第59页。
⑤ 这篇文章见《列宁全集》第1版第23卷第163页及以下各页。
⑥ 见《布哈林文选》下册,北京:人民出版社1983年版,第245—250页。
⑦ 见《列宁全集》第1版第35卷第217—218页。

题提上了日程,新版增加了《1852年马克思对问题的提法》这一节。中心问题是无产阶级专政的新的民主制、反对资产阶级的阶级斗争的新形式。在《伟大的创举》一文中,列宁详细地探讨了这个题目。列宁提出了"一个更重要的任务,即从积极方面来说建设共产主义,创造新的经济关系,建立新社会"①。从此以后,建立新的纪律,创造为此所需要的物质条件以及以此为基础的生活方式就成为列宁的理论著作的中心。

1919年10月30日,列宁就"无产阶级专政时代的经济和政治"这个题目的最重要的思想作了简短的、提要式的阐述。原计划要写的续篇没有写成,但是,关于"无产阶级专政"这个题目有五个草稿。② 这些草稿都是在讨论党的纲领的时候产生的;读布哈林的《过渡时期的经济》是同写最后一个草稿相关联的。

在指出俄国社会经济的五种基本形式③以后,紧接着列宁写道:"说劳动在俄国已按共产主义原则联合起来了,第一是因为生产资料私有制已经废除,第二是因为无产阶级国家政权在全国范围内在国有土地上和国营企业中组织着大生产,按不同的经济部门和企业来分配劳动力,把属于国家的大量消费品分配给劳动者。我们是说俄国共产主义的'最初步骤'(1919年3月所通过的我党党纲也是这样说的),因为这些条件在我国还只实现了一部分,换句话说,这些条件的实现还处在开始的阶段。"④ 他认为,必须把无产阶级专政理解为破坏资产阶级民主和

---

① 《列宁选集》第2版第4卷第9页。
② 见《列宁文稿》第3卷第178—186页。
③ 这种说法有误,列宁指出当时俄国社会经济有三种基本形式,见《列宁选集》第2版第4卷第85页。——译者注
④ 《列宁选集》第1版第4卷第88—89页。

建立无产阶级民主。"党的任务就是坚持不懈地工作，使这种最高类型的民主制在实践中到处都得以完全实现，但是只有当群众的文化水平、组织程度和自我活动得到不断的提高的时候，这种民主制才能够正确地发挥其功能。"①

党纲中包含的这个要求是在草稿中加以论证的那些论点的基础。当列宁谈到这些已经讨论清楚的问题时，他请人们参阅《国家与革命》，对国家的必然性的偏见已经过时了。现在注意的中心是一个新问题：新的民主制，机构的选定的发展不是"退一步"吗？②

机构应该为群众的总的社会活动和经济活动的有计划的和自觉的形成服务。对群众的系统教育取代了正在瓦解的资本主义劳动组织。棍棒的纪律必须让位于自觉的纪律。列宁针对资产阶级专家、富农和工厂主谈到了资产阶级的观点和习惯。围绕经济建设的核心问题即建立新的劳动纪律而进行的斗争的结果，是必须对社会生活进行全面的改造。商品生产、价值规律、按工效的分配继续存在并且起作用。列宁在《对布哈林〈过渡时期的经济〉一书的评论》中特别着重指出了这些事实。③ 威纳尔·施奈德写道，当时布尔什维克所面临的任务是要检验一下，"上述社会现象如商品货币关系和阶级是不是旧社会的痕迹，因而对新的社会形态来说外表上是不是异己的，或者说，它们是否会使共产主义形态的一般规律得到实现"④。

---

① 《俄国共产党（布尔什维克）纲领》，见《工人运动史论丛》第 6 期，1972 年德文版，第 943 页。

② 见《列宁文稿》第 3 卷第 186 页。

③ 见列宁：《对布哈林〈过渡时期的经济〉一书的评论》，北京：人民出版社 1976 年版，第 2—3、11—12、52—53 页。

④ 〔德〕威·施奈德：《科学共产主义理论简史》，柏林 1982 年版，第 226 页。

列宁在他的草稿中用新制度的一些成就如苏维埃、民族问题和妇女问题的解决以及反宗教宣传去反对过时的行为方式和现象如议会、欺骗、贿赂、习惯、官僚习气和投机活动。在宣传党纲时,对纲领中所包含的在社会救济、人民健康和劳动保护方面的措施的解释占了很大的篇幅。

在对《过渡时期的经济》一书的评论中,由于摘录了有关阶级的发展、矛盾在社会主义社会中的存在和社会化过程的发展等题目的论述,列宁探讨了三个方面的问题:(1)国际资本对建设的破坏活动;(2)在小商品生产的基础上资本主义能够从内部再产生出来或保存下来的可能性;(3)从对经济进行的组织改造中即从社会主义本身的发展中产生出来的问题。列宁认为,阶级斗争在俄国的一般倾向的特点,是无产阶级的社会主义趋势和农民的商品资本主义趋势之间的斗争;①在《无产阶级专政时代的经济和政治》这一著作中,列宁把与此相联系的划分称为"社会主义的全部实质"②。

在无产阶级专政条件下,作为社会主义社会中重新产生异化的前提的那种社会关系,不会再生产出来。异化只能以比较明显或比较不明显的程度继续发生作用。在列宁对布哈林上述那本书的《过渡时期"超经济的"强制》一章的评注中和在克拉拉·蔡特金的——同列宁商量过的——在共产国际第四次世界代表大会上的讲话《俄国革命五周年和世界革命的前景》中,可以看到对于群众在苏维埃政权最初年代中的心理变化的有意思的提示。从中可以看出列宁是怎样理解俄国无产阶级由

---

① 见列宁:《对布哈林〈过渡时期的经济〉一书的评论》,北京:人民出版社1976年版,第24、26—27、44—45页。
② 《列宁选集》第1版第4卷第90页。

"自在的阶级"发展成为"自为的阶级"的,以及他是怎样确定共产主义的人的形成道路的。

布哈林探讨了对俄国无产阶级采取敌对态度的九种集团①,他以对知识分子采取的强制措施为例子证明,旧的心理状态怎样消亡,资本主义生产关系怎样不可能再生产出来,而新的社会关系又怎样形成。对于这种发展,不仅应该以同盟者为例子,而且也应以无产阶级本身为例子来加以研究。布哈林说明了无产阶级的八个下层接近先锋队的过程。②对此,列宁在页边上批注说:"非常好"、"对"。在自己队伍中实行的纪律是同阶级的利益相一致的。"它不是靠别的力量规定的,而是表现了每一个人都必须遵守的全体的集体意志。"③

克拉拉·蔡特金抓住这一思想,在她在共产国际第四次世界代表大会上的讲话中解释说:"即使在过渡时期结束的时候,即使在我们已经有了纯粹共产主义的时候,社会在其经济中也将生产剩余价值,也必须为其更高的经济和文化发展而进行积累。这会产生什么结果呢?工人国家有些地方可能暂时同单个工人和工人团体的要求和利益发生冲突,对于单个工人和工人团体来说,工人国家应该代表作为阶级的整个无产阶级的现在和将来的利益。不言而喻,这种冲突必须不是根据无产阶级中

---

① 见〔苏〕尼·布哈林:《过渡时期经济学》,北京:三联书店1981年版,第53—55、124—127页;也可见列宁:《对布哈林〈过渡时期的经济〉一书的评论》,北京:人民出版社1976年版,第52—54页。
② 见〔苏〕尼·布哈林:《过渡时期经济学》,北京:三联书店1981年版,第124—126页;也可见列宁:《对布哈林〈过渡时期的经济〉一书的评论》,北京:人民出版社1976年版,第125页。
③ 〔苏〕尼·布哈林:《过渡时期经济学》,北京:三联书店1981年版,第125页。

的单个人、单个团体、单个经济部门的暂时利益、眼前利益来决定。不,这些冲突迟早都必须根据作为阶级、作为整体的无产阶级的利益来决定。"①

[原载民主德国社会科学院《专题情报资料》1985年柏林版第2类(会议)第50辑]

(吴达琼、屏羽 译)

---

① 〔德〕克·蔡特金:《俄国革命五周年和世界革命的前景》,见她的《保卫苏维埃政权。论文、讲演和书信集(1917—1953年)》,柏林1977年版,第257页。

"异化"探源[*]

〔法〕穆斯塔法·加亚蒂

转让（ALIÉNATION）原来只是一个法律概念，意即财产的转移。霍布斯首先把这个概念用在《利维坦：或教会国家和市民国家的实质、形式和权力》的政治哲学中。他认为"共同体的成员"出让了自治的权利使个人或集团成为权力的唯一拥有者即君主。市民在转让危险的、充满不安的自由的同时换取了安全和太平。卢梭沿用了这个观念并加以深化，使之成为《社会契约论》的中心。所不同的是共同体的成员不是为唯一的君主而是为全体成员放弃自己的权利。因此，社会契约的"这些条款，确切地加以理解之后，可以归结为一句话，那就是：每个结合者及其自己的一切权利全部都转让给整个的集体"。而且，"转让越是毫无保留"，联合体越是"尽善尽美"而"每个结合者也再无所求"。卢梭认为转让是自愿的行动，它建立了整个政体和"社会契约"的主观和客观基础。

人们普遍认为最早的异化哲学大师黑格尔是借用了卢梭的观念。实际上，他可能是在歌德所译的狄德罗的著作《拉摩的侄儿》中第一次遇到这个概念的。这便是异化的现代观念的起源。不过，异化观念在德

---

[*] 本文选自《马列著作编译资料》1981年第16辑。

国思想史中可以追溯得很远，它似乎发端于神学（基督忘记了自己的天命变成了人的同类）。黑格尔直接继承了思辨神学中神异化的观念，把"外化"变成了人类学和历史的概念。在黑格尔的体系中，"外化"既是悲剧性决裂的环节又是逻辑性中介的环节。任何存在物为了达到自我完善，都必然要通过和自身的对立设定自身：它只有同自己的本质相分离，成为它以外的它物，才能实现自己，才能最终克服对立和超越分离。在黑格尔看来，现实不过是在上帝自己创造的世界中"死亡"的上帝以及"只有在自己的创造物中消失才能实现自己"的人的异化。人发展了客观世界，在这个客观世界中，人不复存在。但是，这种消失实际上是一种丰富，它具有深刻的理性："绝对精神"不通过异化则无法获得它的一切可能性和实现它的最大的潜在力。《精神现象学》是一部从古代到法国大革命世界和人异化的历史。"绝对知识"实现了人和世界以及人和自身的调和。它指出人只有成为他物并承当这个"他在"才能变成自身。

在费尔巴哈那里，异化理论失去了它的普遍性而归结为宗教的批判。异化不再是理性的环节，而是非理性的表现。它体现了信教的人和先验存在的神之间关系的特点；人失去了他自己的人的一切品质而通过最高存在物即上帝来表现这些品质：人越是贫困，上帝越是富有。因此，问题在于把人交给上帝的东西归还给人，也就是说要重新找到人的类的存在。

正是马克思赋予这个概念以最丰富的批判意义。在马克思看来，黑格尔的《现象学》包含着"批判的一切要素"，但仍然是一种"隐蔽的、自身还不清楚的、被神秘化的批判"。他认为人是他自己生产的结果；物质生产是"自我确证"，产品是"自我对象化"。在资本主义条件下，二者陷入了完全的对立。"劳动所生产的对象，即劳动的产品，作为一种异己的存在物,作为不依赖于生产者的力量,同劳动相对立。"经济的异化是其他一切异化的基础。私有财产即"异化了的,人的生命的表现"建立了宗教、家庭、国家、科学、艺术等等的虚幻的世界。这些虚幻的世界用各自的方式表现了现实生活的异化并且必将被现实生活所扬弃。唯有这种经济的异化才是人的现实的丰富,才是实现人类真正历史即共产主义的必要阶段。

(原载法国《拉鲁斯大百科全书》)

(李其庆 译 冯文光 校)

论马克思的异化概念,它的形成、内容及其在马克思思想中的地位[*]

〔民主德国〕 汉·德罗拉 西·赫彭纳尔 胡·珀茨舍尔

在卡尔·马克思年即1983年,人们曾经断定,正是在最近几十年中,马克思的学说大大提高了它的影响力,这是有充分理由的。正如《德国统一社会党中央委员会关于卡尔·马克思年即1983年的提纲》所指出的,这种影响的扩大是有客观原因的。这是为传播、灌输和运用马克思列宁主义而斗争的历史经验:革命力量必须解决的社会问题愈是复杂而广泛,人们就一定会愈加努力、愈加创造性地领悟到马克思著作的全部丰富性。这一历史经验使我们对马克思的理论遗产采取持之以恒的、创造性的态度。此外,对马克思的著作总是重新提出要求,由于工人阶级和一切爱好和平和社会进步力量的斗争的现实需要,它的一些以前不太受重视或从另一种角度被考察过的方面、思想和提法获得了新的意义,因为它们能够以特殊的方式对回答这一斗争的当前紧迫的理论问题和实践问题作出贡献,从而提高整个马克思学说的世界观深度和论证

---

[*] 本文选自《马列主义研究资料》1987年第1辑。作者汉·德罗拉为哲学学士,西·赫彭纳尔为哲学博士、教授,他们都就职于民主德国社会科学院马克思列宁主义哲学研究所;胡·珀茨舍尔为哲学学士,就职于莱比锡德国统一社会党"瓦尔特·乌布利希"区党校。

力量。

如果我们从哲学和经济学的关系，即从关于社会发展的哲学知识和马克思列宁主义政治经济学的相互制约关系这个特殊的角度来探讨历史唯物主义的历史，那么在有关历史唯物主义历史的著作中，我们会碰到异化概念。众所周知，这个概念在马克思主义哲学形成的过程中占有重要的地位。马克思在《1844年经济学哲学手稿》中创立的异化劳动概念，标志着制定唯物主义历史观过程中的一个重要阶段。马克思从工人阶级立场出发，用异化劳动概念说明了物质生活中本质社会关系的表现形式的特点，并且把这种关系称为资产阶级社会的根本的社会关系，这种关系决定了生产者的生活状况和全部社会关系。跟异化概念以前的所有用法不同，马克思是从社会经济含义的角度来给"异化劳动"下定义的，这一概念有以阶级性作为标准的内容。资本主义生产关系的特定的表现形式在《1844年经济学哲学手稿》中已经得到了全面的描述，以致马克思在《资本论》中可以再次抓住这个问题。诚然，在这里，他已经认识了资本主义生产方式的运动规律，指出了作为这种现象的基础的本质的社会原因。①

这一点对于马克思列宁主义哲学史来说，已经是一个充足的理由，使我们必须研究马克思的异化概念。除此以外，首先是与建立一切爱好和平力量的广泛联盟相联系的同帝国主义的思想争论和对世界观问题的澄清使我们不得不重新注意马克思的异化概念。这样做的前提是，对这

---

① Т. И. 奥伊则尔曼也提醒人们注意这种连续性，他写道：马克思和恩格斯"证明了他们在以前的时期用这个概念所概括的内容，并且继续把它加以进一步发展"（〔苏〕Т. И. 奥伊则尔曼：《异化问题和现代的反马克思主义》，载《马克思主义论丛》1964年第2期，美因河畔法兰克福，第39页）。

个概念下一个准确的定义。

我们赞同由各种各样的哲学家提出的要求,在同反人道主义的帝国主义的理论和实践的思想争论中使马克思的异化概念成分有成效的概念。但是,我们认为,这样一来,这个概念也就不再仅仅是理论史研究的对象了。必须回答一个问题:这个概念在历史唯物主义的理论大厦中占据什么样的地位?因此,这里涉及的是,要把"异化"理解为历史唯物主义的一个概念并且从内容上给它下定义。

在这里,我们是从在研究异化问题时必须重视的下述前提出发的:

第一,自从《经济学哲学手稿》在1932年发表以来,异化概念就属于资产阶级和修正主义歪曲马克思思想的中心点之列。异化概念被利用来阉割马克思主义的阶级内容。在自从世界社会主义体系存在以来就进行的策划反对现实社会主义的反革命活动的图谋中,这个概念作为一种意识形态的辅助手段经常起着特殊的作用。异化概念在马克思那里的明确的现实的社会内容被阉割了,就是说,它的阶级内容被删削了,它被用来诽谤和攻击具有客观前提、处于社会主义的所有制关系和力量对比之中的现实社会主义,把这种现实社会主义说成是"异化的社会"。联系到从社会主义作为具有与它相适应的生产力和生产关系发展水平的共产主义社会形态第一阶段的性质中产生出来的社会主义发展问题,有人就企图抹杀社会主义和资本主义之间的根本区别,它们之间的不同的所有制关系和力量对比以及由此所决定的社会矛盾的根本不同性质。在这里,他们爱用的意识形态工具就是所谓马克思的异化概念。

第二,即使在我们社会的精神生活中,也应该强调指出滥用异化概念的现象(法国马克思主义者吕西安·塞夫在思考法国知识分子的精神状态时谈到关于异化概念的"庸俗化"问题①)。这种滥用异化概念的现象表现在,以极其不同的社会原因为基础的社会主义社会生活中的极其不同的现象,例如反对社会主义的行为、贪污腐化、社会关系中的不正常现象或者劳动的非创造性质,也用一个极其一般的异化概念来加以概括。但是,这样一来,既没有认识这些社会现象的现实原因,又没有把要求克服这些现象的社会力量动员起来。不管是否故意,由于用一般的异化概念来概括不同的、而且常常是彼此对立的社会事实,它们就被等量齐观了。在这里,马克思列宁主义的最伟大的成果——即要对社会关系和现象作唯物主义的解释,要区分首要的和次要的东西、决定性的和派生的东西——就消失了。

第三,把异化和自我异化硬说成是人类存在的不可避免的命运,这是资产阶级思想危机的表现。由于帝国主义的侵略政策、军备竞赛的加剧、社会福利费用的削减、失业现象而造成的许多人的恐惧和人类生存受到威胁的感觉,现在被资产阶级意识形态大肆渲染,说成是作为一般人的状态的危机意识,而这里,多半也有异化概念的参与。正如马克思主义分析所证实的,这一点对于那些高度发达的资本主义国家的各个不同的居民阶层不是没有影响的,这一点导致了所谓逃避社会的现象,特别是在青年中间。②

第四,但是,马克思的异化概念却因此能够发挥一种有成效的意识形态功能,因为这个概念实际上是针对以剥削阶级的社会关系为基础的

---

① 见〔法〕L.塞夫:《对异化的一些说明》,载《共产主义手册》第12期,巴黎1974年版。

② 见K.哈格尔:《我们时代的规律性——社会主义的动力和价值》,柏林1983年版,第24页。

矛盾对个人的生活状况的影响而言的。这个概念使由于帝国主义的经济和政治的力量对比而产生的人类生存的威胁的表现形式变得显而易见了。从而，它就能够促进各个帝国主义国家劳动人民的认识和觉悟的形成过程，因为这个概念从帝国主义政策的反人道主义对劳动人民的个人和社会生活形态的影响出发，开辟了一条认识这种影响的客观原因的道路。从这种意义上说，在劳动人民、工人运动和和平运动反对由于帝国主义而产生对人的生存的威胁的斗争中，马克思的异化概念能够在精神上起有成效的作用。这一点也使这个概念成为一个对历史唯物主义来说不能放弃的概念。

但是，这样一来，对异化概念从内容上下一个精确的定义就成为绝对必要的了。要达到这个目的有一个办法，这就是分析马克思直到《资本论》为止对这个概念的发展，分析它在《资本论》中的内容上的功能。为此，特别应该弄清异化劳动概念在《经济学哲学手稿》和《资本论》中在功能上的共同点和区别，并且搞清商品拜物教和异化之间的关系。

在70年代，马克思主义社会科学家在研究异化问题方面取得了重要的成果。这个时期在马克思主义哲学家中间就异化问题所进行的讨论中，有人主要是从马克思在《经济学哲学手稿》中所使用的异化劳动概念出发，提出了马克思异化概念的内容问题。从而，占主导地位的是这样一种认识，即认为异化概念是特殊的"过渡范畴"，是马克思从没有完全克服费尔巴哈的抽象人本主义的立场向对历史作唯物主义的理解，向认识阶级斗争的规律性和工人阶级的历史作用过渡的表现。同时，也强调指出异化劳动概念仍然内在地具有对社会关系作道德评价的因素，而马克思从《德意志意识形态》这部著作开始，通过以唯物主义历史观为基础的对社会主义的科学论证，已经克服了这些因素。

我们要强调指出这个观点，这首先是由意识形态争论的需要所决定的。特别是修正主义对社会主义社会客观基础的攻击必定会被粉碎。[①]继资产阶级对马克思的批判之后，修正主义的思想家们企图把马克思主义归结为异化理论，并且从非异化社会的抽象理想出发，借助于这样被歪曲了的马克思主义来反对现实的社会主义。

尽管歪曲马克思异化观点的方式以及资产阶级和修正主义对马克思的批判的代表们所发动的攻击有某些变化，现在应该加以说明，例如，不再浅薄地利用青年马克思和老年马克思的对立了，而占主导地位的是更多地把异化理论归之于马克思的全部著作；但是，异化概念像以前一样仍然是他们攻击马克思列宁主义和现实社会主义，特别是攻击马克思列宁主义政党和社会主义国家所爱用的工具，他们把社会主义国家说成是"异化在社会主义社会中"的体现。在考察马克思主义的异化概念

[①] 曼弗雷德·布尔在他于1966年发表的文章《异化—哲学人本学——对马克思的批判》中对关于在社会主义中继续存在异化的观点作了根本的、始终仍然有效的分析批判，他在这个问题上的立场，我们基本上是赞同的，而且为我们的下述考虑所证实。布尔的出发点是，异化概念是一个历史的概念，它只有对资本主义关系才是完全适用的。他认为，马克思用异化概念所描述的事实包括的是资本主义的现象，这些现象触及这种社会制度的神经。指出在社会主义社会中有异化的企图依据的是社会主义社会中的一些现象，这些现象至多跟资本主义关系下的同样的现象表面上相同，但是基于完全不同的社会基础。"在社会主义社会中的异化这个问题上通常一再发生的根本错误，就是对社会主义社会的社会现象采取抽象的、非历史的态度。这种态度的基础是一种同社会主义社会的社会生活相脱离的非过程的思想，这种思想多半还同唯智主义和怀疑主义的感情世界相联系。因此，这种关于社会主义社会中存在异化的言论不是导致对社会主义社会的一定社会现象进行理论的、在社会实践方面有益的分析，而是对这些现象作歪曲的描绘，从而导致模糊这些现象的真正性质。"（见《德国哲学杂志》1966年第7期第814页。）

时，这个事实是一定要加以考虑的。我们不能把这个事实忽略过去，因为自从《经济学哲学手稿》于1932年出版以来，异化理论在资产阶级和修正主义对马克思的批判中过去和现在都能够占有一个享有特权的地位。从这个意义上说，对马克思异化概念的思考脱离社会主义和帝国主义之间的意识形态斗争是绝不可能取得成功的。异化问题虽然同马克思思想发展的哲学史问题有着最紧密的联系，但是它首先不是一个哲学史问题，而是围绕马克思主义的革命内容而进行的意识形态阶级斗争的主要问题之一。

但是，这种情况也迫使我们继续完成70年代在马克思主义书刊中已经获得的观点，并且根据马克思研究中的新知识把它精确化。马克思主义理论思想在各个不同的社会主义国家和资本主义国家的发展，对资本主义总危机的表现形式及其对帝国主义各国劳动人民的社会状况和精神状态的影响的分析，以及对马克思的全部著作特别是他的经济学著作和手稿的进一步的、深入的研究，使这一点变得特别明显。

70年代以来马克思主义的社会科学家中间对异化问题的讨论的新的重点和成果表现在哪里呢？

在马克思主义的讨论中，进行这种进一步探讨的出发点是这样的事实，即马克思不仅在他的早期著作如《经济学哲学手稿》中，而且也在他的晚期著作如《资本论》中使用了异化概念。这就接近于得出这样的结论，即异化概念所涉及的不仅是一个"过渡范畴"，而且是马克思全部著作的一个概念。

由于进行了更加深入的分析，认为异化是马克思主义的一个合法概念，它在马克思的成熟著作中也保持其固定的地位的观点，现在在书刊中开始得到承认。这个观点首先是由苏联哲学家纳尔斯基和奥伊则尔曼、法国马克思主义者塞夫以及德意志联邦共和国的韦尔莱因和奥波尔策尔所代表的。① 从而，同 70 年代在异化问题上取得的成果相比，就获得了一个认识上的进步。

所有这些科学家一致强调指出，异化概念在摆脱了早期著作的抽象人道主义内容以后，作为一个具体历史的范畴在马克思的成熟著作中是有它的地位的。异化概念的特点是这样的，马克思列宁主义的任何其他范畴都不可能取代它的位置，因为这个概念概括了用其他范畴如剥削、商品拜物教和自发性不可能这样精确地加以表述的社会现实的那个方面。这个概念的理论能力和世界观上的意义在于概括和描述资本主义生产过程的特殊方面、它对一个人生命活动的影响。用这个概念说明了资本主义社会中个人和社会的对抗关系，特别是人的活动的客观条件及其在个人意识中的反映。他们一致地把异化概念看做马克思用来说明资本主义生产关系的一种理论工具，资本主义生产关系表现为人们之间的物的关系和物之间的社会关系。异化表现为人的活动的结果同它的创造者相脱离。从而，这些结果就变成独立起作用的、不受人控制的、统治各社会阶级和集团的力量，这种力量在起作用时不仅会带来无法预见的后果，而且甚至会带来毁灭性的后果。

我们认为，塞夫为他的《马克思主义和个性的理论》一书第 3 版写的后记中的下述提法对于进一步探讨马克思异化概念的内容是特别有

---

① 见〔苏〕И. С. 纳尔斯基等：《十九世纪的马克思主义哲学》第 1 卷，北京：中国社会科学出版社 1984 年版，第 218、376—377、430—432、481 页；〔苏〕А. И. 季塔连科、В. Н. 沃隆索夫：《关于异化概念在马克思主义范畴体系中的地位》，载苏联《哲学问题》杂志 1978 年第 11 期；〔苏〕И. С. 纳尔斯基：《异化和劳动》，莫斯科 1983 年版；〔法〕L. 塞夫：《对异化的马克思主义分析》，美因河畔法兰克福 1978 年版，第 8 页；B. 韦尔莱因：《异化和生产劳动的机械化。对技术拜物教的批判》，科伦 1981 年版，第 11、27、44 页。

教益的。塞夫说:"对于创作《资本论》的马克思和创作《反杜林论》或《家庭、私有制和国家的起源》的恩格斯来说,什么是异化呢?这是一个巨大的历史过程,它萌发于整个商品生产之中,而在发达的资本主义社会达到了高峰,它夺走了人们的客观生产条件,使这些生产条件作为奴役人、压迫人的异己的力量同人们相对立。"①

现在,联系马克思的异化概念,在理论史上究竟如何对待《经济学哲学手稿》,人们采取的立场是各不相同的,而且同在 70 年代争论的情况相比是大大尖锐化了。在马克思主义书刊中,既有对异化劳动概念对正在形成的唯物主义历史观所起的作用估计过低的,也有对这个概念评价过高的。例如,有人指出,《经济学哲学手稿》中的"异化劳动"概念还是一个抽象的人本主义的概念,还不是辩证唯物主义的概念,它的理论能力只限于对资本主义社会的剥削和压迫关系作道德评价。由此就得出结论说,马克思由于对资产阶级社会的本质作了彻底唯物主义的理解,也提出了一些更准确地反映了用"异化劳动"所概述的现实事实的概念和范畴。在这里,"异化"成了一个"过渡范畴";对"异化劳动"和"异化"的关系的探讨既没有导致确认马克思在《经济学哲学手稿》和《资本论》中采取的不同方法,甚至对这种关系根本就没有加以考虑。②

---

① 〔法〕L. 塞夫:《马克思主义和个性的理论》,巴黎 1974 年版。
② 见 G. 伊尔利茨:《关于〈经济学哲学手稿〉和〈资本论〉的关系以及资产阶级对马克思的批判中对这种关系的歪曲》,载《马克思的哲学学说及其现实意义》,柏林 1968 年版,第 243 页;R. 鲍威尔曼、K. 盖耶尔、E. 尤利尔:《"马克思学"的贫困》,柏林 1975 年版,第 223 页;T. 马克斯豪森:《1843 年至 1863 年期间马克思的社会关系物质和物的人格化理论的形成和发展》(学位论文),哈雷 1974 年版,第 18、24 页;Т. И. 奥伊则尔曼:《马克思主义哲学的形成》,柏林 1980 年版,第 347 页。

我们认为，在一些马克思主义作者的观点中也包含对马克思在《经济学哲学手稿》中所获得的异化劳动概念评价过高的现象，这些作者认为，马克思用这个概念一般说来已经达到了唯物主义历史观的有决定意义的基本认识，后来只是把这种认识具体化并详细加以说明就行了。例如，有人强调指出，异化劳动概念已经概括了马克思后来称之为资本主义生产关系的那种东西；① 他用异化劳动已经发现了资产阶级社会的运动规律。② 这种过分强调异化劳动概念在发现社会发展规律性方面的作用的观点，使一些人把对异化概念在马克思成熟著作中的特点的探讨远远置之度外。

马克思在《经济学哲学手稿》中给异化劳动的表现形式以及异化劳动和私有制的联系下定义时，是把异化概念当做从无产阶级立场出发去分析和批判资产阶级社会并且弄清资本和劳动的对抗性矛盾的手段来使用的。但是，在那里并没有能够借助于异化劳动概念对资本主义生产方式及它所固有的规律性进行经济分析（用异化概念也根本不可能做到这一点）。因此，必须有可以用来更深入地对异化劳动所隶属的现象的客观经济原因和克服这些现象的条件进行经济分析的其他一些概念和范畴来取代异化劳动概念。不过，这绝不意味着异化概念的**消失**，而只是意味着异化概念在马克思主义中的地位、内容和功能发生了本质的变化。异化劳动概念的一些重要方面，特别是马克思在 1844 年确定下来的异化现象，例如生产者被他活动的产品所支配的状况以及这种活动的毫无意义——后面还要加以说明——特别是在《资

---

① 见 G. 门德：《马克思从革命民主主义者向共产主义者的发展》，柏林 1960 年版，第 147 页。

② 见〔德〕瓦·图赫舍雷尔：《马克思经济理论的形成和发展》，北京：人民出版社 1981 年版。

本论》中又重新提出。但是，在这里，它们已经被置于作了明确阐述的唯物主义的相关联系之中，就是说，已经同制约它们的社会原因和关系联系起来。

在这里，要求对异化劳动概念在马克思主义形成过程中的地位、内容和功能的规定以及对整个马克思主义中的异化概念作出更确切的说明的那个问题本身变得显而易见了。这里涉及的是要更加详细地确定，马克思在进一步制定历史唯物主义和政治经济学的过程中可能保留异化劳动概念的哪些要素，从而这些要素必定要包括在马克思的成熟的异化概念之中，以及哪些要素在对资产阶级社会进行经济分析的过程中必定要被克服。

我们认为，分析作为异化劳动概念基础的马克思对劳动的观点，是解决这个问题的出发点。概括地说，这种分析会得出如下的结论：马克思在《经济学哲学手稿》中第一次表述了一种认识，认为劳动是人类生活一切方面发展的物质基础。从而，他就为分析人在社会中的地位创立了一个质上新的唯物主义出发点。① 人通过他的劳动作用于自然界并且按照自己的需要来改造它。从这个发现出发，马克思在1844年阐述了对劳动的一些重要的唯物主义定义：劳动始终是人的肉体的和精神的本质力量的对象化；② 同时，劳动也是历史上人自我产生的过程；③ 通

---

① 这种看法由于同《经济学哲学手稿》新版本（《马克思恩格斯全集》原文版新版第一部分第2卷）相联系而取得的研究成果而得到证实。根据《手稿》第一个笔记本产生的时间顺序，可以证明，马克思为了达到他想写一部政治经济学批判的目的，创造性地实现了哲学和经济学的统一，因此，应该把他对异化劳动的阐述仅仅理解为他的政治经济学批判的一个组成部分。见 I. 陶贝尔特：《〈经济学哲学手稿〉新版本》，载《德国哲学杂志》1983年第2期，第221页及以后几页。

② 见《马克思恩格斯全集》第1版第42卷第90—93页。

③ 《马克思恩格斯全集》第1版第42卷第125—126页。

过劳动，人同时也生产了他同其他人的联系，劳动是社会生活的基础。①

但是，劳动的这些唯物主义定义仍然同抽象人道主义的因素相联系。马克思把人的社会本质、"人的类特性"定义为"自由的自觉的活动"②，在这种活动中人有意识地运用自己的力量和能力，全面地进行生产，全面地发挥自己的本质力量，实现他自己。③ 私有制条件下的具体历史的劳动是用关于"理想的"、"实证的"劳动的这些假设的、永恒的定义来衡量的。马克思按照社会经济结构开始加以探讨的现实的社会运动，在一定程度上面对着关于作为理想的劳动的一般定义。因此，马克思1844年的劳动概念除了包含一些重要的唯物主义定义以外，也包含着抽象的因素。从这种对劳动的观点出发，对于异化劳动概念在内容和功能上的定义就得出了两个结论：

第一，马克思所认识的劳动的唯物主义定义使他作出了一个重大发现，即工人用异化劳动不仅生产了物质财富，而且同时也生产了异化的社会关系，就是说，生产了剥削和压迫关系。④ 由此出发，就能够把私有财产和资本理解为由异化劳动所带来的、因而是历史地产生的关系。这样一来，资本主义制度具有的自然现实性的灵光就被抹去了，为能够提出关于根本克服资产阶级社会的原因和条件的问题创造了前提，从而就走上了一条导致在认清历史过程的客观规律性的基础上论证工人阶级历史作用的道路。

第二，在假定有"理想的"、同人的本质相适应的劳动这个前提

---

① 《马克思恩格斯全集》第1版第42卷第96—97页。
② 《马克思恩格斯全集》第1版第42卷第96页。
③ 《马克思恩格斯全集》第1版第42卷第96—97页。
④ 《马克思恩格斯全集》第1版第42卷第99—100页。

下，就只能把劳动的具体历史形式即资本主义的劳动定义为对劳动本质的歪曲，定义为否定性的和异化的劳动。这就包含了把工人阶级的生存条件、异化劳动的消极后果说成是工人阶级的生活过程的可能性。遵循劳动的这种设定的理想，马克思就把私人资本主义条件下的劳动描绘成为对于工人说来是丧失了劳动的本来意义的。这种劳动对于工人说来成了丧失自我，使他的个性、力量和能力畸形发展的工具，成了一种统治他的力量。但是，从"劳动"的抽象本质出发不可能确定劳动异化及其对工人的消极影响的真正原因和社会制约性，也不可能对异化状态的合乎规律的克服提供客观的论证。诚然，根据关于劳动作为一般劳动（因而作为异化劳动）的观点，也能够把私有财产和资本——国民经济学把这两者看做是生产财富的永恒的自然现实——归结为人与人之间的具体历史的社会关系。但是，由此出发，不可能了解，为什么在特定的历史条件下人总是要接受生产中完全特定的相互关系。

这里表现了异化劳动概念的理论限度，我们认为，这种理论限度对于整个异化概念说来是很典型的。这个概念的理论能力和世界观意义在于，它能够详细地、令人印象深刻地把握和描绘资本主义生产过程的特殊现象以及这个过程对个人的生命活动的影响；但是也就仅此而已。它还不能进而揭示资本主义剥削的真正的、由经济关系所产生的、合乎规律的机制，不能进而揭示深刻社会矛盾的原因。借助于异化劳动概念不可能进而揭示资产阶级社会的经过经济论证的本质，就是说，不可能发现隐藏在资产阶级社会经济基础之中的这个社会发挥功能和衰亡的规律性。

《经济学哲学手稿》不仅产生于唯物主义历史观创立的初期，它本身也是马克思努力研究资产阶级社会经济基础的开端，这种研究最终导致《资本论》的基本的理论认识。利用这些理论认识，马克思终于认识了资本主义的经济基础，认识了资本主义所特有的生产力和生产关系的关系。根据对生产商品的劳动的二重性的认识,他把生产过程、劳动增殖过程和资本主义的增殖过程的物质内容和社会形式区别开来。他利用资本主义的增殖过程这个定义揭开了剩余价值的秘密,发现了资本主义社会产生和衰亡的规律性,并且由此出发全面地论证了工人阶级的历史作用。

因此,异化概念通过《资本论》在马克思的理论思想中也保留了另一种意义和一种特殊的内容。它不再作为进行社会分析的理论出发点起作用,而是适应了这种社会分析,通过社会分析保留了它的特殊色彩和它的世界观的理论的重要意义。从而,它也摆脱了它在《经济学哲学手稿》中仍然具有的那种抽象人道主义的因素。

当人们研究"商品拜物教"和"异化"这两个概念的联系和差别时,这种情况就变得很清楚了。

70年代在马克思主义出版物中占统治地位的观点是,马克思在《资本论》中用关于商品拜物教的知识认识了他在其早期著作中用异化劳动概念来概括的资本主义社会矛盾的合乎规律的制约性。而现在,特别是苏联的一些哲学家以及塞夫、韦尔莱因等人提出,马克思的异化概念并不仅限于商品拜物教的含义——虽然这两个概念在内容上十分接近——,或者说,并没有在商品拜物教中被取消。[①] 这种观点的出发点是,异化概念作为具体历史的范畴在马克思的成熟著作中占有它固定的地位。在这里,他们一致地把异化概念理解为马克思用来说明资本主义

[①] 见〔苏〕И. C. 纳尔斯基等:《十九世纪的马克思主义哲学》第1卷,北京:中国社会科学出版社1984年版,第218—219页;〔法〕L. 塞夫:《对异化的马克思主义分析》,美因河畔法兰克福1978年版,第39—41页;B. 韦尔莱因:《异化和生产劳动的机械化》,科伦1981年版,第27、44—47页;〔苏〕M. M. 罗森塔尔:《马克思的政治经济学的辩证方法》,柏林1969年版,第272—277页。

生产关系特点的理论工具，资本主义生产关系表现为"人们之间的物的关系和物之间的社会关系"①。异化表现在，人的活动的结果同它的创造者相分离，成为独立起作用的、不受其创造者支配的、统治社会阶级和集团的力量，这种力量在作用于人时表现出一种不仅是不可预见的、而且是毁灭性的后果。但是，这样一来，异化概念就大大接近于马克思对商品拜物教的理解，只不过还没有令人信服地突出这个概念的真正特点。此外，我们认为，在努力确定异化概念在马克思思想的范畴体系中的特点和地位时应该着重指出，有些人在某种程度上过高估计它的理论能力，例如有人强调这个概念以自己的方式反映了资本主义生产关系的本质。②

在回答异化概念与同样也是从理论上概括资本主义生产关系对社会财富生产者的影响以及人同其社会行为的客观影响的关系的马克思主义的其他范畴和概念如自发性、剥削以及商品拜物教理论相比有什么特点的问题时，必须注意有一点对历史唯物主义的全部范畴都是适用的，就是这些范畴各自反映的始终只是社会总体的个别方面。为了弄清楚各个范畴的特点，就必须从下述观点出发，即社会是由一些相互联系、相互制约、互为根据的领域组成的矛盾的统一体，而这些领域的基础是生产。

从这个意义上说，马克思对资本主义再生产过程，首先是对流通和生产的关系的研究，对于分析商品拜物教和异化的关系具有特殊的意

---

① 《马克思恩格斯全集》第 1 版第 23 卷第 90 页。

② 在这里走得最远的是塞夫，他提出一种观点，认为异化概念说明了一个主要历史阶段的深刻本质，从这个意义上说，它阐明了历史唯物主义的核心。（见〔法〕L. 塞夫：《对异化的马克思主义分析》，美因河畔法兰克福 1978 年版，第 43、82 页。）

义。在《政治经济学批判大纲》中，马克思第一次也是唯一的一次对再生产过程的各个阶段的辩证联系和相互作用作了全面的表述。马克思强调指出，生产、分配、交换和消费不是同一的东西。它们全体构成一个辩证统一体的各个环节，但是在这个统一体中，生产起支配作用。①

为了弄清楚商品拜物教和异化的关系，也可以运用这种方法论观点。用这种观点对《政治经济学批判大纲》和《资本论》所作的考察表明，马克思所有与商品拜物教相联系的思路都同社会的表现形式有关，这些表现形式是由流通产生的，它们同社会运动的整体本身借以表现出来的"第一个形式"相联系。②

在《政治经济学批判大纲》中，马克思第一次系统地在两种意义上使用异化概念：一方面是把它当做生产中的资本关系的一般表现；另一方面是用它来说明流通领域中社会关系物化的特点。

在以后的理论过程中，在马克思那里出现了明显的区分。在《大纲》中，马克思把流通中和生产中的同样的现实关系都称为异化；而在《资本论》中，当他谈到流通时，称这种关系为商品拜物教，当他谈到生产时，则称之为异化。

马克思在《资本论》中把商品拜物教描述为一种客观关系，在这种关系中，资本主义生产关系的本质不是透过它的表现形式显露出来，而是包含在一种掩盖这种本质的形式之中。马克思写道："可见，商品形式的奥秘不过在于：商品形式在人们面前把人们本身劳动的社会性质反映成劳动产品本身的物的性质，反映成这些物的天然的社会属性，从而把生产者同总劳动的社会关系反映成存在于生产者之外的物与物之间

---

① 参见《马克思恩格斯全集》第 1 版第 46 卷上册第 36—37 页。
② 参见《马克思恩格斯全集》第 1 版第 46 卷上册第 145 页。

的社会关系。由于这种转换,劳动产品成了商品,成了可感觉而又超感觉的物或社会的物……这只是人们自己的一定的社会关系,但它在人们面前采取了物与物的关系的虚幻形式。"①

马克思把商品拜物教作为在资本主义所有制关系下从商品形式中必然产生的人同自然之间的物质变换的表现形式,从而就作为社会性生产和私人占有的矛盾的结果来加以分析。它是"同商品生产分不开的",同"生产商品的劳动所特有的社会性质"相适应的。② 从而,马克思就进而阐述商品和生产商品的劳动的二重性,并且清楚地说明,这种"虚幻形式"是同商品交换、同流通相联系的;在流通中,生产资料的占有者和非占有者、剥削者和被剥削者是作为表面上具有平等权利的商品占有者彼此相对立的。这样,资本主义流通就产生了一种客观的假象,这种假象掩盖了资本主义生产关系的本质。这种歪曲现实社会关系的假象被资产阶级思想家当做本质,它成了忽视阶级对抗的资产阶级自由和平等观念的基础。

马克思指出,这种歪曲的意识形式来源于资本主义生产关系本身,它的内容在经济学上得到了论证。这种神秘化的来源是私人劳动和社会劳动的矛盾,由于这种矛盾,在生产者面前,"他们的私人劳动的社会关系就表现为现在这个样子,就是说,不是表现为人们在自己劳动中的直接的社会关系,而是表现为人们之间的物的关系和物之间的社会关系"③。

因此,在《资本论》中,马克思把商品拜物教描绘为一种同私人

---

① 《马克思恩格斯全集》第 1 版第 23 卷第 88—89 页。
② 《马克思恩格斯全集》第 1 版第 23 卷第 89 页。
③ 《马克思恩格斯全集》第 1 版第 23 卷第 88—89 页。

劳动和社会劳动的矛盾相适应的客观关系，这种关系在流通中表现为主体和客体的颠倒，表现为产品对生产者的统治。从这种意义上说，商品拜物教表现为异化的重要环节，而异化在流通中通过资本主义关系产生出来，并且不断地由这种资本主义关系再生产出来。同时，在流通中表现出来的商品拜物教证实了由此而产生的颠倒的意识形式，在这种意识形式中，剥削和压迫关系表现为，而且不断重新表现为自由平等的商品占有者的关系。这样一来，商品拜物教就导致一种受客观制约的错误的意识，对于这种意识来说，社会关系的本质被隐藏着，以"虚幻形式"表现出来。

《资本论》中的商品拜物教理论揭露了产品对生产者的统治的经济基础，从这个意义上说，是《经济学哲学手稿》中的异化劳动概念的具体化和明确化。但是，商品拜物教理论不能概括马克思 1844 年用异化劳动概念所概括的所有社会现象。因此，这一理论对于说明流通领域中作为异化关系的资本主义社会关系，就是说，在说明客观来源存在于流通之中的神秘化时，是足够了。但是，当问题涉及异化劳动，涉及生产过程中的异化时，这一理论就不够了——马克思也没有利用这一理论。从这个意义上说，必须把马克思的异化概念和商品拜物教理论区别开来。下面一段话在这里也是适用的："真正的现代经济科学，只是当理论研究从流通过程转向生产过程的时候才开始。"①

在《经济学哲学手稿》中，正如前面所着重指出的那样，异化概念就已经被马克思首先用来从说明物质生产中人的活动的客观条件、这一活动的社会后果及其在生产者意识中的反映这个角度去研究生产过程。在这里马克思已经认识到，异化劳动是一种事实，它不仅在意识形

---

① 《马克思恩格斯全集》第 1 版第 25 卷第 376 页。

态现象领域中有自己的地位,而且首先在以私有制和交换为基础的社会的经济中表现出来。在《资本论》中,生产者可以直接感受到的、他可以用感觉感知的资本主义生产关系的表现形式,也用"异化"来说明,或者称为"异化的"、"异己的"东西。

马克思的出发点是,人在对客观实在的实践对象性的和实践精神的占有中,首先是在人类生活的基础即物质生产活动中把自己肉体的和精神的生产力对象化。在生产资料私有制的条件下,肉体的和精神的生产力的这种对象化采取了产品对生产者的统治这种形式,变成了异化。因此,在《资本论》中马克思特别使用异化概念来说明由于直接生产者同其生产活动的条件相分离而产生的资本主义生产过程对工人的可以感觉到和可以体验到的影响,从而说明资本主义所有制关系所引起的、以这种关系为基础的社会现象,这些现象是作为奴役生产者并使他畸形发展的物化劳动的统治同生产者相对立的。从这里我们可以看到《资本论》中的异化概念的真正功能,马克思对这一概念的特点作了如下的说明:

第一,客观生活条件同直接生产者的分离——资本主义生产过程的一般基础——导致生产的结果同直接生产者相分离并且被资本家所占有。从而,客观的劳动条件和劳动的产品对于生产者说来就采取了独立的、异化的形态。"可见,工人本身不断地把客观财富当做资本,当做同他相异化的、统治他和剥削他的权力来生产,而资本家同样不断地把劳动力当做主观的、同它本身物化的和实现的资料相分离的、抽象的、只存在于工人身体中的财富源泉来生产,一句话,就是把工人当做雇佣工人来生产。"[①]

---

① 《马克思恩格斯全集》第1版第23卷第626—627页。

第二，当劳动过程变为资本主义增殖过程时，就发生活劳动和物化劳动的颠倒。"生产资料立即转化为吮吸他人劳动的手段。不再是工人使用生产资料，而是生产资料使用工人了。不是工人把生产资料当做自己生产活动的物质要素来消费，而是生产资料把工人当做自己的生活过程的酵母来消费……"① 从而，生产者的对象化的肉体的和精神的生产力以异化的、奴役生产者的形式同生产者相对立。

第三，工人自己劳动的内容同工人相异化。在雇佣劳动和资本的关系中，工人把自己肉体的和精神的生产力转让给了资本。资本靠社会生产力而发财致富导致工人由于个人生产力而贫困化。这样一来，一切提高社会生产力的方法都变成"统治和剥削生产者的手段，都使工人畸形发展，成为局部的人，把工人贬低为机器的附属品，使工人受劳动的折磨，从而使劳动失去内容，并且随着科学作为独立的力量被并入劳动过程而使劳动过程的智力与工人相异化"②。

因此，在资本主义社会，生产过程中人的肉体的和精神的力量的对象化表现为异化劳动。工人自己的力量在生产中的现实化，在工人看来是奴役，是非现实化。"甚至活劳动本身也表现为他人的东西而与活劳动能力相对立（虽然活劳动就是活劳动能力的劳动，就是活劳动能力自己的生命的表现），因为活劳动为换取物化劳动，为换取劳动自身的产品已经出让给资本了。劳动能力把活劳动看做他人的东西，如果资本愿意向劳动能力支付报酬而不让它劳动，劳动能力是会乐意进行这种交易

---

① 《马克思恩格斯全集》第 1 版第 23 卷第 344 页。
② 《马克思恩格斯全集》第 1 版第 23 卷第 708 页。也可见《马克思恩格斯全集》第 1 版第 25 卷第 100—101 页。

的。"① 在资本主义生产关系下,在资本主义生产资料私有制条件下,劳动对于直接生产者来说变成了异化劳动。

从这个意义上说,在《资本论》中马克思用异化概念来概括个人和社会之间的对抗关系的一定方面,这些方面用像剥削或者自发性这样的范畴是无法加以说明的。因为异化概念概括的是资本主义生产关系的作为物化劳动的奴役人和使人畸形发展的统治可以由生产者感觉到并体验到的现象:雇佣劳动和资本的关系以及资本主义所特有的生产者同他的生产活动的直接条件相分离。用马克思的话来说,整个社会结构的"最深的秘密"、"隐蔽的基础"始终是"生产条件的所有者同直接生产者的直接关系——这种关系的任何形式总是自然地同劳动方式和劳动社会生产力的一定的发展阶段相适应"。②

因此,我们认为,异化概念的意义和内容就在于,它概括了资本主义生产关系的一个环节,即这种生产关系对生产者及其作为个性的发展的直接影响。因此,这个概念不能代替对资本主义生产关系主要方面的分析,而且是以这种分析为前提的。

在《资本论》中,马克思清楚地证明,资本主义社会中的社会进步是以极其深刻的对抗的方式实现的。任何与物质生产的进步相联系的发展人类创造力的可能性的增加,都是以压迫无数的人及其能力、使之畸形发展,把他们加以摧残甚至直接加以消灭作为代价而达到的。从这个意义上说,使用异化概念,资本主义条件下的进步的对抗性质就变得

---

① 《马克思恩格斯全集》第1版第46卷上册第460页。
② 《马克思恩格斯全集》第1版第25卷第891—892页。

显而易见了。①

我们认为，对马克思的异化概念的这种理解不允许把它运用于社会主义。异化作为理论概念概括的是从生产资料私有制中产生出来的、直接与生产者和生产条件的分离相联系的现象对生产者的影响，对它的理解是同资本主义生产关系相联系的。必须认识资本主义生产关系的合乎规律的联系，才能揭示异化现象的原因。

在社会主义社会中，没有马克思称为异化的本质、内容的那种东西：由于资本主义所特有的生产者和其生产活动的直接条件相分离而产生的、可以感觉到和体验到的资本主义关系的表现如物化劳动对生产者的统治、生产活动的异化、异化的生产关系。随着生产资料公有制在社会主义社会的建立，资本主义剥削社会所特有的工人同生产资料相分离就在客观上被消除了。废除生产资料私有制是对社会关系进行社会主义改造的出发点，因而也是扬弃一切异化形式的基础。因为社会主义形态不仅意味着对社会的经济结构的根本改造，社会主义意味着对全部社会生活的改造，就是说也意味着对政治生活、思想生活和精神生活的改造。"想把异化概念强加于社会主义关系，就是使这个概念变为一个抽象的、非历史的范畴。结果，由于这种做法，社会主义和资本主义的不可调和的对立被取消了。"②

"社会主义社会中有异化"的构想硬使异化概念同马克思在《资本论》中运用这一概念的联系相脱离。因此，寻找"社会主义社会中的

---

① 见〔法〕L. 塞夫：《对异化的马克思主义分析》，美因河畔法兰克福1978年版，第82页及以后几页。

② M. 布尔：《异化—哲学人本学——对马克思的批判》，载《德国哲学杂志》1966年第7期，第814页。

异化"的企图总是一定要歪曲同马克思的异化概念相联系的理论意图。这种企图在理论上和实践上都导致否定根源于不同的力量对比和所有制关系的资本主义和社会主义之间的不可调和的对立。由于这个原因,我们认为,在社会主义社会既没有资本主义异化的残余,也没有由社会主义本身所带来的异化过程或现象。

但是,这样一来就发生一个命题,应该用什么样的理论工具来概括社会主义社会中那些按其表现形态和社会原因来说极其不同、不过同时在外表上却与马克思所分析的情况相似的现象,例如劳动的单调枯燥、对社会有害的行为、自私自利、官僚主义等等。我们认为,如果把这些现象归入异化的一般概念,那么,第一,这就会产生一种后果,就是以生产资料公有制为基础的社会主义生产关系和以生产资料私有制为基础的资本主义生产关系之间的原则区别被抹杀了。第二,由于给具有如此不同性质的现象贴上"异化"的标签,对这些现象的分析就更加模糊不清了。我们认为,马克思列宁主义哲学拥有能够更好地揭示这种现象的本质基础的范畴。

[原载民主德国社会科学院《专题情报资料》1985年（柏林版）第 2 类（会议）第 50 辑]

（刘晖星 译）

卡尔·马克思学说形成和发展过程中的异化问题以及我们目前存在的若干问题[*]

〔苏〕伊·谢·纳尔斯基

当前,特别是鉴于意识形态的斗争的尖锐化,人们又一次给予"异化"范畴以更多的关注。尤里·安德罗波夫强调指出:劳动异化是一个范畴,它对资本主义来说是天经地义的。"在资本主义制度下,劳动产品作为异己的、甚至作为敌对的本质同生产者对立,在资本主义制度下,劳动者消耗的体力和脑力越多,就使自己的压迫者越强大。社会主义取得的最重大的和无可争辩的成果就在于创造了保证每一个人获得劳动权利的条件。"[①]

因此,社会主义建设消除了异化的根源。然而异化不仅有根,而且还包含着从这个根中产生的东西。尤里·安德罗波夫强调指出:在苏维埃社会研究探讨由"我的"变成"我们的"这一伟大的社会主义过程即共产主义劳动观的形成过程时,"不能忘记,这是一个长期的和多层次的过程,不应该把这个过程简单化。即使在社会主义生产关系完全建

---

[*] 本文选自《马列主义研究资料》1987 年第 2 辑,系德意志民主共和国统一社会党中央委员会所属社会科学院马克思列宁主义哲学研究所组织的一次马克思列宁主义哲学史研究领域跨学科学术讨论会上的发言。作者伊·谢·纳尔斯基系苏共中央社会科学学院马克思列宁主义哲学教研室教授、哲学科学博士。

[①] 《安德罗波夫言论选集》,柏林 1953 年版,第 270 页。

立起来的时候,某些人还会保留甚至再产生靠占别人便宜、占社会的便宜来发财的个人主义习惯和企图。所有这些,用马克思的术语来说,是劳动异化的结果,而且这些结果不会自动地和突然地从人们的意识中消失,虽然异化本身已经被消灭"①。因此,即使在发达的社会主义条件下,也必须根据个别的、派生的形式,特别是根据异化的结果提出问题。

马克思关于劳动异化的观点,应该从劳动异化的起源及其本质内容来考察。在黑格尔那里,还没有劳动异化的概念。他把异化理解为绝对观念向自然界的异化、主体精神向社会过程和社会设施的异化、人的精神向自己的劳动和活动的产物的异化。他使用的是"精神向劳动的异化"这个概念。在黑格尔看来,异化是本体论意识的过程,这种过程的不同阶段是逻辑"观念"向自然界即向自己物质的"异在""下降"的具体化。

马克思在自己的早期著作中开始对黑格尔的异化观念重新进行了仔细的研究并加以克服。②马克思和恩格斯在《德意志意识形态》中提供了"异化"的一般定义,这个定义十分明确地表明异化的唯物主义起源:异化是"我们本身的产物聚合为一种统治我们的、不受我们控制的、与我们愿望背道而驰的并且把我们的打算化为乌有的物质力量"③。

因此,异化来源于人的生产活动的社会过程。它是被创造者对创造

---

① 《安德罗波夫言论选集》,柏林1953年版,第266—267页。
② 详见〔苏〕伊·谢·纳尔斯基:《劳动和异化。卡尔·马克思著作释义》,莫斯科1983年版,第一、二章。
③ 《马克思恩格斯选集》第1版第1卷第38页。

者的反作用的特殊形式，在这种形式下，生产的主体作为原初活动的源泉遇到的是他自己的活动所产生的那些使他失望、同他相矛盾并和他敌对的、彻底对立的结果。

马克思早在撰写《德意志意识形态》以前就开始具体说明异化这个一般概念。此外，在《1844年经济学哲学手稿》中他的论述也很多。确切地说，《德意志意识形态》中关于异化的一般概念是以青年马克思先前对"劳动异化"（或者"异化劳动"）这个概念的研究为基础的。马克思在区分社会异化的不同种类、阐明它们的本质时采用的方法，不是从"异化本身"的抽象概念而是从资本主义社会中劳动异化的现实过程入手的。这在方法论上是十分重要的。

马克思在《经济学哲学手稿》中提出劳动异化来反对黑格尔关于精神向自然界和向劳动异化这一唯心主义的虚幻结构［这在黑格尔的《精神现象学》（1807）中已经可以看到］。虽然青年马克思在1844年的手稿中没有放弃对路德维希·费尔巴哈的唯心主义批判的过高评价，他在这篇预示着新的辩证唯物主义世界观形成过程中的转折点的著作中，实际上还是针对费尔巴哈的异化观提出了自己的异化观点，按照费尔巴哈的观点，异化是人的本性在宗教的和哲学唯心主义的幻想中的实现。首先，马克思由于当时还没有阐发关于社会经济形态的理论，他把异化劳动看做处于从属的和被压迫地位的劳动人民本身的劳动的不断加深的异化。然而，这种异化观丝毫不违背他的关于消除工人阶级的异化是整个人类解放的钥匙的论点，而是更加强调这个论点，似乎还把这个论点解释得更清楚了。从严格的经济学意义上看来是不确切的东西，在世界历史的意义上来说已经是正确的东西了。

马克思在 1844 年的手稿中区别了雇佣劳动者的劳动异化的四个环节[1]，并且把它们同资本主义的生产资料私有制有机地联系起来。这四个环节就是：第一，工人的劳动过程和劳动内容的异化；第二，工人的劳动成果即劳动产品同工人相异化，劳动产品借助资本家的权力采取商品形式；第三，无产者的精神内容（以及这个意义上劳动者的"本质"）的异化；最后，第四，人们相互隔绝直至相互敌视的异化。劳动异化的所有这些环节——其中第四个环节是它的最直接的结果——成为马克思进一步进行研究的对象。一般说来，人们不仅可以把《经济学哲学手稿》当做一部不完全成熟的、体现了马克思主义形成过程中一个重要的里程碑的作品来看待，而且还应该认为它在一定程度上是马克思随后从事理论创作的纲领，随同这个纲领（即使是还没有详细阐明的纲领）提出的问题，马克思后来已经作了解答。这个纲领还具有临时纲领的性质，然而它的主要方向是完全正确的，虽然还不能够说，我们在这里把它当做马克思写作《资本论》的提纲。

在 1844 年的手稿中，劳动异化概念同压迫和剥削概念是非常紧密地（以至于人们不能把它们分开）联系在一起的："……占有表现为异化、外化，而外化表现为占有……"[2] 这些现象和过程彼此在客观上是什么样的关系呢？马克思提出了重要的论点：私有财产使资本主义的"占有"成为可能。而工人要摆脱劳动异化及其后果，则要求废除私有财产——一项由革命无产阶级本身来解决的任务。此外，也必须搞清楚异化同占有他人劳动以及异化的派生形式之间的因果关系。在这种情况下，重要的是说明私有财产本身的形成的机制以及它在异化劳动的形成

---

[1] 参看《马克思恩格斯全集》第 1 版第 42 卷第 93—98 页。

[2] 《马克思恩格斯全集》第 1 版第 42 卷第 102 页。

过程中的作用；同时，联系这一点指出异化对私有财产有什么样的反作用。这个任务的解决已经导致这样的结论：在原初的异化劳动形式和后来的异化劳动形式之间，必须有所区别，前者产生出私有财产①，后者是已经发展起来的资本主义私有财产不断造成的结果。但是，这种因果螺旋线的内在机制是必须弄清楚的。按照因果推动力来看，这是雇佣劳动受剥削的主要问题。

从这个意义上说，在1844年手稿中，劳动异化问题的提出以及对这个问题的初步解决，归根结底构成了剩余价值理论的萌芽形式，当然，是模糊的萌芽形式！J. G. 舍尔沙可夫的博士论文《卡尔·马克思在无产阶级政治经济学形成初期的劳动异化概念》（1982）令人信服地证实了这一点，这篇博士论文的主要论点的依据是A. I. 马雷什（1966）、B. П. 什克列多夫（1973）、Г. A. 巴加图里亚和B. C. 维戈茨基（1976）的专题研究。马克思在1844年的手稿中深信不疑地指出：无产阶级必须使自己本身并使整个社会从异化和压迫下解放出来；然而他还没有得出这个结论：反对异化的斗争只能是反对资本主义剥削的斗争的从属因素。异化是以劳动异化为基础的这一事实预示了这个结论；从预示直到持之有据的证明，毕竟要走完一段艰难的路程。

正是在《经济学哲学手稿》中，已经大略勾勒出从革命无产阶级的观点出发对资产阶级社会的辩证法进行经济研究的课题的范围。这种研究必须既从本质上对劳动异化、私有财产和剥削加以区别，又要把三者相互联系起来。分工构成最深刻的原因，早在对抗性的阶级社会的初期，分工已经形成，然后，它又以改变了的形式得到发展，这种发展导致日益增多的、人对人的剥削的再生产。马克思把他面临的分析课题概

---

① 《马克思恩格斯全集》第1版第42卷第100页。

括为下述观点:"分工是关于异化范围内的劳动社会性的国民经济学用语。"① "考察分工和交换是很有意思的……"② 15年以后,马克思解释说,分工本身是抽象劳动和具体劳动的辩证的矛盾统一的结果,在这种情况下,分工不再仅仅是异化的条件,而异化只是私有财产基础上的现实。青年马克思面临的问题是:"把人类的最大部分归结为抽象劳动,这在人类发展中具有什么意义?"③

马克思在1844年手稿中,不是以一个虽有理论爱好却又不抱偏见的理论家身份,而是作为一名为被压迫者谋利益和幸福的战士,作为工人阶级的思想家、有坚定信仰的共产主义者和满怀热情的人道主义者提出异化问题的。科学共产主义的伟大奠基者对劳动异化和人的本性之间的相互关系的考察表述了极其深刻的人道主义的基本观点,这一观点丝毫不违背无产阶级的党性,而且是以无产阶级的党性为基础的,是从无产阶级的党性中产生的,并且因此创立了马克思的"实在的人道主义"思想。

有时也有人指出青年马克思在1844年的手稿中还没有完全克服费尔巴哈学说的影响。他在这篇著作中使费尔巴哈的异化模式又跃然纸上。按照这种模式,人(在费尔巴哈那里:任何人,"人本身")是这样异化的(在费尔巴哈那里:只是人的意识在宗教和哲学意义上的异化),即人的精神本质、整个精神内容被扭曲、歪曲和损坏。异化的克服(在费尔巴哈那里:通过科学的解释活动)意味着向人的原初本质的复归,人的原初本质的恢复。因此,人似乎得以重新回到自身,切实

---

① 《马克思恩格斯全集》第1版第42卷第144页。
② 《马克思恩格斯全集》第1版第42卷第148页。
③ 《马克思恩格斯全集》第1版第42卷第56页。

地把否定的否定的圆圈闭合起来，使运动的末端和开端吻合一致。在马克思的 1844 年手稿中确实可以发现某种所谓相似的东西的模式。然而这种相似性同时又包含着差别。

青年马克思写道，私有财产的克服会使以前一切受束缚和被歪曲的人的感觉和特性得到解放，① 因此，共产主义就"……否定的否定……对人的本质的占有"②，这就是说，共产主义就是向这种东西的复归，这种东西以前失去过，现在又重新得到了。可是，马克思自己很快就突破了这个模式，他指出，这决不是人的一成不变的本质，不是不可改变的人类本性。这种本质在共产主义条件下一定要广泛地和全面地发展，因为人——大写的人——的这种本质及其理想确实是值得尊敬的。

"……无神论、共产主义绝不是人所创造的对象世界即人的采取对象形式的本质力量的消逝、抽象和丧失，绝不是返回到违反自然的、不发达的简单状态去的贫困。相反地，它们才是……现实的生成……"③ 尽管青年马克思又继续使用了费尔巴哈和黑格尔的一些用语，然而最重要的思想是清楚的：共产主义决不意味着向本质的"原始的"和"真实的"标准尺度复归；它也不会是这样的，即人的整个本质在今天是"非真实的"，只有在未来才是"真实的"。马克思认为，生产资料私有制的废除，为发展最好的、今天已经部分地在人们中存在着而且是人本身内部具有的、但长期没有得到充分发挥的条件，开辟了广阔的场所。青年马克思在 1844 年根本没有关于人有两个"分离的"

---

① 《马克思恩格斯全集》第 1 版第 42 卷第 124 页。
② 《马克思恩格斯全集》第 1 版第 42 卷第 139 页。
③ 参看《马克思恩格斯全集》第 1 版第 42 卷第 175 页。

本质（其中一个是现实存在的，另一个要期待于未来）这种想法；然而他有这样的思想，即人作为社会存在物，他的统一的但并非形而上学地僵化的本性具有辩证的矛盾的形成过程和发展过程。不言而喻，未来的人，发达的共产主义社会的人，本质上是日益完善的。这个思想同主张人向自身完全"复归"的费尔巴哈模式是完全对立的。因此，如果在《经济学哲学手稿》中，个别段落里还出现这种模式，那也仅仅是大部分已经得到克服的自然主义观点的残余。难道还必须专门为此提供证明，说明在1844年手稿中，马克思着重提出的关于无产阶级的具有世界历史意义的革命使命的论点已经同费尔巴哈的自然主义毫无共同之处吗？

《资本论》的所有三篇准备著作中以及《资本论》这本著作中提到的异化问题和对它进行的考察要比《经济学哲学手稿》少些，尽管在这三篇准备著作的第一篇即《经济学手稿（1857—1858）》中还多次提到异化。在这方面，可以举出不少根据。显然，马克思认为这个问题的哲学方面已经基本上弄清楚，因而集中考察它的经济方面。同时，这个课题的哲学因素需要以后再专门进行考察。特别是关于"异化"，马克思从那时起就讲得很清楚：揭示资本主义生产的秘密的最重要线索不在于这个范畴，而在于科学的剩余价值理论，这个理论同时还说明异化在资产阶级社会的关系体系中的真正地位，即说明异化在这些关系的范围内所起的尽管重要却是次要的作用。马克思的根据是：不是劳动，而是无产阶级的劳动力[①]受剥削，虽然这是劳动的异化而不仅仅是劳动力的

[①] 这里要说明的是，马克思在《哲学的贫困》中已经把劳动力和劳动区别开来。

异化。在异化的这种基本形式上,有异化的派生的"上层建筑形式"的多级"楼层"。由此可以得出结论,劳动异化的消失并不意味着异化的次要的和异化的整个派生形式的立即消失,这些异化形式的特色是有一定的惰性,所以必须为反对这些异化形式进行长期的坚持不懈的斗争。

在《资本论》中,异化问题出现的次数很多,但是完全不是只以商品拜物教、"机器"拜物教和货币拜物教这些直接同资本主义生产方式有关的虚幻的经济意识形式出现的。资产阶级庸俗经济学的辩护思想是同商品拜物教有关联的。在《资本论》的所有三篇准备著作中,都可以注意到马克思对这些现象所进行的分析,而且他还不同程度地作了详细的分析。与此同时,马克思也利用了他基本上在早期,其中包括他在《神圣家族》和《共产党宣言》中表述过的思想,并进一步发挥了这些思想。因此,马克思特别强调,异化的派生的意识形态形式——直至宗教意识形态形式——的等级矗立在工人的劳动异化之上,而且"工人在这里所以从一开始就站得比资本家高,是因为资本家的根就扎在这个异化过程中,并且他在这个过程中找到了自己的绝对满足,但是工人作为这个过程的牺牲品却从一开始就处于反抗的关系中,并且感到它是奴役过程"①。

如果分析马克思的代表作《资本论》,同时也分析一下他为准备《资本论》而写的手稿——这是今天对《资本论》进行科学分析所不可缺少的前提——那么,发达的资本主义社会中下述异化过程的结构同这个过程中那些非异化的相似现象的关系就很清楚了:在任何生产实践中

---

① 《马克思恩格斯全集》第1版第49卷第49页。

都有好些对立的过程在起作用。一方面,产生了活动的以及活动结果的对象化,在许多情况下产生了完全的物化(同时也是"物质化"),从而产生了人的打算和愿望的客体化。另一方面,自然物质(原料)成为中间产品,以后成为现成的"第二自然"。因此,对象化的主体似乎是"从自身外化";主体的活动使物质自然失去对象,因为主体的活动从属于人——人不是"对象"(客体),而是主体——的愿望和目的,首先从属于最近的愿望和目的。

可是,按照马克思在《经济学手稿(1857—1858)》中的分析,这些过程经历了非常深刻的变化:一些新的、对人来说是毁灭性的现象补充了这些过程。劳动的主体的活动结果的对象化和物化(以及外化)变成敌视人的闭锁状态,而外化则令人感到是劳动人民内在生活的实际的(社会的)空虚。①

此外,还有两个过程:第一,主体感到自己本身由于落在资本家以及用资本家名义来对付工人的那些人手中而成了对象,成了物(指在劳动人民意识中的异化了的对象化);第二,和工人敌对的经济力量增加,并在最后人格化。经济关系采取"物的权力的形式",而且似乎一开始就具有"极其强大的物"的形象。②

商品拜物教就是这种颠倒状况的典型表现。在资本主义制度下同工人对立的物"现在却变成真正的共同体,工人力图吞食它,但它却吞食着工人"③。物化的(对象化的)劳动条件同活劳动力的分离以及它们

---

① 《马克思恩格斯全集》第1版第46卷上册第486—487页。
② 《马克思恩格斯全集》第1版第46卷下册第161页。
③ 《马克思恩格斯全集》第1版第46卷上册第497页。

对劳动力的统治导致异化的"多层次"结构的一切组成部分积极地发挥作用。上面提到的它们的全部要素是共同起作用的,这种共同作用连同它的要素只有通过对社会进行革命的社会主义改造才能被破坏。

异化问题在今天有哪些意义?

与异化问题有关的一系列问题使我们有可能分析从而有效地全面地批判当前的垄断资本主义。我们都记得,马克思和恩格斯在《共产党宣言》中以多么巨大的说服力揭示了资产阶级社会内部在上一世纪中叶就已存在的异化的上层建筑形式。这是对经济本身的异化形式(利润、地租、利息)的批判,并且,在它的基础上,对政治、法、道德、家庭、哲学等等进行的批判。《资本论》继续进行了这种批判并进一步加以发挥。

今天,在帝国主义条件下,由于帝国主义的政治领导人在普遍的核灾难的边缘搞平衡,他们不仅无力解决所谓当代的全球性问题,而且甚至还使问题进一步尖锐化,实际上,"……一切神圣的东西都被亵渎了"[①]。帝国主义者蔑视荣誉、尊严,甚至蔑视人民的生命,恶意侵犯人的权利和无耻地剥削在地球绝大部分土地上生存的亿万人民。

社会心理学意义上的异化,在帝国主义制度下起着特别重要的作用,它把工人阶级牢牢地拴在资本主义的车子上,为此目的,或者消磨工人阶级的反抗意志,或者用迷惑手段驱使工人阶级走上错误的、反共产主义的道路。人的意识在人们工余时间的影响;就是说,"自由时间的异化",今天在反共宣传的总体系内部是有重大意义的。资产阶级社会学家强词夺理,硬把它同劳动异化对立起来,宣称劳动异化会被业余

---

① 《马克思恩格斯选集》第 1 版第 1 卷第 254 页。

时间的异化排挤掉并被消灭。这是完全错误的。然而，无可争辩的是，资产阶级的舆论家目前把自己的注意力集中于这一点上：通过损害和蹂躏个性的假先锋派"大众文化"的种种形式，并借助于"新马克思主义的"和保守的民族主义的意识形态来控制人的意识。帝国主义政治家最关心的是通过异化的派生形式麻痹劳动人民的理智，瓦解他们的意志，使他们俯首帖耳、麻木冷漠、在政治上消极无为。在当前进行意识形态争论的条件下，切切不可忽视这一点。

在社会主义国家（涉及个别社会主义国家的具体发展史）还可能出现起源于私有财产的异化的原初形式的后果，即残余，甚至出现异化的派生形式的回复。列宁在他的《国家与革命》的提纲中，特别指出资产阶级社会中那种国家政治型的异化。① 因此，在社会主义条件下，原则上是没有政治异化的，更没有劳动异化，因为社会主义是在自己的基础上发展起来的。可是某些个别领导人如果犯了重大错误，那么，"党同人民……失去联系，在这个真空地带，就会出现冒充劳动人民利益的代表者的候选人"②。波兰过去几年中发生的事情是这方面的直接例证。我们都记得，列宁在1922年初《关于工会在新经济政策条件下的作用和任务的提纲初稿》中谈到过渡型的无产阶级国家中罢工的可能性问题，他写道：事物的这种状况只能解释成"无产阶级国家中还存在着官僚主义弊病，在它的机构中还存在着各种资本主义旧残余，这是一方面；另一方面，是由于劳动群众政治上不开展和文化上落后。"③

---

① 见《列宁全集》第2版第31卷第223—224页。
② 《安德罗波夫言论选集》，柏林1953年版，第334页。
③ 《列宁全集》第2版第42卷第368页。

因此，异化不是来源于社会主义关系的本质，不是由社会主义制度本身产生的，因为社会主义制度已经不再存在生产资料私有制，尽管在生产组织、流通和分配等领域中还会遇到许多不完善的环节，这些环节都具有把异化的残余、回复和后果"集合在一起"的倾向。（人们自然不应当把个人错误中那些只在表面上同异化相似的表现形式同这些环节混为一谈，在个人犯错误的情况下，人的行为结果是针对着人本身的。人们生活中出现这些同社会结构没有直接联系的现象，在今天是个别的；虽然这是不多见的现象，今后还是可能发生的。）

从以上所说的看来，我们绝不能赞同波兰哲学家亚当·沙夫的看法，他在《异化是社会现象》一书中，在《此时此地》周刊上发表的一系列文章中，在另一个推荐这本书的机关刊物中以及在他的新书《面临抉择的共产主义运动》（该书使他的这些思想进一步同列宁主义彻底决裂）中固执己见，力图把情况说成这样，好像社会主义国家中占统治地位的共产党为反对异化现象而进行的斗争，或者原则上注定要失败，或者根本就没进行而且也不可能进行，因为在这些共产党的领导层中，没有人开始进行这种斗争并期待获得成功。① 其实，沙夫是盲目地照搬考茨基、托洛茨基和吉拉斯关于社会主义国家必定"退化"的思想；沙夫的主要论点是个空泛的命题，似乎在现实的社会主义国家中，会发生"革命的异化——人们把魔鬼从瓶子里放出来了，那就控制不住魔鬼

---

① 见〔波兰〕亚·沙夫：《异化是社会现象》，维也纳1977年版；《今日马克思主义。马克思主义异化理论的意义》，载《哲学研究》1983年华沙版第3期，第3—13页；《面临抉择的共产主义运动》，维也纳1982年版。

以后的所作所为"①。作者企图用提示事实的办法掩饰这个命题的空洞无物，对1980年波兰发生的事件的歪曲解释竟成了"事实"，他认为，波兰统一工人党以前进行的全部活动要在这件事上负绝对责任。

沙夫宣称，从马克思主义的观点看来，原则上每一个国家都是"异化的产物"②；完全充满着异化的所谓民众社会，不管其社会制度如何，在一切发达的国家中都会存在，俄国1917年10月的社会主义革命以及在其他国家和大陆上相继进行的革命的社会主义变革，全都"过早地"发生了。总之，"人们不必拿起武器"，只需等待资本主义在大多数国家有了高度的发展，等待西欧发达的资本主义国家举行社会主义革命。同讨，沙夫着重提出关于为反对现实的社会主义国家中的所谓异化而进行"持久革命"的必要性这一模糊的口号。③ 他以自己特有的方式在完全不同的地方看到了当前为反对异化而进行斗争的力量：这种力量就是天主教教会的领导。沙夫断言，罗马教皇约翰·保罗二世的著名通谕《Redemptor Hominis》和《Laborem Exercens》宣告了劳动对资本的优先权。他在《协作——行动中的对话》这篇文章中继续写道，人，一般说来，需要宗教感情。（难道他又从中看到了同异化作斗争的"手段"？）同时，他总是一再积极地发表论"欧洲共产主义"的意见。

---

① 〔波兰〕亚·沙夫：《今日马克思主义。马克思主义异化理论的意义》，载《哲学研究》1983年华沙版第3期，第10页。
② 〔波兰〕亚·沙夫：《今日马克思主义。马克思主义异化理论的意义》，载《哲学研究》1983年华沙版第3期，第8页。
③ 〔波兰〕亚·沙夫：《今日马克思主义。马克思主义异化理论的意义》，载《哲学研究》1983年华沙版第3期，第9页。

沙夫论异化问题的错误观点,有一部分试图直接归因于马克思,一部分则推及《德意志意识形态》和其他一些马克思主义著作;所有这些错误观点目前在人民波兰的党报和政论著作中都遭到批判。A. 马林诺夫斯基在自己的一篇文章《论亚当·沙夫的著作〈面临抉择的共产主义运动〉》中完全正确地指出:"革命的异化这个概念证明,它同托洛茨基主义者和 20 世纪下半叶西欧极'左'派代表们宣称的关于'没有希望的'革命的论点有相似之处,顺便提一下,卡尔·柯尔什是他们的重要代表人物,他指责布尔什维克'背叛'革命和具有反革命倾向。"[①]

波兰统一工人党中央委员会的理论政治机关报《新路》用 M. 奥尔泽肖夫斯基《有关马克思主义革命理论的争论》[②] 这篇论文令人信服地指出,沙夫已经大大背离马克思列宁主义思想,因而得到现代修正主义者——"欧洲共产主义"的变种、得到资产阶级的马克思学者以及社会主义社会制度本身的敌人的赞扬和欣赏。在沙夫的错误理论结论的整个框架中,理解异化现象在当前意识形态斗争中的作用和地位问题占有重要地位,在沙夫看来,这个问题同否认共产党在建设社会主义社会时的领导作用有密切联系。这又一次证明,这个问题具有多么现实的和迫切的意义,而且表明,我们迫切需要对在理解和解决这个问题上的反马克思主义的歪曲进行批判。

今天,在苏联共产党为有计划地和全面地完善发达的社会主义社会进行斗争的条件下,不仅要消除异化的残余,而且也要消除异化的回

---

① 《思想和政治》,1983 年华沙版第 7—8 期,第 142 页。
② 《新路》,1983 年华沙版第 8 期,第 5—28 页。

复。为此，必须继续造就新人，这"不仅是共产主义建设的最重要的目标，而且也是共产主义建设的绝对必要的前提"。此外，这样的新人"绝不是理想，而已经是当代的现实"①；我们周围就有具有共产主义品格的人。这就可以保证使异化的残余，或者更确切地说，异化的后果最终地永远消失。

[原载民主德国社会科学院《专题情报资料》1985年柏林版第2类（会议）第50辑]

---

① 〔苏〕康·契尔年科：《党的思想政治工作和群众政治工作的现实问题》，载1983年6月15日《新德意志报》，第5页。

论异化概念在马克思列宁主义理论中的地位[*]

〔民主德国〕罗·鲍威尔曼

自从马克思的《1844年经济学哲学手稿》在20世纪30年代初发表以来，关于"异化"概念进行了一场激烈的争论。资产阶级思想家们把这个概念解释成为马克思理论的中心范畴，并且企图证明，马克思用这个概念所说明的事实也适用于现实的社会主义，异化实际上是无法消除的。与此相反，马克思列宁主义理论家从70年代以来首先相当全面而详尽地研究了异化概念的内容，并且以令人信服的方式批判分析了资产阶级的曲解，特别是批判分析了"在社会主义社会有新的异化"的论断。在这里，也出现了一些过头的观点，就是想把异化概念局限在马克思的早期著作中，并且认为马克思和恩格斯在《德意志意识形态》中的批评意见就是根本拒绝使用异化概念。相反，马克思列宁主义理论家如奥伊则尔曼、纳尔斯基、塞夫等人却证明，马克思在成熟著作中也使用了异化概念。

---

[*] 本文选自《马列主义研究资料》1987年第2辑，系德意志民主共和国统一社会党中央委员会所属社会科学院马克思列宁主义哲学研究所组织的一次马克思列宁主义哲学史研究领域跨学科学术讨论会上的发言。作者罗·鲍威尔曼系民主德国马丁·路德大学马克思列宁主义哲学教研室教授、哲学博士。

由此出发，就提出了一个问题："异化"概念在马克思列宁主义世界观内是否具有合法的地位，它是不是唯物主义历史观的一个范畴。对于这个问题，不进行理论史的反思是不可能作出回答的。我认为，这种反思导致如下的结论：

第一，异化概念在马克思理论的形成过程中起着中心的作用。在一个特定的阶段（不过，这个阶段只是到《德意志意识形态》为止），这个概念具有指导认识的功能。异化概念同马克思关于人的概念和他关于把人从一切奴役人的力量下面解放出来的人道主义要求有着不可分割的联系。对于处于德国古典哲学的传统之中的马克思来说，人是社会发展的主体，这个主体从自身之中生产了社会现实的一切领域，总之，人是他自身的创造者（库列拉）。由于黑格尔哲学和青年黑格尔派哲学的影响，起初马克思把人的主体的能动性只局限于创造性的意识。由于他自己认识到了这种唯心主义观点是错误的，首先由于费尔巴哈对黑格尔进行了原则性的、唯物主义的批判，马克思转到唯物主义立场上来了。但是，他通过1844年夏天从事经济学研究而获得的推动，对于关于人和历史的最初的辩证唯物主义观点来说具有决定性的意义。在这里，他阐发了一种构想性的思想，认为人——被理解为类——通过劳动改造着外部自然界，使之适合于自己的目的，并且在这个过程中生产出社会关系。人所创造的产品是他的肉体的和智能的本质力量的对象化；人在他所生产的现实中就像在镜子中一样直观他自己。

但是，这种观点还没有完全成熟，因为马克思把劳动同道德评价联系起来，还没有摆脱关于存在人的"真正本质"，因而也存在"真正的社会"的观点。他认为，人同人在彼此为了对方而进行的生产的基础上的共同联合就是这种"真正的社会"，在那里，自由的自觉的劳动是人的生活的第一需要。从这种哲学立场出发,马克思满怀激情地批判了对雇佣工人的剥削,并且竭力发现雇佣劳动和资本、私有制的本质与通过无产阶级革命来克服私有制之间的合乎规律的联系。众所周知,他从这时起发现的他的根本要求就在于此,这就是,无产阶级是根据其在社会中的地位有能力完成全人类解放事业的唯一的社会力量。因为马克思由于他所获得的共产主义的阶级立场无论如何不可能接受资产阶级政治经济学关于私有制具有事实上的永恒性、关于雇佣劳动和资本的见解,但是他对经济联系的认识和他的政治经济学知识又还不够,所以他就从他的人道主义哲学观点出发去批判资产阶级政治经济学。因此,他认为,私有制无论如何绝不是一种永恒的现象,因为它使人同他的现实本质相异化。因为私有制使工人同自然的生产条件和他的劳动产品相分离,促使工人在主观上作出一个反应,就是他在自己的劳动中不是肯定自己,而是感到不自在。因此,私有财产按其本质来说是雇佣工人的异化劳动,它作为一种异己的、压迫他的力量同他相对立,他生产得越多,这种力量就越大。因此,异化对马克思来说是人类历史上的一定阶段,它是主体和客体的颠倒,是作为历史主体的人被他生产的现实所统治。它是同资本主义生产、同资本主义私有制相联系的,是以雇佣劳动和资本的对立为基础的,并且只有通过由雇佣工人推翻资本权力的办法才可能重新被消除。

异化劳动这个观点使马克思有可能超过资产阶级政治经济学而大大向前迈进一步,因为它使他有可能把资本理解为雇佣工人的肉体的和精神的本质力量的异化了的对象化,从而理解为两个对立阶级之间的社会关系。就这一点而言,异化概念由于被运用来分析雇佣工人的劳动,在《1844年经济学哲学手稿》中起了一种重要的指导认识的作用。在《穆勒手稿》①中也表现了同样的东西,在那里,马克思利用异化概念去分析货币,从而获得了一个重要的认识:为人同人之间的关系充当媒介的货币,按其本质来说是具有物的形式的社会关系,因为在货币中,人自己的本质作为异己的、统治他的力量同人相对立;货币是人的异化的本质。这样就证明,为了在分析一些经济范畴如商品、货币或资本时把物质内容和社会形式区别开来,异化概念在理论上是有成果的。

但是,这个概念的有成效的功能也就到此为止了,因为为了能够理解这种区分,就必须对生产方式的两个方面有更深刻的认识,必须制定"生产力"和"生产关系"这两个范畴。借助于"异化"概念做不到这一点,要做到这一点就必须克服异化概念,因为它提出了抽象地区分异化社会和非异化社会的思想,从而在一定程度上转移了更详细地考察异化关系的视线。这是同马克思当时还没有克服的他关于人的观念中的人本主义因素直接相联系的。因此,不能不看到,在《1844年经济学哲学手稿》中异化概念仍然是同道德因素联系在一起的。同时,异化劳动概念也包含着对资本主义剥削的尖锐的道德批判。我们不能忽视这个概念的多层次性,我们应该避免对它作出片面的评价。

毫无疑问,异化劳动,从而对雇佣劳动和资本的关系进行理论分析的最初尝试,在《手稿》中占据中心地位。但是,不能忘记,与此相联系,马克思提出了关于异化劳动在人类历史进程中的意义的问题。即使他还不能探讨异化劳动以及私有财产的起源的问题,但是他发挥了一个有成效的思想,即认为异化是人类发展中的一个必然阶段,在这个阶

---

① 指马克思的《詹姆斯·穆勒〈政治经济学原理〉一书摘要》,载《马克思恩格斯全集》第1版第42卷第5—42页。——译者注

段上会创造出使一切个人能够为了他们的全面发展而占有社会财富的前提。显然，马克思在他进行经济研究的过程中通过揭示物质的对象性的劳动的作用，成功地揭开了黑格尔《精神现象学》中的这个观念的合理内核。但是，这样一来他所想到的并不是一些大的历史阶段即原始社会—阶级社会—共产主义，本来他当时还不可能把这些阶段加以区分，他所想到的是资本主义生产阶段及其对人类进一步发展的历史意义。换句话说，在《手稿》中并没有把异化概念运用于整个人类历史。异化始终是同异化劳动相联系的，而异化劳动说明的始终是资本主义雇佣劳动的特点。

因此，在《手稿》中，异化对马克思来说是一个中心范畴，这个范畴具有下列几个方面：

1. 马克思用这个范畴来说明人类发展的一个特定阶段，这个阶段的特点在于，由于资本主义私有制和与此相联系的社会分工，劳动的产品从生产者手中被夺走，并且作为异己的力量、作为资本压迫生产者。社会过程的主体和客体的关系颠倒了。

2. 马克思用"异化劳动"概念来概括资本对雇佣工人的剥削，并且大体上把这种东西理解为社会关系，从而他就非常接近于发现生产关系了。

3. 异化概念被马克思用来谴责资本主义剥削以及整个资本主义社会的非人道性。在这里关节点是人，人被理解为集体的存在物，对这种存在物来说，劳动是生活的第一需要。"真正的"人的社会的概念是与此相联系的，那种社会被理解为人的共同体，在那里一切人彼此为了对方而生产，并且通过这种相互间的生产来满足他们的需要。异化劳动在雇佣工人方面造成了一切合乎人性的东西的颠倒，因为对他说来劳动成为某种外在的、异己的、他要逃避的东西;在劳动中,他不是肯定自己,而是否定自己。在资产阶级和其他一切商品生产者方面,异化劳动(作为资本主义的私有财产)造成了个人同他的集体的本质相异化,这表现为利己主义和人与人之间的残酷无情的竞争,以及人与人之间的直接关系以物即货币作为中介;在这种物中,人的社会性外化了,同人相异化了。借助于货币的力量,一切都可以买到,甚至荣誉和爱情也是如此,一切人的价值都被头足倒置了。当无产者由于异化劳动而感到自己被非人化和备受屈辱时,在资产阶级方面却恰好相反,它在这种人的异化中感到幸福,自己得到确证。对于马克思来说,异化的主体从来不是人类的个体,对他来说,异化是一种由阶级的活动所造成的社会过程;异化的主体绝不是单个的个人,虽然个人也遭到严重的异化。换句话说,对于马克思来说,分析异化劳动的出发点不是人类的个体,而是雇佣工人阶级。即使他谈到雇佣工人,他所指的也始终是整个阶级。从马克思在《手稿》中的言论无论如何是推引不出主观主义的、存在主义的异化理论来的。

第二,随着《德意志意识形态》的发表,异化概念失去了它在马克思思想中的中心地位。它不再像以前那样是一个范畴了。在制定唯物主义历史观的过程中,马克思和恩格斯一起共同克服了关于人及其本质的相对非历史的观点,并且把人的本质理解为社会关系的具体历史的总和。从而,《手稿》中的对劳动的抽象评价和"社会的"人同"非社会的"人之间的区分以及关于人同他的本质相异化的抽象词句也消失了。从此以后,对资本主义剥削及其非人化的影响的道义批判再也不是从人的"真正本质"的立场出发,而是从工人阶级和一切受资本压迫和剥削的人的立场出发所产生的了。

前面所概述的、同关于人的本质和非历史观点相联系的异化概念的第三个方面也随着《德意志意识形态》而被克服了。异化概念的其他两个方面则在新的唯物主义历史观的一些特定的、作了固定描述的概念中被扬弃了或者汇入这些概念中去了。经过进一步的经济研究和历史研究，马克思从他用来大体上概括在生产过程中产生的社会关系的异化劳动过渡到生产关系范畴。异化劳动在意识中的主观反映即异化的意识，进入了意识形态概念。社会关系对作为历史主体的人的独立化事实，以前马克思也同样是用"异化"概念来概括的，现在则用"自然形成"这个概念来说明，并且是从分工和私有制中推引出来的。但是，在《德意志意识形态》中有一点也是不应该被忽视的，就是这种自然形成是同资本主义的社会分工的产生相联系的，而同所有资本主义以前的社会无关。

因此，"异化"概念随着《德意志意识形态》而失去了它原来的中心地位，在那部著作中，制定唯物主义历史观的工作达到了相对完成的阶段。作为这个过程的继续，马克思又进一步研究政治经济学。在《大纲》中，马克思仍然是在分析流通领域的现象时运用了异化概念，与此相联系又用商品和货币拜物教概念来取代它。

第三，但是，"异化"这个术语并没有完全融入唯物主义历史观和政治经济学的其他概念中，它也绝没有从马克思的词汇表中消失。在这里应该完全而充分地强调指出会议报告中所阐述的观点。马克思也继续使用异化概念，但是后来从《德意志意识形态》起就不再把它作为范畴来使用，而是为了把握资本主义生产过程中主体和客体的颠倒的一定方面而使用它。这里存在着从《经济学哲学手稿》到《资本论》的辩证的连续性。

在《手稿》中，马克思运用他新获得的关于人类主体在其劳动中对象化的有成效的哲学观点，从而也运用人的自我产生来分析资本主义的雇佣劳动。在这里，他得出了一个论断，认为不仅工人劳动的产品，而且工人的劳动本身都同工人相异化。而且这仍然同关于人的"真正本质"的非历史观点，因而也同对资本主义的道德化批判相联系。但是，人们不应该忽视，在对异化劳动的这种分析中包含着一些十分中肯的、正确的论断，因此，即使在后来马克思也没有把这些论断同人的"真正本质"一起取消掉。只有由此而产生的抽象评价是过分的。

马克思在《德意志意识形态》中不再谈论"人的本质的异化"，并且同恩格斯一起共同嘲笑这个术语，但是由此不能得出结论说，他已经放弃了异化概念本身。后来他仍然使用这个概念，以便概括资本主义雇佣劳动对工人主观上和客观上的影响并使这种影响变得明显。工人作为生产过程的真正主体，作为社会财富的创造者同他的这种主体作用相异化，因为生产条件不属于工人，而属于资本家。因此，变成了资本的劳动条件和工人自己的产品作为异己的力量统治并且奴役工人，也使他的劳动失去精神力量、内容结果他在劳动中感到不自在，只有在劳动之外才感到自在。

为了指出资本主义雇佣劳动的这种非人化的影响，马克思在以后也继续使用异化概念。这一点在《雇佣劳动与资本》（在那里有些段落使人直接想起《经济学哲学手稿》中的分析）中，在《政治经济学批判大纲》中，最全面地是在《资本论》本身中表现得非常清楚。因此，即使在今天，在马克思列宁主义理论中仍然在这种意义上使用异化概念是完全合法的。但是，这样一来这个概念是不是唯物主义历史观的一个范畴呢？

从简要的理论史概述中可以得出结论说，异化概念在马克思思想中的地位发生了本质的变化。它失去了原来作为一个指导认识的范畴的作用，因此可以完全正当地得出结论说，马克思并不把它看做历史唯物主义的一个根本概念。

正因为马克思在制定唯物主义历史观、政治经济学以及科学共产主义的过程中用比多层次的和模棱两可的异化概念更确切得多地概括当时事实的其他概念来代替异化概念，所以，也没有充分的理由认为，应该把这个概念重新引进马克思列宁主义哲学的范畴体系。作为对社会过程进行理论分析的工具，它显然是不再适用了，因为连马克思在《资本论》中也不再使用它来达到这个目的了。

至于为了强调指出和清楚地说明资本主义社会的一些特定过程的核心是主体和客体的颠倒，各个阶级、阶层以及个人被他们自己的社会行为的结果所统治和压迫，在今天仍然使用"异化"这个术语是否合法的问题，这是一个完全不同的问题。

因为"异化"概念只是揭露了同唯一的一个社会形态即资本主义相联系的事实，因为异化随着这个形态在社会主义革命过程中被革命地克服而消失，因而无论如何不可能运用于社会主义，所以，这个概念也不可能成为唯物主义历史观的一个范畴，因为唯物主义历史观的范畴至少对于多种社会形态都是有效的，而不是只适用于一个唯一的社会形态的。为了我们马克思列宁主义概念体系的明确性和纯洁性，不应该把被马克思作为范畴已经克服的"异化"概念重新提高到这个级别上来。我认为，从理论史的观点来看，这是一种倒退。

为了避免误解，我想强调指出，这样一来绝不是要把对这个术语的运用当做非马克思主义的东西从理论和宣传著作中排除出去。这里涉及的只是要否定关于这个概念是否属于马克思列宁主义世界观的基本理论概念的问题。联系唯物主义历史观的具体范畴如自发性、自然形成、意识形态，政治经济学的一些范畴如商品拜物教、货币拜物教和资本拜物教以及为了像马克思在《资本论》中所做的那样，说明生产者在资本主义生产过程中的地位，使用异化概念是完全合法的。

[原载民主德国社会科学院《专题情报资料》1985年柏林版第2类（会议）第50辑]

批判资产阶级和修正主义对马克思主义异化观念的歪曲[*]

〔苏〕博·别索诺夫

资产阶级和小资产阶级理论家以及一切叛徒和修正主义者,在反对马克思主义和现实的社会主义的斗争中,多年来已经从异化这个问题上得到好处。他们把反映剥削阶级统治的社会的特征的人在事实上的异化,看做包括社会主义制度和共产主义制度在内的一切社会制度的普遍的本质特征:认为社会主义制度和共产主义制度不仅不能消灭异化,而且甚至还会加强异化。此外,有些"扼杀马克思的人"提供"证明"说,根本没有也不可能有马克思所理解的那种含义的异化。例如米洛凡·吉拉斯,这个人长期以来就以歪曲马克思列宁主义理论和诽谤社会主义国家为专业,他大言不惭地声明,历史的发展完全克服了马克思的异化理论。吉拉斯声称,异化是有的,然而绝没有马克思所说的那种含义的异化。更确切地说,整个人类生活本来就是持续的、不间断的异化和自我异化。科学和技术的进步,物质价值和精神价值的创立,都是异

---

[*] 本文选自《马列主义研究资料》1987年第2辑,系德意志民主共和国统一社会党中央委员会所属社会科学院马克思列宁主义哲学研究所组织的一次马克思列宁主义哲学史研究领域跨学科学术讨论会上的发言。作者博·别索诺夫系苏共中央科学部教授、哲学博士。

化和自我异化的成果。①

吉拉斯在这里实际上是采用黑格尔的观点,把异化同对象化、同人的对象性改造活动等同起来。然而马克思驳斥了黑格尔的这个观点。马克思强调指出,人决不把自己的生成归因于自己的本性,而是相反,人的本性是其社会发展的产物,而且主要是物质生产的产物。马克思还以同样的根据否定了一切妄想让所谓个人的本性对异化负责的企图。

马克思在《经济学哲学手稿》中已经反对把异化过程错误地解释成自我异化,他在《手稿》中指明,资本主义制度中的经济关系是人的异化的原因:"这种物质的、直接感性的私有财产,是异化了的、人的生命的物质的、感性的表现。"② 这就是"人的异化"的"根据"、"原因"和"手段"。资本主义私有制是异化的前提和条件,因为工人是通过自己的生存而同自己劳动的对象和手段分离开来的。由异化的这一基本形式又产生了异化的另一些形式:劳动产品对产品生产者的统治、人的相互异化、人的自我异化,等等。

马克思的结论是:异化是私有制的统治的结果,是对人进行剥削的结果。正是这一结论,无论是资产阶级理论家还是修正主义者都感到不合口味。他们的企图是:不遗余力地赋予异化以一般人的特征,并且无论如何也不愿把异化同资本主义社会的社会关系联系在一起。吉拉斯声称:剥削和压迫是由于分工才开始的,而分工产生于人的需要,并且在目前条件下日益增多。因此,并不是改变了社会条件和消除私有制就能够消除异化,就能够取消暴力和非正义行为。

---

① 见〔南斯拉夫〕米·吉拉斯:《不完善的社会。新阶级的彼岸》,维也纳—慕尼黑 苏黎世1969年版,第62页。

② 《马克思恩格斯全集》第1版第42卷第121页。

分工实际上是以人的需要为基础的。历史地看,劳动职能的分工和专业化完全不是"坏事",而是会给才能的发挥创造客观前提,会带来生产力的增长,从而扩大人的工作能力。如果说,在资本主义制度下,科学和技术的进步以及日益增多的分工具有灾难性的社会效果,伴随而来的是破坏和人的异化,那么,原因首先就在于占统治地位的资本主义关系。其实,在资本主义制度下,目前的科学技术革命和生产本身的日益自动化,有助于把工人从他作为机器的附属品的地位中解救出来,当然这只是技术意义上的而不是经济意义上的解放。因为一个资本主义企业中的工人始终要保证资本的积累;此外,人只是一种工具。工人的劳动总是带有异化的印记:不是为自己本身而是为资本家劳动。

正如马克思强调指出的,资本主义社会的异化是这种社会制度的一切领域所固有的,因为以资本主义私有制为基础的社会经济关系、政治关系和意识形态关系,是作为各种与人相异的并统治着人的力量存在着和起作用的。在这个意义上,不仅劳动者,而且剥削阶级本身也遭到异化。当然,统治阶级"在这种自我异化中感到自己是被满足的和被巩固的,它把这种异化看做自身强大的证明,并在这种异化中获得人的生存的外观"。而工人阶级"在这种异化中则感到自己是被毁灭的,并在其中看到自己的无力和非人的生存的现实"。[①]

由于所有这些理由,马克思把异化的扬弃同消除私有财产的共产主义社会联系起来:"因此,私有财产的积极的扬弃,作为对人的生命的占有,是一切异化的积极的扬弃,从而是人……向自己的人的即社会的存在的复归。"[②] 在共产主义社会中,人成为最高的价值,社会的最大

---

① 《马克思恩格斯全集》第 1 版第 2 卷第 44 页。
② 《马克思恩格斯全集》第 1 版第 42 卷第 121 页。

财富,社会生产的自我目的;而一切物质价值,一切物的财富不过是达到这种目的的前提、根据。卡尔·马克思写道:共产主义"是人和自然界之间、人和人之间的矛盾的**真正解决**,是存在和本质、对象化和自我确证、自由和必然、个体和类之间的斗争的真正解决"①。共产主义意味着实践的人道主义的生成。

自然,这种极其深刻的科学结论是同资产阶级理论家和修正主义理论家的意识形态目标相矛盾的。因此,他们声称,在共产主义制度下,异化的扬弃无非是关于"人间的天堂"的思想,共产主义社会中人的非异化的状况是一种"古老的宗教理想"。然而实际上,马克思坚决驳斥了任何空想的理想和社会幻觉。在《共产党宣言》中就这样写道:"共产党人的理论原理,绝不是以这个或那个世界改革家所发明或发现的思想、原则为根据的。这些原理不过是现存的阶级斗争……的真实关系的一般表现。"②列宁曾强调指出:"马克思丝毫不想制造乌托邦,不想凭空猜测无法知道的事情。马克思提出共产主义的问题,正像一个自然科学家已经知道某一新的生物变种是怎样产生以及朝着哪个方向演变才提出该生物变种的发展问题一样。"③

对于无产阶级来说,科学社会主义和共产主义的思想,是最精确地反映其科学状况和社会状况的思想,是清楚地表述工人阶级固有的阶级利益和需要的思想。因此,马克思和恩格斯写道:"共产主义对我们来说不是应当确立的**状况**,不是现实应当与之相适应的**理想**。我们所称为

---

① 《马克思恩格斯全集》第 1 版第 42 卷第 120 页。

② 参看《马克思恩格斯选集》第 1 版第 1 卷第 264 页。

③ 《列宁全集》第 2 版第 31 卷第 81 页。

共产主义的是……**现实的运动**。"①

正如历史的经验令人信服地证实的,资本主义生产关系和资本主义社会关系的克服消灭了人们异化的主要的、决定性的原因。在社会主义改造的进程中,随着经济和文化的发展,异化的"次要的"、派生的形式——宗教的、道德的、文化的形式等等——也将逐渐被克服。

这一切自然不可能在社会主义革命或者生产资料社会化以后很快地、一下子就达到。尤里·安德罗波夫曾经指出:"人们在谈到由'我的'变成'我们的'时候,不能忘记,这是一个长期的和多层次的过程,不应该把这个过程简单化。即使在社会主义生产关系完全建立起来的时候,某些人还会保留甚至再产生靠占别人便宜、占社会的便宜来发财的个人主义习惯和企图。所有这些,用马克思的术语来说,是劳动异化的结果,而且这些结果不会自动地和突然地从人们的意识中消失,虽然异化本身已经被消灭。"②"但是,我们已经取得了决定性的胜利。我们已经结束了对资本主义来说是天经地义的状况,在资本主义制度下,劳动产品作为异己的、甚至作为敌对的本质同生产者相对立,在资本主义制度下,劳动者消耗的体力和脑力越多,就使自己的压迫者越强大。社会主义取得的最重大的和无可争辩的成果就在于创造了保证每一个人获得劳动权利的条件。正是自觉的、认真的和主动的劳动、为社会谋福利的劳动,在我们这里成为衡量一个人的尊严和社会声望的最高尺度。"③

许多资产阶级的特别是小资产阶级的理论家,归根到底就是把劳动

---

① 《马克思恩格斯选集》第1版第1卷第40页。
② 《安德罗波夫言论选集》,柏林1983年版,第266—267页。
③ 《安德罗波夫言论选集》,柏林1983年版,第269—270页。

和从事劳动的必要性视为"永恒的灾难"。他们从这一点出发,指责马克思列宁主义学说和现实的社会主义过分地以劳动、高度的劳动生产率为目标。他们认为,这是把以自我克制和纪律为依据的禁欲主义道德强加于劳动者,是使个人利益因社会而受到压制,等等;他们还宣称,只要不取消"经济优先",高踞于人之上的、奴役人或者在任何情况下都限制着人的发展的社会发展的决定因素就会继续存在,现实的社会主义就不可能扬弃异化。

阿·高尔茨和厄·曼德尔甚至还宣称,由于在苏联和其他的社会主义国家中,政治经济学的规律还起着支配作用,商品货币关系还被利用着,在这些国家就不存在真正的社会主义社会。① 在社会主义制度下,主要的事情是消灭市场和货币,采用简单的商品交换,等等。按照厄·曼德尔的观点,无偿地分配基本食品是能唤起"心理革命"并因而为发展人的人本学意义上的主要特性如博爱、团结、仁爱等等创立前提的决定性因素,这将有助于消除异化、形成和巩固社会主义的社会关系。

事实上,社会主义社会中还存在着的困难和弊病——同资产阶级和小资产阶级理论家们的看法相反——并不是由于过分重视所谓会引起异化的劳动、物质生产的发展、效益,即过分重视政治经济学等等的范畴。确切地说,这些困难和弊病正是由于从资本主义制度接受过来的社会生产力尚未充分发展的状况造成的。(例如,人同一定的活动方式保持一定的联系,资本主义分工的消极后果还没有得到克服,等等。)

马克思和列宁坚决批判了小资产阶级空想主义关于社会主义的看法,按照这些看法,在社会主义制度下,必须立即推行工业商品和生活

---

① 见《社会主义和过渡社会的问题》,美因河畔法兰克福1973年版,第35—36页;阿·高尔茨:《告别无产阶级》,美因河畔法兰克福1980年版,第56页。

资料的平均分配。马克思和列宁指出，社会主义不是靠良好的愿望来"推行的"，而是由劳动者在相应的经济基础上建立起来的。因此，从马克思主义的观点出发，从"必然王国"到"自由王国"的飞跃（小资产阶级思想家所关心的），不在于诉诸人的"人本学意义上的基本特性"，而在于使劳动完善化和使物质生产得到发展。

社会主义社会按照所完成劳动的数量和质量分配社会生产的产品（因为生产力还没有发展到能创造充裕的物质财富）。1983年6月15日苏共中央全会着重指出："我们不能忘记，我们是生活在社会主义社会之中。这个社会的发展应当由社会主义的各项根本原则，其中当然还包括按劳分配原则，加以调节。我们大家在社会面前都有同样的权利和同样的义务。只有在共产主义制度下，才可能有同等享用物质福利意义上的完全平等。而在这之前还要走很长的路。这要求经济和人们的觉悟都达到比现在要高得多的水平。可是今天，如果把一定部分的社会消费基金除开不算，我们每个公民只有享受与自己的社会有益劳动的数量和质量相适应的物质财富。"①

因此，在社会主义社会中，对企业职工的物质刺激是经济管理的一项准则，这项准则将通过逐步提高工资、通过无偿地满足许多个人和社会的需要而得到实现。这也有助于社会主义国家的劳动人民日益清楚地认识到，在认真的、有成效的劳动同保证每一个公民在各方面——不仅在物质方面而且在文化方面——过上更好的、与社会主义原则相适应的生活这二者之间具有密切的关系。

资产阶级思想家曲解由于社会主义改造而形成的人和社会之间的相互关系的性质，歪曲社会主义社会中人对劳动、对自己的活动所采取的

---

① 《安德罗波夫言论选集》，柏林1983年版，第326—327页。

新的、自觉的和富有创造精神的态度的性质。他们故意片面地把新社会建设者的英雄气概描述成他们被迫接受的自我克制和自我约束的道德的结果,而且完全忽视劳动人民自觉承担这种自我约束时所处的具体历史条件。其实,他们视之为弊病的恰恰是真正构成社会主义制度巨大优越性的东西:忘我精神和英雄气概、劳动纪律、对公共事务抱有社会主义和共产主义的态度,都是社会主义各国劳动人民的自由抉择,它们体现出群众的独创精神。这些特性证明群众的"变化",正如列宁所说的,它们是共产主义的萌芽,是共产主义的真正的开端。

资产阶级思想家和修正主义者还把社会主义社会中会有异化这种"结论"同社会主义国家的活动和其他政治机构联系起来,认为这些会控制和操纵个人的全部生活领域,夺走个人的自由和自我实现的可能性,等等。科学共产主义的敌人把关于个人在社会主义制度下的地位的歪曲形象建立在这样的"基础"上:第一,他们否认社会主义国家的民主本质,把社会主义国家的本质和职能等同起来;第二,他们对社会主义制度下个人利益和社会利益之间的辩证关系作出歪曲的描述;第三,他们把集中制,特别是其中的民主集中制,同官僚主义等同起来。①

科学共产主义的敌人在列宁关于在完全过渡到共产主义社会制度的高级阶段以前国家的必要性的论点和他关于社会主义国家不再是本来意义上的国家,而是"半国家"、"逐渐消亡的国家"的论点之间寻找"矛盾"。他们把列宁关于社会主义国家是个"逐渐消亡的国家"这一结论解释成这样,似乎在社会主义革命取得胜利以后,在巩固了革命的成就以后,国家的作用就一定会减少,随之而来的就一定是国家职能受

---

① 见《今天的右倾修正主义》,莫斯科1983年版,第199页。

到限制。与此相对立,马克思、恩格斯和列宁始终主张这样的观点,即只有随着共产主义高级阶段的建成,国家才会消亡,共产主义社会自治体系才得以形成。社会主义国家制度经历以下辩证发展过程:国家机构和设施工作中的民主成分得到发展,劳动人民积极参与管理工作并领导经济建设和文化建设,国家机关的完善化,人民对国家机关活动的监督日益加强。这需要一个漫长的时期,在这个时期内,社会主义国家得到发展,并且在它开始消亡以前经历成熟的阶段。无论如何,历史的经验教导我们,凡是社会主义国家的作用和权力被削弱的地方,无政府状态和自发性的因素就必然滋长起来,社会主义的成就最终受到威胁。

随着社会主义国家制度的完善化,社会主义民主的内容将不断充实。尤里·安德罗波夫强调指出:"苏维埃的民主制度过去和现在都有过前进中的困难,估计将来仍然会遭遇困难。这是社会的物质条件、群众觉悟水平和政治素养所决定的。再说,我们的社会不是在温室里,不是在与敌对世界隔绝的情况下发展的,而是在帝国主义煽起的'心理战'的冷风中发展的。""完善我们的民主制度,就必须摆脱官僚主义的'束缚',摆脱形式主义,即必须根除一切压制和挫伤群众积极性的东西,根除一切禁锢劳动人民富有首创精神的思想和积极主动行为的东西。我们过去同这些现象作过斗争,今后还将更坚定地、更顽强地同这些现象作斗争。"①

资产阶级思想家和修正主义者的想象总是同事实发生矛盾,按照他们的想法,共产党人高度重视社会的发展、公有制、中央的国家经济计划等等会贬低个人利益,妨碍人的个性的发挥和发展。马克思和恩格斯

---

① 〔苏〕尤·安德罗波夫:《卡尔·马克思的学说与苏联社会主义建设的若干问题》,第275页。

曾经非常明确地指出，无产阶级必须把全部生产资料集中在国家手中，只有在这个基础上，生产力的总和才能够迅速地增长，每一个人的自由发展才能够有保障。

科学技术革命目前在整个世界上导致这样的结果：社会的分工扩大和深化，生产社会化的水平显著提高，社会生活的一切领域彼此紧密相连。所有这一切要求在为整个社会制定的综合性远景规划的基础上，精确地组织集体的活动。唯有在生产资料公有制的基础上，在民主集中制和国家总体规划的基础上，人们才能够真正实现共同利益，对生产和社会发展执行实际的社会监督，防止一切本位主义思想和地方利己主义倾向，发扬主动性和自由的首创精神，吸收劳动人民广泛地参加生产和社会事务的领导工作，照顾每一个人的需要，就是说，归根结底能关心真正的社会经济的进步并且使社会主义的人道主义目标变为现实。

任何不持偏见的科学工作者都确认，随着社会主义的胜利，个性异化的经济的和社会的阶级根源将被根除。社会主义制度消除了对劳动人民的剥削，并且创立了表达人民的利益并且仅仅为这些利益服务的新的国家机构和其他政治机构。社会主义国家和执政的共产党及工人党第一次开始解决建设新的公正的社会这一艰巨的任务，它们正付出极大的努力，开拓新的广泛的条件，使人得到发展，提高人们的生活水平、发挥人们在体力和脑力上的创造力。

社会主义的敌人闭眼不看具有决定意义的事实，即社会主义国家在提高人民群众的物质生活水平和文化生活水平方面已经取得长足的进步。社会主义各国的马克思列宁主义政党为完善社会主义经济和社会主义民主以及其他社会关系和法规所采取的措施，开辟了日益广泛的条件来发挥人们的政治积极性和社会积极性，提高人们的教育文化水平，使人得到多方而并在以后得到全面的发展。无论如何，个性的发展是历史的必然，是社会主义社会生活的客观规律，是社会主义社会逐步进入共产主义的客观规律。

[原载民主德国社会科学院《专题情报资料》1985年柏林版第2类（会议）第50辑]

异化概念在目前资产阶级意识形态和哲学中的作用和功能[*]

〔民主德国〕克·梅尔茨

异化概念,如同马克思列宁主义的许多其他范畴一样,是当代思想争论的中心。它的重要性一方面在于资本主义社会的普遍危机和精神危机渗透到帝国主义制度下的社会生活的一切领域,在这种制度下越来越多的人力图作出抉择;同时另一方面在于,尽管国际形势非常复杂,社会主义社会为了劳动人民的利益继续成功地贯彻执行自己的社会纲领。

在资产阶级意识形态和反映危机这一实际现象的各种各样的资产阶级哲学观念中,千差万别的社会现象是同异化联系在一起的。资本主义制度的矛盾及其在普遍危机中——在政治、经济、意识形态、文化、科学和技术中——呈现出来的东西,都被描述成异化的过程和异化的结果(社会主义制度下的发展问题,也类似这样被纳入这种表述形式)。此外,特别是资本主义制度下的劳动性质,即马克思曾分析过的真正的异

---

[*] 本文选自《马列主义研究资料》1987年第2辑,系德意志民主共和国统一社会党中央委员会所属社会科学院马克思列宁主义哲学研究所组织的一次马克思列宁主义哲学史研究领域跨学科学术讨论会上的发言。作者克·梅尔茨,就职于德国统一社会党中央社会科学院马克思列宁主义哲学研究所,系哲学博士。

化过程,则被忽视了,异化被描述为"人类世俗化的平行过程"。在资本主义制度下,即使在目前,劳动过程也是人的个性被歪曲的一个根源,尽管有关于"生活的质量"、"劳动环境的人道化"或很快就要来临的"自由时间社会"等这一切口号,也是改变不了的。

正是围绕异化进行的哲学争论的历史表明,马克思列宁主义对资产阶级意识形态产生了哪些影响,即没有一个资产阶级哲学家或思想家能回避马克思的异化论点。这一历史同时说明,资产阶级哲学和意识形态不断试图使自己的异化观念挤入马克思列宁主义,从而"充实"、"扩充"马克思列宁主义。

在应用异化概念时,要在整个资产阶级哲学和意识形态的广度上,把相对独立于意识形态流派和哲学体系之外而存在的两种基本形式区别开来。在这两种形式之间有纷繁多样的关系点,即相互关联的地方。他们不是相互排斥,而是彼此补充的。

一、异化是所谓人本学意义上的人的本质特征, 从而是"人类精神危机"的一个原因

米夏尔·朗德曼的出发点是:人由于自己特有的能力和创造力,在自己的历史进程中总是把自己的环境变得更合乎理性、更合理,但是,在这个过程中,这种环境毕竟是和人敌对的。于是朗德曼得出结论说:"异化的一切表现方式……都是成就的反面",而"一切异化归根结底都不外是理性的作品"。这样,"理性是解放的工具,同样也是异化的工具"。① 朗德曼在自己的异化学说中援引了马克思,并且强调说,马

---

① 米·朗德曼:《异化了的理性》,斯图加特1975年版,第157—100、211、221、227—228页。

克思虽然在"工业的和经济的部分领域中"正确地分析了异化，不过他描述这种异化"仅仅是针对着非经济的异化范围内的偶然情况"。此外，"异化的东西"存在于人的理性本身中，它是"不可战胜的东西"，并且不是简单地通过废除生产资料私有制就可以消灭的。"因此，异化并不是一旦历史地形成，从而明天又可以克服的东西，而是一种在人本学意义上确定下来的东西。"①

对于在资产阶级意识形态和哲学中占统治地位的对人的考察研究来说，这种以人本学为依据来说明的异化，带有示范意义。这种生物主义的、非历史的描述为资产阶级思想提供各种各样的可能性来"解释"资本主义的危机状况和所谓资本主义的永恒存在：

——按照朗德曼的看法，资本主义的社会危机被归结为"设施的危机"，因为人们根据自己的"异化经验"，怀疑它们的效果和适用性。他提出一种资产阶级异化理论作为解决的办法，这种理论要"阐明人本身的本质"，而且必须指出，面对异化，只有采取"现实主义的逆来顺受"②的态度才行。但是，朗德曼没有进一步解释他是怎样理解这个概念的。

——在对异化作出这种人本学解释的基础上，资产阶级思想家有可能采取反对整个社会进步的观点，认为进步同理性相似，只会带来新的异化。所以，在今天，保守的态度是痛惜不可复得的财富的损失即进步付出的代价，同时也保护不可放弃的东西，防止它在目前和可以预见的将来遭到危险。海尔曼·吕贝尔发挥了这一观点并用它瞄准社会主义，把保守政策称为"预防灾难的措施"，而同"实现各种空想"的、以

---

① 米·朗德曼：《异化了的理性》，斯图加特1973年版，第47页。
② 米·朗德曼：《异化了的理性》，斯图加特1975年版，第225页。

"设想未知的幸福"为目标的"实践"① 对立起来。保守的哲学家君特·罗尔莫塞尔也持鲜明的态度,他以尼采的"平衡的永恒复归"为出发点,表述如下:"同解放相符合的,不是现实,而仅仅是假象。人总是一切照旧,世界自身归根结底一成不变。"②

这些悲观主义观念——鉴于当代的种种社会变迁,它们本来就是与时代不合的观念——的作用充其量在于,它们同资本主义制度下劳动人民看到的现象是一致的,它们"在解释"这个世界。它们"解释"说,要克服资本主义是没有意义的,因为异化,作为属于人的本质的东西,会设置不可逾越的界限。

但是,这并没有使保守的意识形态和政策对状况作这样的悲观主义的描述。因此,从人本学意义上确定的异化中就有一种世界观的和政治上的能动主义被构想出来。如果说,异化是不能够扬弃的,因为人不断地重新生产异化,那么,人就必须真正懂得,"要生活,就要意识到冲突是不可解决的"③,然后,必须使生活在危机中"坚持下去"——吕贝尔就是这样表述保守政策的信条的。

随着这样运用——借助保守的思想内容来说明——异化概念,就会在资产阶级意识形态的总体系中创造出前提和条件,它们能够非历史地解释资本主义社会形态,从而把它说成是永恒的存在;同时,由资本主

---

① 海·吕贝尔:《进步是目标问题》,布莱斯高的夫赖堡1975年版,第62—63页。
② 君·罗尔莫塞尔:《报时信号——一个时代的总结》,斯图加特1977年版,第93页。
③ 君·罗尔莫塞尔:《报时信号——一个时代的总结》,斯图加特1977年版,第80页。

义生产方式产生的异化的真正原因,却被忽视了,异化被转变到个人身上。因此,资本主义制度的目前状况的一切社会原因也可以被描述成是属于个人的。整个社会进步和人们贯彻社会客观规律的行为被归结为人本学意义上的人的局限性,这样一来,社会状况的量的变化就被排除于考察之外了。

他们以同样的世界观前提和结论把异化概念用于马克思列宁主义和现实的社会主义。

二、从人本学意义上确定的异化是对马克思主义进行批判的中心范畴

资产阶级对马克思主义进行的批判是层出不穷和纷繁多样的。目前,在保守思想的影响下,出现了特别好战的反共产主义的批判和对马克思主义所作的恶毒透顶的解释。在对马克思主义的异化和马克思主义中的异化进行的广泛抨击中,反复论述的主要是下列论证路线:

——保守的思想家孔拉德·勒韦认为,马克思"本人"是一个"高度异化的人"[1],勒韦在所有的著作中都塞满了这样的例证:马克思主义是由马克思的"恶魔般的权力意志"形成的。因为马克思——就勒韦提供的例证而言——早在5岁的时候,就已经是一个"可怕的暴君了"[2]。勒韦从马克思和恩格斯通信中的思想观点断章取义,以此补充自己的冗长论述,为的是诋毁马克思的人格,并且用马克思来低毁工人

---

[1] 孔·勒韦:《共产主义为什么个人神往?》,科隆1980年版,第45页。
[2] 孔·勒韦:《卡尔·马克思的学说》,科隆1982年版,第229页。

阶级的世界观。马克思证实，人是生物学意义上确定的和社会地确定的，勒韦对此进行抨击，说什么社会决定体将经受道德的评价，因而对总体系产生疑问："不懂得关心人的本性，不懂得承认我们的本性的纷繁多样的谜底和秘密至少是目前的现实，这是马克思主义的主要错误。"① 但是，马克思正是以自己对劳动的资本主义性质所作的分析揭穿了人的异化的谜底；而资产阶级思想家妄图抹杀、掩盖这一点，而且还不惜——如，勒韦——借助于辱骂和疯狂的攻讦。

——说马克思主义要求把"作为异化的历史"消灭掉，确切地说，马克思主义只不过是"异化理论"。如果从这种假设出发，资产阶级对马克思主义的批判真是莫衷一是：什么马克思主义是"空想"，马克思主义是"救世说"等等，不一而足，因为异化是不可消灭的。② 在这些纷繁多样的论证中，突出的是这样一种看法：任何生产过程同时也就是异化（按照黑格尔的意思来理解就是对象化）。例如，在伊林·费切尔的著作中就认为对象化，确切地说，异化是人的存在的"永恒的循环"。如果说，在这里，论证不外是用了前面提到的形式，那么，它最后还是重新归结为这样的思想观点：异化属于人的本质，即使是社会主义制度也不能消灭异化。

相反，说社会主义产生异化，是因为"在大肆扼杀我们的整个特性、我们的自身存在时，经济剥夺只是第一步。生产资料的社会化就包

---

① 孔·勒韦：《卡尔·马克思的学说》，科隆1982年版，第245页。
② 罗尔莫塞尔写道："大家知道，马克思所分析的异化劳动的结构在共产主义社会中是不可克服的。这些结构所以根本不可能被克服，是因为它们是由现代生产的技术性质和分工性质引起的，完全不依赖于财产制度。"（君特·罗尔莫塞尔：《报时信号——一个时代的总结》，斯图加特1977年版，第138、283页。）

括个体的社会化,即个体的消除"①。这是对社会主义社会制度的新质的主要抨击,因为生产资料的社会化是消灭异化和发展人们丰富的关系——既有社会的也有个人的关系——的重要前提。在人们明确地形成新的社会关系的过程中,是有那么一些表面上同资本主义制度下的现象相似的现象,例如,劳动的单一、利己主义或者不协作,但不能就此有理由得出形形色色对马克思主义进行批判的人所作的结论:社会主义不能造就新人。新社会的形成是一个多层次的和长期的过程,在这个过程中,尚未全面地明确地形成的经济关系和社会关系完全会再生产那些在形式上同资本主义的现象相同、然而就其质的局限性和历史局限性来说又有区别的现象。

这里介绍的资产阶级意识形态和哲学对异化的论证路线,具体说来,特别是就其政治—意识形态的明确形成说来,差别是很大的,以致不能说明关于"战胜危机"、"转折点"等能动主义观念,同时也不能说明对马克思列宁主义和现实的社会主义的抨击。资产阶级异化观念的世界观基础,主要有两种形式,现在概述如下:

——歪曲马克思对资本主义生产方式中个人异化的分析:异化表现为人的普遍范畴。这种范畴的世界观基础是人的本质的人本主义化和个人主义化。

——从这些前提出发,非历史地和抽象地对人们的社会关系——社会关系鉴于自己在资本主义制度和社会主义制度中的经济局限性而具有根本不同的质——进行相互比较,并在这个基础上诽谤社会主义,否定它的具有历史意义的新质。

---

① 米·朗德曼:《对理性的控诉》,斯图加特1976年版,第58页。

同时，资本主义表现为人的本质力量的永恒的再生产形式。

因此，在研究分析资产阶级关于异化的哲学观念时，主要是揭露资产阶级观点的意识形态功能和意识形态性质，指出这些观点在运用认识能力方面的方法论上的狭隘性和局限性，并且从马克思的异化概念的创造性的效用出发，把资本主义生产方式同社会主义生产方式的明显的质的差别区分开来。

［原载民主德国社会科学院《专题情报资料》1985年柏林版第2类（会议）第50辑］

从哲学和政治经济学的角度谈对马克思异化概念的一些看法*

〔民主德国〕巴·罗特

有两个理由使我认为,从哲学史的角度来探讨马克思在其早期著作中所阐述的异化问题具有现实的意义。

第一,关于对象化和异化的抽象同一性的思想始终是资产阶级历史观的理论基石之一,根据这种历史观,对异化的扬弃也总是使人产生关于扬弃对象性的东西的思想。相反,承认社会分工、工业化、技术工艺进步具有促进文明发展的作用,被认为是同异化的所谓不可消除性相联系的。这样把异化归结为生产力进步本身,异化也就成为与一切社会发展相伴随的现象,成为人类在其自身进步中的属性了。① 因此,资产阶级哲学和哲学修正主义对异化概念的滥用,应该同资本主义生产关系的日益严重的破坏性影响联系起来加以考察。

---

* 本文选自《马列主义研究资料》1987年第2辑,系德意志民主共和国统一社会党中央委员会所属社会科学院马克思列宁主义哲学研究所组织的一次马克思列宁主义哲学史研究领域跨学科学术讨论会上的发言。作者巴·罗特系哲学博士,就职于民主德国柏林洪堡大学马克思列宁主义教研室。

① 尽管始终没有把意识形态背景直截了当地说出来,但是要弄清这种背景并不困难,根据这种观点,社会主义就面临一种选择:放弃科学技术进步或者保留异化。

从哲学史的角度探讨马克思对异化概念和状态的批判的第二个理由在于，这样一来也可能首先理解马克思在创立新的、唯物主义的历史观和社会观时所采用的方法，对于这种历史观和社会观的科学内容始终应该同它们的实践有效性联系起来加以考察。这两者——这一点在会议报告中已经说得很清楚——都是以哲学、政治经济学和对现实社会过程的分析的统一，以及理论发展、对资本主义关系的批判与其理论反思的统一为基础的。无论是在对资产阶级观点和修正主义观点的分析批判中，还是在创立科学的历史观的时候，中心问题都是要有彻底唯物主义的方法。无论是从理论史角度还是从方法论角度来看，研究马克思在1843年的读书笔记中开始而在《经济学哲学手稿》中继续加以发展的他对异化的理解和批判，都能够对辩证唯物主义的历史观作出贡献。

大家知道，从1844年起，异化概念越来越成为马克思著作的中心。这个时候，马克思正在实现从革命民主主义立场向无产阶级共产主义的转变。① 使马克思主义社会观根本不同于其他社会观的革命实践同革命理论的联系，在理解马克思对异化的分析时也就成了重要的方法论前提。马克思对资产阶级哲学和经济学的批判从一开始就不仅仅是为对他那个时代的新的自我理解而斗争。不应该把他对以前的社会观的批判同他对现实社会过程的越来越深入的探索和活跃的政治行动分离开来。

因此，马克思把异化看做社会现象，看做一个概念。因为他把异化理解为应该加以扬弃的社会状态，所以他同时也批判了资产阶级国民经济学，后者虽然描绘了这种状态，但是对这种状态产生的原因及其克服的可能性却不闻不问。

马克思在申明资产阶级国民经济学的前提如私有财产的存在，劳动、资本、土地的互相分离，工资、资本利润、地租的互相分离，分工、竞争、交换价值概念以及它的语言和规律都被采用以后，断定国民

---

① 见《马克思恩格斯全集》第1版第1卷第452—467页。

经济学发生了一个决定性的错误:"国民经济学从私有财产的事实出发,但是,它没有给我们说明这个事实。它把私有财产在现实中所经历的物质过程,放进一般的、抽象的公式,然后又把这些公式当做规律。它不理解这些规律,也就是说,它没有指明这些规律是怎样从私有财产的本质中产生出来的。"①马克思把国民经济学同现实加以对照,指出国民经济学没有说明私有财产的必然性和历史形成过程,而是仅仅局限于描述资本主义运动的"机制"。他批判了资产阶级经济学家没有能力认清私有财产和异化的运动中本质的东西、合乎规律的东西、必然会发展的联系,并且把这种批判同下述结论联系起来:"现在我们必须探讨被描述了的财产的物质运动的本质。"②

因此,从物质关系先于政治的、意识形态的和思想的关系出发的唯物主义立场,是批判异化的社会状态和资产阶级经济学的异化观的前提。在这以前的批判黑格尔国家观和法律观的著作中,这一步骤已经完成了。但是,把这种状态理解为历史地形成的、因此也可以历史地加以克服的社会现象,这也是前提。马克思再也不是以黑格尔的思辨形式来理解关于异化状态形成、发展和消亡的思想,异化被定义为物质的、社会经济的过程,它的本质在于人类劳动的一个具体历史的(因而是可以克服的)发展阶段。③

---

① 《马克思恩格斯全集》第1版第42卷第89页。
② 《1844年经济学哲学手稿》,见《马克思恩格斯全集》德文版补卷第1册第511页注1。
③ 这里吸收了黑格尔关于劳动是人自我产生的过程的思想,但是已经是在唯物主义的基础上吸收的,对于唯物主义来说,既不能把人的自然的定在(费尔巴哈)同他的物质的、对象性的活动,他对自然界的生产性占有分离开来,也不能把这种定在同在普遍占有过程中他同其他人的关系分离开来。在早期著作中——尽管有时在术语上还仿照费尔巴哈——马克思就已经把人看做既是社会进步的主要生产力,又是社会关系的总和。

继费尔巴哈批判唯心主义及其宗教的自我异化之后，马克思恰好发展了那种关于必须研究（资本主义）财产的物质运动的本质的思想。这使他把对象化和异化区别开来并得出关于异化本质的规定："人的异化，一般地说人同自身的任何关系，只有通过人同其他人的关系才得到实现和表现。因而，在异化劳动的条件下，每个人都按照他本身作为工人所处的那种关系和尺度来观察他人。"①

"异化"作为在马克思以前的历史哲学中所创立，并且为了描绘资本主义生产的状态和机制而由资产阶级经济学所采用的一个范畴，在马克思主义发展中构成一个重要的认识阶段，越过这个阶段，马克思终于由辩证唯心主义的和人本主义的或者说机械唯物主义的社会观达到了辩证唯物主义的观点。马克思从关于资本主义劳动过程的具体历史观点出发，从支持工人的立场出发研究了社会、类生活的现实的物质运动，得出了如下一些认识。

第一，"异化"概念描绘的不完全是一个既有的社会状态，而是劳动的社会发展中的一个阶段，在这个阶段上，"人同自身和自然界的任何自我异化，都表现在他使自身和自然界跟另一个与他不同的人发生的关系上"②。工人在他的劳动产品中的对象化③表现为这种产品的异化，表现为他的产品，他的活动，从而他的类本质的丧失。马克思通过把这

---

① 《马克思恩格斯全集》第1版第42卷第98页。
② 《马克思恩格斯全集》第1版第42卷第99页。
③ "现实的、有形体的、站在稳固的地球上呼吸着一切自然力的人通过自己的外化把自己现实的、对象性的本质力量设定为异己的对象"，因而这些本质力量的活动"也必须是对象性的活动"，这对于马克思说来是不需要进一步说明的本实（《马克思恩格斯全集》第1版第42卷第167页）。不应该把作为一切社会进步的基础的生产力进步同对象化、对象性的实践活动分离开来。因此，马克思后来从劳动生产力的角度也使用了"对象化"这个术语。

种"事实"归结为一定的社会关系即工人同非工人的一定的关系，终于打破了使国民经济学受骗的关于异化劳动不可消除、永恒不灭的假象。如果把异化归结为它的政治经济学的内容，那么它是生产力发展的社会形式规定性，这种规定性起源于（生产资料的）私有制，在资本的条件下经历了其全面的发展。①

第二，虽然（生产资料的）私有制是必须把异化的社会现象归因于它的那种根本的社会关系，但是，这不是异化的"最后的"原因。因为表现为社会的推动因素的私有制本身无非是异化劳动的产物。这表现为："与其说私有财产表现为外化劳动的根据和原因，还不如说它是外化劳动的结果……后来，这种关系就变成相互作用的关系。"② 马克思用这个论断彻底地研究了历史过程的物质动力——社会的劳动生产力，并且指出，私有财产归根到底也是来源于这种动力的。但是，在这里他同时也接受了异化（雇佣）劳动和资本主义私有财产的辩证的相互制约性。

马克思在论战中批驳了国民经济学及其关于劳动是社会财富的源泉的非历史的因而是抽象的观点，他说："国民经济学虽然从劳动是生产的真正灵魂这一点出发，但是它没有给劳动提供任何东西，而是给私有

---

① 由于对异化进行了政治经济学的分析，马克思接近于得出资本主义所有制关系的定义，后来这一定义在"生产关系"这个概念中具体化了（《马克思恩格斯全集》第1版第42卷第100页）。

② 《马克思恩格斯全集》第1版第42卷第100页。马克思在后面的行文中提到了异化劳动产生并不断再生产出私有财产而又依赖于私有财产这个方面。正是对立面相互制约性的这个方面，成了辩证唯物主义社会观的一个决定性因素。因为马克思在紧接着进行的分析现实的物质运动及其结构、规律性、趋势和动力的政治经济学研究中恰好转而探讨根本的矛盾关系的再生产，并且要求揭示这一再生产的客观辩证法，唯物主义历史观就成为变革性实践的理论和方法论的基础。（还可参看《直接生产过程的结果》，见《马克思恩格斯全集》第1版第49卷第4、33页。）

财产提供了一切。"① 因此，国民经济学只是表述了异化劳动的规律、抽象公式，它既没有说明扬弃异化状态的原因，也没有能够认识扬弃异化状态的规律和动力。

马克思从批判异化劳动和以前对"异化"概念的各种看法中引申出来的第三个结论是，异化劳动的扬弃，从而私有财产的扬弃，"是通过**工人解放**这种**政治**形式表现出来的"，而"整个人类奴役制就包含"在这里面了。②

历史哲学和国民经济学把物质运动描述为"异化"，而马克思却从对物质运动的本质的彻底唯物主义分析中得出一种认识，即物质运动在社会经济方面是由私有财产和异化劳动的矛盾所决定的，而且工人的政治解放是扬弃异化的决定性的历史行动。③

根据这种理论认识，应该把马克思在早期著作中所持的观点的方法论加以考察：马克思从批判唯心主义历史哲学出发，从把社会的观念动力归结为它的物质的、最终是经济的原因这一点出发，终于认识了一种社会力量，这种社会力量在经济上的生存条件是客观地、合乎规律地同

---

① 《马克思恩格斯全集》第1版第42卷第100页。
② 《马克思恩格斯全集》第1版第42卷第101页。
③ 因此，异化的理论或者范畴仍然停留在前科学的历史哲学的领域中，借助于这一理论，马克思迈出了从辩证唯心主义历史观走向彻底辩证唯物主义历史观的这一步伐。这一理论在哲学史上的意义以及它对精神史上把握资本主义现象的意义仍热是毋庸置辩的。但是，不能把它看做历史唯物主义的范畴，因为它虽然在理论史上导致了对物质的历史运动的本质的认识，不过，这种认识只有在进行政治经济学分析的基础上才能得出来。一种具有科学基础的历史观和社会观的内容，在于对历史过程的存在和发展条件及其规律性进行政治经济学的分析并且为历史主体的行动得出结论来，这个事实在理论史上仍然是重要的。相反，我们对于马克思对资产阶级异化观点的批判所作的分析证明，一种停留于现象的对历史的解释既不能科学地、准确地把握历史的进程，也不可能正确地提出关于扬弃异化的看法。

社会劳动生产力的发展规律相一致的,这种生存条件迫使它从异化的、奴役性的社会关系下解放出来。但是,这样一来,尽管马克思早期著作中的术语还尚未成熟,不过其中已经为它所包含的辩证唯物主义的历史观和社会观提供了出发点,这种历史观和社会观的影响力是从对社会发展规律性的合理的、唯物主义的分析,科学的革命理论和社会主义人道主义的统一中产生出来的。

[原载民主德国社会科学院《专题情报资料》1985年柏林版第2类(会议)第50辑]

黑格尔和马克思论创造活动与异化*

〔英〕肖恩·塞耶斯

对马克思来说,工作(work)是人类生活基本的、中心的活动,至少潜在地是一种令人满足的、自由的活动。这一观点隐含在马克思的作品中,但很少有清楚的解释或辩护。最充分的探讨是《1844年经济学哲学手稿》对异化劳动(Entfremdete Arbeit)的说明;但是,甚至在那里,马克思也没有详细展示他的哲学假设。为了理解这些内容,我们必须回到黑格尔。马克思非常清楚,在这方面他得益于黑格尔:"黑格尔的《现象学》……的伟大之处首先在于黑格尔把人的自我产生看做一个过程,把对象化看做失去对象,看做外化和这种外化的扬弃;因而,他抓住了劳动的本质,把对象性的人、现实的因而是真正的人理解为他自己的劳动的结果。"① 很多有关这一评论的讨论都把目光集中于《精神现象学》的"主人与奴隶"一节,因为在那里,黑格尔明确考虑了劳动(labour)在人类生活中的作用。② 然而,这种聚焦是武断的、有

---

* 本文选自《马克思主义与现实》2008年第2期。作者肖恩·塞耶斯(Sean Sayers)系英国肯特大学欧洲文化与语言学院哲学教授。

① 《马克思恩格斯全集》第1版第42卷第163页。

② Hegel, *Phenomenology of Spirit*, Oxford: Clarendon Press, 1977, Chapter B. IV. A.

局限的。正如阿图尔（Chris Arthur）所指出的那样，在马克思的作品中，这里或其他地方并没有明确指向"主人与奴隶"一节，也没有什么好的理由使人相信这一节对马克思有着特殊的影响或意义。① 而且，虽然黑格尔关于工作的很多主要论题体现在这里，但这一章节是个比较特殊的部分，在其中，劳动的作用绝非中心主题。

不管怎样，劳动在黑格尔的哲学中是个主要论题。它显著地出现在他的所有主要作品中，从早期关于精神哲学的耶拿讲座——它先于《精神现象学》——直到最后关于宗教哲学和美学的系列讲座。我将特别关注美学讲座。因为它们对于理解黑格尔关于工作的说明并弄清楚马克思的观点都很有帮助，但在这方面，它们至今还没有得到应有的关注。

一个基础性的观点是：对黑格尔和马克思来说，工作既有社会的方面也有物质的方面。通过工作，工人不仅与工作对象因而与自然界发生联系，而且与他人发生联系。但在本文中，我将关注劳动过程本身以及工人与劳动对象的关系。

一、工作作为一种本质性的人类活动

在《1844年经济学哲学手稿》中，马克思把工作描述为人的"生命活动"，人的"类活动"，"人的精神的本质，他的人的本质"。虽然如何使用这些短语仍不是完全清楚的，但它们似乎意味着劳动可以作为一个标准，使人能与其他动物区别开来；可这显然不正确。正如马克思所承认的，像蜜蜂、海狸和蚂蚁这样的动物也进行生产，因为它们营造

---

① Chris Arthur,"Hegel's Master-Slave Dialectic and a Myth of Marxology", *New Left Review*, I, 142: 67 – 75.

巢穴或住所（虽然它们并不"全面地"、"自由地"或者"按照美的规律"生产）。此外，狩猎—采集民族并不生产他们的生活资料（虽然他们使用工具）。也许马克思的观点在于，成为人是一个程度问题，而劳动正是促使人类发展并充分地成为人的主要方式。正如他在《德意志意识形态》中所说的那样："可以根据意识、宗教或随便别的什么来区别人和动物。一旦人们自己开始生产他们所必需的生活资料的时候……他们就开始把自己和动物区别开来。"①

黑格尔论工作

这些思想对黑格尔哲学来说也是基本的。就黑格尔而言，工作在区分人和动物的过程中起到了本质作用。动物与自然——既与在其自然环境中围绕它的那些对象，也与它自己的自然，即它自己的欲求和本能——具有纯粹而直接的联系。黑格尔称这种与自然的直接联系为"欲望"②。动物被它的欲望和欲求驱动，而去消费在自然环境中直接展现于其面前的对象。而且，这种消费伴随着直接的否定，即，对象的消灭。③

相反，人不是纯粹的自然存在物，而是一种有意识的存在物，一种有自我意识的自为的存在物。"人是思维的意识……自然界中的事物是直接的、孤立的，然而人……复现（verdoppelt）自身，因为（1）他如

---

① 《马克思恩格斯全集》第1版第3卷第24页。

② Hegel, *Phenomenology of Spirit*, Oxford: Clarendon Press, 1977, p. 105ff.

③ Hegel, *Hegel and the Human Spirit: A Translation of the Jena Lectures on the Philosophy of Spirit* (1805 – 1806) *with Commentary*, Detroit: Wayne State University Press 1983, p. 109.

同自然界中的事物一样存在着，但（2）他是自为的；他看他自己，向自己表象自己，思维着。"① 人"复现自己"和"向自己表象自己"的能力在思想中、在自我意识中最为明显。但它也采取实践的形式。工作是这种实践的自为存在的一种模式，而且是它得以发展的一种手段。工作涉及与动物、与自然界的直接自然联系的断裂。在工作中，对象不是直接被消费和毁灭，满足被推延了；对象被保存、加工、成形和转变。由此，人和自然的一种特殊联系被建立起来。

这些思想也为马克思所运用。它们是马克思关于工作作为人的"类活动"这一观念的基础。像黑格尔一样，马克思将通过工作建立起来的人与自然的关系和动物与自然的直接关系进行对比。"动物和它的生命活动是直接同一的。动物不把自己同自己的生命活动区别开来。它就是这种生命活动。人则使自己的生命活动本身变成自己的意志和意识的对象。他的生命活动是有意识的。这不是人与之直接融为一体的那种规定性。有意识的生命活动把人同动物的生命活动直接区别开来。正是由于这一点，人才是类存在物。"②

自为的发展

因此，通过作用于世界，通过塑造和赋形于世界，人从自然界分离出来并作为与客观世界相对立的有自我意识的主体、自为存在者而被建立起来。这种与自然界的断裂，是工作的否定方面。同时，人通过工作克服了这种与自然的区分，这是积极的方面。通过塑造和赋形于对象，

---

① Hegel, *Aesthetics: Lectures on Fine Art*, Oxford: Clarendon Press, 1975, p. 31.
② 《马克思恩格斯全集》第 1 版第 42 卷第 96 页。

人改变了他的环境以及与环境的关系,并在这一过程中改变了自己。

黑格尔说,通过工作,人"向外部世界灌输了他的意志。由此,通过显示环境如何能满足他以及如何不能保留任何独立于他的力量,他人化了他的环境。只有通过这种有成效的活动,他才不再仅仅一般地存在,而且现实地意识到自身并在其环境中居家(be at home)"①。用马克思在《1844年经济学哲学手稿》中的话来说,这就是"对象化"(vergegenstndlichung)过程。② 这一过程有两个方面:首先,通过将自身对象化于我们的产品中,我们认识到我们的力量和能力是现实而客观的。由此我们发展了一种对自身的意识。其次,通过世界的人化,我们不再感到我们所遭遇的是一个陌生而敌对的世界。我们克服了与自然界的疏离,而且通过社会和经济的长期发展过程,逐渐感到在世界中居家并与之和谐相处。黑格尔是这样表达这些观点的:"人通过实践活动把自己带到自己面前,因为他有种冲动,在直接给予他的无论什么东西中,在外在地呈现给他的东西中创造自己并在那里认出自己。他通过改变外在事物达到这一目的,他在这些事物上盖上自己内在存在的印记,然后又在其中发现了自己的特性。作为自由的主体,人做这事是为了祛除外部世界顽固的陌生性,并在事物的形态中享受自己的外在实现。"③这些思想也被马克思采用,而且他几乎完全重复了它们,甚至效仿黑格尔关于精神"复现"自身的特殊语言。"因此,正是在改造对象世界中,人才真正地证明自己是类存在物。这种生产是人的能动的类生活。通过这种生产,自然界才表现为他的作品和他的现实。因此,劳动的对

---

① Hegel, *Aesthetics : Lectures on Fine Art*, Oxford:Clarendon Press,1975, p. 256.

② 《马克思恩格斯全集》第1版第42卷第91页。

③ Hegel, *Aesthetics : Lectures on Fine Art*, Oxford:Clarendon Press,1975, p. 31.

象是人的类生活的对象化：人不仅像在意识中那样理智地复现自己，而且能动地、现实地复现自己，从而在他所创造的世界中直观自身。"①

堕落的故事

这样一来，工作既涉及自我与自然界的分裂、异化，也涉及这种分裂从而使我们在世界中居家的动力。对黑格尔来说，这是人作为"精神的"（有自我意识的）存在物相对于纯粹的自然物而言的基本动力，是人的基本需要。

黑格尔通过对人之堕落的圣经故事的独特解释——他将其解释为人之境况的形而上学寓言②——以图像般的、启发性的方式表达了这些观点。人的始祖亚当和夏娃曾经生活在伊甸园中，上帝禁止他们吃具有善恶知识的树上的果子。但是他们吃了果子并被驱逐出伊甸园。亚当被惩罚要"汗流满面地劳动"，而夏娃被惩罚要"在痛苦中生育"。

在这个故事中，是蛇的引诱导致我们吃了知识果并被迫脱离伊甸园的和谐状态。"但事实却是，陷入与上帝的对立状态以及意识的觉醒恰恰出于人的本性：同样的故事在每一个亚当的子孙身上重演着。"③ 也就是说，我们都"堕落"了，与自然状态分裂了——这是我们作为有自我意识的存在物的境况。然而对黑格尔来说，这不是事情的结束。

---

① 《马克思恩格斯全集》第 1 版第 42 卷第 97 页。

② Hegel, *Logic*: *Encyclopaedia of the Philosophical Sciences*, Part I, Second Edition, Oxford: Clarendon Press 1892, pp. 53ff.

③ Hegel, *Logic*: *Encyclopaedia of the Philosophical Sciences*, Part I, Second Edition, Oxford: Clarendon Press 1892, p. 55.

这个故事似乎意味着，生命最初的天生而自然的状态是一个理想。它似乎表明了这样的浪漫观点，即，我们"丧失了与自然的天真和谐"和我们被驱除出伊甸园，乃是一种不幸，因此人具有自我意识这种境况也是一种不幸。不过，黑格尔质疑这种解释。人的境况是与自然的分裂以及自我的分裂——这是一种矛盾状态、不安息状态，它产生了克服自身的动力。作为我们与自然断裂的结果，我们被罚去劳动。但是，"如果它（劳动）是分离的结果，那么它也是分离的克服"。因为通过对世界的劳作，我们也就对象化了自身，改变了自身，人化了我们的世界并使我们在其中居家。

二、自由的领域

因此，工作不仅是满足物质需要的手段，也是人的（或如黑格尔所说"精神的"）自我发展和自我实现的基本动力的表达。这一动力不仅体现在经济劳动中，也体现在实践活动的所有形式中，通过实践活动我们有意在世界中甚至在游戏中带来改变。它的最高表达是在艺术的自由创造活动中。"甚至一个孩子的最初冲动也涉及这种对外在事物的实践的改变；一个男孩将石头扔进河里并对造成的水波大为惊奇，在这种效果中他获得了对他所做的某种事情的直观。这一需要扩展到现象的最多样化形式，一直到外在事物中的自我生产模式，而这表现在艺术品中。"[①] 对黑格尔来说，这些活动的不同形式涉及不同程度的自由。一方面有直接处于欲望冲动下的消费。这是动物活动所采取的形式，它们欲求并直接消费周围的对象。它们不是自由的。它们被自己的欲望所决

---

① Hegel, *Aesthetics: Lectures on Fine Art*, Oxford: Clarendon Press, 1975, p.31.

定,并受对象的支配。人也能以这种方式行动,在这种情况下他们不是自由地行动。"人……被个别的、狭隘的、琐屑的欲望所纠缠,既非自在地自由,因为他不是被他意志的本质的普遍性和合理性所决定,亦非就外部世界而言是自由的,因为欲望仍然本质上被外部事物所决定并与它们相关。"① 但在对对象进行劳作而非直接消费它时,欲望的满足就被推延了,对象就被保存下来。人们因此与自己的欲望相分离,并获得了对它们的相对自由。同时,他们保留了对对象的一定程度的自由。

然而,在推延欲望时,生产者只获得了对欲望的有限的自主性,他并没有完全地超越它们。产品同样只被赋予了有限的自由,它注定要被消费掉。经济工作仍然被物质欲望所主宰;它仍然存在于马克思所谓的"必然王国"中。

相反,艺术活动才是真正自由的活动、自由的创造。首先,在否定的意义上它是自由的,因为它不被自然欲望所决定。艺术创造不是一种为了满足身体需要的工具性活动。此外,艺术活动的产品即艺术品不是用来消费的。在艺术那里,物质欲望的规定被完全超越了。"艺术的兴趣区别于欲望的实践兴趣就在于,它使它的对象自由地并根据自身而持存,而欲望通过毁灭对象而将其转变为自己的用途。"②

对马克思来说,艺术也是创造活动的最高形式,是自由的创造活动和工作的最高形式。动物不能进行这种活动,它们不是自由的。就它们进行生产而言,它们"只是在直接的肉体需要的支配下生产,而人甚至不受肉体需要的支配也进行生产,并且只有不受这种需要的支配时才进

---

① Hegel, *Aesthetics: Lectures on Fine Art*, Oxford: Clarendon Press, 1975, p. 36.

② Hegel, *Aesthetics: Lectures on Fine Art*, Oxford: Clarendon Press, 1975, p. 38.

行真正的生产……因此，人也按照美的规律来建造"①。这个段落出自《1844年经济学哲学手稿》，同样的思想也出现在马克思后来的作品中。在《1857—1858年经济学手稿》中，他把作曲描述为"真正自由的劳动"，它能成为"吸引人的劳动，成为个人的自我实现"。② 而在《哥达纲领批判》中，他设想工作在某个时期将成为自在的目的，"生活的第一需要"③。

这些思想也是马克思在《资本论》第3卷中对必然王国和自由王国的那种几乎遭到普遍误解的划分的基础。"自由王国只是在由必需和外在目的规定要做的劳动终止的地方才开始……像野蛮人为了满足自己的需要……必须与自然进行斗争一样，文明人也必须这样做；而且在一切社会形态中，在一切可能的生产方式中，他都必须这样做……这个领域内的自由只能是：社会化的人，联合起来的生产者，将合理地调节他们和自然之间的物质变换，把它置于他们的共同控制之下，而不让它作为盲目的力量来统治自己……但是不管怎样，这个领域始终是一个必然王国。在这个必然王国的彼岸，作为目的本身的人类能力的发展，真正的自由王国，就开始了。"④ 尽管有很多相反的解释，然而很明显，马克思不是说工作在必然王国中是不自由的。他非常清楚地说明自由在"必然王国"中意味着什么。对于马克思正如对于黑格尔而言，只有受直接欲望支配的纯粹直接的消费才是不自由的。与之相比，经济工作具有一定程度的自由。人类是自为的，他们能从欲望以及满足它的活动那

---

① 《马克思恩格斯全集》第1版第42卷第97页。
② 《马克思恩格斯全集》第1版第46卷下册第113页。
③ 《马克思恩格斯全集》第1版第19卷第23页。
④ 《马克思恩格斯全集》第1版第25卷第926—927页。

里后退,并将其置于合理的控制下。在这一领域中有自由,它存在于对生产和消费的合理控制中。

然而,这种经济活动最终是为自然需要服务,它是满足这些需要的工具性活动。就此而言,它不是完全自由的。当我们不是为了满足物质需要而生产,而是在纯粹地把生产作为目的本身时,一种更充分和更高的自由形式就实现了。这是艺术的真正自由的创造。它不被物质需要或对象所决定。因此,它使对象如其所是地自由存在着,而且并不消费它。

三、异化及其克服

正如我已表明的,马克思像黑格尔一样把经济工作看成是与自由的艺术创造相联系的。这意味着,工作虽然是满足物质需要的手段,但本质上也是一种自我实现的活动和目的本身。

马克思对异化的说明是我所描述的黑格尔观念的一种批判的、激进的版本。在异化条件下,"劳动、生命活动、生产的生命本身"被歪曲了,以至于它"对工人说来是外在的东西,也就是说,不属于他的本质的东西;因此,他在自己的劳动中不是肯定自己,而是否定自己,不是感到幸福,而是感到不幸,不是自由地发挥自己的体力和智力,而是使自己的肉体受折磨、精神遭摧残……因此,他的工作不是自愿的劳动,而是被迫的强制劳动"①。经常有人说这种异化的批判观念在黑格尔那里是没有的,而是马克思所特有的。马克思本人似乎作出过这一论断。

---

① 《马克思恩格斯全集》第1版第42卷第93—94页。

例如，他说"黑格尔唯一知道并承认的劳动是抽象的精神的劳动"①。这是个令人迷惑的评价。从表面上看，它明显错误，马克思肯定能意识到。因为黑格尔在自己的哲学体系中把物质生产活动意义上的劳动放在中心地位，这是引人注目的。《现象学》中，作为马克思讨论的特殊主题，劳动在"主人和奴隶"一节也起到了关键作用。

也许正如阿图尔所主张的那样，"马克思所指的'抽象的精神的劳动'（abstract mental labour）是'精神的劳动'（labour of spirit）"，"《现象学》是一次精神的历险，或者说是一部精神的教育小说，在其中精神发现在意识和自我意识中给予它的对象形态只是它自己的自我规定。精神通过产生出自己——首先作为某种与它相对立的东西——而认识自己……精神只有通过设置对立面，然后否定它才能达到自己"。②值得注意的是，对黑格尔来说（有限的）精神不是某种抽象精神的东西，而是人；物质劳动之所以是"精神的"活动，因为它带来了人的发展。不过阿图尔正确地强调，对黑格尔而言，这终究是首先发生在意识和自我意识中的过程。相反，马克思主张，在人的发展中物质和经济因素具有优先性。

马克思的靶子似乎是黑格尔的唯心论，但他没有在其视域中清楚地抓住这一点。当然，对黑格尔而言，经济劳动不是精神发展的最高阶段。这一发展要继续通过艺术、宗教和哲学而前进。这些更高级的活动不是取代劳动，而是补充劳动。然而，马克思绝非批判这些观念，因为他自己就持类似的观点。马克思也相信，艺术和哲学（即使没有宗教）

---

① 《马克思恩格斯全集》第1版第42卷第163页。
② Chris Arthur,"Hegel's Master-Slave Dialectic and a Myth of Marxology", *New Left Review*, I, 142:71.

构成了更高的"自由领域"以及人的发展的更高层次。正如我已表明的，这些都是对黑格尔观点的直接继承。

对象化和异化

马克思也批评黑格尔对实际的经济状况给出一幅非批判的、理想化的图像。"黑格尔站在现代国民经济学家的立场上。他把劳动看做人的本质，看做人的自我确证的本质；他只看到劳动的积极的方面，而没有看到它的消极的方面。劳动是人在外化范围内或者作为外化的人的自为的生成。"①

卢卡奇对这一点的说明特别有影响。我在讨论马克思的批判所提出的更一般问题之前，将处理这一说明。在马克思那里，对象化是所有工作（实际上也是所有在世界上产生效果的人类活动）的特征，而卢卡奇主张异化是资本主义条件下工作独有的特征。相反地，黑格尔并没有进行这种区分，而是将异化作为有自我意识的精神的一种普遍的、本体论的特性。因此，马克思的异化概念能够以黑格尔所没有的方式充当一个批判的概念。

如我们所看到的，黑格尔确实将与自然的异化看成精神的一个特征。然而对黑格尔来说，努力克服与自然的异化和分裂，同样也是有自我意识的精神之本质的一部分。这给它提出了一个历史任务，这个任务也是人类精神的一个特征：它要努力弥合同自然的分裂并在世界中居家。

也就是说，对黑格尔而言，精神在本质上（本体论上）具有历史

---

① 《马克思恩格斯全集》第 1 版第 42 卷第 163 页。

的特征；这听起来可能有些荒谬。当精神完成了它的发展并在世界中居家时，异化就能够并且将被克服。这确实是个历史的过程。而卢卡奇认为，这种思想方式提供了一个框架，在此框架内黑格尔能批评他那个时代的社会（正如我们在下面将看到的那样）。因此，卢卡奇将一种非历史的异化观赋予了同马克思相对立的黑格尔；可这是错误的。对于这种观点，人们更应该斥之于"存在主义者"，比如海德格尔。

相反，就马克思而言，认为他具有单一而明确的"异化理论"的那种观念是值得怀疑的。尤其是，马克思并非像卢卡奇所主张的那样，将异化概念只应用于资本主义。在《1844年经济学哲学手稿》中，这一术语确实像卢卡奇所认为的那样在马克思对资本主义的批判中处于中心地位；但是，后来他对资本主义的说明是凭借更为专门的经济学术语而发展的。马克思一直也在用"异化"这一术语描绘那些并非专属资本主义的工作的诸方面，比如工作是蠢笨的、外在强加的，它只是满足物质需要之目的的手段，它发生在压迫性的劳动分工中等等。这些是所有阶级社会中工作的特征。

在《德意志意识形态》中，马克思已经开始发展他后来说明资本主义的术语。"异化"语言在其思想中所起到的只是并不那么突出的作用。他甚至讽刺它和黑格尔哲学的关系。在1844年，被他称为"异化劳动"的东西现在仅指"劳动"，它"已经失去了任何自主活动的假象，它只是用摧残生命的东西来维持……生命"①。他设想这种"劳动"以及"劳动分工"的消灭。② 可以说，"劳动"和"劳动分工"在这个意义上不只出现于资本主义社会，而是出现于所有阶级社会。在

---

① 《马克思恩格斯全集》第1版第3卷第75页。
② 《马克思恩格斯全集》第1版第3卷第78页。

《1857—1858年经济学手稿》中,他很清楚在《1844年经济学哲学手稿》中归之于异化劳动的特征,正是这些社会的特性:"在奴隶劳动、徭役劳动、雇佣劳动这样一些劳动的历史形式下,劳动始终是令人厌恶的事情,始终是外在的强制劳动";然而劳动能够成为"实在的自由","吸引人的劳动,成为个人的自我实现"——成为生活的"第一需要",正如他在《哥达纲领批判》中所说的那样。①

也就是说,就像在黑格尔那里认为的一样,异化的某些方面不是资本主义所特有,而适用于所有历史社会。同样,异化的克服是人类的一种基本动力:一个可以在历史中完成的历史任务。因此,对于马克思正如对于黑格尔,异化既是本体论的也具有历史性的特征。

黑格尔和社会批判

现在让我们回到这种观点,即黑格尔哲学内在地是非批判的,而且对于他那个时代的社会给出了一幅理想化的图像。无疑,这种指责为黑格尔哲学的某些方面所印证。对黑格尔来说,克服异化不是一个不可企及的或遥远的理想;它在当前就能够并且正在被实现。工作是精神自我发展过程的一个本质部分:它是一个"对象化—异化"以及"克服异化—导向自我实现"的过程。黑格尔体系的中心主题是人的自我发展,这种发展在他自己时代的精神成就——艺术、宗教或哲学——中达到顶点。因此,在黑格尔体系中,劳动经常以积极的、非批判的术语被表达,认为它在精神发展和进步的叙事中起到了关键作用。

---

① 《马克思恩格斯全集》第1版第46卷下册第112—113页以及第19卷第12页。

然而，黑格尔哲学中也有与这种观点相矛盾的其他方面。当黑格尔关注当时社会的劳动的现实情况时，他敏锐而诚实，不会对普遍的非理想状况视而不见。正如卢卡奇本人所发现的那样，"他并没有无视劳动的资本主义分工以及将机器引入到人的劳动中所产生的破坏性后果"①。在这样的背景中，黑格尔确实以批判的方式运用了异化概念。实际上他使用这一概念提出了很多为马克思所表述的问题。然而同样地，黑格尔接近这些问题的方式与马克思很不同。讨论一下黑格尔的发现，有助于澄清这些区别。

再重复一下，黑格尔哲学是以进步的叙事为中心。这意味着异化只有通过历史发展的过程才能被克服。黑格尔丝毫没有对"简单的"或"自然的"生活形式的浪漫眷恋。这种生活形式可能最初看起来像是田园牧歌式的，因为我们的需要会很少而且容易直接从自然界那里得到满足，但黑格尔认为"这种生活将很快使我们厌倦"。"这种狭隘的生活模式以精神的不充分发展为前提……一种更充分的、完全的人类生活要求更高的驱策，而且这种与自然的最紧密联系及其直接的产品不能再满足它。人不可能在这种精神的纯朴的贫乏中过他的生活；他必须工作；他必须通过自己的活动而努力得到他想要的东西。"② 这表明，黑格尔将赞成当时正在出现的工业化。然而，他以相反的方式认为，工业化对人的发展来说是不能令人满意的。黑格尔相信现代工业生产过分地发展了。在简单的社会中，个人通过工作满足自己的需要以及他的家属和其他与他直接相关联的人的需要。随着大工业的出现，个人被置于他所不能理解或控制的经济关系的网络中。经济体系变得如此复杂和广大，以

---

① Georg Lukács, *The Young Hegel*, London: Merlin 1975, p. 329.
② Hegel, *Aesthetics: Lectures on Fine Art*, Oxford: Clarendon Press, 1975, p. 259.

至于个人不再能把握他所创造的产品（或产品的部分）如何与最终的消费者——不管他们是谁——发生联系。"需要和工作、兴趣与满足之间长期而复杂的联系在其所有分支中得到充分发展，而丧失了独立性的每一个个人在依赖他人的无穷序列中被捆绑在一起。他自己的需求与他的工作或者根本无关或者只有很少的关系。"① 此外，工业的劳动分工使工作不断机械化，而且对工人而言显得愚笨无益，所以"他的每个活动不是以个人的活生生的方式进行，而是根据普遍规则越来越纯粹机械化地进行"②。

这种对工人在工业社会中与其产品和劳动相异化的方式的批判，现在由于马克思在早期著作中所给出的描述而更加为人所知了。《1844年经济学哲学手稿》中对"异己的劳动"的说明与黑格尔的说明尤为相近。由此，可以清楚地看到，马克思相信，非工人——在资本主义形式中——和资本主义社会中的工人一样被异化了。然而令人遗憾的是，马克思的手稿正好在这一点上中断了；在那里，在描述了工人的异化之后，他本打算还考察资本家的被异化方式。

而黑格尔的说明并没有中断，而且它对马克思思想的可能发展的方式具有启发性。黑格尔认为，如同在现代社会中的工人一样，"富人"也被置于复杂的、难以理解的经济关系网中。此外，他们摆脱了劳动的需要，但正因如此，他们也与周围的世界异化了——因为他们不能把这个世界看成他们自己的创造，也不能在其中认出他们自己。"（通过）财富……个人……摆脱了满足需要的活动，并能投入到更高级的趣味中。……在这种奢侈中，无穷依赖的不断反映的关系被消除了，人从事

---

① Hegel, *Aesthetics: Lectures on Fine Art*, Oxford: Clarendon Press, 1975, p. 260.

② Hegel, *Aesthetics: Lectures on Fine Art*, Oxford: Clarendon Press, 1975, p. 260.

务的所有偶然情况中抽身出来,好像他不再被置于获利的肮脏中了。但正因为如此,个人甚至在他的直接环境中也不是居家的,因为它不像是他的作品。这里环绕着他的东西不是由他自己创造的;它是由其他人创造的……只是通过外在于他的努力和需要的长长的链条而被他获得。"①

现代世界中的异化

从这些段落中很明显可以看出,认为黑格尔对当时的社会是非批判的,这是错误的。相反,他充分地看到了人们与由资本主义和大工业所创造的世界之间相异化。对他来说,理想的、非异化的境况处于简单的田园牧歌式环境和过度的现代发展这两个极端中。就工作而言,他回顾了更早的"黄金时代",那时生产仍处于家庭和地方性的规模,生产者能与他们的产品相联系,并在一个他们仍能作为自身创造物而把握的世界上有居家的感觉:"在这种生活模式中,人对他所使用的每件东西以及他周围的每样事物都有这种感觉,即他凭借自己的才智而创造了它,因此在外在事物中他与自己的东西相关,而与外在于他自己的领域——在其中他是主人——的陌生对象无关。当然在那种情况下收集和塑造他的材料不是苦差事,而是件轻松的、令人满意的工作,它不会为他设置障碍,也没有失败。"②

他的第一个例子是荷马所描绘的英雄社会:"阿伽门农的节杖是家族的拐杖,由他的祖先制成,并被他的后代所继承。奥德赛自己制作他的巨大婚床……每件东西都是家庭生产的,通过每件东西,人在眼前展

---

① Hegel, *Aesthetics: Lectures on Fine Art*, Oxford: Clarendon Press, 1975, p. 260.
② Hegel, *Aesthetics: Lectures on Fine Art*, Oxford: Clarendon Press, 1975, p. 261.

现了他的臂力、他的手的技巧、他的精神的聪慧或者他的勇气和勇敢的结果。在这种方式中，满足的手段不再堕落为纯粹外在的事情；我们看到了它们活生生的来源以及人赋予它们价值的那种活生生的意识，因为人在其中不是拥有某种死的东西或被习惯所扼杀的东西，而是他自己最亲近的产物。"① 当然另一方面，黑格尔拒绝了古希腊模式。这种早期社会缺乏他所认为的现代世界的本质特征，即作为个人自主和主体性之领域的公民社会。作为非异化状况的一个现代例子，黑格尔提到了17世纪的荷兰，它被伦勃朗等艺术家描绘在反映日常生活的"风俗画"里。这些绘画展现了一个民族——作为他们的工业和历史的结果——在他们的世界中居家："荷兰人自己创造了他们在上面居住和生活的最大一块陆地；它不断被防护以抵御大海的风暴，而且不得不被保留下来。通过决心、忍耐和勇气，城镇和乡村的人们摆脱了西班牙的统治……并通过斗争为自己在政治生活和宗教生活中赢得了自由。……不管是在小事还是在大事中，这种公民身份，这种对事业的热爱……这种欢乐和富饶，所有这些都归功于他们自己的活动，所有这些构成了他们的图像的一般内容。"② 这是黑格尔的非异化社会的景象，它提供了黑格尔批判现代工业状况的标准。对黑格尔来说，这种理想现在不可挽回地过去了：大工业成为现代生活中不可分割的一部分。最终，黑格尔并不愿拒斥带来了个性和自由的发展的现代性，尽管异化和其他问题也伴随着它。他相信这些问题是不可解决的，所能够期待的最好方面是国家将改进某些不良后果。

---

① Hegel, *Aesthetics: Lectures on Fine Art*, Oxford: Clarendon Press, 1975, p. 261.
② Hegel, *Aesthetics: Lectures on Fine Art*, Oxford: Clarendon Press, 1975, p. 169.

异化的克服

马克思对异化的说明源于如上这些思想,但是以非常不同的方式发展了它们。因为马克思主张,大工业以及与之相关的劳动分工不是克服异化的阻碍,而是克服异化的必要基础。这是马克思自始至终的观点,而且是他区别黑格尔的基本观点之一。

关键问题在于,马克思对现代社会的批判指向的是资本主义而不是工业本身。对马克思来说,资本主义的一个伟大成就在于,它导致现代工业发展到如此地步,以至于它能为一个新的、共产主义社会提供基础;在共产主义社会中,异化能最终被克服,而且人类在世界中终于能居家。

可这种观点经常遭到质疑。因为现代工业释放了巨大的生产力,它导致经济关系的全球化,它以这种无情的方式在自然界上打下了烙印,以至于自然环境现在处于被毁灭的危险中。工业和经济似乎成为超出人类控制的敌对力量。

然而,马克思坚持认为,它们不仅仅是异化现象,更是人的力量和人的创造。"工业……是一本打开了的关于人的本质力量的书。"① 它的力量完全有可能以一种非异化的方式成为人的力量和创造性的表达,我们能在它们中并通过它们而认出并肯定自身。现代社会的巨大挑战就在于,要把它们置于人的控制之下并使它们能为我们的需要服务(这当然可能包括限定和抑制它)。没有理由相信这是不可能的。如果我们能够像我们已经做过的那样征服自然,那么,我们当然能够控制我们的创造

---

① 《马克思恩格斯全集》第1版第42卷第127页。

物并且伴随着它们居家。这就是马克思的克服异化的景象。它存在于未来,而不是某个不可挽回地逝去了的黄金时代。

(原载 *Historical Materialism* 第 11 卷第 1 期)

(邵华 译)

费尔巴哈与马克思的"对象化"意义何在？

〔德〕彼得·凯勒

关于"对象化"这一用语，要想把它作为术语和概念精确地加以界定，这是十分困难的。第一，因为这一用语的适用性并不限于某一特定的事物状态或某一类相同的事物状态，相反地，鉴于"对象"这一概念的多义性，以及鉴于从原则上可以构思并理解为"对象性"的那一事物特征的多重性，不如说可以把"对象化"看做同极不相同的各个方面相联系的东西。第二，因为迄今为止未发现有什么人尝试对各种文献中有据可查的各种不同的释义作出负责的系统化阐述。第三，因为某一概念被归之于某些著作家及其观念范围（如归之于黑格尔在《精神现象学》中"自我意识的外化"这一论题下阐发的观念）这一现象，在普通人的意识中已固定为一种思想史中的"事实"，而在进一步考察时，这种归类法则表现为一种具有阐释作用的逆向投影的结果。

1. 如果把"对象化"一词的含义归结为简单的基本概念，用来指本来不是对象的东西变成了对象或被当做对象，那么就不难举出例证，说明早在德国古典哲学中，从康德的《纯粹理性批判》开始人们就曾谈到过"对象化"，当然，当时这一术语的使用还不够精确，并且具有

---

* 本文选自《马克思恩格斯列宁斯大林研究》1997年第4辑。

极不相同的含义。

事实上,最为接近"对象化"这个词的本来含义的是黑格尔,他在《耶拿实在哲学》中多次探讨了"自我生成为自身对象"的观念。例如在论述充当自我媒介的精神的理解力这一章里,他写道:"精神就是自我,它与自身相对立。精神本身首先是直观;精神使这个自我与自身相对立,而不是使对象与自身相对立,不如说,精神的直观对精神来说才是对象,即作为其自身的感觉的内容。"① 接着又说,记忆是"尚在其作为对象的对象中持有自身的知性"②。在自在自为的存在中,"(我)对知性的活动作出反射,即从中反思自身,并将其变为自身的对象"③。在这里,"(我)在自我对立中是众多,因为其活动是运动、分化"。④

在此,黑格尔在思想上是直接与谢林在《先验唯心论体系》中阐发的某些思想过程一脉相承的。这些思想过程涉及"先验的直观方式",其实质就是:"主体不断地自我生成为客体。"⑤ 在《精神现象学》中是这样说的:"精神成为对象,因为精神是成为他物的运动,即成为自身的对象并扬弃这种他物存在的运动。"⑥ 而在《精神哲学》(《哲学全书》1830年德文版第三部分)中,构成自我意识的因素被确定为这样一种因素:意识借此"从对象中(反思)看自身,(成为)自

---

① 《黑格尔全集》,1931年德文版,第180页。
② 《黑格尔全集》,1931年德文版,第186页。
③ 《黑格尔全集》,1931年德文版,第188页。
④ 《黑格尔全集》,1931年德文版,第188页。
⑤ 参见《谢林全集》,德文版第一部分第3卷,第345、470、507、534页。
⑥ 《黑格尔文集》第3卷,理论著作版,第38页。

身的对象"①。我们在《美学讲演录》第二部分中读到:"相反,具体的精神理念则要求,精神在自身中确立自身和分化自身,随着精神成为自身的对象,就在这种双重化中获得了一种外在的现象,这种现象即使是有形的和暂时的,却始终灌注着精神,因此它本身并不表明什么,而其内在实质却仅表现着精神,是精神的外化和现实。"② 在《哲学史讲演录》的"导论"中,黑格尔认为:"一切认识、学识、科学、甚至行为,仅仅以此为目的:使内在的、自在的东西演变出来,成为自身的对象。"③

2. 作为一个术语,"对象化"首次出现在费尔巴哈那里,这就使得对象化思想严格地说来只有联系到费尔巴哈的哲学观点才能得到论述。其次,在这里,对象化问题绝不仅仅是费尔巴哈宗教批判的核心,这种批判的中心命题是:在宗教中,"人将自身的本质(对象化了),然后又将自身(变成)这种对象化了的、转化为主体的本质的客体"④;而且对象化问题是整个费尔巴哈哲学的关键所在。例如,他在自己早期还完全依据黑格尔精神、只是未套用黑格尔语言所作的《逻辑学和形而上学导论》的讲演⑤中就是这样使用"对象化"这一术语的,而且是在将创造性的自我意识同艺术创造相类比时使用这一用语的。按照这种类比,就精神而言,他的思想"不过是精神自身的象征,是精神的自我意识的产物,是精神从中观察自身、思考自身的作品……那么,艺术家的作品是什么呢?只是艺术家的艺术性自我的对象化!……因此,思想、

---

① 《黑格尔文集》第 10 卷,理论著作版,第 207 页。
② 《黑格尔文集》第 14 卷,理论著作版,第 15 页。
③ 《黑格尔文集》第 18 卷,理论著作版,第 40 页。
④ 《费尔巴哈全集》第 5 卷,1841 年德文版,第 71 页。
⑤ 《费尔巴哈全集》第 10 卷,1841 年德文版,第 58 页。

观念也是精神作为精神在自身的与最为普遍的形式中的对象化,精神只是在对象化中实现自身,因而思维自身和直观自身"①。

正是在这种意义上,他在《阿巴拉与赫洛阿丝或作家与人》(1834年)中谈论书籍说:书籍"是人真实的第二面貌,是人借以直观自己的镜子","创作与思考"仅在于使"人自身的生活成为共同财富……人自身及其本质不仅成为自己的,而且成为他人的直观对象"。②

这里的"对象化"的基本意义(等同于在自身的活动结果中将自身变成直观对象)在后来就发生了(如在1841年的《基督教的本质》中)并非无关紧要的变化,即按照费尔巴哈的理解,主体不仅将自身"对象化"在自身活动的结果中,而且"对象化"在任意某个客体中,只要这个客体是自身特定的(即它区别于其他主体)对象,③具有直观自身本质的中介。因为"主体在本质上必然关联到的对象,仅是这一主体自身的、却是对象的本质","是其自身本质的镜子"。④ 从一个人的对象中,我们认识到这个人,在对象中,人的本质向我们呈现出来:"对象是人显现出来的本质,是人真实的、客观的自我。"⑤ 对于作为整体的主体所说的,同样适用于实现其对象关系的诸功能,以及在这些关系中表现出来的诸种力量与能力。"例如眼睛的对象是光线,不是声音,不是气味。眼睛的对象向我们展示出了眼睛的本质。因此,一个人是否

---

① 《费尔巴哈文集》,1975年德文版,第38页。
② 《费尔巴哈全集》第1卷,1841年德文版,第558、575页。
③ "如食草性动物的对象是植物,但通过这一对象,食草性动物就在本质上同其他的食肉类动物区别开了。"《费尔巴哈全集》第9卷,1841年德文版,第270页。
④ 《费尔巴哈全集》第1卷,1841年德文版,第33—34页。
⑤ 《费尔巴哈全集》第1卷,1841年德文版,第33—34页。

看不见或没有眼睛,是一回事。"① 我们可以用同样的话来谈论"可确定为对象的本质性功能的任何其他力量、能力、潜力、现实性、活动——名称无所谓——,正由于这种情况,凡在主观上具有本质的意义的,在客观上同样具有本质的意义"②。

除了这种包含着主体与区别于这个主体的客体之间的反思关系的本源意义之外,"对象化"这一术语同样可以在其他意义上使用。如在《关于死亡与不朽的思想》(1830年)中,这一术语已经向我们展示出了四重意义。(1)它表示在主体对自身的直接性反思,即一种"内在行动"中"自我生成为对象";③ (2)它被用作现实化的同义词,因而被用作某种原则的直观生成;(3)它指主体的自为和自身存在转变为客体的(指主体间性意义上的)对象存在,即为他的对象存在和他物的对象存在;(4)最后,它指(自身)转变为某种独立存在之物④(这里,第二种至第四种意义互相结合在一起了)。

---

① 《费尔巴哈全集》第9卷,1841年德文版,第270页。

② 《费尔巴哈全集》第5卷,1841年德文版,第43页。后来,马克思在《经济学哲学手稿》中对这一思想作了如下解释:"眼睛对对象的感觉不同于耳朵,眼睛的对象不同于耳朵的对象。每一种本质力量的独特性,恰好就是这种本质力量的独特的本质,因而也是它的对象化的独特方式,它的对象性的、现实的、活生生的存在的独特方式。"另外,"我的对象只能是我的一种本质力量的确证,也就是说,它只能像我的本质力量作为一种主体能力自为地存在着的那样对我存在,因为任何一个对象对我的意义(它只是对那个与它相适应的感觉说来才有意义)都以我的感觉所及的程度为限。"《马克思恩格斯全集》第1版第42卷第125、126页。

③ 《费尔巴哈全集》第1卷,1841年德文版,第319—324页。

④ 参看《费尔巴哈全集》第1卷,1841年德文版,第350页。

如果说这些多重意义一下子就将"对象化"这一术语的应用范围扩展得非常之广，那么有一点就愈加值得注意，即费尔巴哈在开始时是非常有保留地使用这一术语的，并且正是将它用于那些构成了他的神学批判和宗教批判的思想核心、很早就使得他同占统治地位的思辨哲学和神学公开对立的观点，他最初使用这样一些一般性的通俗表述，或专门术语，这些表述和术语的传统都可越过黑格尔追溯到费希特那里去。在这一传统——像"外化"、"客体化"、"投影"和"异化"等术语都属于这一传统，它们早在费希特那里就有据可查①——与"对象化"的基

---

① 早在费希特的《一切天启的批判》（1792年）中，我们就已遇到"外化"这一术语，即"我们的外化"、"作为主体向外在于我们的一种本质的过渡……是宗教的根本性原则"。（《费希特全集》第1部分第1卷第33页）如果说"外化"与"过渡"在这里还是同义的，那么在《全部知识学基础》（1794—1795年）中，就已然显示出，在"外化"（等于排除于自身之外）与"过渡"（等于设定进入他物之中）之间有一种"独特的区别"（见《费希特全集》第1部分第2卷第317页）。而在《略论知识学的特征》（1801—1802年）中，他又部分地取消了这种区别，在论述直观时讲："直观外化我内部的东西，即把我内部的东西过渡到宇宙中去。"（《费希特全集》第2部分第6卷第283页）

在《知识学》（1801—1802年）的手稿中，首次出现了"客体化"（Objektivierung）这一表述，而且它是作为"外在于我们的（陌生）情感的客体化（Objektivisierung）"（《费希特全集》第2部分第6卷第91页）出现的。在这里，"客体化"（Objektivisierang）这一让人觉得带有外来词色彩的措辞在下述情况中得到了一种可能的释义，即谢林在其《自然哲学的观念》（1791年）中依然采用了"主体—客体化"（Subjekt-objektivieren）的术语，却偏偏并未借此来表示某个主体变成客体的过程，而是表示那样一种过程，即"不取决于主体性和客体性"的绝对者在自身的同一性中成为"自身的质料与形式、主体与客体"，即"为自身和通过自身而将自身作为同等的绝对性引入二者"。（《谢林全集》第1卷第2分册第62页）

(续前注）当然，在后来的《略论知识学的特征》中，费希特在谈到"客体化"时，除了用"Objektivisiren"外，也运用了"Objektiviren"这一形式。如首先谈到，如果直观"（将自身）在思维的形式中（固定下来）"，那么它"由此似乎就是从自身中（显现）出来"，并"（听命于）自身，在自身中自行分化，而这正是一切客体化（Objektiviren）的作用"（《费希特全集》第2部分第6卷第167页）；后来则谈到，有一种"综合地相互联系的、构成一个体系的、形式多样的反思，由此就有了知识在自身中的客体化（Objektiviren）"（同上书，第293页）；最后谈到，知识从来不能达到自身和实现自身，"因为知识反思地自身客体化，自身分化"（同上书，第294页）。这样，最晚是在《知识学》1804年第2版中，"客体化"（Objektiviren或Objektivirung）成了固定的用语（见《费希特全集》第2部分第8卷有关各页）。只是除"客体化"（它越来越多地被赋予了作为在主体之外和不取决于主体而存在的设定的意义）外，"外化"这一术语（它最终与某物从自身中分离出来同义）也依然保留下来了（同上书，第210、232、350、392页），同时又增添了新的术语"异化"（同上书，第12、100页）、"投影"（同上书，有关各页）。

这种术语上的歧义——其中，投影的比喻上升为关键性思想，因为它可以解释"这种本源性事实，即理性的绝对客体化是现存的、本源性的、是出自光线的基本原理的"（同上书，第298页）——显然，与其说要追溯到费希特体系的内在发展，不如说要追溯到费希特（为自卫起见）同他的《知识学》的"所谓的解释者和发扬光大者"（主要指谢林和黑格尔）之间的纷争中去（同上书，第12页）。

本意义［如在《未来哲学原理》（1843年）中谈到，"神学的客体"（即上帝）"仅仅是主体、即人的对象化本质"①］之间，"客体化"（Verobjektivierung）这一用语②就起到了术语上的桥梁作用。例如在《对莱布尼茨哲学的叙述、分析和批判》（1837年第1版）中，关于上帝的全能和专断的观点被描述为"人自身的无知和幻觉的客体化和独立化的第一原理"③，后来，这一思想在1838年发表的以"论对实证哲学的批判"为标题的时事评论中得到了精确的表述："思辨着的主体自身客体化……并随后赋予它自身被表象化为另一个本质的本质以谓词，这个谓词对于它作为另一个本质是恰如其分的，并因而赋予自身本质的现象以客体本质的假象。"④ 换句话说，这使得上帝的思维"仅仅是被客体化的自我"⑤。虽然在这种意义上"客体化"与"对象化"在主题上统一起来了（的确是这样，如在同上书第194页中讲到："在幻想的昏暗基础上，思想永无止境地扩展为主体从中发现自身的明镜，这使得对自身的这种相似影像被当做一种另一个本质，但同时也被当做自身的原型"），几乎可以把它们看做意义相同的术语，但它们绝不是同义词：

---

① 《费尔巴哈全集》第9卷，1841年德文版，第312页。

② 这是费尔巴哈创造的又一个术语，这个术语，据我看，费尔巴哈起初是在他于1833年发表的《近代哲学史》的框架中，而且是在分析雅·波墨关于自然的可认识性的观点时使用的。

③ 《费尔巴哈全集》第3卷，1841年德文版，第178页。在《关于死亡和不朽的思想》中，费尔巴哈用下述语言来描述同一情况："幻想进行创造，在形象中独立化得到体现；理智靠在幻想的软垫上打瞌睡，在这种幸福的状态中，凭借想象的魔力，理智本身的缝隙和空缺会集中起来并变成彼岸的独立的形象。"（《费尔巴哈全集》第1卷，1841年德文版，第305页）

④ 《费尔巴哈全集》第8卷，1841年德文版，第193页。

⑤ 《费尔巴哈全集》第8卷，1841年德文版，第202页。

"客体化"蕴含着一种本体论意义上的对象,相反,"对象化"则蕴含着一种逻辑意义上的对象。① 如果不考虑到这种区别,就必然会导致不仅是术语上的张冠李戴,而且是思想上的含糊混淆。这就可以理解,费尔巴哈何以长期以来一直听任这两个术语比肩共存,后来在用"对象化"代替"客体化"的折中办法显得不切实际之后,② 却终究用"对象化"代替了"客体化"。③

需要与这种术语层次上的"简单化"严格地区分开的,是费尔巴哈在1838—1839年完成的思想上的转折,它触及到的问题是:谁的性质作为"上帝""客体化"或"对象化"为独立的存在。如果说上帝最初是自身的超大的投影,同时成为特殊的本质;"绝对的人格",是个人性质与能力独立化的镜像,那么在后来的观点中,它就是人的类性质与能力的人格化。这里的过渡性步骤是,虽然就一方面而言,人格化上帝的概念被认为是包含了那样一些规定的,"单单这些规定就将人格本身客体化了"④,但从另一方面说,上帝同时也可被理解为人的最高自我,这种最高自我同人处于两极对立关系之中,以至于例如"上帝的震

---

① 在 N. I. 孔达科夫于1983年出版的《逻辑学词典》"对象"这一词条中说道:"在逻辑学中,我们的思想所能关注的一切,我们无论以何种方式感知和命名的一切,均可称做对象。在此意义上,判断、概念和间接推理也可视作对象。"(第175页)

② 见《论奇迹》,载《费尔巴哈全集》第8卷,1841年德文版,第328页,以及《哲学改造的临时论纲》,载《费尔巴哈全集》第9卷,1841年德文版,第260页。

③ 参见《基督教的本质》1841年德文第1版与1849年德文第3版在这一点上的区别。

④ 《费尔巴哈全集》第4卷,1841年德文版,第21页。

怒只是宗教心灵对通过令人不快的行为……伤害他的对象的畏惧和恐怖的对象化"①。这就意味着，原来的主、客体关系已经转向了自身的反面，固然，上帝总还是宗教心灵的对象，但整个人，即人格，已经是上帝的对象了。（换句话说，随着人将镜像——人就是在这镜像中将自己的人格对象化了的——客体化为一种独立的主体，人就将自身当成了这一主体的客体。）在《论哲学和基督教兼论对黑格尔哲学不具备基督教信仰的谴责》（1839年）中，费尔巴哈展开了"上帝只是个类概念，而且只是人的类概念"②的思想。这样，个人与上帝的关系就不是个人与自身的相互往复的关系，而是人与自己的类的相互往复的关系。费尔巴哈认为，在人与自己的类的这种关系中，人把自己同自己的类的关系当做同对象（在上文所述的逻辑意义上）的关系的能力，就说明"人与动物的实证性区别"的能力。这里的意思是说，"人以自己的类为对象"，"人具有内在的、联系着自身本质的生命，而这是动物所缺乏的"。③

后来，在《基督教的本质》中，所有这一切都被归入到一个包罗万象的概念即"对象化"中了。据此，人与其类的关系只是人与其对象的一般关系中的一种特殊情况，因为："凡是一般地，甚至就感性对象而言，关于主客体关系"④所能作的陈述，"首先适用于主体与宗教对象的关系"⑤。这样，"宗教只不过是人的对象化了的自我意识"⑥，

---

① 《费尔巴哈全集》第4卷，1841年德文版，第81页。
② 《费尔巴哈全集》第8卷，1841年德文版，第254页。
③ 《费尔巴哈全集》第8卷，1841年德文版，第255页。
④ 《费尔巴哈全集》第8卷，1841年德文版，第123页。
⑤ 《费尔巴哈全集》第5卷，1841年德文版，第45页。
⑥ 《费尔巴哈全集》第5卷，1841年德文版，第126页。

是人的本质在自身中的反思、反映,因而上帝"是反映人的镜子"①。自然,这种"对象化"的特点就在于,人在宗教中与之相关的"对象"不具有在人之外的真实性存在,而是人的幻想、想象力的"客体化"产物,是"被设定为对象本质的人的内在本质"②,仿佛它具有真实的、独立于人的本质存在似的。

即使从科学的立场看来,这样一种"对象化"是不合法的,但按照费尔巴哈的观点,它在人的自我认识的发展中依然起到了重要的作用:"宗教是人最初的、而且是间接的自我认识。所以,无论在什么地方,宗教总是走在哲学前面,在人类历史中是这样,在个人历史中也是这样。人先把自己的本质移到自身之外,然后再在自身之中找到它。"③宗教虽然带有"人与自身的分裂"④的消极性因素,但它同时也是建立起个人与其最高对象,即人的类统一性的原初形式。这样,发展的进程也就不在于扬弃人的"内心生活",扬弃人与作为其最高对象的类的关系,而仅仅在于,在这种关系中愈加遏制"客体化"因素及"人与自身相分裂"的因素,而且这要通过如下途径:"人愈来愈多地否定上帝,愈来愈多地肯定自身"⑤,直至达到"历史的必然转折点",其特征是:"公开地认识与承认,上帝的意识只不过是类的意识,人只能够也只应该超越个体的羁绊,而不是去摆脱规律。即人的类的实证性本质规定,人只能将人的自然的本质当做绝对本质加以思考、预感、想象、感

---

① 《费尔巴哈全集》第5卷,1841年德文版,第127页。
② 《费尔巴哈全集》第5卷,1841年德文版,第133页。
③ 《费尔巴哈全集》第5卷,1841年德文版,第47页。
④ 《费尔巴哈全集》第5卷,1841年德文版,第75页。
⑤ 《费尔巴哈全集》第5卷,1841年德文版,第43页。

受、信仰、意愿、热爱和敬仰。"①

最后，有关这种"转折点"的未来幻景的论点是与"对象化"和"客体化"之间区别的明确性休戚相关的。再有，只有在人们把握住这种区别时，才会同样明了，费尔巴哈采用了两种"对象化"的构想：一种是普遍性的，它涉及主体与其一般性对象的反思性关系，无论这是感性的具体对象还是抽象物（"思想物"）；另一种是特殊的，它涉及人与一种特殊的抽象物的反思性关系，这种抽象物"借助于幻想的魔力"而独立成一种准事物（准人物）。费尔巴哈早在《基督教的本质》第1版中就逐步用"对象化"取代了"客体化"，由此间接地促使他作出了简单化的解释，他的对象化概念后来就被人作了这种简单化的解释。（可随意列举的有1972年伊尔利茨版，1974年赫普勒版，1981年库列拉版、第78页及以下各页，1984年洛伦茨与施洛德版。第1057页及以下各页。）回顾来看，这种取代方法作为规范术语的措施是完全可以理解的，在个别情况下（与其说从思想上考虑，不如说从修辞上考虑）甚至是必要的②，只是其消极结果是，在费尔巴哈的思想中，原本为"对象化"这一术语奠定了基础的、包含了主体与其对象间的反映性关系的观点就再也没有意义了。取而代之的是，"对象化"简单地与"客体化"和（或）"外化"（主要是在费希特的意义上理解这两者）等同化了。因此，丝毫不值得惊奇的是，在"马克思主义"的日常意识中，尤其是在涉及劳动问题时，那些在威·特·克鲁格的《哲学科学通用手

---

① 《费尔巴哈全集》第5卷，1841年德文版，第443页。
② 费尔巴哈本人在第3版序言中指出，自己"在这一版中尽可能地避免使用一切外来词，并将所有的，至少是大部分的拉丁文、希腊文引文翻译过来了"，"以便学识不甚渊博的人也能看懂"。（《费尔巴哈全集》第5卷，1841年德文版，第27页）

册》(1833年第2版)中被用来说明术语"客体化"的观点被错误地用来标示"对象化"这一密码所包含的意义。而在《哲学科学通用手册》中,术语"客体化"是"在实践意义上被使用的":"它意味把人们事先想好的或构思的东西予以实现或创造出来。这种客体化在人按特定目的行动的地方随处可见。"①

与此同时,重新确定原本意义由于下述情况而更困难了:与以前在早期作品中有所保留的使用情况相比,在《基督教的本质》中,对于"对象化"这一术语的使用是不加节制的。概括费尔巴哈本人负责的前三版(1841年版、1843年版、1849年版),就可得出结论,"对象化"除了"客体化"外还意味着:a)人格化(《费尔巴哈全集》第5卷第137页);b)肯定(第137、159页);c)外化(第377页);d)显现(第461页);e)启示(第461页)。"被对象化"还可用于:a)被直观为区别于人(在人之外存在的)的本质(第45、116页);b)客体的(第76页);c)外化了的(第377页);d)感性化的(第463页)。最终,"对象化"(或直接或作为对"客体化"的替代)在意义上等同于:a)表示(第80、223页);b)启示(第80页);c)肯定(第80、52、97、113、165页);d)定义(第19、42、90页);e)表达(第119页);f)人格化(第117、153页);g)实在化(第325页);

---

① 威·特·克鲁格:《哲学科学通用手册》第3卷,1833年第2版,第88页。马克思在《资本论》第1版与第2版中,在两个(后来多次被引用的)"核心原理"中,用多义的"占有"这个词代替了单义的"吸收"这个词,这导致了类似的误解。它原本讲的是,人"为了在对自身生活有用的形式上吸收自然物质,人就使他身上的自然力——臂和腿、头和手运动起来",而且这种劳动过程的产品是"使用价值,是经过形式变化而适合人的需要的自然物质"。(《资本论》中文单行本,根据德文第1版第1卷翻译,第149、152页)

h）实现（第365、387页）；i）活动。① 由于这些显著不同的意义，不仅对"对象化"原本意义的理解愈加困难了，而且这一术语必然在总体上在其作为术语的作用上丧失了价值，以至于从《基督教的本质》起，这一术语——只要它不仅仅一般地作为术语性的点缀——在不同的上下文中所具有的不同的意义常常成为解释的问题（见同上书有关各页）。②

3. 费尔巴哈就对象化问题所阐述的一些观点虽然可描述为是从黑格尔哲学中直接衍生出来的，③ 而且马克思肯定也已在《经济学哲学手稿》以及此后不久起草的《詹姆斯·穆勒〈政治经济学原理〉一书摘

---

① 这种多重意义最为明显的例证，后来也表现在马克思《资本论》（1867年）德文第1版第1卷中，即："一般人类劳动，人类劳动力的耗费，虽然可以有任何一种规定，但它本身是不明确的。只有人类劳动力在一定形式中被耗费，作为一定的劳动力被耗费，它才能得到实现，得到物化，因为同一定的劳动相对立的，只是自然物质，只是劳动物化在其中的外界材料。只有黑格尔的'概念'才无需外界物质而自行客观化。"（《资本论》中文单行本，根据德文第1版第1卷翻译）

② 如在《基督教的本质》（1846年）中，关于上帝讲道：它"仅仅是人的想象能力、思维能力和表象能力的实现了的、对象化的、现实的、而且是最为现实的、绝对的被思维出来的本质或想象出来的本质"（《费尔巴哈全集》第10卷，1841年德文版第50页），或在1847年版的《对莱布尼茨哲学的叙述、分析和批判》的一个注释中讲道，在"虚无"这个词中，"词的虚无性统统被对象化了，同时被具体化了"（《费尔巴哈全集》第3卷，1841年德文版第241页），最后，在1866年发表的文章《论神学……》中谈到，在朱庇特的妻子朱诺身上，"可以发现女人的事情……女性的体现、女性的对象化"（《费尔巴哈全集》德文版第11卷第226页）。这样的例子还有许多。

③ 参看《哲学全书》德文版第413—418节及对它们的口头补充。

要》中，在某些方面较之费尔巴哈本人更为彻底地实现了他的对象化概念①——但将费尔巴哈的观点对于阐明对象化问题所具有的意义归结为从黑格尔到"早期"马克思的一个单纯的"过渡阶段"，这样做似乎有

---

① 马克思后来常常援引自己的这一思想："通常的、物质的工业"是"打开的书"，是"对人的本质力量的公开的展示"（《马克思恩格斯全集》第 1 版第 42 卷第 127、128 页）。事实上，马克思的这种思想一方面直接来自于费尔巴哈将书籍当做人的本质之镜这样一种描述，另一方面却也是对下述事实的批判性反应：费尔巴哈对自己在《未来哲学原理》中所表述的关于人自身的"具有现实内容的和真正的科学"的原则并没有能够彻底地予以实施。

需要加以说明的是，费尔巴哈认识到："宗教只是人的对象化的自我意识"，是"在人自身中对人的本质的反思、反映"（《费尔巴哈全集》第 5 卷，1841 年德文版，第 126、127 页）。在此认识基础上，早在 1842 年，他在一篇就针对他的《基督教的本质》的各种评论而作的论战性答辩中说道："一种进行批判的宗教哲学，……其低级阶段的基础必定是深奥的人类学……其高级阶段的基础必定是深奥的心理学。"在对这一思想的进一步阐发中，他虽然在一年后写的《未来哲学原理》中要求，"将人包括作为人的基础的自然当做哲学唯一的、普遍的、最高的对象"，并"将人类学……包括心理学当做无所不包的科学"，后来却落在这些要求所带来的可能性后面去了，因为他紧接着直接说："艺术、宗教、哲学或科学只是人的真实本质的表现或揭示"（《费尔巴哈全集》第 9 卷，1841 年德文版，第 337 页）。马克思正是就这种前后不一贯的情况批评说，费尔巴哈虽然较之其他青年黑格尔派分子更远地迈出了决定性的一步，却始终也局限在这样一些观念中，这些观念是人与自身真实本质相异化的理论表述，而这种异化正如马克思已然认识到的那样，是特定的、建立在私有制基础上的、以个人的利己需要为准绳的生产关系的必然结果。

失偏颇。这就是说,一方面忽略了费尔巴哈同德国古典哲学传统的①、在某些问题上可以追溯到同哥·威·莱布尼兹的各种联系;另一方面则否认了费尔巴哈对象化构想的基本思想(主体与其对象的反思性关系)对于"成熟的"马克思而言,直至《资本论》,都必然起着引导性观念的作用,这种情况在《政治经济学批判大纲》谈到"自然的财富"那一段话中表现得最为明显,他提出:"以个人对物的本质关系为前提,因此,个人在自己的某个方面把自身物化在物品中,他对物品的占有同

---

① 如费尔巴哈在《基督教的本质》中写道:"上帝是分离出来的和剔除出来的人的主体本质……上帝愈是具有主体性,人就愈是外化出自己的主体性,因为上帝本来就是人外化出的自我。"(《费尔巴哈全集》第5卷,1841年德文版,第73页)这样,费尔巴哈显然并未追随黑格尔。相反,我们在这里看到的显然是对这样一种思想的极端性发展。最初,康德在《哲学宗教学讲演录》(1783—1784年)中仅是提到了这种思想,后来,费希特在《一切天启的批判》(1792年)中却已明确表述了这种思想,书中写道:"上帝作为我们内心道德律的立法者,其观念建立在我们的外化上,建立在主体向外在于我们的本质的过渡上,这种外化就其用来确定人的意志而言,是宗教的真正原则。"(《费希特全集》第1部分第1卷第33页)另一方面,费尔巴哈对象性构想的核心思想是,每个个人在其对象世界中都有一面全面反映他的本质的镜子(参看《费尔巴哈全集》第5卷,1841年德文版第33页),这与莱布尼兹的"单子论"的核心论点"每个单子都反映着全部的世界"(《费尔巴哈全集》第1卷,1841年德文版,第575页)正好相反——而他在广义上有关对象化的心理机制(指主体自我生成为客体)的观点最终有可能在很大程度上是与谢林在《先验唯心论体系》(1800年)中所作的有关思考相联系的。(见《谢林全集》德文版第1卷第3分册第545、470、507、534页)

时就表现为他的个性的一定的发展。"①

4. 事实上，费尔巴哈对马克思的影响很早就显示出来了，早在1841年的博士论文中，我们在其第二部分一再遇到"客体化"和"对象化"的表述。马克思完全是在费尔巴哈的意义上（自然是在"客体化"这一术语原先带有的意义上）将"对象化"这一表述同样用于其早期的《关于黑格尔对国家的具体历史形式和国家的抽象观念之间相互关系的观点》这一手稿（1843年）中，他在这部手稿中认为黑格尔总的方法论错误是，相对于主词而将谓词独立化了，并将谓词神秘化为实体、主体，以至于真正的主体最终表现为"一种他物，一种神秘实体的因素"："这样一来，构成国家本质的主权在这里先被看做独立的存在物，被当成了客体。然后这种客观的东西就自然而然地一定又成为主体。但是这种主体在此时看来像是主权的自我体现，其实主权不外是国家主体的客观化的精神。"②

如果说，马克思在这里不仅使用了费尔巴哈的术语，而且直接套用了费尔巴哈在神学批判和宗教批判的理论框架中展示出来的论证范例（他在另外一段文字中称之为"费尔巴哈的辩证法"），那么他在针对布·鲍威尔而写的《论犹太人问题》中，直接从费尔巴哈在《基督教的本质》中对犹太教的分析出发，但同时又超出了费尔巴哈。他不是把犹太教，而是把现代资产阶级社会的经济关系描述为利己主义的现实实

---

① 《马克思恩格斯全集》第1版第46卷上册第171页。简言之，同样的思想还表现在《神圣家族》（1845年）中，马克思完全是在费尔巴哈的意义上对皮·约·蒲鲁东在私有财产和占有间所作的区分作了阐述，即："在这种职能中，'利益'不是要'排斥'别人，而是要把自己的力量、自己的本质力量使用出来和发挥出来。"（《马克思恩格斯全集》第1版第2卷第52页）

② 《马克思恩格斯全集》第1版第1卷第273页。

践（即费尔巴哈从中看到了犹太教基本原则的那样一种生活态度）："物的异化就是人的自我异化的实践。一个受着宗教束缚的人，只有把他的本质转化为外来的幻想的本质，才能把这种本质客体化，同样，在利己主义的需要的统治下，人只有使自己的产品和活动处于外来本质的支配之下，使其具有外来的本质——金钱——的作用，才能实际进行活动，实际创造出物品来。"①

马克思借这种经济上与宗教上的"异化"的相似性表明自己是如何始终在费尔巴哈的对象性概念范围活动的同时而在实际上已然"超出了费尔巴哈"，——他使人们毫不怀疑，"对象化"与"异化"的联系，无论这涉及人的"内在生活"还是"外在生活"，都是受历史制约的某种东西：正如人只要不再"受着宗教束缚"，就能将其本质"对象化"，而不同时"把他的本质转化为外来的幻想的本质"；同样，只要人不再"在利己主义的需要的统治下"，他就能"实际进行活动，实际创造出物品来"，而不同时"使自己的产品和活动处于外来本质的支配之下，使其具有外来的本质——金钱——的作用"。这一思想后来在《詹姆斯·穆勒〈政治经济学原理〉一书摘要》中得到了详尽的发挥，并最终在《大纲》中简洁地表述为："任何生产都是个人的物化。但是，在货币（交换价值）上，个人的物化不是个人在其自然规定性上的物化，而是个人在一种社会规定（关系）上的物化，同时这种规定对个人来说又是外在的。"②

如果说"异化"是任何一种不是以使用价值的生产而是以交换价

---

① 《马克思恩格斯全集》第1版第1卷第451页。
② 《马克思恩格斯全集》第1版第46卷上册第176页。

值的生产为首要目的①的劳动所固有的现象，那么它就以特别明显的形式表现在任何一种对资本主义商品生产来说典型的"谋生劳动"中。②

---

① 参看《马克思恩格斯全集》历史考证版第 4 部分第 2 卷第 455 页。
② 马克思的出发点是，在私有制发展成为商品社会的前提下，劳动越来越归入"谋生劳动的范畴"，"直到它最终只具有这种意义了"，并且"无论生产者是否同自己的产品处于直接的享受和个人需要的关系，还是劳动活动与行为本身对人来说是否是他的人格的自我满足，人的天赋与精神目标的实现，这些完全都是偶然的和非本质性的"。（《马克思恩格斯全集》历史考证版第 4 部分第 2 卷第 455 页）谋生劳动意味着："1. 劳动对于劳动主体的异化与偶然性；2. 劳动对于劳动对象的异化和偶然性；3. 劳动者受到社会需要的规定，但这些社会需要对劳动者来说是陌生的，是一种强制，劳动者出于利己的需要、出于必需而不得不服从这种强制，这种规定对于劳动者而言只具有满足自身需要的源泉的意义，而劳动者对于这种规定而言只是其需要的奴隶；4. 维持劳动者的个人生存就是劳动者工作的目的，他的现实行为在他看来只是手段；劳动者耗用自己的生活，以谋取生活手段。"（《马克思恩格斯全集》历史考证版第 4 部分第 2 卷第 455 页）

但是，正如下一段中所说的，我的劳动只能表现为它所是的东西，只能"在我的对象中表现出来"，而不能表现为"在本质上它所不是的东西"。因而，在劳动为"我所憎恨，对我来说是一种痛苦……因而也仅是一种被迫的活动，只是由外在的、偶然的必需，而不是由内在的、必然的需要所赋予我的"的现存前提下，劳动也"还只是表现为我的自我丧失和无能为力的对象的、感性直观的并因而是明明白白的表现"。（《马克思恩格斯全集》历史考证版第 4 部分第 2 卷第 465 页）即使从这样一种状态出发，仍然可以在"工业的已经产生的对象存在中看到一本打开了的关于人的本质力量的书，感性地摆在我们面前的人的心理学"（《马克思恩格斯全集》第 1 版第 42 卷第 127 页，译文稍有改动），其中确实有许多内容，即预示着这样一个社会的前景，在这个社会中，在保留劳动分工的前提下，劳动者不再首先是作为交换价值的生产者，而在本质上是作为使用价值的生产者相互发生关系，即作为人马克思在《经济学哲学手稿》中首次描述了这种"国民经济的现实":"工人生产的财富越多,他的产品的力量和数量越大,他就越贫穷。工人创造的商品越多,他就越变成廉价的商品。物的世界的增值同人的世界的贬值成正比。劳动生产的不仅是商品,它生产作为商品的劳动自身和工人,而且是按它一般生产商品的比例生产的。这一事实无非是表明:劳动所生产的对象,即劳动的产品,作为一种异己的存在物,作为不依赖于生产者的力量,同劳动相对立。劳动的产品就是固定在某个对象中的、物化的劳动,这就是劳动的对象化。劳动的现实化就是劳动的对象化。在国民经济学假定的状况中,劳动的这种现实化表现为工人的非现实化,对象化表现为对象的丧失和被对象奴役,占有表现

(续前注)为人而劳动:"假定我们作为人来生产,我们中的每一个人都在自己的生产中对自己与他人作了双重肯定。1. 我在自己的生产中将我的个性及其特点对象化了,因而既在活动中享受了个人的生命表现,又在直观对象时感受到了个人的欢乐,即意识到我的人格具有对象的、感性直观的因而毫无疑问的力量。2. 在你对我的产品的享受或使用中,我直接地享受到这样一种意识,即我的劳动满足了人的需要,就是说人的本质得到了对象化,因而为他人的本质需要创造了相应的对象。3. 对你而言,我是你与类的中介,被你当做对你自身本质的一种补充,当做你自身的一个必要组成部分,在你的思想与你的爱里证实了我自身。4. 在我个人的生命表现中直接创造了你的生命的表现,在我的个人活动中直接证实与实现了我的真实本质、我的人性、我的共性。我们的产品是使得我们的本质相互映现之镜。在这里,这种关系是相互的,你的情况即我的情况。"(《马克思恩格斯全集》历史考证版第4部分第2卷第465页)

为异化、外化。"①

对马克思的对象化思想本身及其与费尔巴哈观点相比所具有的特点的各种错误解释可以归结为忽视下述情况,即在我们所摘引的段落中,马克思谈的不是劳动者的"对象化",也不是人的本质力量、能力的"对象化",而是劳动的"对象化"。下述区别是本质性的:作为"劳动者的对象化"或者人的本质力量、能力的"对象化"在商品中的体现,这种对象化是从判断该劳动者的特殊(生产性)能力的角度来理解的,或者说是从这些能力的特殊的使用价值(作为特定需要及"消费"能力的对象)的角度来理解的,而不是从其交换价值的角度理解的;相反,在商品中"对象化的劳动"的说法(撇开每种劳动的特点)恰恰应该从劳动产品的交换价值方面以及价值增值和价值积累的现象来理解。马克思的对象化思想与费尔巴哈的对象化思想的真正区别也正是建立在这种区别之上的。

马克思在这里使用了"固定在对象中的劳动"这一极易引起误解的说法。这种情况也许可以归因于他最初只能读到英国国民经济学家们的有关著作的法文译本。在李嘉图的《政治经济学原理》法文版中,在关键性段落讲的是:"固定在一物中的劳动量决定它的交换价值……"②显然,马克思简单地将这段文字译成了德文(他在针对蒲鲁东而写的法文著作《哲学的贫困》中又重复使用了上述说法,这也证明了这一点)。与英文原版的对照表明,法文译本在"关键之处"完全不对。李嘉图讲的是:"如果实现在商品中的劳动量决定商品的交换价

---

① 《马克思恩格斯选集》第2版第1卷第40—41页。
② 参看《〈资本论〉研究资料和动态》第6集,南京:江苏人民出版社1985年版,第26页。

值，劳动量的任何增加就都必定增加作为劳动对象的那个商品的价值，而劳动量的减少则降低其价值。"并且他紧接着直接援引了斯密说："他始终坚持认为，任何东西所具有的价值的大小与花在它的生产上的劳动的多少成比例。"（引自李嘉图著作1951年版）。

这里完全不像在马克思所利用的法文版本中那样说"**固定**在物（一个对象）中的劳动量"，也不像后来在伯恩施坦、考茨基和恩格斯出版的《哲学的贫困》德文版本中那样说"**体现**在商品中的劳动量"①，而是在讲生产商品所耗费的"劳动量"（更准确地说，辛劳和努力的量），而且由于它的确实现在商品中了，它就恰恰不是"白白花费的辛劳"，而是"运用得当的辛劳"。②

青年马克思以并不可靠的李嘉图著作的译文为前提着手自己的经济学研究，这不仅导致了棘手的结局，即他花了许多年的时间，才最终看透了商品的拜物教性这一"秘密"，而且这一点在人们又忽略抽象的、一般的（创造交换价值的）劳动与具体的、有用的（创造使用价值的）劳动之间的区别的情况下也是许许多多其他误解的由来，例如，在理解《经济学哲学手稿》时就必然产生这类误解。③

在马克思的著作中一再出现包含着主体与这个主体专有的对象之间的反思关系、可以追溯到费尔巴哈的各种"对象化"含义。（在这里，马克思从一开始就区分开两种反思关系，一种是与作为自身活动的产物的对象的反思关系，一种是与作为需要的对象、"消费"能力或感觉的

---

① 《马克思恩格斯全集》第1版第4卷第91页。黑体为彼得·凯勒所加。
② 参看卡西尔：《德英词典》第2卷，1949年版，第19页。
③ 这里，A.库雷拉是有代表性的，在他的相关作品中，像一条红线一样贯穿着这种误解。

对象的反思关系，这就使得对于马克思而言，人类劳动的对象成果始终是在双重意义上"反映着人的本质"的。）与此同时，在从准备著作到《资本论》的过程中，"劳动对象化"这一概念则经历了内在的分化。它可区分为：（1）与价值构成相关的"对象化"，在这种情况下，价值体现为"对象化的"劳动量或劳动时间；①（2）"对象化"指劳动从活动形式被固定以及被物化为对象形式、静止形式②或者说"劳动从活动的形式转入存在的形式"③。在这里，难以作出评价的是这样一种情况，即马克思在《神圣家族》中又谈到了以前由费尔巴哈尝试性地使用的术语，并在涉及蒲鲁东时说："付给单个工人工资的总和，即使在每一单个人的劳动都完全得到了报酬的情况下，也还是不足以偿付物化在大家的产品中的集体力量。"④

"劳动被固定、被物化或物质化为对象"的所有这些说法［马克思早在《雇佣劳动与资本》（1849年）中也同样谈到了"积累起来的、过去的、对象化的劳动"⑤］最终只是一种比喻。对此，马克思最晚在《大纲》中再也不抱丝毫怀疑态度，他认为，斯密"过于草率地把劳动的物化理解为劳动固定在某种可以捉摸的物品中"⑥。在1861—1863年的手稿中，他在这个问题上表述得更明确，他说："商品的概念本身包含着劳动体现、物化和实现在自己产品中的意思……对劳动的物化等

---

① 参看《马克思恩格斯全集》第1版第15卷第55、56、62、62、64、65页及第2版第30卷名目索引中"价值实体"条目所标明的文章段落。
② 《马克思恩格斯全集》第2版第30卷第258页。
③ 《马克思恩格斯全集》第1版第47卷第60页。
④ 《马克思恩格斯全集》第1版第2卷第65页。
⑤ 《马克思恩格斯选集》第2版第1卷第346页。
⑥ 《马克思恩格斯全集》第1版第46卷下册第375页。

等，不应当像亚·斯密那样按苏格兰方式去理解。如果我们从商品的交换价值来看，说商品是劳动的化身，那仅仅是指商品的一个想象的即纯粹社会的存在形式，这种存在形式和商品的物体实在性毫无关系……因此，决不能像上面所说的那样去理解劳动在商品中的物化。（这里所以产生迷误，是因为社会关系表现为物的形式。）虽然如此，商品表现为过去的、物化的劳动这个说法还是对的。①

这样，为正确理解"劳动对象化"的表述这一问题奠定了基础的问题就较人们预先想象的更为复杂了。第一，这就要考虑到，商品的价值不是生产该商品实际上耗费的"劳动量"的对象化表现，而是生产这类产品所需的社会必要劳动时间的表现（在这里，与这种认识相应的观点的变化则类似于费尔巴哈的思想转变，即不再把上帝当做个人人格的对象化，而是将其当做人类本质的对象化）；第二，还要做到用劳动与商品使二个互相不能通约的量（即运动与事物）彼此相互计量；第三，这二个量之间的关系就规定为：在具体过程中，第二个量来自于第一个量（作为第一个量的他在）。

因此，当马克思最后就价值问题明确地在一种反映性关系的意义上确定商品中劳动的"对象化"时，也仅仅解决了一半问题："商品形式的奥秘不过在于：商品形式在人们面前把人们本身劳动的社会性质反映成劳动产品本身的物的性质。"② 恩格斯在《〈资本论〉纲要》（1868年）中，正是在这种意义上摘引道："交换价值必须先有一个用以衡量它的 tertium comparationis （直译是：作比较用的第三者；这里的意思是：尺度。——译者注）：即劳动这种交换价值的共同社会实体，亦即

---

① 《马克思恩格斯全集》第1版第26卷第1册第163—164页。
② 《马克思恩格斯选集》第2版第2卷第138页。

物化在其中的社会必要劳动时间。"①

对另外一半问题的解答就在于同样要消除"对象化"术语——就它涉及在对象中通过劳动引起的可感知的、可用化学方法或物理方法测量的变化而言——的神秘性。的确,马克思本人在这个问题上从未超出过("黑格尔化的")比喻式表达法,只是相对于《大纲》② 与《1861—1863年手稿》的表述而言,在《资本论》的关键段落中最终选择的变化极大的表述充分表明,他最终同样是想在反思性关系(即活动的特点和活动的对象结果的特点这两方之间的反思性关系)的意义上来理解这里的"对象化"的:"可见,在劳动过程中,人的活动借助劳动

---

① 《马克思恩格斯全集》第1版第16卷第275页。
② "另一方面,劳动也被消费了,因为劳动被使用,被推动了,以致工人的一定量体力等等被耗费了,结果是工人精疲力尽。但是劳动不仅被消费,而且同时从活动形式被固定为,被物化为对象形式,静止形式;劳动在改变对象时,也改变自己的形态,从活动变为存在。过程的终点是产品,在这个产品中,原料表现为同劳动结合在一起,劳动工具由于变成劳动的现实传导体也从单纯可能性变为现实性;但是,劳动工具本身由于它对劳动材料发生力学或化学的关系,它也在它的静止形式上被消费。过程的所有三个要素,材料、工具、劳动,融合成为一个中性的结果——产品。同时,在生产过程中被消费的生产过程的各要素,都在产品中再生产出来。因而,整个过程表现为生产消费,也就是表现为这样的消费,它的结局既不是无,也不是对象的东西的单纯主体化,而是它本身再成为某种对象。这种消费不是物质的东西的简单消费,而是消费本身的消费;在物质的东西的扬弃中包含着这种扬弃的扬弃,因而是物质的东西的设定,创造形式的活动消费对象并且消费它自己,但它消费的只是对象的既定形式,以便赋予对象以新的对象形式,并且它只是在它的作为活动的主体形式上消费它自己。它消费对象的对象的东西,——与形式无关,——消费活动的主体的东西;它赋予对象以形式,使活动物质化。但是作为产品,生产过程的结果是使用价值。"(《马克思恩格斯全集》第2版第30卷第258—259页)

资料使劳动对象发生预定的变化。过程消失在产品中。它的产品是使用价值,是经过形式变化而适合人的需要的自然物质。劳动与劳动对象结合在一起。劳动对象化了,而对象被加工了。在劳动者方面曾以动的形式表现出来的东西,现在在产品方面作为静的属性,以存在的形式表现出来。劳动者纺纱,产品就是纺成品。"①

(原载德国《马克思恩格斯研究论丛》1996 年新辑)
(鲁路 译)

---

① 《马克思恩格斯选集》第 2 版第 2 卷第 180 页。"可见,劳动过程是工人从事具有一定目的的活动的过程,是他的劳动能力即智力和体力既发生作用、又被支出和消耗的运动(通过这种运动,工人赋予劳动材料以新的形式,因此,这种运动物化在劳动材料中),——不管这种形式变化是化学的,还是机械的;是通过生理过程本身的控制而发生的,还仅仅是物的位移(它的位置的改变),或者只是物与地球的联系的分离。因此,当劳动在劳动对象中物化时,它就改变了这个对象的形式,并且把劳动资料作为它的器官进行使用和消费。劳动从活动的形式转入存在的形式,转入对象的形式。劳动在改变对象的同时,改变了它本身的形式。赋予形式的活动对对象和它自己本身进行消费;它使对象的形式改变,并使自己物化;它在自己的主体形式中作为活动消耗自己,并且消耗对象中的对象的东西,也就是说,扬弃了对象对于劳动目的的漠然无视的态度。最后,劳动消费劳动资料,在这个过程中,劳动资料也由纯粹的可能性转变为现实性,因为它已成为劳动的实际传导体,但它因而也通过机械的或化学的过程在自己的静止形式中被消费了。劳动过程的所有这三个要素:过程的主体即劳动,劳动的要素即作为劳动作用对象的劳动材料和劳动借以作用的劳动资料,共同组成一个中性结果——产品。在这个产品中,劳动借助劳动资料与劳动材料相结合。产品,劳动过程结束时产生的这个中性结果,是一种新的使用价值。"(《马克思恩格斯全集》第 1 版第 47 卷第 60 页)

异化是不占统治地位的社会化的表现[*]

〔民主德国〕哈·施里瓦

会议报告已经阐述了马克思异化观点发展中具有实质性的理论中心问题。我同意会议报告的基本思想：马克思在自己的成熟著作中辩证地扬弃了《1844年经济学哲学手稿》中合理的思想，他通过描述劳动中的异化现象进而认识这些现象的社会经济本质，认识它们的深刻原因，并且从对历史过程的分析中获得非异化劳动的规定。

这就是我先要讲的。我还想提个问题：会议报告把异化现象只同资本主义商品生产和资本主义价值增殖过程联系起来考察，是否太专一？这是否会造成概念的偏狭？这样做的结果是否把异化的重要表现方式，或更确切地说，异化的存在方式排除在外？要确定各种不同的异化现象的来源和出发点，这样做完全正确。但是我认为，马克思的观点不限于这一点。他把历史的事实情况的结果也纳入异化概念，即人们基于生产资料的私有制，长期以来不能以自己的影响控制和支配他们用自己的劳

---

[*] 本文选自《马列主义研究资料》1987年第2辑，系德意志民主共和国统一社会党中央委员会所属社会科学院马克思列宁主义哲学研究所组织的一次马克思列宁主义哲学史研究领域跨学科学术讨论会上的发言。作者哈·施里瓦系德国统一社会党中央社会科学院马克思列宁主义哲学研究所教授、哲学博士。

动和最广义的社会活动所推动的社会原因。

在《德意志意识形态》中,马克思和恩格斯把通过分工而扩大了的生产力称为"社会力量",这种社会力量在资本主义制度下不是作为人们"自身的联合力量"来使用的,而是作为某种异己的、在人们的支配能力之外的强制力量起作用的。① 或者说,在《资本论》中,马克思所持的根据是:劳动资料和劳动过程的社会结合——生产力本身,确切地说,社会劳动生产力,从而日趋生效的社会原因——在资本主义条件下所起的作用是对生产者个人的活力、自由和独立的有组织的压制。② 可见,马克思在这里所理解的异化是指社会劳动的生产力不再被驾驭,它们是资本掌握的统治手段,在生产者的社会协作下形成的社会力量不再给予生产者,它们被资本篡夺,并且用来作为某种压制力量对付生产者。生产者不能获得所愿望的、自己在劳动过程中推动的原因产生的任何效果,因为这种推动的社会条件不允许它发挥影响。这种事实情况是资本主义形态发展中通过许多表现形式存在的基本情况。这种情况将不仅用自发性概念而且用异化概念科学地反映出来。自发性概念概括的是活动的目标和目的同活动的结果的不一致,甚至对抗。异化概念概括的是在社会劳动过程中产生的社会力量向统治生产者的力量、向阶级统治和阶级压迫的手段的转化。

从这里,我们也就容易理解所谓的工艺异化了。工艺分工在生产力的发展中有自己的原因。因此,它首先是不依赖于资本主义生产关系的,它具有相对的独立性。它是劳动社会化的一个历史地形成的、不可避免的结果。在社会主义制度下,它又是作为生产力发展的合乎规律的

---

① 《马克思恩格斯选集》第 1 版第 1 卷第 39 页。
② 《马克思恩格斯全集》第 1 版第 23 卷第 552 页。

结果而存在的。

但是,工艺分工,就其本身而言,即作为生产力的组成部分,不是异化的表现,而是通过资本主义所有权关系形成的。它会成为异化的一种表现形式,是因为资本最初使总体工人的联合职能独立化,因为资本不容许生产者对劳动的总体联系施加影响。这种总体联系成为资本家的统治工具。它表现为资本的特性、功效。马克思写道:"生产上的智力在一个方面扩大了它的规模,正是因为它在许多方面消失了。局部工人所失去的东西,都集中在和他们对立的资本上面了。"① 形成为指导、监督、计划的生产上的智力,就是说,"协调个人的活动,并执行生产总体的运动……所产生的各种一般职能"② 的指挥部门的生产职能,科学同劳动的分离,成了资本的统治工具,并压迫雇佣劳动者。

因此,工艺分工并没有产生社会中立的、独立的异化形式,而是由于资本主义的社会形式获得了异化的特征。这就是说,人们可以不把分工造成的妨碍个性在社会主义制度下得到发展的各种结果称为异化,确切地说,称为工艺异化。凡是在资本主义制度下使工艺分工成为异化的东西,在社会主义制度下,都可以通过社会计划、指导和监督,通过民主集中制,通过社会主义制度特有的、物质生产中政治和经济的辩证法加以扬弃。所以,在社会主义制度下,工艺分工的消极结果不应该从理论上用异化概念来反映,而是需要另一种理论工具,但这是另一个课题。

马克思用异化概念概括的不仅是经济领域中不占统治地位的社会化转变为对生产者的阶级压迫,而且还概括了政治领域中的类似过

---

① 《马克思恩格斯全集》第 1 版第 23 卷第 400 页。
② 《马克思恩格斯全集》第 1 版第 23 卷第 367 页。

程。这在阐明资本主义制度下的人权和公民权之间的区别和关系时可以清楚地看到。公民权是单个人的政治权利。履行公民权,就是单个人参加共同体、参加社会,就是说,参加这个社会的正式表现,即资产阶级国家。但是,这种国家,从表面上看,只是某种共同体的政治形式。就其本质而言,它是对抗性的阶级统治,从而只是共同体性质的代替物。因此,它并不是控制社会化过程的政治工具,而是手段,以便在资本主义无政府状态和资本主义的危机重重的发展占支配地位的范围内,借助国家垄断措施考虑社会化的要求,同时也阻止历史地解决资本主义基本矛盾。

以人们的政治协作方式存在的社会权力,通过资本主义国家成为一种政治力量,这种政治力量转而反对社会财富的生产者。可见,这种国家不是控制社会化过程的政治工具。因而,单个人的政治权利和公民权也不是他参加社会事务、分享政治权力的手段,而是使他同社会隔离的手段,是保护资产阶级私人领域的手段,对于生产资料所有者来说,是保护他们的剥削职能,是他们的剥削职能的政治要求,对于雇佣工人来说,则是保护一种经济上贫乏无力的从而令人疑惑的个人主义。"citoyen〔公民〕就成了利己主义的 homme〔人〕的奴仆;人作为社会存在物所处的领域还要低于他作为私人个体所处的领域;最后,不是身为 citoyen〔公民〕的人,而是身为 bourgeois〔市民社会的一分子〕的人,才是本来的人,真正的人。"① 按照这种方式,人的社会本质的政治发展不仅会同自己的个性分离,而且反而形成为共同体性质的代替物,并且形成为一种意识形态的力量即对一无所有的群众成员实行阶级统治的工具。

---

① 《马克思恩格斯全集》第 1 版第 23 卷第 440 页。

在资本主义制度下，生产的社会化所产生的不只是生产资料所有权社会化的历史要求，而且还有创立某种政治势力范围、国家和政治组织的要求，它们代表并贯彻生产者的社会利益，通过创造同别人共同行使的权利和共同创造的权利消除人权和公民权的分离，并且使经济上的社会化成为在政治上是占统治地位的。社会主义的政治组织使这些条件付诸实施。因此，它是历史地克服异化的表现，而不是像修正主义者和其他反共产主义的思想家所说的那样，是人的重新异化的体现者。社会主义社会实现了马克思在《论犹太人问题》一文中表述的无产阶级的任务：必须认识到在社会行动中起作用的社会力量并把这些力量组织起来——还要在政治上把它们组织起来——，而不是使它们以资本主义国家的形式同这种行动分离开来。

我想把我的论点概述如下：不占统治地位的社会化的经济效果、政治效果、社会效果和思想效果也属于马克思主义异化概念的内容，在这一点上，这些效果是作为阶级压迫的工具起作用的。

[原载民主德国社会科学院《专题情报资料》1985年柏林版第2类（会议）第50辑]

马克思与马尔库塞异化理论比较*

〔韩〕于万杰

马克思的《1844年经济学哲学手稿》一书提出的异化劳动理论是自己历史观的探索,是用正在形成中的唯物史观对处于上升时期的资本主义社会的社会矛盾和阶级矛盾的解剖。马尔库塞于1964年在《单向度的人》一书中提出的异化理论是对晚期资本主义的社会矛盾和阶级关系的描述。这两种异化理论的提出相隔了一百多年,所以其内容也有相当大的差距,这一差距在本文的比较中可以看出。

一、关于工人与劳动产品的关系

马克思在《1844年经济学哲学手稿》中论述的异化劳动理论,明确提出了异化劳动的四个规定,其中第一个规定阐发的是工人与劳动产品的异化关系。马克思说:"工人对自己的劳动的产品的关系就是对一个异己的对象的关系。"① 这是一种异化关系,这种异化关系的表现是:

---

* 本文选自《马克思主义与现实》2001年第1期。作者于万杰系韩国中央大学讲师。

① 《马克思恩格斯选集》第2版第1卷第41页。

工人生产的越多，他的产品的数量越大，自己占有的产品越少，就越贫困；工人创造的产品价值越高，他自己越成为廉价的商品。也就是说，在资本主义社会中工人的劳动产品成了自己的对立物，成了统治自己的力量，他们创造的产品的力量越大，统治自己的力量就越强，自己就越没有力量。在这种异化关系中还出现了这样的情况：工人只有作为生产资料的奴隶，作为他产品的奴隶，才能得到工作，以获得维持生命的生活资料，因而工人为了生活，必须作为生产资料的奴隶才能实现自己的劳动。工人在劳动过程中遭到了双重的丧失，即劳动者自身肉体生存的生活资料和劳动者进行生产的生活资料。马克思说："工人越是通过自己的劳动占有外部世界、感性自然界，他就越是在两个方面失去生活资料：第一，感性的外部世界越来越不成为属于他的劳动的对象，不成为他的劳动的生活资料；第二，感性的外部世界越来越不给他提供直接意义的生活资料，即维持工人的肉体生存的手段。"①

马尔库塞在新的条件下提出的异化理论，也阐发了工人与劳动产品的关系问题，他认为在现代资本主义社会中，生产力高度发展，物质财富极大丰富，强迫工人去消费劳动产品，工人成了消费产品的奴隶。在马尔库塞看来，生产的发展"超出生物学水平的人类需求的强度、满足乃至特性，总是被预先决定的。获得或放弃、享受或破坏、拥有或拒绝某种东西的能力，是否能当做一种需求，取决于占统治地位的社会制度"。"最流行的需求包括，按照广告来放松、娱乐、行动和消费，爱或恨别人所爱所恨的东西，这些都是虚假的需求。"② 马尔库塞的这一番叙述表明了工人和产品的关系是一种强制性的消费的关系，工人受消

---

① 《马克思恩格斯选集》第 2 版第 1 卷第 42 页。
② 〔德〕马尔库塞：《单向度的人》，重庆：重庆出版社 1988 年版，第 6 页。

费品的压抑没有任何自己选择的自由,在强迫性的消费过程中完全处于一种被奴役的地位,完全受到自己创造出的产品的支配,是自己创造出的产品的奴隶。

由此看出,马克思与马尔库塞在不同的历史条件下论述了工人与劳动产品的关系。马克思异化劳动理论中阐明的工人与产品的关系是,由于生产力不够发展,劳动产品被资本家无偿占有,资本家利用占有的生产资料去剥削工人,获得利润,工人由于失去了劳动产品而处于奴隶地位,马克思强调了资本家对工人的剥削和压迫关系。而马尔库塞讲的工人与产品的异化关系是在新的条件下形成的,是资本家利用他占有的产品强迫工人去消费,推销他的产品以获得最大的利润,使劳动者成了产品的奴隶,他强调的是强迫工人消费的关系,这的确是马克思那时没有的新现象,马尔库塞指出来是有意义的。但是他忽视了资本家对工人的剥削和压迫的关系,这相对于马克思是一个倒退。

二、工人与统治阶级的关系

在工人与统治阶级的关系上,马克思的异化劳动理论和马尔库塞的异化理论也是根本不同的。马克思认为,在异化劳动的条件下,工人与统治阶级形成了尖锐的矛盾。因为异化劳动造成了严重的后果,异化劳动造成了一个异化的世界,主要表现在价值形态的剥削、货币统治和人类的两极化的发展上。

1. 关于价值形态的剥削。社会的剥削关系并不是从异化劳动的形成开始的,而是自阶级产生以来就存在的。它指的是一个阶级对另一个阶级的剩余劳动的无偿占有。但是在异化劳动的关系下,剥削出现了特殊形态,即价值形态的剥削。马克思认为,这种利益的物质表现就是金钱,它代表一切事物,人们和社会关系的价值。这种剥削体现为人对人的剥削,意味着把人当成一种商品,人遭到了无限的盘剥和残害,这种剥削不仅限于阶级之间,而且还延伸到阶级之内。如劳动力的买卖扩展到人类的一切能力的买卖、大资本家吞并小资本家等。

2. 关于货币统治。在异化劳动的条件下,货币成了市民社会的万能之神,货币把人类的本质化约成抽象的数量,把人的个性和价值变成了一切可交换的价值。货币实现了物性对人的个性的绝对统治,货币具有使物与人的本质倒转的力量,它既是联结人们的纽带,也是离间人们的手段。"货币就已经是个性的普遍颠倒:它把个性变成它们的对立物,赋予个性以与它们的特性相矛盾的特性。"①

3. 关于人类向两极化发展。马克思认为"异化劳动"导致了人类向两极化发展。首先,财富和贫穷的两极化,资本家成了财富的集中者,而工人成了贫穷的集中者,工人为资本家生产了财富,而为自己生产了贫穷。生活资料出现了两极化,资本家需要的生活资料精细化和多样化,而工人的生活资料粗陋和简单化。智慧上也出现了两极化,工人创造了智慧,却被统治阶级占有,而工人成了"愚钝"的人。

由以上分析可看出,在异化劳动条件下,工人与统治阶级形成了尖锐的对立。工人被排挤在人类正常生活以外,不成其为人,这种状况工人是无法忍受的,他们在实际斗争中认识到劳动者和资产阶级是势不两立的两个阶级,他们之间的矛盾是根本利益对立基础上的矛盾,是不能

---

① 〔德〕马克思:《1844年经济学哲学手稿》,北京:人民出版社1985年版,第111页。

调和的，只有工人阶级团结起来推翻资产阶级才是出路。

马尔库塞认为，在生产和科学技术大发展的今天，财富增多了，产品多种多样，任人消费，正如马克思在《1844年经济学哲学手稿》中所讲的，工人与统治阶级的矛盾已不存在了。不仅如此，工人阶级和资产阶级出现了同化的趋势，工人阶级同资产阶级融合为一体，没有任何反抗力了，成了资本主义社会一种肯定的力量，而不是否定的因素，原因如下。

1. 科学技术发展改变了劳动者的地位。马尔库塞认为，科学的高度发展使体力劳动者从被奴役被剥削的地位中解放出来，这种解放改变了工人的概念，因为在马克思看来，所谓工人主要是指出卖体力劳动的人，而资本家就是靠买到这种劳动力而起家的，是靠无偿地占有工人的剩余劳动而发财的，工人也因此落到了商品的地位。工人不满意这种地位而起来反抗。但现在不同了，原来的这种状况不存在了。"在发达资本主义国家，虽然仍维持着剥削，但日臻完善的劳动机械化改变了被剥削者的态度和境况。"① 但这不意味着从根本上改变了工人阶级受奴役的地位，而只是改变了奴役的形式。可以说，过去对工人是肉体的奴役，现在是心灵和灵魂的奴役，这种奴役形式的改变对工人是一个很大的麻醉，使他们感觉不到受奴役之苦，因而他们的反抗情绪也很少了。

2. 科学技术的发展使职业分层显示出了同化的趋势。马尔库塞认为，由于科学技术的发展，"机器本身变成了机械工具和关系的体系，并因此而远远超出了个别劳动过程"②。这种变化使工人参与并指挥这

---

① 〔德〕马尔库塞·《单向度的人》，重庆：重庆出版社1988年版，第23页。
② 〔德〕马尔库塞：《单向度的人》，重庆：重庆出版社1988年版，第25页。

个技术组合的各种职业融合为一体。马尔库塞认为，今天的自动化改变了各行业的差别，也就改变了工人和资本家的这种不平等的剥削和被剥削的关系。在马尔库塞看来，今天决定生产力的不是别的产品，而是机器，今天的这种关系不是工人同其他阶级关系的问题，而是技术进步同发展工业的根本制度相适应的问题。在这个适应中，个人的作用就微不足道了，人同机器混为一体，被机器同化了。

3. 科学的发展改变了劳动者的意识。马尔库塞认为，由于科学的发展，自动化的实现，不仅过去又脏又累的体力劳动减少了，为人们提供了大量的消费品，使人们的各种需要得到了满足，使他们越来越感到舒适、幸福；因而工人失去了他不幸的意识，而产生了一种虚假的快感，工人不仅生活上感到满足，而且意识上也感到愉快。这样，工人从生活到政治意识方面都同资本主义社会融合为一体，对资本主义社会没有否定方面，只有肯定的方面。

在工人与统治阶级的关系问题上，马克思的异化劳动理论是对当时的真实关系的揭示，而马尔库塞却是对今天的真实关系的曲解。

三、关于社会主义革命的主体问题

马克思与马尔库塞在社会主义革命的主体问题上也有明确的分歧。马克思认为社会主义革命的主体是工人阶级，而马尔库塞却认为在今天革命的主体不是工人阶级，而是工人阶级以外的一些阶层。

马克思分析了异化劳动造成的严重后果，即形成了异化世界，把工人阶级降到非人的地位，消除这种异化只有进行社会主义革命，建立共产主义社会。进行这场革命的主体就是工人阶级。马克思说："从异化劳动同私有财产的关系可以进一步得出这样的结论：社会从私有财产等等的解放、从奴役制的解放，是通过工人解放这种政治形式表现出来的，而且这里不仅涉及工人的解放，因为工人的解放包含全人类的解放；其所以如此，是因为整个人类奴役制就包含在工人同生产的关系中，而一切奴役关系只不过是这种关系的变形和后果罢了。"[①] 从马克思的叙述中可以看出，工人受的奴役是最重的、最典型的，它是人类奴役形式最集中的体现。所以，它也是反抗旧制度的最强大的力量。工人阶级同社会化的大生产相联系，他们代表了先进的生产力。工人阶级的奋斗方向也是人类的奋斗方向，所以，工人阶级是消灭异化的社会主义革命的主体。

马尔库塞则认为，由于今天生产力的高度发展和科学技术的进步，工人阶级已失去了它过去作为革命主体的作用。今天作为革命主体的是工人阶级以外的亚阶层，因为工人阶级已同资产阶级融合了，工人阶级在物质生活等各个方面都得到满足，他们不再反抗现行的制度和资产阶级了，所以他们成了资本主义制度肯定的因素。白领工人增加，蓝领工人减少，蓝领工人已失去了马克思当年描述的工人阶级的那种革命性，工人阶级已变质。所以工人阶级不能成为社会主义革命的主体。

总之，马尔库塞认为工人阶级的革命主体作用消失了，代之而起的是工人以外的亚阶层。他指出："在这里，而不是在财富的再分配和各种阶级的平等中，出现了作为发达工业社会特征的新的分层。无论如何，在保守的大众基础之下，有一些亚阶层，如被遗弃者或被排斥在外

---

① 〔德〕马克思：《1844年经济学哲学手稿》，北京：人民出版社1985年版第58页。

者，被剥削被迫害的其他种族和有色人种，失业者和不能就业者。他们全都是在民主过程之外存在的；他们的生活最直接最现实的要求是结束不可容忍的条件和制度。因此，即使他们的意识不是革命的，他们的敌对行为也是革命的，他们的敌对行为从外部击中了社会制度，因而不会被社会制度所扭曲：这是一种违反比赛规则的基本力量。"① 马尔库塞的这些论述无非是证明这些亚阶层受压迫最深，最恨现行的资本主义制度，他们的行为是革命的，应该取代工人阶级作为革命的主体。

从马克思与马尔库塞的异化理论比较中可以看出，尽管马克思的异化理论是在唯物史观形成过程中提出的，有不成熟的方面，但从总体上看是马克思思想发展的一个重要阶段，是对资本主义社会阶级矛盾的深刻揭露，这种异化现象至今在资本主义社会还明显存在。而马尔库塞的异化理论尽管晚于马克思一百多年，他也看到了资本主义发展的一些新现象，他对有些现象的分析如资本主义新的奴役形式是对工人心理和灵魂的奴役等是有道理的。但是从总体上看，马尔库塞的异化理论中不成熟的因素更多。

1. 马尔库塞关于工人阶级被融合的观点是站不住脚的。众所周知，科学技术的发展和进步从总体上是会给人类带来好处的，在知识经济来临的时代更是如此。居里说："科学并无罪，有罪的是不好地利用科学的人。"在资本主义制度下，从某种意义上讲，科学技术的进步意味着资本家榨取工人血汗艺术的进步，它是加强对工人阶级的剥削、榨取更多的剩余价值、增殖资本的重要手段，这也是资产阶级重视科学技术的

---

① 〔德〕马尔库塞：《单向度的人》，重庆：重庆出版社1988年版，第215—216页。

目的。在资本主义制度下,一些科学技术的基本内容是资本,而资本累积的物质内容是科学技术。所以,科学技术在资本主义社会中是无产阶级同资产阶级对抗加深的物质基础,科学技术的发展加深了对工人阶级的剥削程度,使劳动力创造更多的剩余价值,使剩余价值率增大,这便是工人阶级受剥削程度提高的表现。第二次世界大战以后各资本主义国家的剩余价值率不断提高,如美国1949年是146%,1957年是263%;西德1950年是181.4%,1960年是236.3%,1976年上升到276%,等等。

2. 先进科学技术在生产中被利用,缩短了必要的劳动时间,实际上对劳动者的剥削加重了。科学技术的发展加强了对工人生理和心理的控制,在资本主义制度下,机器是生产剩余价值的手段,生产自动化使劳动者的体力劳动有所减轻,但紧张程度增加,从而对劳动者的生理和心理的控制更加严格。由此看来,随着科学技术的发展,并不像马尔库塞说的那样工人被融合到资本家那里去了,而从实际上看,工人和资本家的矛盾加深了。

3. 马尔库塞看到白领工人增多、蓝领工人减少的现象是存在的,但是由此得出工人阶级变质的结论是错误的,因为马尔库塞没有看到,从本质上说,白领工人和蓝领工人都属于工人阶级,主要从事脑力劳动的白领工人同主要从事体力劳动的蓝领工人是有区别的,但是不能夸大这种区别。因为在资本主义制度下,有的白领工人同蓝领工人一样生活上没有保障,工作上也同样不稳定,生理和心理上同样受到控制。所以白领工人同资本家的矛盾也是很尖锐的。白领工人的出现不仅没有使工人阶级改变性质,而且从某种意义上讲还提高了工人阶级的文化素质。

至于马尔库塞认为工人的革命主体作用消失了，也是根据不足的。马尔库塞讲的发达的资本主义国家至今社会主义革命没有成功，这是事实。但这个事实不能否定工人阶级的革命主体作用。因为在现实中，工人阶级同资产阶级的斗争并没有调和，而是越来越激烈。这表现在罢工的次数不断增加，如在发达的资本主义国家中，60年代平均每年罢工4000多次，70年代增加到5000多次，80年代又超过70年代的罢工次数。这种罢工斗争不仅表明工人同资本家矛盾的激烈程度，而且也体现了工人阶级的革命的主体性。

马克思、全球化与异化:被接受和被低估的智慧(上)[*]

〔加〕W. 彼得·阿奇博尔德

引 言

1968年至1974年期间,大学生们抗议他们的教育质量低劣以及军国主义,工厂里的工人也参加了一系列罢工浪潮,大量的研究文献记载了他们在工作中是怎样的感到无趣,大众媒体把它描写为"蓝领阶层的烦恼"。随后社会学家的研究则表明,比起白领员工,尤其是专业人员、管理人员和经营业主来,加拿大以及美国的制造业工人在工作中处于更加被异化的状态。在一些社会学家的研究中,对于异化的界定和衡量除了依据个体成员对其工作的主观信念和感受,还要依据个体成员是否在客观上对某一特定职位缺乏技能、责任心和主动性。而且,尽管这种研究通常是从韦伯式的观点或其他主流观点出发进行的,但仍有相当数量的研究是由自称为马克思主义者的学者进行的,他们将异化归因于资本主义,而不仅仅是劳动分工和官僚制度。

对异化的迅速发展的研究兴趣导致了在国际社会学协会(Interna-

---

[*] 本文选自《国外理论动态》2010年第4期。作者W. 彼得·阿奇博尔德执教于加拿大麦克马斯特大学。

tional Sociological Association）中先是建立了关于异化理论和研究的研究小组，后来则成立了研究委员会，这反过来极大地丰富了我们的知识。然而，2006年7月在南非德班举行的第16届世界社会学大会上（大会主题是"在全球化世界中社会存在的品质"），撰写会议论文征稿启事的该研究委员会的组织者认为，虽然"马克思首先将作为雇佣劳动（wage labor）（它是资本主义社会的财富基础）结果的异化理论化了……但自从马克思提出这一开创性见解以来，异化从工厂车间迁移到了办公室"。他们还谈到了"劳动组织的新形式"，谈到了资本主义正在"演变成一种致力于消费主义的全球化的资本体系"，谈到了"异化在第三世界的血汗工厂中所采取的形式"。

在这些观点中，虽然没有人明确断言异化已经完全从到目前为止已经完成了工业化的发达资本主义社会的劳动和生活的其他方面消失了，但是这些观点声称：（1）从绝对数量上说，源自劳动的异化在工厂工人之中已大大减少；（2）从相对数量上讲，异化在服务型和知识型工人当中有了大幅增加；这也就表明了（3）上述在20世纪70年代存在于不同职业阶层之间的劳动异化不平等情况现在已经完全逆转，也就是说，服务型和知识型工人比工厂工人更多地被他们的工作所异化。

以上关于消费的论述并不明确，因此更有可能对其展开各种竞争性的解释。其中一种解释就是一种后工业主义的论点，即：（4）在完成了工业化的发达资本主义社会，从事任何形式的有酬劳动（paid labor）的人口占总人口的比重已大大减少；或者至少（5）对于所有那些仍然从事有酬劳动的人来说，平均劳动时间已经大大减少。结果，至少可以说，受异化劳动影响的个体的数量以及大多数人的必要劳动时间的长度，从而体验异化的时间的长度都在大幅减少。另外，（6）对工人来说，有酬劳动在主观上的重要性可能不再那么大，而休闲和消费则重要得多。这样，工人不再那么强烈地在意由有酬劳动带来的被剥夺感，而普遍对消费和休闲有很高的期望和追求，这很容易受挫，并从中产生异化。或者工人们可能更多地在客观上直接因为消费而被异化，因为消费已经被商业化和批量生产，因而更少受个人控制。

德班会议关于异化在基本原理上存在区域差异的论述同样模糊而不明确，但它表明：（7）血汗工厂和劳动异化现象在新兴工业化国家比在完成了工业化的发达资本主义社会更常见和更严重。虽然从我这方面讲，这一点相对于我们实际上论述的内容来说有点跳跃，但其理由也可以被解释为：（8）在完成了工业化的发达资本主义社会中，那些富裕的、劳动异化程度更低的工人对廉价消费商品和服务在数量和种类上的要求不断增加，这种被异化了的要求需要新兴工业化国家中那些血汗工厂生产廉价商品，这也是全世界的资本主义零售商和雇主愿意提供的。换言之，不是工人们自己成为了全球资本主义的受害者，而是完成了工业化的发达资本主义社会中的工人同全球零售商在控制和剥削欠发达国家和地区的阶级兄弟的过程中一起分享着利益。

如果在工业发达的资本主义社会根本不存在劳动中被异化的工人的话，那么可以肯定的是，地位更高的雇员会更少被异化。

很低的工资和使人异化的工作条件会使工人们产生反对雇主、统治者以及作为一个系统的资本主义的客观兴趣，但在发达国家很少存在这种工资水平和工作条件。相反，他们的主观和客观利益也许跟他们的统治者是一致的，而与新兴工业化国家的工人兄弟们的利益相冲突。

不用说，这一征文启事可能只是由德班会议研究委员会中的一个或两个组织者所撰写的，甚至他们的观点可能与研究小组大多数成员的意见不一致，更不用说代表一般社会学家中的多数人的观点了。但在另一方面，有一些轶闻性的证据表明，类似的观点在过去一直流行，并且将继续流行。

首先，这其中的许多看法是在20世纪50年代和60年代传播和流行开来的。布劳纳（Robert Blauner）1964年曾提出并声称他证明了以下观点：从手工工艺向装配线和其他大规模生产的劳动的转变确实增加了主观上的异化，但与此相反，连续生产（continuous process）的劳动的进一步自动化则减少了异化。自上世纪70年代后期以来，我们还看到日本的和其他新形式的工厂被移植到了北美和欧洲，它们常常被称为"高性能工厂"。这些工厂经常被吹捧为本身实现了"人性化"的工厂。无论在工厂还是在办公室，小型个人电脑的单独使用有了大幅增加，这也往往被认为使雇员极大地提高了对自己工作的控制。

人们应该还记得，米尔斯（Charles Wright Mills）曾把美国的工厂工人比作欢快的机器人，这个比喻通过工会产生了相当大的影响。他声称一直以来享有优厚的工资和工作条件的是白领工人，这一观点在20世纪40年代和50年代就受到了抨击。米尔斯和后来的马尔库塞不仅坚持认为美国的工厂工人已经妥协，甚至"被收买"，而且还认为最有可能成为反抗者候选人的是完成了工业化的发达资本主义社会中的学生、少数民族和少数种族群体，特别是日益反对美国帝国主义的新兴工业化国家中的工人和其他人。这些看法后来由巴兰（Paul Baran）和斯威齐（Paul Sweezy）所继承。后来，当然为了修正米尔斯以及马克思的理论，布雷弗曼（Braverman）试图记录完成了工业化的发达资本主义社会中工程师和其他专业人士的明显的去技能化（deskilling）的情况以及地位较低的服务型工人的状况。

然而，当涉及异化时，这些早期的分析者和德班的征文启事之间存在着重要的区别。后者声称，在完成了工业化的发达资本主义社会中，大部分工厂工人已经不再被高度异化，与此不同，米尔斯和马尔库塞都坚持认为客观上他们仍然与工作处于异化状态。他们只是在主观上没有那么多的异化体验。与此相似，布雷弗曼的观点并不认为客观的异化现在已经从工厂迁移到办公室的工作人员身上，而是与马克思观点相同，认为办公室工作人员正在沦落到工厂工人那种极端被异化的境地。此外，主张"分割劳动力市场"（segmented labor market）的理论家们不是简单地跟随马尔库塞、巴兰和斯威齐的思路，强调完成了工业化的发达资本主义社会的工人和新兴工业化国家的工人之间的差异，而是把完成了工业化的发达资本主义社会中的劳动力市场和工人阶级群体划分为拥有非常不平等权利的两个类别：第一个类别的工人群体属于大规模和垄断性的私人和公共劳动机构；第二个类别由小规模的私营企业中的工人组成，他们更加受制于竞争市场和血汗工厂的劳动条件。

不清楚德班会议的组织者在多大程度上受到了后工业主义和后现代主义理论的启发。一方面，如上所述，他们可能遵循后者的思路，强调要降低一般性有酬劳动以及特定商品生产的重要性。但是后工业主义者认为，高科技的服务和知识型劳动通常需要高水平的教育、知识和技能，如果是这样，那么这种劳动应该比工厂劳动更少，而不是更多地被异化。如果地位高的服务和知识产业的工人尽管拥有很多知识、技能、责任和控制权，但仍然被高度异化，那么肯定会出现另外的非常强大的反抗趋势。

在此之前，洛（G. Lowe）描述了与德班会议组织者观点相似的关于劳动力的几大趋势。具体来说如下。

旧工业时代的工人压力大，源源不断地大量生产出消费品的工厂是围绕着装配生产线工作建立起来的，从生理方面讲，这样的工作是繁重而让人精神麻木的。在今天的全球知识经济中，发展中国家的机器人或工人做了大部分的工厂工作。60、70年代工厂工人的不满被称为"蓝领阶层的烦恼",现已不再是对生产力的主要威胁。它被一种更大的声音所取代:知识型工人为过度工作的压力而悲叹。许多人进入新的千年后感觉他们做的工作远比他们可以应付的要多。

然而,尽管洛认为服务型和知识型劳动者已失去他们先前拥有的对工作的许多控制权,但他并没有将其归咎于韦伯的普遍合理化(rationalization in general)或布雷弗曼所说的专业人员的去技能化。事实上,洛援引研究结果表明,"增长的职业技能"是知识社会的一个基本组成部分。相反,洛提到了"高压力的工作场所"和"工作强度",他把这些与20世纪90年代"上升的失业率"、不断的制度变革、对于信息技术的依赖以及对从未中断的全球化经济的需求联系在一起。这些主张在相当大的程度上与马克思的观点有重合,但下面这一观点并非如此:这种工作强度最直接地影响了推动后工业经济发展的知识型劳动者。根据加拿大的统计,虽然八分之一的工人每周工作50个小时或更长,但接近于五分之二的高级经理人员也工作这么长时间。

如果洛的意思是要指出有酬劳动的数量和人们对有酬劳动的兴趣有所下降,工人对休闲和消费的关注大大增加了,那么,他大概不仅会赞同德班会议组织者的基本观点,还会赞同阿多诺和法兰克福学派其他成员如哈贝马斯以及最近的后工业主义者和后现代主义者鲍德里亚(Jean Baudrillard)与布迪厄(Pierre Bourdieu)的观点。除了减少工作及其内在重要性之外,这些流派的许多理论家还坚持认为,休闲和消费已经变得高度异化,因为它们或者需要被动消费低俗的大众文化,或者需要积极追求和利用物质财富和"文化资本"中琐碎的、甚至是纯粹象征性的差异,以使他们自己与其他人区分开来,并对他人进行不公平的社会比较,等等。

如果德班会议组织者旨在表明,在已经完成了工业化的发达资本主义社会中的大多数工人现在不仅对消费的兴趣大大超过了对生产的兴趣，而且因消费上的高度满足而使工作中的高度异化得到了补偿，那么，他们也许会在法兰克福学派、米尔斯和布迪厄那里得到一些支持，但可能并不多。如果他们只是旨在表明异化从劳动转移到了消费，那么他们可能更有理由得到这些传统观点的支持。然而，如果他们同意在已经完成了工业化的发达资本主义社会中消费现在正在被高度异化的观点，那么，他们将很难将这一观点与他们认为异化现在已经脱离了完成了工业化的发达资本主义社会的观点协调起来。

德班的观点具有普遍性的第三个、也是最后一个证明实际上来自向本次大会提交的论文。在提交给异化研究委员会的 50 篇论文中，只有 5 篇与有酬劳动稍微有点关联。也只有本文作者的论文提到了工厂工作。更令人吃惊的是，尽管有 10 篇论文交给了专门关注"劳动社会学"的第 30 届研究委员会，提到了权力、自治和参与以及它们在劳动中的对立物，但是只有两篇论文是以已经实现了工业化的发达资本主义社会为基础的，而没有任何论文提到异化。

征文启事和论文的内容之间的联系可能更多是与组织者听闻其他人已经做了些什么研究有联系，而不是直接影响研究者率先着手去做的研究。但是，这并没有削弱我的主张：德班论文中的看法是足够普遍而值得仔细斟酌的。

论文计划

鉴于正在进行的工作的庞大和复杂性，我试图从三个方面着手，以便使该项工作更易于控制。

首先，我在此将集中关注劳动中的异化，而几乎不谈及娱乐和消费,这里所说的娱乐和消费或者被视为对劳动中的剥夺和异化的可能缓和或补偿,或者被视为工人的生活本身就具有异化性的方面。

第二,本文主要关注的是已经完成工业化的发达资本主义社会中的劳动异化,尤其是北美的情况,其次是英国,而不是新兴工业化国家的劳动异化。而且,相对而言,也没有多少系统的经验研究来详细比较不同国家和地区之间的劳动异化,但是现在也有大量的证据表明,各个社会和各个地区对与有酬劳动有关的各种关系和活动的预期与愿望存在很大的不同。

例如,德班会议的组织者争辩说,与已经完成工业化的发达资本主义社会中的工人相比,新兴工业化国家中的工人更多地与其劳动处于异化状态。因为:(1)在新兴工业化国家,血汗工厂更为普遍;可能还因为:(2)所有地方的工人都会在主观上感到被血汗工厂所异化,因为他们拥有共同的人性。

然而,有充分理由怀疑,许多新兴发展中国家中的大多数人并不期待有太多的自主权、控制权和满意感,至少作为个人是如此,甚至受到这种自主权、控制权和满意感的威胁。

同样,尽管有证据表明,新兴工业化国家中的工人对于他们的工作更加不满意,但在已经完成工业化的发达资本主义社会和新兴工业化国家两者内部也存在较大的差别。此外,在已经完成工业化的发达资本主义社会中,工人不满往往是因为他们的工作缺少挑战性、无趣以及不能被自己所控制,与此不同,新兴工业化国家的工人之所以不满,是因为他们越来越期待和渴望快速致富并获得社会流动性,但这种期望遭到了挫败。

马克思的异化理论涵盖了已经完成了工业化的发达资本主义社会中的这种异化的结果及其解释,但是他可能只涉及了新兴工业化国家的异化结果。也就是说,就在本质上更少潜心于其工作的意义而言,新兴工业化国家中的工人更多地被异化,这更多是因为工作并没有帮助他们实现其不切实际的、功利性的愿望,而不是他们没有控制自己的工作本身。前者的过程更符合迪尔凯姆(Emile Durkheim)和默顿(R. K. Merton)的"失范"理论,而不是马克思的"异化"理论。

另一种可能是,在不同的地区和文化中,雇员会有客观上类似的无能为力的经历,但他们对异化的表达方式则各不相同。结果是,已经完成工业化的发达资本主义社会和新兴工业化国家之间在异化上的差异可能被夸大了。例如,对雇主和工会的更强烈的依赖可能使工业发展中国家的工人更可能投入工作,即使他们更多地被他们的工作本身所异化。他们也可能更容易迟到,即使他们没有更多地被异化,因为这种做法是惯例,工人更有可能避免跟雇主和同事发生冲突。

使当前的研究工作更易于控制的第三个方式就是,作者将有关全球化对异化的影响的探讨留给了下一篇文章,这些影响在很大程度上取决于已经完成工业化的发达资本主义社会本身不断增加的工作上的不安全感。

本文的论述过程如下。

首先,我们研究马克思的异化理论以及经验地应用该理论的合适方法。我自己的立场是:与马克思异化理论的黑格尔主义和结构主义的解释者相反,马克思是支持对异化理论进行实证研究,特别是对其从心理学方面进行理论化研究的,这贯穿于他的一生。

接着我们回顾了论述上面提及的已经完成工业化的发达资本主义社会中工作场所在技术和社会组织上发生变化的频率及其影响的一些文献,也就是连续生产过程、个人电脑技术、高效工作场所(HPW),以及知识、技能、责任、自主权和控制权的提升和降低。

关于地区之间的比较，就像上文所说的，在客观上的无能为力和主观上的异化之间没有简单的、一一对应的关系。雇员对工作寄予的不同期望和渴望往往会导致数量和种类不同的主观上的异化。

第三，我简单回顾了一下论述近期对工作不满度程度和更好地衡量主观上与工作相异化的指标的文献，以便评估德班会议上提出的主张，即异化现在可能已经彻底远离了已经完成工业化的发达资本主义社会。正如我们将看到的，如果我们将目光局限在对工作的不满上，那么我们就很可能会接受德班会议的主张。但是当我们使用的指标较少与工人的实际工作内容以及工人对工作的控制以外的特征和进程相混淆时，我们就会吃惊地发现主观异化的程度是如此的高。

第四，也是最后一点，我们一开始批评了全球化的一般模式，这一批评似乎巩固了德班会议的预测。这些预测的提出者似乎假设，全球化的负面影响主要是单向的，因为新兴工业化国家的工人在不断增加的异化中付出了高昂代价的同时，已经完成工业化的发达资本主义社会的工人不仅从中受益，而且因为他们对廉价商品的需求而造成了新兴工业化国家工人的日益增加的异化。

虽然没有否认已经完成工业化的发达资本主义社会中工人持续获得的特权，但我认为到目前为止，对于欧洲和北美的工人而言，全球化最重要的后果是增强了国家间和地区间的竞争，无论是工人之间，还是雇主之间。伴随这一情况而来的至少有大规模周期性的、但也许同时是逐渐的、长期的失业率的升高，与此同时，就是工作的不稳定性的增加。

（待续）

（原载《批判社会学》[Critical Sociology] 2009 年第 35 卷）

（林艳、宁琼 译）

马克思、全球化与异化：被接受和被低估的智慧（下）

〔加〕W. 彼得·阿奇博尔德

为什么要经验地运用及怎样运用马克思的异化理论

人们可能会认为，当其他人提出马克思的异化理论不再重要时，马克思主义者会通过展开自身的、系统的经验性研究来为其辩护。然而，正如前面所提到的，这几乎很少发生。事实上，在 19 世纪 60、70 年代也几乎很少发生这种情况，甚至当时布劳纳、科恩（M. Kohn）和其他学者声称他们自己的研究表明，建立在生产资料私有制基础上的资本主义及各阶级不是异化的重要原因，而且可以肯定的是，它们的重要性远远比不上个人在官僚等级制度中的地位以及人们在工作中所使用的技术的本质。相反，许多马克思主义者像统治阶级一样通过"压抑的容忍"（让你的对手发言，但不听或者不回应）的方法，或采取各种策略大幅度限制首先使用经验方法来研究异化理论。事实上，本文先前的草稿的两个评论者试图阻止马克思主义者通过对心理异化的经验研究来捍卫马克思主义。

---

1 本文选自《国外理论动态》2010 年第 5 期。作者 W. 彼得·阿奇博尔德执教于加拿大麦克马斯特大学。

黑格尔式的马克思主义者的一个观点认为后者的研究也是不合适的，因为马克思对于异化的说明和解释是基于个体的人类本性和物种存在的，这是一种本体论，一个抽象的、概念性的、哲学的、约定俗成的"外壳"，这种外壳是形而上学的。因为我们的人性只是作为一种抽象的、没有当前的经验所指的可能而存在，无论是人性，还是我们对人性的疏离，都不能被其他经验上可证实的事实来衡量和解释。一个不那么极端的观点是，原则上异化可以被经验地进行研究，但是由于人类的本性是开放的、不断发展的，因此实际上，由它产生的异化问题是难以进行经验性研究的。

然而，后一种立场有时因为另一种因素而被强化。因为所有事物在经验上和概念上都是相互联系的，对马克思而言，人类本性和异化都是跟集体和社会制度有关的，而不是跟独特的、自主的个人有关。而且，在实施资本主义生产模式的社会中所有成员都一样会被异化。再者，由于异化只源于资本主义或其他阶级制度，因此马克思正确地认为，异化不可能通过改革资本主义而大幅减少，即使改革是通过工人自己的斗争实现的。

结构主义者阿尔都塞和他的追随者（如莫利纳，1978）也承认马克思没有以个体作为他分析的单位，但在其他方面他们与黑格尔学派存在不同。然而后者使用马克思最早期著作中的哲学的、规范的模型来批判苏联这样的专制社会主义政权，与此不同，阿尔都塞为后者进行了辩护，他坚持认为成熟的马克思本人不仅拒绝了独特而自主的个人这一基准线，而且拒绝了任何人类共同本性的概念，因此也拒绝了异化概念。它们不仅是不科学的，因为它们仅仅是哲学的、规范的，而且它们只是资产阶级意识形态的某些方面。然而，也存在一些更加温和的立场。具体地说，他们认为保留异化概念是正确的，假如人们：

（1）不考虑哲学的、同时在方法论上是个人主义的和心理学的关于人性和异化的观点；或者至少

（2）把异化限定为个体在客观上的无能为力状态。

米尔斯接近后者的立场，但是布劳纳持有一种更新颖的纯理论性的观点。

这些不同的立场早期已被人批评过了，在此不能完整重复。这里仅是一个简要的总结。

首先，虽然马克思在他的职业生涯的各个阶段在不同的分析层面使用异化概念，即哲学的、规范的、客观上的无能为力和主观上的、心理的过程和状态，但他却越来越不依赖于第一个方面。毕竟这是《德意志意识形态》和《哲学的贫困》中的主要观点。此外，当他意识到他正在倒退到他早期的黑格尔主义时，马克思似乎感到窘迫不安和充满歉意，并发誓要将单纯的概念转化为更具有因果性的和经验性的术语。

其次，他在其中期作品中提出的历史唯物主义确实在另一方面代表了他思想的重大转变。不过，跟阿尔都塞相反，这种转变更多的是方法论的而不是实质性的。人们应该把自己的理论建立在系统化的、具有可比性的、历史性的和交叉性的经验研究上，而不是关于事物的脱离实际的、抽象的和先验的思辨上。此外，人们不能简单地将自称为独特的、自主的个人作为分析的原始单位。然而，这些也不一定意味着不能将相对独特的和自主的个人作为分析的单位，也不意味着人们不能根据人的共性去推断人性。

马克思关于个体和社会结构理论的总的观点是：不仅仅在生产方式、阶级和历史周期中，而且在资本主义制度本身中，个体的独特性和自主性差别很大。事实上，资本主义的大部分时期都在严重地分化工人。例如，雇佣工人与雇主之间签订的合同是个人之间而不是职业群体

和阶层之间的。此外，即使工人能成功地组织成联合体和更宽泛的组织，那些组织也经常在周期性的经济危机和政治压力下解体。

同样，马克思对费尔巴哈、斯密、边沁的批判不是因为他们根本没有提出关于普遍人性的理论，而是因为他们的理论仅仅奠基于对资本主义社会中个体的观察，同时这种观察的结果狭隘地和理想化地将它们推广到所有的个体。费尔巴哈用基督教解释了无处不在的个体面对自然时的无能为力，甚至还以资产阶级的个体及他们的家庭作为依据。斯密认为工人天生是懒惰的，因此他们厌恶劳动。边沁认为我们大家都是功利的、算计的，因为他的结论是建立在观察英国店主的基础之上的。但是，马克思则继续利用自己早期著作中的对人性的实质性假设来解释人性和异化。

我们之所以拥有创造力是因为我们拥有区别于我们自身的动物本能的能力，我们能提前制订计划和间接鉴别事物，因此我们是唯一能够在认知和情感方面远离那些对人而言使人丧失道德的、令人沮丧的本能关系和活动的物种。我们有共同的活动和交往的需要，但有多少种我们期望和渴求的这样的关系和活动，取决于大量的关于社会和个人的情况。结果是，我们对主观无能为力感的体验结果也将会相差很大，正如我们对剥夺和挫折的反应一样。

实际上，我们可以通过适当的障碍来得到满足，就像我们做猜谜的游戏一样，因为它们提供了多样性和挑战，我们在应对这些多样性和挑战时就得到了情感上的满足，主观的异化感也将不再是对较高的客观无能为力感的直接反应。相反，我们的第一反应很可能会是让我们的身体远离我们的老板或工作，但是当我们倾向于与其他人组织起来表达我们的心声以尝试得到补偿时，这就很难做到。心灵的异化（即情感上和认知上"撤出阵地"）是我们最后的避难所。

关于政治异化，马克思这样认为："维持或革新宪章运动的一切尝试都遭到了决定性的失败；工人阶级的机关报刊由于群众的漠不关心而相继停刊；的确，英国工人阶级过去从来没有像现在这样苟安于政治上的毫无作为。"这一事例似乎解释了泽曼（M. Seeman）关于巴黎工人1968年抗议的调查结果。那些没有无能为力感的人似乎参与不多，但那些感到极端无能为力的人当中也没有太多的人参加。前者大概没有被充分激怒，后者则对参与这种抗议会起什么作用没有信心。同时，适度的无能为力感由对他们的控制力的威胁所挑起，但他们仍觉得有足够的信心来保护它。

在马克思看来，精神异化的关键方面是在情感和认知上从各种关系和活动中撤离出来，尤其是那些人们在身体上无法离开的活动和关系，而这些往往意味着会降低对满足感的期待。这是为了随后而来的匮乏和挫折将不如以前那样频繁和痛苦。降低期待的通常结果就是主要从外在的、工具的或实用的角度来看待别人和自己的劳动。"非公莫入"这句话概括了资本家与工人之间关系的特点：一方只想要利用劳动力来压榨，另一方只要就业，工作仅仅是为了生存。类似地，工人往往把工友看成竞争对手。

马克思往往用经验上可观察和可验证的方式来表述这些主张，因此，只要肉体的强制或其他强制一停止，人们就会像逃避瘟疫那样逃避劳动。这是马克思想要检验的预言，这一点在其以后的著述中似乎很明确：如果资本愿意支付没有使用的劳动，那么双方就可以愉快地进行讨价还价了。就像通常发生的那样，绝大多数中了彩票的大赢家都会放弃工作，赢的越多，放弃工作的可能性就越大，那些留下来工作的人绝大部分是因为还有工作没有完成。马克思支持傅立叶进行的使劳动更具吸引力的各种实验。如果人们将自己局限在德国思想家格律恩（Karl

Grun）的夸张概念里，那么，"所有的心理实验都将是不可能的"。

一个更为棘手的问题是意识。一些马克思主义者坚持认为，即使人们能够战胜客观上的无能为力，个人是否会自觉地意识到自己缺乏对其工作的内在参与也是无关紧要的。其他一些学者则进一步指出，没有意识到人在客观上的无能为力，没有意识到人们从根除资本主义中能够获益，这都将是虚假的意识。实际上这是异化的最高阶段。在此，人们可能还记得米尔斯将工人视为快乐的机器人的说法。

既然马克思使用了典型的弗洛伊德精神分析法式的"回归"（regression）概念以及使那些不是某人被剥夺和感到挫败的根源的他人成为"替罪羊"的观念，那么看到他也对"压抑"（repression）进行了思考，也就不算一种巨大的心理学上的飞跃，这是有迹可循的。另一方面，马克思常常提及各种主观感受，例如工作中缺乏愉悦感，但他并没有把工人视为傀儡，而阿尔都塞明确地这样做了。

米尔斯关于工作满意度的论述无疑是正确的：除了对工作本身的内在参与，它还是由其他许多因素导致的。而且，高度的不满意可能意味着人们仍关心自己的工作，甚至为它降低个人的期待，因此实际上并没有与工作处于异化状态。不过，个体和职业之间在不满意程度上的巨大差异可能确实说明了在异化方面的差异。

当我和同事们开始经验性地研究异化时，我们对辞职率和其他对工作表示排斥的客观指标进行了试验性研究，但经常发现没有多少可以用来解释的变量。然而，这并不令人惊讶，如果我们回想一下马克思提出的重要的限制条件：只要肉体的强制或其他强制一停止，人们在肉体方面就会逃避工作。记住这一点，我们再来看看那些访谈和调查对象对其拥有更大控制权的行动和目的，以及他们对如下问题的回答：他们是否会自觉地去做额外的工作，即使他们没有被要求这样做？如果他们现在拥有同样的选择机会的话，是否会选择同样的工作？他们的选择是建立在收入还是内在兴趣的基础上？这些衡量指标表明，与工作满意度通常所表现出来的情况相比，职业阶层之间异化程度更高，差异更大，而如果只是询问工人是怎样投入或忠于其工作的，他们给出的答案类似于他们被要求描述其公开活动和假定性选择时给出的回答。

想必，马克思主义者将继续朝着这个方向研究，否则，声称马克思的理论是错误或过时的观点将得不到反驳。

因此，布劳纳认为既然体力劳动工人自己之间在异化方面存在这么大的差异，那么资本主义及其各阶级并不是异化的重要来源。类似地，在对拥有自己的股份的人和没有股份的人、在工厂中拥有生产资料的人和没有生产资料的人在异化方面进行对比后，科恩得出结论认为所有权对异化产生的影响是非常弱小的和间接的，但在管理阶层中所处的地位几乎可以解释异化中的所有不同。因此，布劳纳和科恩的观点非常依赖主观上的无能为力，但就像我们已经看到的，这种主观上的无能为力并不是处于一种一一对应的关系中，甚至与主观上的异化也不是处于一种一一对应的关系。而且，各阶级之间仍然存在着重大的差异，甚至在各阶级内部也存在巨大的不同，持有少量的股权或者拥有一家私人小企业并不能保证一个人对市场或者自己的工作拥有多大的控制权。当我们纠正这些问题时，我们发现所有权对个人在职业等级中所处地位的强大影响是绝对的，而对工作本身的复杂性以及对工作本身的控制的影响是相对的。

另一方面，布劳纳和科恩的研究迫使我们认识到资本主义制度及其阶级都不是异化唯一的原因，所有权的影响主要是通过工作本身的复杂性以及对工作的控制来发挥的，而在资本主义生活中异化确实存在减小的可能。虽然这些主张对大多数的马克思主义者来说属于异端学说，但是对马克思本人而言肯定不是如此。马克思写道:所有大规模的联合劳动都需要指导部门,以确保个体行为的和谐展开……而一旦资本发挥作用,它就获得了特殊性质。

随后,马克思进一步具体指出,资本的特征是以资本家榨取剩余价值的需要为核心的,因此它

(1)使劳动力更加具有生产力;

(2)克服不可避免的工人的反抗。

然而,这种劳动分工只是协作的一种特殊形式,它的许多缺点源自协作的一般特点,而不是协作这种特殊形式。

其后果之一将是会造成最低限度的、不可避免的客观上的无能为力,以及工作上的精神异化,即使工人想要将生产方式社会化。在这一点上,马克思的立场跟马尔库塞在基本压抑和过剩压抑之间作出的区别是相似的。然而,那些在知识、技能和监督责任的等级结构中处于更高地位的人仍然拥有更多的控制权,而更少处于精神异化中。如下这一点很可能是正确的,即无论个人是否拥有生产资料,但是拥有生产资料和雇用大量雇员,看起来确实能够使人对那些本质上更加有趣的工作拥有更多的控制权。

但马克思认为,在成熟的社会主义远没有到来之前,某些类型的工人还是可能会经历较少的主观与客观异化。例如,在经过共同的斗争,并且其生存获得一定程度的保障后,巴黎的技术熟练工人之间的本质关系也得到了提升,而对于那些加入了工会组织的英国熟练工人而言情况也是如此:一旦工人的物质条件有了改善,他自己就能够培养自己的思想,从而不知不觉中转变为社会主义者。最后,马克思自己预言了资本主义的这样一个阶段:越来越多受过教育和培训的工人倾向于利用机械,这将使他们从艰苦的体力劳动和更多的新形式的控制中解脱出来。

反过来，这样既会提高他们对所有权和控制权的渴望，也会使他们更渴望通过减少工作时间来全面发展自己。在这里我们可以看到马克思和布劳纳一样天真，但这并没有偏离我的主要观点：马克思意识到了异化在资本主义社会中是能够减少的。

带着这些防止误解的说明，让我们回到剩下的论述中去。

新的技术和劳动组织减少了工厂工人的异化而增加了服务型人员的异化吗？

如果以上标题中的这些观点是正确的，那么，没有多少"有力的"经验性证据来支持它们，而大量证据表明这样的观点至少是有严格的条件限制的。

因此，工厂里产品的装配线比连续生产要多得多，虽然后者可能会减少工作的身体负担，但它们不一定会使工作更富挑战性和活力，而相当一部分工作时间花在了担心系统失灵和维修故障方面。像我们这样在自己工作中大量使用电脑的专业人士通常认为电脑使我们获得了更多自由，而手工业生产工人和地位较低的服务型工人却抱怨，与那些更少使用电脑的同行相比，他们没有得到什么自由。他们还抱怨工作保障太少，工作要求太多，工作时间太长，而且，计算机化使管理者有了更多的压迫、监视和处罚工人的机会，往往他们在家里也像在工作场所一样。

同样，装配线的缩短、工作岗位的轮换、扩张或重新设计以及工人对工作的更多参与能够增加，有些情况下已经增加了工人对雇主的忠诚度、对工作的参与度以及生产率，减少旷工和职工更替率。然而，其所导致的残酷的竞争和社会劳动组织的变化已经威胁到了管理者和工人，那些计划不可能得到完全、切实的实施，工人既没有工作保障也没有对工作产生有效影响。相反，管理者的观点经常会提升工人的期望，但这些期望很少得到实现。

关于后工业主义对于异化的影响的观点也是含糊不清的。在已经完成工业化的资本主义国家，劳动力的知识和技能实现了全面升级，如果这是确定的，那么就像德班原理所主张的那样，我们可以期待工作中的异化将全面降低。不过，德班原理还预测了对于地位较高的服务型工人而言会发生相反的趋势，据说原因是分工的增加以及去技能化。然而，现有的研究表明，不存在任何统一的趋势，无论是升级的趋势，还是去技能化的趋势。

相反，在许多已经完成工业化的资本主义国家中出现了职业等级被掏空的现象，这一现象在好的（高技能、高控制权的）和差的（低技能、低控制权的）工作岗位中，以及在非体力劳动的白领职位和体力劳动的蓝领职位中都在增加。

因此，存在一些低技术、低工资的"仆人"产业，其人员主要由妇女构成，相比之下，高技能、高工资的私人金融业和公共服务行业中的上层人员几乎全部是男性。而在这两种类型的服务行业中，大多数男性都声称能够减缓其工作节奏，并主动地承担新的工作任务，而妇女则正好相反。

一方面，大多数服务型工作所需的培训的真实数量、人们从正规教育中获得的知识和技能所得到的应用以及人们在工作中实际拥有的自主权，都比专家通过正规模型所作的预测要少得多；所有类型的服务型工人中都有人有就业不足的感觉；在加拿大的安大略省，有这种感觉的工人所占的比例从1984年到1996年增加了一倍。另一方面，在技术型产业工人中，拥有这种感觉的人所占比例增加了两倍，1996年是66%，远高于技术型服务业工人的42%，监管人员的42%，半专业人士的45%，专业人士的46%，管理人员的37%，企业高管的20%。在这里，年龄和教育也很重要：正是那些最年轻和受教育水平最高的人最多感到就业不足，但这一点既适用于体力劳动工人，也适用于服务行业工人。

主观异化已经变得多糟，全局性的还是阶层性的？

2001年，在一家拥有500多名员工的加拿大公司所作的大规模调查中，只有约一半的受访者忠诚于他们的雇主，虽然工作满意度很高，但表示其工作实现了自己的职业目标的人所占的百分比并不高，即使是那些地位高的专业人士和管理人员，这一百分比也只有42%。此外，在2004年美国的低收入人群（他们构成了人口的绝大多数）中，只有41%的人表示他们的工作是他们整个身份认同中的重要组成部分，余下的59%认为他们工作只是为了赚钱。

2002年盖洛普调查开始衡量美国人以何种程度投入其工作，而许多用来衡量这一点的具体指标的确与马克思所说的异化及其来源有关联。例如，它们包括：在工作中，我有机会每天做我最拿手的事；在工作中，我的意见似乎发挥了作用；过去的一年中，我有机会在工作中学习和成长。

然后，对这些问题以及其他问题（例如，是否得到主管的鼓励和认同）的答案，被用来将雇员分为三类：（1）投入的（忠心和在心理上忠于其组织）；（2）非投入的（这些雇员可能生产能力强，但他们没有在心理上与他们的组织或工作建立关系）；（3）主动不投入的（他们的肉体是出席的，但心理上是缺席的。他们等待别人来解决问题。他们对工作条件表示不满，迫不及待地想要与同事分享他们的不满）。

盖洛普的研究人员发现，只有30%的美国人是投入其工作的，54%的人是非投入的，另有16%的人是主动不投入的。后来，人们发现就医疗行业的雇员而言，专业人士和管理人员比行政和办公人员或护士更加投入工作。重要的是，总投入率（rate of engagement）与辞职率密切相关。

同样，萨阿德发现，只有32%有工作的美国人热爱其工作，与其形成对比的是仅仅是喜欢、不喜欢、厌恶其工作，那些热爱其工作的人表示他们对其工作完全满意的可能性是其他人的四倍。更重要的是，虽然对工作的不满意作为衡量异化的唯一标准的有效性是值得怀疑的，但是在赢得了1000万美元彩票的情况下，比起其他人来，那些热爱其工作的人表示他们将继续工作，而不是完全停止工作的可能性要高得多（72%∶56%），以及会保持原有工作而不是另寻他就的可能性也要高得多（61%∶26%）。

不安全的新时代

正如我们所看到的，自20世纪70年代中期以来，并没有充足的证据表明：

（1）在已经完成工业化的国家，大多数工作已经因为技术和社会组织方面的变化而从根本上发生了变革；（2）因此，劳动中的主观异化在范围和程度上都有了减少；（3）劳动异化中先前有利于高技能和高地位雇员的各种不平等已经发生了逆转。

德班会议组织者的主张之一具有一定的正确性，即新兴工业化国家中的工人在主观上的异化程度要更甚于已经完成了工业化的国家中的工人。然而，各区域内部之间存在巨大差异，主观异化本身及其来源可能也有很大的不同。

不过,我的观点是,任何关于20世纪70年代中期以来各种变化的说明都无法将与全球化相关联的变化排除在外。

所有这些变化很可能增加了工人在就业、工作和财政方面的不安全性,而相比于新兴工业化国家的工人而言,这种不安全性的增加对于已经完成工业化的国家的工人来说更加严重。如果这些重大的变化趋势没有令工人觉得更不安全,也没有使他们感到更加无能为力和被异化,那肯定是不可思议的。

(原载《批判社会学》[*Critical Sociology*] 2009年第35卷)

(林艳、宁琼 译)

图书在版编目（CIP）数据

马克思主义哲学研究Ⅱ / 苑洁主编.
—北京：中央编译出版社，2014.12
（马克思主义研究资料 / 杨金海主编；16）

ISBN 978 – 7 – 5117 – 2452 – 6

Ⅰ.①马… Ⅱ.①苑… Ⅲ.①马克思主义哲学 – 文集
Ⅳ.①B0 – 0

中国版本图书馆 CIP 数据核字（2014）第 305979 号

马克思主义哲学研究Ⅱ

出 版 人：	刘明清
责任编辑：	薛迎春
责任印制：	尹　珺
装帧设计：	田晗工作室
排版制作：	北京宏章文化发展中心
出版发行：	中央编译出版社
地　　址：	北京西城区车公庄大街乙 5 号鸿儒大厦 B 座（100044）
电　　话：	（010）52612345（总编室）　　（010）52612335（编辑室）
	（010）52612316（发行部）　　（010）52612317（网络销售）
	（010）52612346（馆配部）　　（010）55626985（读者服务部）
传　　真：	（010）66515838
经　　销：	全国新华书店
印　　刷：	山东鸿君杰文化发展有限公司
开　　本：	787 毫米 × 1092 毫米　1/16
字　　数：	380 千字
印　　张：	30.25
版　　次：	2014 年 12 月第 1 版第 1 次印刷
定　　价：	180.00 元
网　　址：	www.cctphome.com　　邮　箱：cctp@ cctphome.com
新浪微博：	@中央编译出版社　　微　信：中央编译出版社（ID：cctphome）
淘宝店铺：	中央编译出版社直销店（http：//shop108367160.taobao.com）　　（010）52612349

本社常年法律顾问：北京市吴栾赵阎律师事务所律师　闫军　梁勤
凡有印装质量问题，本社负责调换。电话：（010）55626985